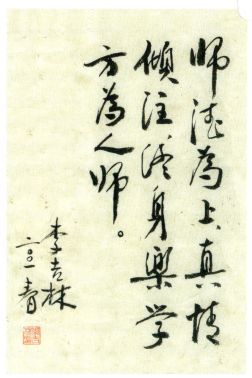

李吉林自题座右铭

2006 年《李吉林文集》首发式上的发言

教育部领导及专家亲临课堂,感受儿童快乐高效学习的生动情境

(前排右起:王湛、柳斌、顾明远、朱慕菊)

情境教育的研究得到了众多著名专家学者的关心与指导

(左起:滕纯、王策三、郝京华、董远骞、田慧生、裴娣娜)

2007年李吉林在香港接受《南华早报》记者专访

李吉林在澳大利亚维多利亚州校长联合会上

1998 年江苏情境教育研究所成立大会

（后排专家左起：田慧生、郭亨杰、朱小蔓）

情境教育的魅力吸引了一群著名艺术家

（右起：秦怡、黄宗英、张瑞芳、赵青）

李吉林和语文学科的弟子们

李吉林与学校数学教师研究情境数学后，学校自 2003 年后至今连获省教学竞赛十一个冠军

第一届实验班的孩子回校看望李老师

《李吉林文集》获中国教育学会科研成果一等奖第一名，全国人大副委员长许嘉璐为李吉林颁奖

专家们在李吉林学校童话楼前留影

······中国基础教育国家级教学成果文库······

情境教育理论探究与实践创新

一切为了儿童的学习

李吉林 著

北京师范大学出版集团
BEIJING NORMAL UNIVERSITY PUBLISHING GROUP
北京师范大学出版社

图书在版编目(CIP)数据

情境教育理论探究与实践创新：一切为了儿童的学习 /
李吉林著.—北京：北京师范大学出版社，2019.1(2022.11 重印)
（中国基础教育国家级教学成果文库）
ISBN 978-7-303-23992-4

Ⅰ.①情…　Ⅱ.①李…　Ⅲ.①小学语文课－教学研究

Ⅳ.①G623.202

中国版本图书馆 CIP 数据核字(2018)第 178308 号

图书意见反馈　　gaozhifk@bnupg.com　010-58805079
营销中心电话　　010-58802135　58802786
北师大出版社教师教育分社微信公众号　京师教师教育

出版发行：北京师范大学出版社　www.bnup.com
　　　　　北京市西城区新街口外大街 12-3 号
　　　　　邮政编码：100088
印　　刷：唐山玺诚印务有限公司
经　　销：全国新华书店
开　　本：710 mm×1000 mm　1/16
印　　张：23.75
插　　页：4
字　　数：387 千字
版　　次：2019 年 1 月第 1 版
印　　次：2022 年 11 月第 3 次印刷
定　　价：62.00 元

策划编辑：路　娜　郭　翔　　责任编辑：董洪伟　孟　浩
美术编辑：焦　丽　　　　　　　装帧设计：焦　丽
责任校对：李云虎　　　　　　　责任印制：马　洁

总　　序

　　教育兴则国家兴，教育强则国家强。中共中央、国务院高度重视教育事业，始终将教育事业摆在优先发展的位置上。在中共十九大报告中，习近平总书记明确指出："优先发展教育事业。建设教育强国是中华民族伟大复兴的基础工程，必须把教育事业放在优先位置，深化教育改革，加快教育现代化，办好人民满意的教育。要全面贯彻党的教育方针，落实立德树人根本任务，发展素质教育，推进教育公平，培养德智体美全面发展的社会主义建设者和接班人。"2018 年 9 月 10 日，全国教育大会在北京召开，习近平总书记强调：在党的坚强领导下，全面贯彻党的教育方针，坚持马克思主义指导地位，坚持中国特色社会主义教育发展道路，坚持社会主义办学方向，立足基本国情，遵循教育规律，坚持改革创新，以凝聚人心、完善人格、开发人力、培育人才、造福人民为工作目标，培养德智体美劳全面发展的社会主义建设者和接班人，加快推进教育现代化、建设教育强国、办好人民满意的教育。

　　"两个一百年"奋斗目标的实现、中华民族伟大复兴中国梦的实现，归根到底靠教育，而基础教育则是实现伟大复兴中国梦、提高民族素质、促进人的全面发展的奠基工程。为此，要鼓励校长和教师创新教育思想、教育模式和教育方法，在实践中办出特色，教出风格。

　　近些年，基础教育领域教育教学成果斐然，涌现出了一大批有特色的学校、有个性的校长、有风格的教师。在此背景下，2014 年，教育部委托中国教育学会组织评选了首届"基础教育国家级教学成果奖"，共有 417 项成果获奖。这些获奖成果是改革开放以来我国基础教育改革创新的缩影，凝聚着几代教育工作者的智慧和心血。获奖者中有的是历史悠久、文化积淀深厚，至今仍然在实践中勃发着育人风采的名校；有的是建校时间短，在校长和教师的勠力同心、共同耕耘下创出佳绩的新学校；有的是办学理念先进、管理经验丰富、充满活力的校长；有的是师德高尚、业务精湛、热爱学生的教师。总结和推广他们的经验，是推动我国基础教育改革、提高基础教育质量、实现基础教育内涵式发展的重要动力，也是写好教育"奋进之笔"、实现教育现代化的重要保证。

为了宣传首届"基础教育国家级教学成果奖"的获奖成果，充分发挥优秀教学成果的示范、引领和借鉴作用，有效促进基础教育的教学改革与质量提升，教育部委托中国教育学会与北京师范大学出版社共同组织编写了"中国基础教育国家级教学成果文库"（以下简称"文库"）。"文库"围绕首届"基础教育国家级教学成果奖"中的特等奖、一等奖及部分二等奖进行组稿，将每一项教学成果转化为一部著作，深入挖掘优秀成果的创新教育理念与教育思想，系统展示教育教学模式和教育方法，着力呈现对教育突出热点问题和难点问题的工作思路、解决措施和实际效果。这套"文库"将成为宣传优秀教学成果、交流成功教改经验、促进基础教育教学质量提升的综合服务平台。

新时代呼唤更好的教育，人民群众期盼更好的教育。只有扎根中国大地，努力挖掘民族文化底蕴，不断吸收优秀文明成果，始终坚定本土教育自信，持续创生本土教育智慧，才能创造富有中国特色的教育理论和教育文明，推进教育教学改革实践探索；才能切实回应人民群众最现实的教育关切，增强人民群众的教育获得感；才能真正办好人民满意的教育，满足人民对美好生活的向往。人民满意的教育既是我们奋斗的目标，也是我们前进的动力。

2018 年 9 月

序

最早我是从导师李秉德先生那里知道了李吉林老师的名字。早在 20 世纪 80 年代，我的导师、西北师范大学著名教授李秉德先生，在参加了一次中国教育学会小学语文教学专业委员会(以下简称全国小语会)的活动后告诉我：一位叫李吉林的小学老师，语文教学改革很有成就。由此我就很自然地开始关注李老师，陆续读到了她在刊物上发表的文章，知道了她进行的情境教学探索活动，我觉得那些活动颇有新意，也被这项改革深深地吸引。

当时，李老师针对传统语文教学"呆板、烦琐、低效"等弊端，汲取我国古代文论中的"意境"理论精髓，将其创造性地运用于小学教学中，又经过不断的理论研究和实践创新，有效地提高了语文教学质量。

情境教学在小学语文教学中获得成功，为语文学科的教学改革带来一片生机，关键就在于它符合语文教学规律，符合儿童学习语言的规律和育人规律。情境教学的理论出发点和实践切入点是"情境"。从语文教学角度来看，"情境"实际上就是一种以情感驱动为命脉，以学生的语言生活实际为基础，以促进学生主动参与、全面发展为目的的优化了的语言学习与语言生活环境。情境教学的核心是"情境"，它以"情"为经，将被淡化了的情感、意志、态度等心理要素重新确定为语文教学的有机构成，将学生的兴趣、特长、志向、态度、价值观等人的素质的重要方面摆在语文教学应有的位置上；以"境"为纬，通过各种生动、具体的语言环境的创设，拉近了语言学习与学生现实的距离，使死的语言成为活的生活，为学生的主动参与、主动发展开辟了现实的途径。

情境教学将情境贯穿教学过程的始终，强调凭借情境促进整体发展，从而将字词句篇、听说读写的训练统一在具体生动的语言情境中，让学生通过主动参与体验到学习的快乐和成功的喜悦，使他们不仅掌握了语言知识，而且发展了语言能力。从这个意义上来说，情境教学不仅有效地提高了小学语文教学的实效，而且在一定程度上超越了有关语文教学知识性与工具性的纷争，将语文教学导向了一个新的境界。

后来李吉林老师先后几次邀请我参加她组织的情境教学学术活动。我每参加一次就感觉到她的情境教学向前发展了一步，仿佛是一个一个的里程碑。正如她自己说的："教师虽不是思想家，但应该是思想者。"她通过反思、推论、实践，将情境教学的基本原理由一科向多科、由教学向教育迁移、深化。在这本书中，我们就可以看到李吉林老师情境教育理论探究与实践创新的历程。

由于情境教学总结出的一些基本思想、理论观点以及操作方法，在各科教学乃至整个教育过程中都具有普遍意义，因此发展为情境教育是其研究内在逻辑的必然结果。

正如书中所展现的，在理论建构上，情境教育形成了"形真、情切、意远、理寓其中"的四大特点和以促进学生全面发展、素质整体提高为目的的"五要素"，即以培养兴趣为前提，诱发主动性；以指导观察为基础，强化美感性；以发展思维为核心，着眼创造性；以激发情感为动因，渗透人文性；以训练语言为手段，贯穿实践性。在实践操作上，情境教育通过不断探索、总结、筛选，逐步形成了以"美"为突破口、以"思"为核心、以"情"为纽带、以"儿童活动"为途径、以"周围世界"为源泉的情境教育操作要义，使情境教育的基本主张在教育教学过程中皆可转化为一种可以操作的具体行为，从而为这一先进的教育思想在更大范围内推广奠定了现实基础。

李吉林老师作为一个实际工作者，不仅善于从实践中反思，提升自己的实践，而且还坚持在实践中研究。她以马克思关于人的活动与环境有机统一的哲学原理为指导，广泛借鉴心理学中暗示、移情以及心理场等理论，明确提出暗示倾向原理、情感驱动原理、角色转换原理和心理场整合原理。这几条原理的提出，使情境教学原有的理论主张更加条理化，同时也更趋明朗化。

而书中提到的"基本模式"则是情境教育从理论和实践上对"情境"的

进一步拓展。它将教育视为一个开放的系统，让教育空间从课堂这一教育的主体区域延伸开去，成为为儿童营造的一个"丰富的、安全的，且保证儿童主体活动"的最佳学习环境。李老师这一新的认识正是她近年来学习脑科学的收获。

我时常想，为什么李老师的情境教育40年来历久弥新？2014年，国家首次评选"基础教育国家级教学成果奖"，她的"情境教育实践探索与理论研究"被评为特等奖第一名。2016年评选"第五届全国教育科学研究优秀成果"时，她的一篇论文《学习科学与儿童情境学习》又获得了一等奖，并同时获得了"江苏省哲学社会科学优秀成果"一等奖。李吉林老师的成果之所以能够屡屡获奖，正是因为她倾听时代的脚步声，始终不停步地学习着、关注着教育方面的最新信息。她最近获奖的论文以及她前些年申报的全国教育规划"十一五"课题"情境教育与儿童学习的实验与研究"，正是与世界可以接轨的课题，情境认知和情境学习现在是全世界的一个热点课题。作为一位已步入耄耋之年的老人，她身处江北小城，却还饱含着对儿童教育的真挚情感，去关注世界教育的动态，去学习、去研究，令人敬佩。我也在前两年的《中国教育报》《中国教师报》上看到关于李吉林老师的《揭开儿童快乐高效学习的秘密》《35年，为儿童学习交出一份答卷》的报道。李老师的不懈追求与探索，以及她对学术的这种钻研和创新精神令我感动。

李老师这次请我为她的新书写序，令我深感荣幸而又惶恐。在我的印象中，她已独立完成了十多本、几百万字的专著。2006年，她邀请我参加她的《李吉林文集》首发式，那次活动吸引了不少的专家、领导来参加，柳斌主任也亲自到会，还有众多高校的知名学者。2008年，我们中央教育科学研究所（现更名为中国教育科学研究院，以下简称中央教科所）和教育部课程教材发展中心（现更名为课程教材研究所）、中国教育国际交流协会、联合国教科文亚太地区价值观教育中心、华东师范大学、江苏省教育厅、南通市人民政府联合举办"李吉林情境教育国际论坛"，李老师特地邀请我主持会议。无论她做的主报告还是在她指导下的老师们上的课，都让与会者耳目一新。在小学的课堂上，儿童在情境中学习得如此兴奋，甚至进入一种沸腾的状态。这些在教育学里读到的东西，我们在他们的课堂中看到了，不得不佩服。除了国内的专家积极参与了研讨外，与会的美国、英国、日本、葡萄牙等国外的专家也给予了高度评价。

在会议中更让我意外的是，李老师又向与会者呈上了她的新著《为儿童的学习》，阐述了她关于情境课程的实验与建构。的确，在课堂教学改革取得明显进展后，一个不可回避的问题就是如何对现行课程加以必要的改造，将情境教学、情境教育的基本主张落实到学校课程中，使教学与课程在情境教育思想的统一支配下实现有机结合，在新的理论基础和目标上实现教学、课程的一体化。经过长期不懈的努力，李老师对这一问题终于做出了圆满的回答。她对情境课程的开发与设计，可以说是从课程论角度对情境教育理论所做的又一次梳理、思考、探索和实践。从课程设计的角度来看，情境课程展现出的实际上是一种以促进学生主动发展为目的，以具体生动、发展变化的情境为基点，融知识、经验、活动、价值观等课程要素于一体的新的课程设计观。从这一点来看，情境课程的出现，对当前中小学课程改革也具有重要的启示意义。

从 2006 年《李吉林文集》出版到 2008 年，时隔如此之近，李老师居然又出新成果，真可谓是辛勤的耕耘者。同时，我也感慨，李老师多次的学术活动，都能吸引全国大专院校和高等学府的知名专家、教授来参加，进行研讨，支持一个小学教师的实验与研究，如今更是逐渐形成了"中国情境教育学派"。她的魅力究竟何在？我们从她这本书中可以清晰地看到：情境教育既不是舶来品，也不是关在书房里想出来的，而是古今中外优秀的教育理论与李老师自己的教育实践相结合的产物，具有原创性，是 40 年实践探索的产物。这一成果具有浓郁的本土气息和民族特色，因为它深深植根于民族文化的沃土中，从中获取了丰富的养料。她的语文情境教学最初就是从中国古代文论的有关论述中获得的灵感，它很好地把握住了汉语讲究情致意蕴、凸显情境修辞、文道人道合一的民族文化特点，在具有形真、情切、意远、理寓其中等独特个性的教学活动中，引导学生通过情境体验，掌握具有人文特性的民族语言，并通过语言的学习，受到中华民族优秀文化的熏陶，升华民族文化精神和民族审美感情。最近，《教育研究》刊登了李老师长达 16000 字的新作《中国式的儿童情境学习范式的构建》，鲜明地显示了民族文化的独特优势，为民族优秀文化的进一步弘扬做出了积极贡献。这是非常难能可贵的。从李老师的身上，我们看到了她强烈的民族自尊心，看到了一个小学教师追求境界之高远。确实，中国的教育、中国的教育者应该走民族道路。

李老师 40 年来马不停蹄地往前走，她书稿的字里行间流露出的不仅有对民族的责任感，还有对承载着民族未来希望的儿童的热烈而深沉的爱。教育是充满情感和爱的事业，现代教育不仅要培养具有理性的人，还要培养情感健康的人。人的精神世界是由理性因素和非理性因素组成的完整的统一体，学生不仅仅是学习活动的承担者，还是有着多样化精神需求的活生生的个体。因此，学校教育除了要满足学生的认知需要外，还要注意满足学生丰富多彩的精神需求，帮助他们形成健康向上的精神世界。情境教育的基本着眼点却始终是学生身心的和谐发展。它通过各种符合学生学习心理特点和接近生活实际的情境的创设，巧妙地把学生的认知活动和情感活动结合起来，解决了长期以来因重认知、轻情感而带来的逻辑思维与形象思维不能协调发展的问题，提高了学生的思维品质。它将人的主动参与、主动发展置于核心地位，通过创设符合学生多方面发展需要的、充满美感和智慧的环境，促使学生在现实环境和主体活动的交互作用的统一和谐中获得生动、活泼、主动的发展。

李老师的这一新的研究成果具有极强的实践针对性和现实指导意义。她并不是一开始就提出要建立什么体系，而是从对传统教学弊端的批判与改造着手，使情境教学理论在实践过程中逐步形成发展起来。李老师长期工作在教学第一线，她立足教学改革实践，以满腔的热情与赤诚投入其中，全身心地体验和感悟教育的真谛，在实践过程中不断加深理性认识，在认识过程中又不断推进实践，通过这种实践与认识的良性循环，取得了教育实践成效和教育研究成果的双重丰收。

我的导师李秉德先生如果看到李吉林老师今天的成果，一定会非常欣慰。李秉德先生晚年移居北京，李吉林老师闻讯后，还特地前去看望。

老朋友重逢，李先生异常兴奋和欣喜。我想，李吉林老师所走过的道路，是一线教师特有的草根化的研究之路，这为实践工作者的专业化发展和中国教育科研提供了一个成功的、鲜活的范例。这或许正是当年李秉德先生如此看重李吉林老师，并寄予厚望的原因所在。是为序。

田慧生

2018 年 3 月 27 日

目　　录

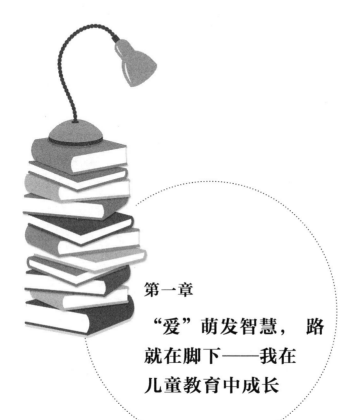

第一章

"爱"萌发智慧，路
就在脚下——我在
儿童教育中成长

我爱小池，也爱溪流，那是因为我爱它们的"明净"和"清远"。然而，生活里也少不了涌浪；倘若没有涌浪，我们便辜负了人生。小学教师的生活有时像小池的明净，有时像溪流的清远，但似乎少了一点跳跃的涌浪。于是，我便很向往大海的奔腾……①

我像所有人一样，曾经是儿童。尽管我的童年是清贫的，但我仍然享受到了作为儿童特有的幸福和快乐。

我的父亲早逝。小时候，我们住的房子又矮又小，石灰粉的墙壁早已灰黄。当独自躺在床上时，我会呆呆地看着那斑驳的墙壁，想象着小屋里没有的世界：一个和尚披着飘飘欲仙的袈裟向我走来，那宽大的袖子里藏着什么呢？是一棵长果子的大树，许多小鸟正向它飞来，回到自己的家……那时的我正像茅盾先生《天窗》中的主人公，努力地想透过天窗中的一

图 1　作者像

片蓝天，想象外面的世界。穷孩子也向往美好的生活。这虽然是瞬间的、虚幻的，但感觉是真切的。

小时候，我没有洋娃娃，没有布狗熊，更没有玩具汽车和积木。记得过年的时候，叔父给我买了个小拨浪鼓，圆圆的鼓面上画着红圈圈，两边的细绳子系着两个小鼓槌，只要转动鼓柄，就"拨浪拨浪"地响起来，就像一个扎着辫子的小姑娘在跳舞给我看。春天来了，我和邻居家的孩子在一张正方形的厚纸上插上两根芦苇，用土办法做成一只风筝，奔到空地上；随着那摇摇摆摆上天的风筝，我的心也欢跳不已。最难忘的是母亲给我买过一只万花筒，圆圆的筒子裹着兰底红花的纸，上面有一个小圆孔；我只要举起它，眯起一只眼，手一转动，就看到一幅想象不到的精彩的画面，再一转，又看到一幅，层出不穷。在我眼中，那简直是

---

① 摘自李吉林：《潺潺清泉——李吉林教育随笔》，13页，北京，教育科学出版社，2016。

璀璨的星空，是无数用珍珠装饰起来的矮人国宫殿，是诚实的孩子用老人给的斧子劈开的宝石山……我真是爱不释手！那小小的万花筒曾勾起我多少奇妙而美丽的幻想。

现在想起来，造物主是公平的，它不分贫富贵贱，把想象的翅膀同样赋予了穷孩子。

15岁那年，我初中毕业了，在升学志愿表上只填了两个学校：南通女子师范学校、南通师范学校，结果我被南通女子师范学校(以下简称女师)录取了。走进女师的校园，那整洁的校舍、悠扬的琴声、齐备的运动器械，一下子吸引了我。操场上、教室里，到处都是姑娘们的欢声笑语。我觉得自己来到了一个无拘无束的、可以自由驰骋的新天地。女师的教师是可敬的，也是可亲的。我在女师先后遇到的几名语文教师功底都很深厚，博学多才。他们或精通古诗词，或喜爱文学创作，或擅长书法；讲起课来也绘声绘色、旁征博引，使课堂充满生趣。他们是我的恩师，他们热情地称赞我的习作，并鼓励我搞文学创作，激励我不断向上，让我这个没有父亲的穷孩子，也怀着对生活的满腔热情敢于向往美好的未来。

对教师渊博的知识、精彩的语言、生动的教学方法，我十分敬慕；也很自然地想到自己将来也要当一名受学生欢迎的教师。所以在女师，除了学好功课外，我还积极参加各项课外活动：当广播员，办黑板报，课后打乒乓球、荡秋千；后来我还加入了南通市排球队，到省里参加比赛，成为排球二级运动员。我认真学习画画，练习美术字，参加诗歌朗诵会；和同学创作的舞蹈，在市级表演中获过奖。我也很喜欢音乐，学指挥、练弹琴；夏天小小的琴房又闷又热，还有蚊虫叮咬，但我感到乐趣无穷，整个身心都沉浸在琴声中了。这些在课外活动中学到的本领，在我后来的教师工作中发挥了很大的作用。如今看来，女师就是这样注重小学教师应有的思想素质、业务素质，连同身体素质的全面提高，有效地培养了我们作为一名小学教师应具备的才情和能力。

女师毕业，我才18岁，和许多青年人一样，朝气蓬勃，怀着美好的理想。因为国家大发展，那年的师范毕业生可以全部报考大学。我的毕业成绩优秀，当然也想去读大学。但是母亲无论从精神上还是经济上都承受不了我离开她去读大学。为了母亲，在读大学与教小学之间，我选择了教小学。教数学的吴韵篁老校长安慰我说："你工作了，每月工资大概是 28 元。你和母亲的生活费也就够了。"当时女师的很多教师都为我惋惜。但我并没有因为自己没读大学而妄自菲薄，心想，生活的道路是靠自己一步一个脚印走出来的。

1956 年的初秋，我怀着满腔热情和对未来的追求走进了小学。我终于能挣钱了，能养活母亲了！在放弃读大学的同时，我收获了作为女儿履行责任的一种快慰。当然，挣钱绝不是我生活的目的，我虽不敢有远大的抱负，但心里一直对自己说："当教师，就得当好教师，当孩子们喜欢的教师。"来到南通师范学校第二附属小学(以下简称二附小)，老校长缪镜心先生看我师范毕业成绩好，就让我教六年级的语文和音乐，并担任班主任。开学前，我已经把教案背得滚瓜烂熟，连走路也美美地念着，想象着自己和孩子们第一次见面时的欢乐场景。第二天，我满怀着美好的情感走进教室。当时 18 岁的我，也就比班上的学生大五六岁，他们用好奇的目光看着我，接着是一阵小声的议论，目光充满了疑惑。孩子们感觉不到我这名老师的威严，在他们眼中，我就是他们的姐姐。而我装也装不起来，红扑扑的圆脸上明明白白地写着：我喜欢你们。这一群淘气的孩子，常常耍逗我，甚至"捉弄"我，有时课几乎上不下去了。因为缺乏经验，班级被我管得糟糕透了。我不止一次伤心地哭过，心里想到正在大学读书的同学更是心酸。缪校长关心地来听我的课。课后，她对同事们说："李吉林这个小鬼，别看她班级管得不好，课上得还不错，是棵好苗子，可以好好培养。"于是，副校长、教导主任、数学任课教师都到班上来了，手把手帮助我搞好班集体工作，那种真诚和关爱我永远铭记心中。

活动课上，我和孩子们一起唱歌，帮他们排练节目，和他们一起转"巨人步"，甚至和男孩儿踢足球。课间，我接过孩子们手中的毽子，踢给他们看，我能踢出许多花式，一连踢几十个，孩子们兴奋地在一旁为我数数。课上，我更是想出许多办法吸引他们，把课上得生动有趣。孩子们心中是有一杆秤的，渐渐地他们觉得这小老师还不错，开始喜欢我了，喜欢上我的课了。转眼间，他们快升中学了，那年升学考试的作文题目是《我的班主任》。后来我得知，他们中很多人写了我，而且考的成绩还不错；有的还悄悄地送给我照片，作为留念。这是孩子们给我费力一年的可贵的奖赏。

我搏击在生活的第一个涌浪中，长了不少见识。不久，学校让我面向师范生开课了，评价不错。1958年秋，我被教育局借调到省教育厅教材编写室编写语文教学参考书，真可谓"黄毛丫头不知天高地厚"；现在回想起来，还不免惶恐。我在教材编写室工作了两个学期。当时的省教育厅厅长、教育家吴天石先生见我这么年轻，非常关心，路上遇见我也要停下来问长问短。1962年，江苏省召开语文教学座谈会，我再一次见到吴天石先生，还被指名参加了他亲自主持的一个小型座谈会。我坐在一旁不敢吭声，在吴天石先生的启发和鼓励下，我发了言。他说我谈得很好，会后让《江苏教育》的编辑约我把发言内容写成文章发表出来。我大为惊喜——我眼前仿佛展开了一个广阔的天地，我仿佛来到大海之滨，波涛的喧腾是那样诱人，我终身从事小学语文教学工作的志向就这样渐渐树立起来了。是的，此后，我兴致勃勃地研究小学语文教学，上了大量的研究课。每备一课，我总是一遍又一遍地写教案，改教案。夜深人静，万籁俱寂，只有心头的涛声激励着我，使我不敢偷闲。

在刚工作的几年中，我有好几次机会可以离开小学：当运动员，当跳伞队员，当演员。对青年人来说，这些工作都是颇有诱惑力的，而且是容易让人崭露头角的。但这些令人心驰神往的职业都没能动摇我"当好一名小学教师"的志向。我认为，读师范学校，当小学教师是天经地义的事，不必"这山望着那山高"。有人说，教师的工作是"照亮了别人，燃烧了自己"，这话只说对了一半；我认为，教师的工作是既照亮了别人，也发出了自己的光和热。把青春献给学生，从生命的价值观来衡量，是值得的。我送走了一批又一批学生，看到自己辛勤的劳动换来了学生的成长，看到他们在不同的岗位上所做的贡献，我就更体会到作为一名小学教育工作者的意义。

"文化大革命"期间，我困惑，但是我仍然那样深情地眷恋着我的校园，钟爱着我的学生和那熟悉的三尺讲台。我照样自己编写补充教材，照样教学生写作文，照样在灯下苦读……

1978 年 10 月，我被评为江苏省第一批特级教师。在 18 名特级教师中，我算是很年轻的了。母亲说："40 岁当特级教师，后半辈子就别想清闲了。"我想，我到这个世界上来，绝不是为了享清闲。为了这太阳底下最灿烂的事业吃苦受累，我心甘情愿。三个月后，我带着第一篇论文《小学低年级语文教学中的智力发展》到南京参加江苏省教育学会成立大会，并在会上宣读了论文。后来有人告诉我，是南京师范学院(现更名为南京师范大学)院长张焕庭教授看到这篇论文后认为很有新意而推荐我在大会上发言的。发言时我很紧张，也很兴奋，不免有些拘谨，然而论文的新意却激起了参会领导、专家的浓厚兴趣。会议未散，陶行知先生曾经的学生朱刚同志就邀请我在玄武大礼堂给南京市的教师做报告。消息不胫而走，在我回南通路过上海时，上海虹口区某学院的院长和教师闻风而来，请我给虹口区的教师做讲座。我绝没想到，一篇论文会引起这么大的反响。借参加江苏省教育学会成立大会的机会，我的第一篇论文从江苏到上海，引起了很大反响，一下子就有好几家杂志社，全文或分上下两期登载了我这篇论文。《江苏教育》最先在 1979 年的第 1 期和第 3 期两期全文登载。当时，在基础教育领域，关于发展儿童智力的文章少之又少，这篇论文在全国是第一篇，因此引起了学术界的很大关注。

大海的涌浪总是不停地向前奔流。我意识到，新的航程已经开始。我告诫自己：心要热，头脑要冷。我思考着：下一步怎么办？我想在训练语言中发展儿童的智力，为小学低年级语文教学打开一个新局面。但是训练语言和发展智力两者结合的途径是什么？我在反复思索后提出"提早起步，提高起点"的观点。然而又如何变成现实呢？于是，从教学现实的需要出发，我开始了情境教学的探索。

1980 年春天，校园里百花竞放，燕子也披着南国的春光飞来了。上海市著名特级教师袁瑢、倪谷音和华东师范大学、上海师范大学、上海教育出版社的专家、教授一行 20 余人莅临我所在的小学，这真是送教上门啊！我非常珍惜这难得的学习机会，诚恳地向上海的专家、教授们请教。我一下子在我的班上（二年级）开了五节课，三节课运用情境教学教授"小白花"的全过程，一节口头作文课"一瓶墨汁"，一节作文评讲课"精彩的马戏"。我坦诚地向上海的专家、教授们介绍，我们没有课题组，也没有很规范的课题研究计划，一切都在探索中。我向他们请教，虚心倾听他们的意见，从他们的评课中我得到了很大的启示，也受到了莫大的鼓舞，这促使我树立了把实验坚持下去的信心。我意识到，运用情境教学可以有效地发展儿童智力的诸多品质，而要把语言训练与智力发展更加紧密地结合，情境教学则是有效的手段。这次活动的更大收获是，我结识了上海师范学院的"三女将"——恽昭世、谢淑贞、柴崇英，以及华东师范大学教授卢寄萍、吴玉好等老师。他们这些理论工作者，对我这个实际工作者十分偏爱，从此，我与他们建立了联系。他们引我逐步进入学术界。第二年 5 月，谢淑贞老师推荐我参加全国教育工作实验小组在上海举行的学术活动，并安排我给上海教育界同人做题为《运用情境教学，进行审美教育》的讲座。在会上，我非常幸运地认识了华东师范大学比较教育研究所杜殿坤教授、中央教科所胡克英老师两位专家。两位专家说看过我的文章，实验搞得很不错，并恳切地鼓励我要形成自己的教学体系。他们的指导和帮助，是在更为广阔的理论背景下，针对中国小学语文教学的现实进行的，因而进一步打开了我的思路，使我在情境教学实验的过程中少走了弯路；实验很自然地被推向新的阶段，较快地进入了学科研究的前沿。此时此刻，我仿佛听到了涌浪的澎湃之声，又仿佛看到了田野长势正旺的麦苗向上拔节。我迫不及待地寻找理论，学习理论。现在回想起来，这些热心的专家、教授真是我终身难以忘怀的恩师。

我常常想，倘若是孤零零的一个我，就如同茫茫大海中的一叶小舟，那我只能在风浪中颠簸、挣扎，难以前进。然而，我总觉得在我的前面是光亮的，在我的周围有许多友爱的臂膀伸向我；我是那样具体地、深切地感受到改革开放后人与人之间、学者与一线教师之间手牵手，一个劲儿地跟着时代的脚步走，我能感受到其间的温暖、幸福。大家对我的真诚友爱和无私帮助，才使我得以成功。

回顾40年探索与研究情境教育的历程，我总是用心倾听时代的脚步声，听从伟大时代的召唤，随之紧紧跟上，不肯停步，脚踏实地往前走，充满了对祖国、对教育、对学生的赤诚的爱。我深深体悟到：爱，是当好教师的第一要素。

我想，做党和人民满意的好教师，首先要有对伟大祖国无限热爱的丰富而宽厚的情怀。我是20世纪50年代的师范生，是从贫穷中走过来的，是新中国培养出来的一代教师，我更懂得珍惜和感恩。我在初中学近代史时，就知道清朝的腐朽造成西方列强对祖国的一次次凶残的掠夺和践踏，这国耻深深地刻在我心中。记得1980年，我到国外去考察，当我看到国外学校的设施比我们的先进时，心里很不是滋味，坐在车上，心情不能平静。傍晚，我在日记本上写道："祖国母亲，我是第一次离开您的怀抱，第一次体验到想念祖国之情是何等的真切而圣洁。"我含着泪水写着："祖国母亲，您今天虽然贫穷，但是您的儿女不会嫌弃。我们要用勤劳和智慧让您富强起来……"当我到祖国给孩子们上课时，向他们讲述了我在国外的所见、所思，要他们从小立志，长大了用自己的双手和本领让祖国强盛起来。我讲得很激动，流露出心中对他们急切的期盼。当时就有孩子站起来说："李老师，您的脸都讲红了!"我把小学教师平凡的工作与祖国美好的未来联系起来，深刻地体验到教育是神圣的事业，我必须虔诚相对，这其中凝聚着我的理想信念。正是对伟大祖国始终不渝的爱，成为我40年坚持情境教育探索与理论研究的永不枯竭的力量源泉。

因为对祖国的爱，我作为教师，很自然地从国家利益、民族兴盛这样的高度去思考教育，满腔热情地从事每天的工作。这样的信念、这样的情感，必然会在教育教学中自然而然地流露出来，进而影响我的学生。进入这样美妙而圣洁的境界，自己的人格仿佛也升腾了。

心中充满对祖国庄重而深沉的爱，作为教师，我必然爱工作，爱学生。习近平总书记指出："爱是教育的灵魂，没有爱就没有教育。"在我心中，儿童是世界上最纯真、最具有向上性且又充满奇思妙想的人。半个多世纪以来，我一直生活在儿童中间，这是我人生的莫大幸福。我深深地爱着我的学生，对出身寒门的学生，我会更偏爱一点、厚爱一点，为他们送上温暖。在我心中，对学生的爱，不仅是关爱，还常有一种怜爱渗透其中。因为学生是小孩子，还不完全懂事，还很稚嫩；他们尚不知道，儿时的学习生活会怎样影响他们的未来。这样，教师担当的责任就更大了。于是，我心里总盘算着，怎样将真情、厚爱化成善导；怎样用爱心为他们遮风挡雨；怎样依循教育科学顺应他们的天性。每当面对学生的眼睛、学生的微笑、学生的哭泣，我不可能无动于衷。我必须琢磨学生的所思、所需、所爱、所畏……并给予恰当的回应。我还特别警惕，在教学中千万不能在不经意间泯灭了学生可贵的想象力和创造力，那会对学生造成无法弥补的伤害。

正如习近平总书记指出："爱心是学生打开知识之门、启迪心智的开始，爱心能够滋润浇开学生美丽的心灵之花。""好老师要用爱培育爱、激发爱、传播爱，通过真情、真心、真诚拉近同学生的距离，滋润学生的心田。"这诗一般的语言，其实就是教育规律的揭示。我多年来从事的情境教育与习近平总书记对教育的要求相契合，想起来我就倍感温暖和自豪。

因为爱，我不倦地在"小学里读大学"，努力拓宽自己的学术视野，加深自己的知识功底。我苦心研读中国古代文论经典《文心雕龙》，从中概括出"真、美、情、思"四大元素，发现这正是儿童发展所需的。于是，我将其创造性地应用于小学教育中。从情境教学，到情境教育，到情境课程，再到儿童情境学习，40年来，我为了儿童只做一个课题。为了这个神圣的目标，早已过了古稀之年的我又潜心学习脑科学和学习科学，从中为情境教育找到科学的理论支撑，使情境教育更具科学性、更具生命力。正是内心对儿童的爱，启迪了我的智慧。爱，让我在漫长的岁月中探索与研究情境教育，心无旁骛，沉浸其中。

我所探索、创立的情境教育，就是以美激爱，以爱导行，以情激智，以情为纽带缩短我与儿童之间的心理距离，把情感活动与认知活动结合起来。情境教育就是以情感为命脉，让儿童在美的愉悦中，在情感的驱动下，主动投入学习活动，享受学习活动带来的快乐——乐学使学习更高效。所以，中央电视台在播放采访我和李希贵校长的画面时，下面的字幕就是"个性与情境教育：基础教育的新方向"。简短的一句话，给了情境教育颇高的评价，更召唤着我和教师们坚持在实践中研究，进一步增强迈向情境教育新境界的信念。

为了儿童的学习，我围绕"情境"这一课题不知不觉竟做了 40 年，连我都惊讶于自己对小学教育、对儿童学习研究的执着和痴情。回眸 40 年走过的创新之路，我的感受可以用三个关键词来表达：甘愿、值得、快乐。

第二章

改革创新从发现弊端起步， 寻求教育现实问题的答案

耕耘总是和收获连在一起的，在情境中，课堂教学成了我和孩子们情感的对话、智慧的对话，这种情与智的交融，触动了孩子们的心灵，无论课堂现场还是课后与孩子们相处，都让我像农民一样看到了丰收的田野。

我不是农民，却是一个播种者；我不把谷子撒进泥土，却把另一种金色的种子播洒在孩子们的心田——那是一块奇异的土地，播下理想的种子，便会获得令人惊奇的收获。

1978 年，我已经 40 岁，但对我来说却是人生的第二个青春。改革的春风吹进校园，也吹开了我的心扉。我又可以无忧无虑地走到学生中间，仿佛一阵春雨洒落心田，顿觉久违的滋润和舒坦。我无比珍惜这美好的日子，总想用改革把过去 10 年的空白弥补回来。

我想，自己作为小学语文教师，一定要弄清楚整个小学阶段儿童学习语文的内在规律。于是，我主动向学校提出要求，从一年级教起。

走到一年级学生中间，我就会强烈地感到学生们是多么渴望学习。因为渴望，学习对于他们来说具有极大的吸引力。在他们的心中，上学一定是奥妙无穷的。但是，当时灌输式的课堂、封闭的学习环境与学生理想的学习王国都相距甚远。

当时语文教学是黑板上识字，课本上阅读；课复一课，学生就被关在小小的教室里。呆板、单调、低效的教学使学生失望了。我感觉到这是一片干涸的土地，一片没有诗意的、荒芜的土地，种子在这儿没法萌芽。这必然会扼杀儿童好奇求知、憧憬未来的天性。

渐渐地，我发现学生上课时神情有些茫然，明亮的眸子很少快活地闪动。这让我的心沉重起来，并为之焦虑。怎样让课堂丰富、生动起来，让学生健康快乐地成长呢？为了寻求答案，我义无反顾地踏上了漫长的探索之路。

我知道，教学的弊端是学生发展的羁绊。面对现实中教学的弊端，我束手无策。我像孩子一样迫不及待，一种强烈的改革现状的欲望使我的心平静不下来。

困惑中，我尝试运用外语教学中的情景教学，进而由"情景"联想到中国古诗词中的"意境"。翻开刘勰的《文心雕龙》，我深感"意境说"是中国文艺理论的经典，博大精深。它远比外语的情景教学更为丰富，且蕴含着东方文化的意蕴和审美情趣。由此我受到很大的启发，仿佛在迷雾中看到一盏"灯"，温柔地闪着光亮。

刘勰在"意境说"中阐明："情以物迁，辞以情发。"这表明人的情感随着客观外物的变化而变化，而情感会触动言辞的萌发。《文心雕龙·诠赋》中的"情以物兴，故义必明雅；物以情观，故词必巧丽"阐明了"物""情""辞"三者的关系。我琢磨着，倘若没有对"物"的感受，"情"如何"迁"，"情"不动，"辞"又如何发？

进而我考虑，作家的作品是走进生活、体验生活的结果。语文教材是生活的写照，是典型化了的生活。怎能以封闭的教学束缚学生，使他们在枯竭的断流中学习语文呢？封闭的教学环境使学生失去了学习的活力，就更谈不上让他们学好语文了。

我又想，古人知晓客观世界会影响人的情感变化，情感会触动言辞的萌发。但小学生不可能自发地像诗人那样萌发情感，去体验，去感悟，必须要有教师引导。

想通了这些，我终于拿定主意，决心带领学生走出小小的教室，走出封闭的课堂，走进周围世界，到大自然宽厚的怀抱中去。

为了使活动达到预期的目的，在学生观察以前，我迈开双脚，走出校园，走向郊外，优选适合学生的理想的典型场景。我首先考虑的是以怎样的"外物"，让学生感受到美，并怎样通过现场的场景触发学生的语言活动。学校北边的田野上、小河旁，高高耸立的光孝塔下（见图 2），城南的公园桥畔……都留下了我的足迹。我甚至为准备带领一年级学生看日出，半夜起床，孤身一人骑着自行车赶在黎明到来前，奔向事先选定的北濠桥，急切地等待着红

图 2　光孝塔下的教学

太阳从东方升起，看着霞光染红天边，想象着学生会用怎样的词汇、怎样的句子去描绘这一景象，那是怎样的一种诗情画意。选定观察点，便安排最优的观察程序，精心设计教师指导观察的导语，我竟做得如此有滋有味。

我把学生带出学校，走进我优选的场景。他们睁大眼睛看着这五彩斑斓的世界。春天来了，春风拂面，春光明媚，我和学生去寻找春姑娘的笑脸，观察春风中飘荡的柳枝、盛开的百花、采花蜜的小蜜蜂、钻出地面的青草；学生们快乐极了，现场进行即兴描述——《我看到了春姑娘的笑脸》。第二年，我让学生从更大的范围内继续感受春天的美景，进行观察情境写话——《春姑娘的大柳筐》。我把观察与语言训练结合起来，与思维发展结合起来，与想象结合起来。这样的题目要写真实的感受，要结合观察中获得的表象展开想象。我引导学生们去组合新的形象，他们想象到大柳筐里有花、有草，猜到大柳筐里有春风、有春雨、有春雷、有种子，还有青蛙妈妈刚生下的小蝌蚪……学生发现世界竟是如此美丽和神秘，我也为之兴奋不已。

在一次次这样的观察中，学生们是那样依恋、快乐地徜徉在大自然的怀抱中。大自然的现实场景像世间最生动的图画，一幅幅、一卷卷留在学生儿时的记忆中。无际的蓝天、朵朵的白云、红彤彤的晚霞、田野上弥漫的薄雾、淅淅沥沥的春雨、冬日里漫天飞舞的雪花、轰隆隆的雷声，还有那火红的太阳、弯弯的月儿、无数眨着眼睛的星星，能唤起学生多少神奇的幻想，又引着他们提出多少个"为什么"。学生的思绪仿佛插上了翅膀，在广阔的田野上自由地翱翔，他们幼小的心灵竟能装得下浩瀚的宇宙！学生们通过对周围世界的观察，获取了丰富的题材，他们乐此不疲。

一、开发全新的情境作文新天地
——儿童习作提早起步

在那充满美感的世界中，学生兴奋得如同小鸟从笼中飞回了林间，在充分感受自然美的同时，获得了对周围世界的许多鲜明美好的印象。这种开放式信息的储存，为学生提供了丰富的语言形象，并且使他们获得了源源不断的思维素材。

其实，语言本来就来源于生活；语言的发生同样来自生活中交往的需要、自我表白的需要，这些鲜活的画面都成了学生笔下的生动文字。原本让多少学生苦恼的作文，对我带的实验班的学生来说却成了一种快乐。

发展儿童语言，使之逐步掌握祖国的语言，是小学语文教学的重要任务之一。语言，作为一种工具，在儿童发展中显示了它特有的职能。除了通常所说的语言是交流思想(或交际)的工具的一般职能外，语言对于儿童更有其特殊的作用。儿童是以语言的形式，即借助语言、借助词汇符号系统去领会、理解教材内容及教师的讲述。简言之，儿童通过语言去学习知识，掌握不了语言，也就掌握不了知识。从儿童的智力活动来说，语言是儿童进行感知、记忆、思维、想象一系列智力活动的工具。引领儿童学习语言，是儿童发展中必不可少的重要的教学任务；汉语言文字是特别讲究神韵的，课文又是以情景交融为主要特色的。因此，学好母语，教好语文，在促进儿童心理品质的发展中所起的作用更是其他学科不可替代的。对于以引导儿童学习掌握语言为己任的小学语文教学来说，通过有效途径来发展儿童的语言，促使他们更好地掌握知识、发展智力、陶冶情操就显得十分重要。

发展儿童的语言在小学教学中主要是通过说话、作文，以及阅读教学的训练进行的。下面就谈一谈说话、作文教学中如何发展儿童语言。

（一）观察情境，认识周围世界，获取语言材料

如果儿童对周围世界缺乏认识，那要让他们去表达，去反映，无疑困难重重。没有源，哪来流？要发展儿童的语言，教师必须引导他们去认识周围世界，到语言的源泉中去汲取养料。情境教学正是抓住了儿童认识世界、学习语言的规律，十分注重儿童与大自然的接触，引导他们观察情境，由近及远、由表及里地渐次地认识周围世界。

就拿四季来说，怎样选取鲜明的感知目标呢？一年四季，循环往复，大自然随着季节的更替而变化。四季的景象，可以说是儿童感受大自然之美的集中的、典型的场景。我们应该让学生去尽情地享受。他们来到这个世界，自懂事开始，也只不过是屈指可数的几个春秋。万物在四季中发生的变化，对他们来讲该是多么新鲜。而每名学生、每日每时又都生活在一定的季节中，让他们观察不同季节的景象，寻找取之不尽的素材，也是轻而易举的。因此，在实验班，让学生观察四季的景象，几乎是"传统的项目"。比如，春天的田野、夏夜的繁星、秋天的明月、冬天的雪。春天，我们观察春雨后的新绿；秋天，我们编写《秋叶讲的故事》，循着桂花的芳香找桂花、看桂花，站在桂花树下与桂花问来答去，坐在草坪上编写《桂花姑娘》的童话……大自然浓郁的芳香、庞大的形体、丰富的形象、鲜艳夺目的色彩和沁人心田的美感，使我和学生不止一次地陶醉了，我们美得、乐得流连忘返，获得了具体生活的语言素材。

当然，观察季节，也同样得优选具有季节典型特征的时间和背景。春天，当然应该让学生看到百花盛开、万象更新的景色。于是，当春姑娘的脚步走近时，我总是那么热切地等候着阳春三月的到来。我通常选择风和日丽的日子，而并不是在春寒料峭、棉衣在身的时候，那时学生们怎么能获得对春天的最典型的印象呢。我带领学生来到郊外"找春天"，具体感受春风拂面、阳光和煦的明媚春光，仿佛看到春姑娘正在向我们微笑；接着，我再让学生进行题为"我看到春姑娘的笑脸"的观察说话。看月亮，当然是中秋最佳了，所谓"月到中秋分外明"。秋夜深蓝的夜空显得格外明净。我带领学生去看月亮，写下《秋夜看月亮》的习作。看秋天的田野，当然要到收获的时候，稻子要黄有黄，棉花要白有白，广阔的田野呈现出一派丰收的景象，学生站在丰收的田野中，常深深地感叹："秋天确是一个收获的季节。"而深秋，我们又可以领略傲霜的秋菊、红似二月花的枫叶，体味秋天的另一番景象。这样，学生对不同季节的印象是深刻的，认识是较为具体的。

在带领学生认识四季时，我还常常选取一些表明季节特征的小生灵，让学生进一步领略大自然的乐趣，培养他们美好的情趣和仔细观察的能力。春天，我总是设法让学生看到春天的使者燕子在柳枝间、在田野上疾飞的矫健的身姿，小蜜蜂、花蝴蝶在花间飞舞的充满美感的画面，这样，在说话、作文时，他们的语言就丰富多了。为了让学生连续观察一个事物，我发动他们进行一些饲养活动，如观察蚕的整个生长过程；观察小蝌蚪，了解蝌蚪变青蛙的过程。夏天，我引导学生聆听蝉鸣蛙叫，由整体到部分观察分析蝉、蛙的生理结构、生活特点，从而加深他们对事物的认识。夏去秋来，我让学生去看一看南飞的大雁，引导他们想象大雁南飞的艰苦历程、孤雁的忧愁，同时认识候鸟的特征。冬天，虽是万物萧索，但那冬眠的乌龟、雪后的小麻雀……都可以吸引学生用新奇的目光去看这色彩斑斓的世界。

在观察日月星辰、山川田野等其他自然景观时，我们同样要选取富有美感的典型的场景，并要随着年级的升高，逐步增加难度。

除了观察大自然外，我们还应该引导学生去观察社会生活。每个孩子都是社会中的人，都生活在社会之中，需要认识周围世界。通过观察社会生活的典型场景，我们逐步引导学生去认识社会。要观察社会生活，总离不开对周围人的观察，因为"人"是社会生活的主体。因此，在引导学生认识社会生活时，我从身边的事物开始教会他们观察人物，观察生活的情景。例如，我们的老校长是一名热爱教育事业的好老师，学生们能写老校长的什么呢？写来写去无非就是老校长"两鬓斑白""鼻子上架着一副高度近视的眼镜""矮矮的身材""每天上班最早、下班最迟"诸如此类的笼统印象。但是在引导学生观察情境后，情况就大不一样了。我优选了一组有关老校长生活的情境，让学生去观察、去认识老校长。

我创设了这样几个情境。

情境一：傍晚，暮色降临大地，校长室亮起了灯光。我让学生轻轻地走进校长室，他们看到老校长正专心致志地伏案工作。这是一个鲜明的形象——一个为教育忘我工作的老教育工作者的形象。在这感人的生动的情景中，有的学生情不自禁地问老校长："老校长，天都快黑了，您怎么还不回家？"这一问题的提出，说明学生对生活进行了思考。老校长亲切地说："我有一个习惯，一天的工作不做完，回家吃饭也不香。"简单朴素的一句话，使学生惊异了。他们第一次懂得了，对于老校长来说，工作比吃饭还要紧，他们也领悟到了教师是多么了不起。

情境二：我让学生观察老校长早晨的工作情景以及放学时在校门口护送着一队队学生回家的情景。老校长的爱生之心，再一次感动了学生。

这样的"跟踪观察"，使学生对老校长有了更多的了解。几天后，我让学生写关于老校长的习作，他们为之欢呼雀跃，他们由衷地赞美老校长。"情"既然"动"，"辞"也必然"发"。这样他们写老校长就写得具体形象了，不少学生还写了许多生动的细节。这一例子说明了深入细致地观察社会生活情境对于儿童认识和表达的意义。

无论观察大自然的景象，还是观察社会生活的场景，在选择观察的客体后，观察的时间也很有讲究。观察荷花，最好是在清晨或雨后，荷叶上水珠滚动，荷花上清水滴滴，更可显示荷花的美。要让学生写《奶牛》《我爱奶牛》，一定要在奶牛产奶前赶到，让学生亲眼看到奶牛吃的是"草"，挤出的是"奶"的真实情景。学生观察"日出""月出"也应事先了解好某个季节当地日出、月出的时间，确定好提前到达的时间。只有这样精心优选，感知目标才能鲜明。

安排合理的观察程序也很重要。观察客体选定后，如何指导学生一步步去认识客体，也需要教师在观察前去实地构想，合理安排。观察程序的安排，一方面能使观察活动有顺序地进行，让学生获得的素材是有序的；另一方面能使观察活动更为引人入胜。观察有了程序，学生在观察中的思维活动才是有序的，表述起来才不至于杂乱无章。例如，"看桂花"一课就安排了"找桂花—看桂花—闻桂花—捡桂花"这由近及远、由观察客体到进入客体，通过认知活动与情感活动的结合来认识桂花、欣赏桂花的程序；"秋夜看月亮"一课则安排了"等待月亮升起—看月亮升起—看月亮越升越高—低头看月亮照耀下的河水、河畔—看明月中天—看月亮在云朵中穿行—听晚风中我们与月亮捉迷藏的歌声"这样的程序，让学生领略月亮升起时渐变的美好景象，从宁静中感受一种微妙的渐渐扩大开去的景观，让学生进入诗一般的意境中。记得那次我带领学生观察奶牛，粗看上去似乎是按照从整体到局部的程序进行观察，但实际上，带学生观察奶牛是为了让学生认识奶牛的品格。于是，我先带领学生远远地看一头奶牛温顺地站在牛棚里吃饲料的情景，再近看奶牛吃的饲料是粗劣的干草、山芋藤，然后看挤奶工人给奶牛挤奶的情景。此时，我提醒学生注意观察奶牛那温顺柔和的目光和桶里那白花花的牛奶，让学生认识奶牛对人的要求之低，吃的是"草"，而挤出的却是"奶"的带有哲理的品格特点。这样安排程序，是由观察的目的决定的。如果先让学生看奶牛的身体，再看奶牛的眼睛、鼻子、嘴巴，这似乎是从整体到局部，但是那是认识动物外形的一般程序，与认识奶牛的品格的观察目的就不相吻合了。这样的顺序由于顺应了儿童的认识规律，往往可以激起他们的好奇心和对美的追求，使他们的认识活动可以伴随着情感进行，这样就有可能使他们达到"情动而辞发"。

此外，教师还需要设计富有启发性的导语。在安排合理的观察程序的过程中，教师应预估学生可能产生的情绪和做出的反应，同时设计好相应的启发性的导语。导语的作用主要包括三方面：一是激起学生的情绪；二是指导学生进一步观察客体；三是利用学生做出的反应，引导他们做即兴表述，从而达到加深对被观察客体的认识的目的。例如，当学生看到挤奶工人从奶牛的身体里挤出一桶一桶的牛奶时，我设计了这样的导语："看到这白花花的牛奶时，你们想到些什么?"这一问题就促使学生展开联想："我想到自己每天喝的牛奶，就是从奶牛的身体里挤出来的。""我想到有许多小孩生下来，他们的妈妈没有奶，就用牛奶代替人奶，牛奶养活了多少小生命。""我想到奶牛把这么好的奶奉献给人类，而它们对人类的要求是那么低，就是那些草、那些瓜藤。""我想到我们吃的奶糖、冰砖、冰激凌、奶油饼干里面都有牛奶，如果没有牛奶，这些食品远远没有现在这么好吃。"这些即兴的表述，不仅讲出了奶牛的特点、奶牛对人类的贡献，更重要的是促使学生在情绪最佳的状态下，把眼前的形象组合成新的形象，用恰当的语言表达出来，同时也培养起学生对奶牛的深厚情感。

情境教学让学生通过视觉和听觉非常具体地认识了周围世界。这种亲眼所见、亲耳所闻的实际感受，即"多见而识之"，使他们获得了说话、写话的丰富题材，不必为"无米之炊"而苦恼；让他们在语言发展较为敏感的时期，就一景一物说出、写出一篇短文，虽短却言之有物。正因为有了观察，学生才能做到把词与周围世界联系起来，语言准确、鲜明、生动。

（二）体验情境， 审美愉悦， 激发表达欲望

儿童的语言活动，无论说话，还是作文都需要综合运用字、词、句以至篇章知识及基本技能去表情达意。在这种具有一定难度的创造性作业中，教师必须引导儿童主动参与、主动投入。在儿童观察情境，获得语言素材后，很重要的是激发他们的学习动机，使他们产生表达的欲望。叶圣陶先生在《作文论》中指出："语言发生的本身，是为着要在人群里表白自我，或要鸣发内心的感兴，顺着这两个倾向，自然会不容自遏地高兴地说。"可以说，这"两个倾向"，正是激发儿童写作欲望的基本途径。而对初学说话、作文的儿童来说，教师尤其要以引导其"鸣发内心的感兴"为主。因为"内心的感兴"正是儿童从生活中、从周围世界中获得的真切的感受。所谓"感兴"，便是"感受"与"情致"。如何使儿童在观察情境中获得真切的"感受"，激起"情致"，产生一种兴奋的急于表达的欲望？针对儿童爱美的天性，教师选取的感知目标、创设的情境，不仅要鲜明，而且要美，或外表呈现美，或内在蕴含美，从而使情境作为审美客体展示在儿童眼前；而儿童则作为审美主体观察情境，通过感官与心智感受美，获得审美体验。在审美愉悦的冲动下，儿童便会高高兴兴地、不容自遏地去说、去写。因为在表达美的景、美的人、美的事时，美好的情绪本身，便是一种极大的快乐——美与创造融为一体的快乐。

1. 在情境中把观察与审美感受结合起来

针对儿童的心理和儿童感知的目标，情境教学优选周围世界中美好的事物，这种现实生活场景的美感，正符合儿童的兴趣和需要。由于儿童认识及鉴赏能力所限，他们对初升的太阳、绚丽的晚霞、雨后的彩虹、雾中的塔影、轻轻流淌的小河、路边默默开放的野花，以及社会生活中的画面，那静立的路灯、黎明即起的清洁工、灯下孜孜不倦的教师……

这些生活中熟知的事事物物，并不一定会惊叹、赞美，也就是说儿童审美能力、对美的感受是需要精心培养的。要让儿童在美中感受美，需要教师的引导和富有情感的提示、唤醒。例如，我带领学生来到丝瓜、扁豆棚下，学生就会从丝瓜、扁豆花的繁多、色彩的鲜艳、姿态的奇丽，感受到田间瓜豆的美。这生动地说明，儿童的美感是在对客体的认识过程中产生的，是通过感官获得的。在把学生带入情境后，我常常引导学生去看、去倾听，用整个心灵去感受那些情境中最富美感的、静态的或动态的美，即大自然中那些处于发展变化中的事物和现象，比方说，日出、月食，在雷中感受大自然特有的磅礴气势和力量。在大自然的怀抱中，无论初升的朝阳，还是皎洁的月亮；无论蒙蒙的细雨，还是电闪雷鸣；也无论盛开的花朵，还是默默无闻的小草……这一切，都是大自然早已为儿童准备好的观察素材。教师引导儿童观察大自然的动态时，要关注大自然中那些处于发展变化中的事物和现象，引导儿童注意它们的变化过程。总之，教师都应将大自然永恒的状态和大自然发生急剧变化的景象，融入指导儿童具体观察的过程中。此外，教师还应该引导儿童倾听大自然的声音，使其展开联想。例如，春雨落地是什么声音，寒风呼号是怎样的节奏，夏日的蝉鸣、青蛙的歌唱是怎样的热烈，秋夜的蟋蟀、纺织娘、金铃子演奏的乐曲又是怎样的和谐……当学生听到秋夜蟋蟀的叫声时，他们会别有兴致地狂想《小蟋蟀唱的什么歌》，是在说"今晚月亮特别好"，还是"为谁召开音乐会"？学生由此感受大自然中美妙的声响，感受生活中明快的节奏。因为感受到了美，他们就急切地想把眼前的景物表达出来，从"感受美"到"表达美"也就水到渠成了。

2. 在情境中把观察与想象结合起来

想象是发展儿童创造力，陶冶儿童高尚情操的重要智力因素。通过想象活动的展开，观察的客体便会带着主观的想象，在儿童眼前呈现出鲜艳、瑰丽的画面，显得分外丰富。想象参与观察，就强化了主观感受性。早在实验班学生还在低年级时，我就引导他们看看，想想："眼前的景物，那色彩、那姿态，像什么？""你看着它，它是不是也在瞧着你，还想跟你说些什么？"这样一想，学生的心就好像插上了想象的翅膀。有的学生看到月光洒在河面上，河水波光粼粼的景象，描述说像星星在眨眼，又像银色的小鱼在蹦跳。因为他们观察得细致，边观察边思考，所以他们写的河水好像在流动，这样展开想象，他们的语言也就会生动形象起来。

由于想象是将积累的表象加以改造，所以必须开拓想象的空间，让学生想象的翅膀能在一个广阔的天地间翱翔。为了做到这一点，教师在设计观察活动时要选取、利用那些粗略的客体，为学生的想象留有余地之意。远方的群山、变幻的云霞、模糊的雾景、飘忽的种子、高飞的鸟雀以至那刚破土的小苗等意象广远的事物，都是训练学生想象的理想情境，学生凭借眼前的事物想象开去。观察风筝时，我让学生以猜想的方式展开想象："你们猜想，蝴蝶风筝飞得这么高，蜜蜂风筝跟在它身后，他们要到哪儿去？""小金鱼风筝甩着尾巴飘来飘去，是在找什么吗？"我有意运用拟人的手法，意在激情。于是，学生也美美地想开了。"蝴蝶和蜜蜂一起去采花蜜，因为天上有个大极了的花园，里面有许多地上没有的奇花。""那小金鱼大概在找池塘，找小河，可是天上怎么留得住水呢？小金鱼还是游到地上来吧。"拟人手法的运用，很有效地将学生的情感转移到风筝上，仿佛那蓝天上的风筝有了生命。有了情感，学生的想象随着远去的风筝不自禁地展开了，学生的语言也随着情感活动、思维活动，一下子丰富起来，表达欲望也更加强烈了。

3. 在情境中把观察与即兴描述结合起来

当学生在情境中感受美时，往往会情不自禁地惊呼其美，津津乐道或同伴之间窃窃私语，交流美的感受。应该说，这是表达的自然流露，教师必须不失时机地加以强化，以使学生形成明确的较为稳定的表达欲望。因此，教师应善于利用学生的情绪，在他们获得美的感受时引导他们进行片段即兴描述。当我带领学生观察校园里的花时，他们看了朵朵鲜花，都兴致勃勃地赞美起来，我便引导他们做即兴描述："小朋友们，校园里的花美丽极了，你们爱哪些花？"

学生踊跃地将自己的感受告诉我："老师，我喜欢翠菊、爆竹红、恋蝶花和美人蕉。""我喜欢鸡冠花，还喜欢万寿菊，更喜欢千日花。"

"我爱万寿菊，我爱美人蕉，我爱鸡冠花，在这许多花里，我最喜欢美人蕉。"我又追问："你为什么喜欢美人蕉呢？你觉得美人蕉的什么好看？"学生面对花红叶绿的美人蕉，争先恐后地说："美人蕉的名字好听。""美人蕉的外形漂亮。""美人蕉的色彩鲜艳。""我站在美人蕉前，美人蕉像小姑娘头上的蝴蝶结。一阵微风吹来，美人蕉摇摆几下，好像对我们微笑哩！"

下雾了，我让学生去看大雾笼罩的朦胧景象；太阳出来了，雾消退了，地面上的景物又恢复了先前的明亮。教授"初冬"一课前，我特地让学生观察了雾景，这样，他们对课文中描写的"白茫茫的一片大雾""田野、树林像隔着一层纱，模模糊糊看不清""太阳发出淡淡的光，一点也不耀眼"这些雾中的景象就感到特别亲切。

正是由于学生从周围世界中获得了真切的美的感受，产生了兴奋的情绪，观察后写的作文都很具体生动。高年级的学生甚至写得很动情，文笔很清新。正如叶圣陶先生指出的那样："有了优美的原料可制成美好的器物。"周围世界的新奇、美感，引发学生"内心的感兴"，教师顺势启发，使学生展开想象，引导他们把所见、所闻、所感即时表达出来，这便顺乎了学生内心的驱动，使其进入"情动而辞发"的状态。

（三）优化情境，教师指导观察与表达，拓宽学生思维空间

说话、作文是语言的训练，也是思维的训练，因为语言是思维的直接现实。乌申斯基指出，语言乃思维的有机创造。它扎根于思想之中，并且从思想中不断地发展起来。所以，教师应该注意学生思维的发展，尤其是创造性思维的发展，这样学生才能说出、写出自己的感受，表达能力才能得到较快的提高。因此，在今天发展儿童语言的相关课程的教学与训练中，我们必须着眼于儿童思维的发展。情境教学则通过优化情境，在指导儿童观察与表达中，拓宽其思路，把训练语言与发展智力结合起来。倘若儿童的表达训练，亦步亦趋，作"遵命之作"，那势必限制儿童的思维，在狭小的思维空间里儿童的语言是很难发展的。

那么，我们怎样优化情境来拓宽儿童的思维空间呢？

1. 通过丰富情境拓宽思维空间

在教师优选生活场景为学生提供观察客体时，学生往往因为情境的真切、富有美感而获得说话、作文的题材。为了进一步打开学生的思路，教师应该精心设计情境，可以在广阔的情境中围绕主题再添加一个细节，或一个小景，或一两个角色，或一两件小道具，这样可以使情境顿时增色不少、添趣不少。例如，我带领学生观察冬天，在优选的冬天的场景中，在校园的假山洞，添加一只"小黑熊"；在小池塘边凹形的一角，安排了一只冬眠的"乌龟"和一只冬眠的"青蛙"，让学生感到特别惊喜。小动物的出现，将学生进入冬天情境后的兴奋情绪一下子推向高潮。他们按捺不住内心的激动，喊起来，跳起来，拍起手来。这就帮助儿童从冬天的静景，联想到动物是怎样过冬的情态，且又与课本学习的内容紧密相连。学生们说起来、写起来思路也大大地开阔了。再如，我让四年级学生写《稻草人冬游小园》，在创设冬天的小园的情境时，在后院放置一个大水盆，作为模拟的"小池塘"，盆边插着几根枯黄的芦苇，芦苇边放着两只"小鸭"。这添加的景致，使单纯写景的画面有了动态，有了生趣。学生进入小园情境后，看到这小景，仿佛看到了真的小池塘，看到了小鸭偎依在芦苇丛中的真切生活情景，这丰富的情境非常有效地帮助学生打开了思路。这说明，情境本身需要有一定的包容量，情境过于单调，不易于拓宽学生的思路。

2. 通过赋予情境理念拓宽思维空间

既然是情境，就不可能是平面的。情境实际上是一个多维的、典型的生活空间，并且是蕴含其理念的。教师带领儿童观察情境，也必须是多层面的。尤其是情境蕴含的理念，往往在观察生活情境时容易被忽略。优选的情境反映了周围世界(包括大自然的或社会生活的)的一种现象、一种场景，给儿童提供了有关世界的初步认识，或知识的，或思想的，或道德的。例如，在二年级说话课"圣诞老人的礼物"上，我创设了圣诞老人带着许多新年礼物来到孩子们中间的情境，从圣诞老人慈爱的形象到圣诞树上挂着的小彩灯、小糖果、小蛋糕、小玩具……这个生动的情境使孩子们乐不可支。在设计情境时，当圣诞老人出现在孩子们中间并和他们亲切交谈时，我增设了一个情节。圣诞老人对孩子们说："孩子们，我今天给你们带来了许多礼物，你们猜猜有哪些礼物?"孩子们越猜越带劲儿。就在这热烈的情绪中，圣诞老人说："这些礼物都是送给你们的，不过得有个条件，那就是你们准备怎样用这些礼物去帮助认识的和不认识的人?"一个问题情境，使孩子们的情绪不再停留在表面的热烈上，而是促使他们带着热烈的情绪往深处想。当一个孩子接到圣诞老人送的一把小梳子时，想了想说："我奶奶年纪大了，手不方便举起来，我准备用这把小梳子帮奶奶梳头。"当圣诞老人拿出一把小剪刀时，孩子们抢着说："我要用这把小剪刀帮幼儿园小朋友剪指甲。""我要用这把小剪刀剪最漂亮的窗花，贴在老师的玻璃窗上。"显然，这有利于发展儿童思维的深刻性，提高其思维品质。

3. 通过想象情境拓宽思维空间

为儿童提供的观察情境，似乎是有限的生活空间，然而，人的想象是无限的。想象的展开，可以拓宽情境，而且正是这种想象情境才构成情境的广远的意境。例如，我带领学生拔萝卜，学生来到萝卜地，我先让他们观察萝卜的茎叶，紧接着观察突出地面的红萝卜，唤起学生的注意，让他们想到萝卜已经长大，它在地下闷得慌了，急于想出来。于是，学生怀着帮助萝卜娃娃从地下来到这个美好世界的情感，起劲儿地拔起萝卜。萝卜拔出来了，我让学生将萝卜头朝上，叶子朝下，然后仔细地端详这刚出土的萝卜：那红红的圆圆的脸蛋，上面的根须宛如娃娃头上的小辫子，下面的萝卜叶不正是绿色的围裙吗？学生兴致勃勃地嚷起来："萝卜真像个小娃娃。""对，就是萝卜娃娃!"我说："萝卜娃娃在地下闷得慌了，现在就让它到这田野中呼吸呼吸新鲜的空气，好好看看这美丽的田野吧。"于是孩子们带着萝卜娃娃先看蓝天、白云，再看田野、小河，然后走到农民伯伯的身边，感谢农民伯伯辛勤的栽培。不难看出，一次拔萝卜的活动情境，由于想象的展示拓宽了情境，从地下到天上，再从天上到地上，从景物到人物，从参加劳动到观察农田，极大地开阔了学生的视野。想象的展开、情感的参与，使学生兴致勃勃。不知道在什么时候，学生不约而同地从田埂上挖起了小泥巴，捏成几小块，贴在萝卜娃娃的脸蛋上，让萝卜娃娃长上"眼睛""鼻子""嘴巴"。这样，在移情的作用下，他们用萝卜娃娃的眼睛新奇地看着蓝天、田野、小河……他们深情地对农民伯伯说："当我口渴的时候，是您给我水喝；当我肚子饿的时候，是您给我施肥；当虫子咬我的时候，是您给我捉虫……"最后，我顺着学生的思路、情绪，给这次观察说话、写话出了个题目《萝卜娃娃看到了田野》。学生在心理上感到一种满足，也就写出了很好的作文。事实上，儿童是最富有想象力的，离开了他们特有的想象，就写不出具有儿童情趣的作文了。想象情境正是针对儿童的思维特点，因势利导地进行的；也正因为是顺势，所以在教学过程中，教师实施起来也很方便，很容易见效，只需要有意识地点拨、启发即可。

4. 通过表达方式的自选拓宽思维空间

儿童作文主要是写记叙文，记叙文在表达方式上应该是灵活多样的。儿童在说话、作文中的语言，往往是他们思维活动、情感活动留下的痕迹，表达方式的择定同样是发展儿童思维和语言的重要因素。所以表达方式应求异，不应求同，由学生各自择定为最佳。

题目首先要能激起儿童的情趣，给他们各自选取合适题材以比较宽泛的思维空间。通俗地说，题目上应"放"，而不是"收"，让学生自己选择熟悉的、亲切的人和景。

这正如欧阳修所说："作文之体，初欲奔驰。"教师要从题目的宽泛做起抓住关键。题目宽泛也并不等于完全让学生自由命题。由于教学对象是小学生，十来岁的孩子生活阅历是极其简单的，让他们完全自由命题，他们会感到困惑。所以比较好的办法就是教师明确写作的范围，从时间上、空间上或人物关系上，大致提供一个范围，便于学生从这一范围中搜集材料，然后通过比较选定题目。例如，"春节记事"这样的题目就只是提供了一个时间范围，只要是在春节期间发生的事，至于写哪一件，就由学生自己选择了。这样，学生就可以写《我第一次放鞭炮》，可以写《妈妈给的压岁钱》，也可以写《买年货》《恭喜发财》《我穿上了新大衣》《大年初一》等，这些都是学生自己确定的、自己想写的题目。既然是"自己出题目自己作文"，学生写作的主动性当然要比"老师命题要我写"强多了。

　　学生确定了题目，素材基本上也就定了。在一般的指导课中，教师出题后，带领全班同学集体讨论，编写提纲。40多名学生一个思维程序，那显然忽视了他们经验的差异。严格地说，这违背了儿童的认识规律，离开了他们各自喜好的情感驱动。在指导过程中，教师应提供提纲的多种组合，灵活编排。教师在指导时，应把握这两条："顺叙"是"有序"的，"有序"的并不只是"顺叙"。掌握这两条，学生在编写提纲时，思维状态就是有序的，但又是灵活变通的。例如，我让四年级学生写《我有一双灵巧的小手》，副标题为"我制作××"，由学生自定。有一名学生在交流时说："我准备分三段来写。第一段，我有一双小巧手；第二段，我用小巧手制作了一架小飞机；第三段，我的小飞机飞上了天。"我说："这个提纲很好，你只想到这一种顺序吗？同样的内容，是不是还有其他的顺序？"这一问，学生的思维就定不了"势"，就必然会变通"求异"，思维变通了，思路也就随之打开了。于是，甲学生说："第一段可以先说我的小飞机飞上天了，然后再说制作小飞机的过程，最后赞美自己的一双小巧手。这个顺序由原来'1—2—3'的排列变成了'3—2—1'，这就是倒叙。"乙学生又说："可以不写第一段，直接写我制作小飞机的经过，然后再说制作的结果，这是把'1—2—3'变成'2—3'。"这样做就是鼓励学生说话、做事要有自己的思路，儿童思维的创造性就在这普通的篇章训练中得到发展，思维程序也富有逻辑性了。

　　情境教学为了发展儿童的语言，着眼于儿童思维的发展，努力从整个情境的设计、优选以及情境中指导学生观察、想象、表达多方面拓宽儿童的思维空间，收到了很好的效果，既训练了儿童的语言，又发展了其思维。在题目及提纲由学生自主选择后，教师应引导学生运用最能表达自己真情实感的方式表达。例如，改变人称是表达方式之一，我引导学生把记叙客观对象是第三人称的改为第一人称。《我是一棵蒲公英》中的第一人称有效地激起了学生表达的热情，缩短了记叙对象和小作者之间的距离。用第二人称也是一种促使学生运用语言文字生动抒发情感的理想的记叙方式。因为运用第二人称，仿佛描写对象就在学生身边，可以直接与之对话。例如，写妈妈时，用"妈妈，您太累了"就比"我的妈妈真辛苦"更能激起学生的情绪，更令人感到亲切。再如，运用拟人手法进行表述，往往使学生脑洞大开，使描写的客体人格化；通过移情作用，学生能把客体描写得有情有意。在前面提到的拔萝卜的活动中，我让学生运用"萝卜娃娃看到了田野"这种把萝卜人格化的表达方式，写出了一篇篇富有情趣的习作。

（四）描述情境， 通过多样化的语言训练， 使学生练好基本功

作文对于儿童来说，是件难事。因为作文一要题材，二要感受，三要综合运用字、词、句、篇。然而，儿童对生活、对人的情感缺乏理解，感受不深；用语言表情达意，功夫不够，语言工具尚未掌握好。由于作文的客观要求和儿童主观能力的不足，儿童作文难度是比较大的。因此作文训练的形式应该多样化，切忌以"命题作文"这种刻板的、被动应付的方式作为唯一的训练方式，教师应针对儿童的特点、儿童的情趣、语言的实际能力、应用的需要，辅以多种形式的训练。

目前的说话、作文形式过于单一，一般是统一命题，儿童习作千篇一律也就难免了，这给儿童语言的发展造成很大障碍。情境教学充分利用情境的美感、宽阔的思维空间，使学生乐在其中。

1. 训练从说、写"一句话"开始

我引导学生从生活的情境取材，引导他们写自己一天中最想说的、最高兴说的一句话。于是，学生就把他们看的、听的、想的、最有趣的，用一句话表达出来，可以是写人的、写事的，也可以是写景的、写物的。渐渐地，学生从自己写的许许多多的"一句话"中，懂得了一个句子可以回答"什么，怎么样""什么人，做什么""什么东西，怎么样""什么地方，怎么样"，等等。句子的概念也就在这一过程中建立起来了。每天，我把他们写得好的句子说给大家听，他们在不断的语言实践中，用一句话完整、通顺地写出了自己的情趣。一个月之后，许多学生很自然地由写一句话发展到主动写三五句话，以至七八句话。一学期下来，每人至少进行了 90 次训练，这对从小打好词句基本功作用很大。

2. 以观察日记打下认识与表达的基础

在"每日写一句"的基础上，我进一步提高要求。从二年级开始，我让学生每天写一篇短小的观察日记，没有篇幅要求，但每天都要写，学生就得每天都去观察。这可以培养学生从小留心观察周围世界的好习惯。长此以往，学生头脑中就储存了不少表象。这是他们今后思维与创造的基础。与此同时，学生综合运用字、词、句、篇的能力也得到了很好的锻炼。

在实验班，观察日记在二年级和三年级持续了两年，在这一口头语言向书面语言过渡的重要时期，每名学生四学期共写了 360 篇观察日记。有了这样的基础，学生作文是主动的，而且是乐意完成的，因为他们有得写，也会写。有了乐趣，才有主动性；而有了主动性，才有创造性。因为我是教师，我自己也要学会用孩子的眼睛不断看着这个世界。天上的星星少了，孩子们会看到吗？他们会用怎样的语言去描述？市场上卖的刚出壳的毛茸茸的小鸡是那样的可爱，我也会伫立在那儿，看小鸡挤来挤去，嘴里"叽叽叽"地叫个不停。我用孩子的思路猜想着：小鸡是肚子饿了，还是在找他们的鸡妈妈，或者是在为自己从黑乎乎的蛋壳里来到这个新奇的世界而兴奋不已呢。夜晚刮风了，风摇曳着树影，门窗一下被吹开，这阵阵风声是那样牵着我的心。我会情不自禁地想起我的学生，会站在院子里看着，想着：他们会不会看一看朦胧的月影下树木婆娑的画面呢？夜晚时分，学生已经回到家里了，天气闷极了，一阵狂风袭来，忽然"叮咚叮咚"地下起了冰雹。那一个个圆溜溜的冰雹从天而降。那响声简直是一曲神奇的交响乐。我弯下腰，捡起一个，放在手心里，看着冰雹在我暖和的手上渐渐化小……我呆立在院子里，多么希望我的学生此时此刻也和我一样在好奇地观察这透明的冰球。第二天，我一到学校便问学生，昨晚××景象、今天早晨××景象，谁观察了。观察的学生是那样乐陶陶地举起手来，迫不及待要向我报告观察所得。此后，当大自然发生急剧变化的时候，尽管我不在他们身边，他们也会主动地而且怀着探求的心理去观察，千方百计地想去了解大自然的奥秘。事实上，学生持续地观察，需要教师的指导，也需要教师的鼓励，更需要教师像他们一样对周围世界、对大自然，怀着极大的热情去注视、去思考。

所以，我与实验班的教师经常和学生一起到周围世界的某一角，去呼吸野外的新鲜空气，感受大自然的绚丽色彩；和他们一起坐在小河边、田埂旁、山坡下谈论着自己看到的、听到的、联想到的，再一起将观察的现象按照自己的意愿写成那一篇篇色彩斑斓的童话……

看着学生的观察日记，我总觉得似一滴一滴晶莹的露珠，在早晨的阳光下，是那样透明、那样晶亮，映着红花绿草的身影……于是，我常常给学生念他们自己的作品。

3. 观察说话、情境作文是提早起步的极好形式

无论观察情境说话，还是观察情境作文，都是在学生观察的基础上进行的。学生通过观察获得了题材，回到课堂上，教师通过语言描绘与直观手段相结合的方式，再现观察的典型情境，唤起学生对观察客体的回忆和急于表述的欲望；然后根据年级的不同进行不同层次的语言训练，低年级侧重句的训练。

例如，二年级学生在观察冬天后，我让他们完成"冬爷爷的礼物"的情境说话。我神秘地告诉学生："我的名字叫'冬天'，许多小朋友都亲热地叫我'冬爷爷'。孩子们，你们好！"学生又惊又喜，异口同声地说："冬爷爷好！"我赶紧说："看你们能不能用完整的句子回答冬爷爷的问题？""冬爷爷"给学生的亲切感、新鲜感，使他们乐意回答"冬爷爷"的问题。之前观察冬天留下的印象，也顿时鲜明起来，语言训练无形中罩上了情感色彩。在这里不妨引一个片段。

师：小朋友们都很喜欢冬爷爷给你们带来的雪花姑娘。前几天下了一场小雪，我们都观察过了，你们看见雪花是怎样飘下来的了吗？雪花落在哪儿了？

（出示句式：雪花＿＿＿＿＿＿。）

生1：雪花很美。

生2：雪花是雪白雪白的。

生3：雪花一片一片从天上轻轻地飘下来，落在树上，树上就白了。

生4：雪花落在地上，地上就白了。

（教师让学生通过扮演角色进行对白语言的训练。教师戴上雪花姑娘的头饰，小朋友一个个美滋滋的。）

雪（师）：我的名字叫雪花，大家都叫我雪花姑娘。小朋友，你们喜欢我吗？

生：我们喜欢你，雪花姑娘。

雪（师）：我这么冷，你们为什么喜欢我呢？

（出示句式：有了你，_____。）

生1：有了你，我们可以堆雪人。

生2：有了你，我们可以打雪仗。

生3：有了你，世界变得美丽了。

生4：有了你，麦苗儿不怕冷。

生5：有了你，我们可以杀死地下的害虫。

这样的情境说话，使学生借助教师提供的句式，把观察到的情境较具体地表述出来，帮助学生做到"有话可说、有话会说"，同时使学生在学习书面语言的最初阶段受到规范化的语言训练。这样的训练进行多了，就为学生今后的书面表达打下了比较扎实的基础。中高年级侧重段篇的训练以及重点段落中某一细节的描述训练。

情境教学的运用，极大地丰富了学生的表象，使他们说话、作文时不再为"无话可说"而苦恼；相反，情境的生动、形象、有趣，激起了他们的表达欲望。指导课着重思路的开拓，学生的思路不再受程式化作文指导的条条框框的束缚，显得相当活跃，思维活动积极主动地开展着。由此我创造性地设计出"口头作文""观察情境说话、写话""想象性作文"等切合儿童实际的作文教学的崭新模式。从根本上改变了传统作文"遵命而作"的理念与教学方式。儿童作文不再是无病呻吟，而成为与儿童的生活、真实的感受、纯真的情感融合在一起的创造活动，成为使儿童智慧得到展示并使其体会到成就感的训练。同时我利用"范文引路，读写结合"的指导原则，使阅读课为学生提供了作文范例；学生在其间学习遣词造句、布局谋篇的基础知识，通过提早起步、螺旋式上升的训练序列，其语言文学的基本功提早得到扎扎实实地训练。

由此，儿童在完成习作时不仅"提早起步，提高起点"，而且乐于表达。观察后写出的习作，描写了他们的所见所闻，表达了他们的真情实感，使其做到言之有物，甚至言之有情。实验班二年级时，老校长就曾向来采访的新华社记者介绍："李老师班上二年级学生写的习作比人家三年级的写得都好。"记者现场出题，证实的确如此。不久，实验班三名学生的作文竟然被刊登在了《人民日报》上，还加了编者按。1983 年，在"小升初"统考中，实验班的作文优秀率是全区优秀率的 12 倍。通过情境作文这项创造性作业，学生的思维与语言得到了良好的发展。

（五）不同文体的情境习作指导典型案例

1. 童话习作

作文训练应针对儿童的特点、儿童的情趣和语言实际应用的需要，辅以多种形式的训练。写童话，是一种受到学生普遍欢迎的习作类型。童话的创作，可以培养起儿童对作文的兴趣。具体指导过程可以分三步进行。

（1）展开童话场景，激发创作欲望

写童话虽然也像写故事一样，需要有时间、地点，然而童话的时间是模糊的，跨度可以很大，常见的有"以前""有一天"，当然也可以有"多少年以后"，等等。童话的地点，也是一个宽广的空间，可以是"在森林里""在一条小河旁""在大海的深处""在一座古老的屋子里"，等等。从"模糊的时间"到"宽广的空间"，都表明童话的时间和地点是任意的、假设的。

尽管如此，在指导学生创作童话前，教师应心中有数。因此，在指导开始时，教师可以饶有兴味地告诉学生："这一课老师带你们一起到一片古老的森林中去。"当然也可以是"我们来到一条小河边""我们一起到大海边去""我们来到一棵大树下"，等等。随即，教师使用直观手段(可以是幻灯，可以是放大的挂图，也可以是简笔画)展现童话故事发生的背景。比较简便的办法是用简笔画，如森林、小河、大树等，教师可以随手画几笔展示(见图3)。

通过这样的方式确定童话的背景，可以给学生以更自由的想象空间。教师在指导时需要和学生讨论："你们希望是什么时候去的？假设是'以前'，是'很久很久以前'，是'有一天'，是'一阵秋风过后'，都可以。"这样便可

图3　简笔画示例

以确定时间了。时空是童话角色的活动空间，都是很模糊的。但它可以直接影响童话角色的经历，所以童话的时间和地点应该首先向学生展示。

教师就着已经出现的童话场景，通过语言描绘激起学生创作的动机。

> 在这片森林里，有一片空地，空地上小草绿茵茵的，小花四季不败，林中小鸟的歌声动听极了。在这片美丽的森林后面，住着我们喜欢的童话角色，它们用自己的语言和行动，编织着许多有趣的童话故事，这一课就让我们去和生活在这童话世界的角色见面，然后把它们中最有趣的故事写下来吧。

如果是其他处所，教师也可以根据童话发生的时空特点和其中的角色，进行引人入胜的、富有童话气息的描绘，从而把学生带入童话世界，激起他们创作童话的欲望。

(2)选择童话角色，确定童话题材

童话角色是童话的主体，童话的场景是童话角色活动的天地；没有童话角色的出现，童话的场景就如同虚设。在展示童话场景后，在教师的启发下，学生便会联想到生活在这特定天地里的童话角色。在大森林里，是狐狸、狗熊，还是小兔、长颈鹿……在小河旁，是柳树公公、野花妹妹，还是鸭子大嫂、青蛙王子、乌龟卫士……在海底世界里，是大鲨鱼、海豚，还是美人鱼、海龙王……在天地间，是春姑娘、冬爷爷，还是风伯伯、雷公公，等等，都可以由学生根据自己的兴趣去选定；任何没有生命的物体都可以被赋予生命，任何没有情感的物体在童话世界中都有了情感。也就是说，教师首先要赋予童话角色生命和情感，让没

有嘴巴的会讲话，没有腿的会走路，不会飞的插上翅膀，不会游泳的能在大海里独来独往。

小动物，各种植物，连同春、夏、秋、冬，日、月、山、水，风、云、雨、雪，冰、雾、雷、电，甚至泥土、石块、桌椅，这些没有生命的物体都可以通过拟人的手法成为童话角色。这些角色便是童话的主人公，它们的出现，使童话场景顿时活起来。有了童话角色、童话场景，便有了生命。有形体，有动态，有语言，有声响，所有这些都成为学生展开想象的契机。童话的题材也就在学生的幻想中模模糊糊地产生了。这个模糊的题材，是最便于加工、最易于塑造的，也是最可以延伸扩展的，它简直成了学生手中的橡皮泥，可以捏出他们自己喜欢的对象。学生可以边捏边讲，捏好了放在眼前看看，无拘无束地讲他们自己幻想的美妙的童话故事。在此过程中，教师要善于捕捉学生的情绪，引导他们围绕童话角色展开想象。

此外，教师还要注意引导学生从角色的特点想象开去。因为没有幻想就没有童话，而幻想也必然是有依托的。例如，鸟儿有翅膀，会飞也会唱，飞累了还有窝，这也是它生儿育女的地方，学生会从地上想到天上，然后又回到地上，会从鸟妈妈想到鸟爸爸和它们的孩子；而青蛙却是陆地上一个家，水中一个家，眼睛看四方，嘴巴宽又大，会唱歌，会跳远；鱼儿的家只能在小河、在江湖、在大海，鱼儿会游，尾巴甩来甩去，它们有许多兄弟姐妹，有许多朋友，也有不少凶恶的敌人……教师结合学生选定的童话角色，这样有意识地引导、提示，让学生知道这些童话角色的特点；这样，他们的想象活动才有依据，才是合情合理的。有了童话的场景，有了自己选定的童话角色，学生就可以津津乐道他们心中的童话，甚至是滔滔不绝了。

(3)确定童话中心，想象童话情节

有了童话角色，学生就可以饶有兴趣地讲述他们的童话了。但是为了让学生编的童话可以用来教育自己、教育伙伴，教师更应引导他们赋予童话思想和智慧。教师应防止为了有中心，而限制了学生的思维活动的做法，那往往会挫伤学生的幻想，也就无童话可言了。所以中心的确定，应顺着学生的思路及情绪，经教师提示，仍然由学生自己自由选择。

教师要引导学生抓住童话角色的特点，想象其活动的行踪、过程及情节。比如，教师向学生展示的童话背景是森林，学生又选定小白兔为主人公。那么教师在帮助学生掌握了小白兔红眼睛、长耳朵、短尾巴，跑起来很快的特征及小白兔爱吃白菜和萝卜的生活习性后，可以请他们想一想，小白兔在他们的想象中是什么样的，是想说它爱劳动，还是懒惰；是想说它帮助小伙伴，还是骄傲自满，看不起人；是想说它胆小，还是勇敢；是想说它听妈妈的话，是乖孩子，还是任性、爱和别人吵架，是捣乱的调皮鬼？或者是有什么别人意想不到的表现和遭遇……都可以。这样既不至于因确定中心而束缚学生的思维，又可以使学生思路清晰，想象合理。其他的任何童话角色，教师都可以引导学生想象：作为这个童话的主人公，你希望你选择的童话角色是一个什么样的角色，有什么样的表现、什么样的经历、什么样的结果。这些都由学生自己拿主意。

顺着学生的思路和情感的驱动，童话角色的主要表现和经历明确了，童话的中心也就清楚了；而帮助学生确定童话的中心对学生编好童话是很有必要的。这样，学生想象的翅膀就会朝着明确的方向扇动。在中心确定后，教师务必继续激发学生大胆想象，鼓励他们和别人想得不一样，要想出独特的、奇异的、小伙伴从没听过的新童话。

有了童话背景，有了角色，又有了明确的中心和童话的情节，学生说完全可以凭借自己的想象，编织出奇妙的童话故事了。

实践表明，教师通过创设情境，使教学与生活相沟通，视觉形象与语言描述相结合，口头语言训练与书面语言发展相结合。让学生学着编写童话，大大提高了他们对作文的兴趣，使他们具体感受到了创作的快乐，并有效地发展了他们的想象力和语言表达能力。

2. 想象性习作

《义务教育语文课程标准(2011 年版)》(以下简称课程标准)除了要求学生写纪实习作，还要求学生写想象性习作。因为要培养儿童的创造力，一定要从培养儿童的想象入手。

想象力是一种富有创造性的认识功能。真正的创造是想象活动的结果。有计划地设计安排想象性作文训练，对进一步发展儿童的创造能力十分有益。在阅读教学中，教师可以设计改变人称、改变处所、改变结构、改变体裁、补充情节等创造性复述活动，这就为引导儿童写想象性习作做了重要的铺垫。儿童想象力的展开和发展都是动态的，是不确定的。因此需要教师提前一步做好指导的准备。课程标准中对各个学段的教学都提出了关于写"想象"的要求：第一学段，"写想象中的事物"；第二学段，写"见闻、感受和想象"；第三学段，写"想象性作文"。新奇有趣的想象性语言训练，不仅能陶冶儿童的情操，而且能让他们感受到创造的愉悦。

指导想象性作文，教师需要注意三个方面的问题。

(1)拓宽儿童的思想空间，使其可以自由驰骋

想象是人的创造性活动的一个关键因素。想象性作文实质上是将积累的表象加以改造、重新组合成新形象的过程。它是创造性的形象思维的结果，其目的就是发展儿童的创造性。既然如此，想象性作文首先必须为儿童开拓可以自由驰骋的宽阔的思维空间。"海阔凭鱼跃，天高任鸟飞"，儿童的思想若是"鸟"，教师就要为他们"开天"；儿童的思想若是"鱼"，教师就要为他们"造海"。只有思想自由自在，无拘无束，儿童才能将记忆中的表象奇特地加以组合，走进新的天地、美的境界，想象出曲折的情节，创造出新的形象。这种训练形式，促使儿童运用文字把自己想象中的画面、角色形象、情感意向表达出来，从而引导儿童怀着美好的意愿走向广远、精彩的天地。在这样的天地里，儿童可以到达忘我的美妙境界，使潜在的创造性得到充分发展。

例如，《海底世界漫游记》的想象性习作，就是为儿童想象开拓的广阔空间。那无边无际的大海、人类的秘密仓库，就是为了让儿童的智慧在其间遨游。

总的说来，教师要引导学生从已有的生活体验创设情境想象开去；借助夸张、拟人等的手法想象开去；选取适当的阅读教材改写、续写想象开去。这样就能拓宽儿童思想自由驰骋的广阔空间。

（2）提供引起儿童创造欲望的题材

想象性作文的关键是"想象"。儿童的想象是在热烈情绪的导引下，带有一定感情色彩的心理活动。儿童在进入与主题相关的特意创设的想象情境后，会获得直接的印象，产生一种需要的驱动。这种情绪势必在大脑皮层上形成相当强烈的兴奋点，这种兴奋就引起了儿童的想象活动。

因此，想象性作文很重要的一点就是选取的题材要能引起儿童的创作欲望。例如，教授"种子的力"时，学生了解到"种子"是世界上力气最大的大力士，紧接着我就引导他们写想象性作文《大力士比武》。这种"比武"的题材，充满了争斗，特别能激起儿童求异、好奇的心理。于是，学生一下子就想到了大象，想到了河马，想到了神话中的巨人，而且还让这些角色进行了比武，比赛过程写得相当紧张有趣……这样的习作符合儿童的心理需求，就会使他们乐意去想，愉快地去写。

儿童之所以富于想象，这与儿童感情易于被激起是分不开的。当客体激起他们的情感时，他们对这一客体便会关注，会因此而想得很有兴致。比如，在"凡卡续写"一课中，凡卡给爷爷发出信后是怎样的遭遇，可能是爷爷来接他了，又把他带回了乡下；可能是爷爷根本没收到信，他仍在鞋店里受着种种折磨，最后被迫逃走，甚至受尽折磨而死……

总之，指导想象性作文时，我一般选取美好的事物作为想象的客体，让儿童怀着饱满的情绪展开想象的翅膀，美美地去想。因为美好的事物最容易激起儿童美好的情感。

（3）为儿童创作做好内容上的铺垫

想象性作文创造性很强，做好内容上的铺垫是十分必要的。儿童的知识面不够宽，教师在指导想象性作文时，适当介绍相关材料或知识很有必要。这样，儿童"跳一跳"就能"摘到果子"，而不至于茫无头绪，不知所措。

以植物、动物，或自然物体为角色，引导儿童编写故事，是想象性作文常选择的题材。要使儿童创作成功，教师必须在课前对故事中出现的角色——某一植物、动物或自然物体进行展示，让儿童感知它们的形象；并结合它们的习性，引起儿童对它们的关注。写《海底世界漫游记》

时，教师必须事先教好《海龟》《珊瑚》《海底世界》这一篇篇课文，让学生了解有关海底的一些知识。

教师在内容上做了这些铺垫，学生动笔时才有可能根据这些知识，进行新的形象的结合、创造，编写生动的故事情节，写出优美的并富有科学性的作文，在成功中享受创造的乐趣。

但做必要的铺垫，并不意味着提供的题材要齐全，情境也不必精细，相反地，创设的情境要粗略。因为想象是在情境不太明确的认识阶段发生作用的。一切都是清晰的、精细的，反而不太容易激起学生的想象。所以我在实验班进行的想象性作文，提供的情境一般都是粗略的。写《我在想象性摄影活动中》时，我们没有真的取景框，而是用两只手，几根手指头合成一个长方形的框替代取景框；更没有真实的照相机，只是对准留影者说声"咔嚓"就表示拍摄好了。从学生选择的背景来看，有的也完全是象征性的——"我和大海留个影""我和家乡的青山留个影""我在球门旁边留个影"，其实他们身后并不是大海、青山和足球场。这样，在似是而非、朦朦胧胧之间，学生可以给眼前的情境附着许多细节。打破套路，鼓励求异，有利于儿童想象活动的展开。

概括起来，指导儿童写想象性作文时要注意三点：一是想象空间要拓宽；二是题材要有儿童情趣；三是内容上要做适当铺垫。想象性作文、童话都需要凭借儿童的想象展开。但是童话作为一种故事题材，需要有完整的情节；而想象性作文虽凭借想象展开，但不求完整的情节，某一个场景、某一个细节，都可以写成想象性作文，也就是说它是学生带着想象写出的记叙文。总之，想象性作文必须在丰富、生动、宽松的情境中伴随着学生热烈的情绪进行。

3. 应用文习作

应用文在当前小学语文教学中显得很重要。随着信息社会的到来，人们往往都需要用最简洁的语言传递信息，同时，由于商品社会的需要，条据等应用文的使用将更为普遍。目前，有些学校的小学作文往往着力于写作技巧的培养，而在一定程度上忽略了应用文的教学及有关训练，这是不恰当的。

一方面由于应用文的应用性强，在交往中显得很重要；另一方面由于其无须用过多的笔墨来描摹对象，更无须抒发情感，相对来讲比较简洁、抽象、概括，因而小学生对应用文缺乏兴趣。从目前的教学现状来看，作文教学与实际应用脱节的现象较为严重。这与长期以来没把语言的应用性摆到一定位置上来有关。促进儿童的发展，最终是为了使儿童日后能适应工作和生活的需要；因此从促进儿童发展的最终目的着眼，必须极早考虑学生将来应用的需要。所以在进行情境习作的教学时，教师必须辅以应用性语言训练，何况应用性语言的简明扼要，也将促进儿童的思维活动更加明确、清晰。这就需要教师有计划地训练学生写说明文、实验小报告、读后感、小报道、黑板报稿及其他常用的书信、便条等应用文。

　　在学生学写应用文前，我会做一些必要的铺垫工作，注意顺应儿童认识事物的规律和思维发展的规律，从具体形象到抽象概括有步骤地进行。写说明文一般是让学生在具体记述、描写的基础上，进行说明的训练。例如，在写了《我是一棵蒲公英》后，我让学生写《蒲公英》的说明文，简要说明蒲公英的形状、特点、功用。写实验小报告，一般在《记一次有趣的科学小实验》的基础上进行；写小报道也是在记事的基础上进行的。例如，在写了《与表演艺术家白杨奶奶在一起》这篇记叙文之后，我再让学生写《著名表演艺术家与少先队员欢度"六一"》的小报道。这种同一题材、不同体裁的习作实践，能使学生具体领悟到应用性语言的要求，同时又促进其形象思维向逻辑思维的过渡。

著名表演艺术家与少先队员欢度"六一"

　　6月1日早晨，南通师范学校第二附属小学的校园里彩旗飘扬，少先队员们手拿绸带、花束，等候著名电影表演艺术家白杨奶奶的到来。7时许，白杨奶奶乘坐着一辆银灰色的小轿车来到学校。顿时，校园里彩带飞舞，彩纸飘扬。欢呼声、掌声、锣鼓声连成一片。白杨奶奶今天身穿一件白色的绒线衣，显得特别年轻，她向少先队员们挥手致意。白杨奶奶在小朋友们的簇拥下走向礼堂，与此同时，信鸽小组的同学们把一只只鸽子放飞蓝天。礼堂里，白杨奶奶亲切地对小朋友们说："同学们，今天我和你们联欢，感到非常高兴。我希望你们好好学习，天天向上。你们是祖国的花朵，未来是属于你们的……"接着，钱曼华等艺术家演唱了歌曲，少先队员代表献上了红领巾。白杨奶奶是著名电影表演艺术家，她来到小学和小朋友们联欢，说明了老艺术家们对少年儿童的关怀。

（1983 届三年级 吴雷）

学应用文往往没有太多的情趣，教师可以模拟生活中的某一个情境，让学生扮演角色，使学生明白在生活的实际应用中常常需要写应用文，如请假条、留言条、表扬信、读后感、倡议书等都可以这样进行。

例如，在写借条、领条时，教师就可以创设一个借物、领物的情境，让学生扮演角色，然后立下条据。

下面请看一个教学片段。

（黑板上写着"总务处"。）

师（总务处主任）：小朋友，你是哪个班的，你有什么事？

生 1：我是四（1）班的，我们班王老师派我到总务处来借一个面盆。

师：好，我来拿给你。（随手拿出一个面盆）

（生 1 接过物品欲走。）

师：喂，小朋友，借东西、领东西都需要办一个手续，请你写一张借条。

生 1：借条怎么写？

师：那我来教你，借条应该写什么呢？

生 2：借条上应该写清楚向什么人借什么东西，借了多少。

生 3：写了借条，如果你不还，借东西给你的人，就可以用这张借条向你讨回。

师：你们讲得很好，不仅要写借什么，还要写借了多少，什么时候还，那现在说说怎么写。第一行写"今借到"。第二行写什么？刚才说的向谁借了什么、借了多少，怎么说，怎么写？

生齐：今借总务处面盆一个，明天还。

师：就这么写行吗？看看这张借条还有什么没说清楚？

生4：是什么人借的，没说清楚。

师：应该写上借东西人的名字和借东西的日期。

（教师出示借条范本。）

借　条

今借学校总务处面盆一个，明天还。

四（1）班　×××

××××年×月××日

教师通过创设生活情境，指导学生写应用文，学生不仅明白了借条是怎么回事，而且对写借条的方法、借条的格式（对外单位应怎么写，数字大写如何使用，如有损坏要赔偿，也可以结合在其中讲解清楚）这些基本要求也一下子理解了，很容易就掌握了。至于请假条、领条、留言条、书信等，教师都可以通过创设类似的生活情境来教授，使内容具体化、形象化，使抽象的应用文教学变得生动有趣。

除了上面所举的应用文以外，还有许多说明文习作也可以通过创设生活化情境来加强训练，现在这些说明文的应用性也越来越强，如新书介绍、儿童剧介绍、商品介绍，以及其他物品介绍，都需要用很简单的文字进行说明。教师需要极早训练学生的这种文字表述能力，培养学生抓住事物主要特点，用不多的文字简明扼要地把事物说清楚的能力。

进行这方面训练时，教师要做必要的铺垫，再对学生进行说明文习作训练。一是在内容上学生要有生活的积累，对要说明的事物的特征要了解。例如，学生在写自己进行的科学小实验、科技小制作的记叙文的基础上，再把某项小实验或小制作的材料、过程、注意事项等缩减写成说明文。二是教师引导学生在一般描写记叙文的基础上进行概括，然后再去粗取精、提炼、概括。此外，教师在设计阅读活动时还应增选一些这方面的例文，还可以引导学生结合生活学写小报道、黑板报稿、广播稿等。这也体现了语文教学更好地为生活、为社会服务的方向。

总之，学生的思维与语言通过习作这项创造性的作业，得到较快的发展。这种强调丰富儿童生活，激发儿童写作情绪的方法，能使学生有话可表达，有话要表达，有话乐于表达；与此同时，注重通过思维的拓宽、语言基本功训练的落实，来全面提高儿童的习作水平。

二、探索情感与认知相结合的情境阅读
——发现儿童学习的核心秘密

语文教学涉及大量人类优秀文化。丰富的文化内涵昭示着：语文教学不能唯工具论，语文除了工具属性，更有文化属性。学生学习语言文字的过程是让世界呈现在他们面前的过程，同时也是让他们进入世界、进入社会生活，进而渐渐长大的过程。儿童是通过语言去认识世界、去拥有世界的。

因此，小学语文说起来"小"，其实"大"得很。小学语文让儿童看到了"大世界"，从中国到外国，从古代到现代，从人类社会到大自然，从人文到科学，所有这些，都在小学语文的天地里展现着。一句话，小学语文与色彩斑斓的生活紧紧地联系在一起。因此，小学语文教学必须与生活相通。

小学语文看似"浅"，其实很有深度。一篇篇课文是作家情感与智慧的结晶。在一篇篇课文中，作家倾注了内心的情感，抒发了对世界、对生活、对事业、对人生，包括对花草树木、山川田野以及许多小生灵和一切美好事物的爱；表达了对残酷、对低俗、对丑陋的憎恶和鄙视；其中又隐含着作家的思想、理念，闪动着作家智慧的火花。小学语文教材都是有情的。中国的文学创作历来讲究一个"情"字。"情者文之经""情动而辞发""为情造文"等阐述都表明，"情"是"文"的命脉。小学语文教材正是"情景交融"的产物。可以说，"情"是小学语文的"魂"。

语文教学让儿童通过抽象的文字符号，感受其中的"大"世界，体会作家的情感，感悟作家跃动的思维；让儿童在祖国语言文字的熏陶和感染下，丰富自己的精神世界。

当作家拿起笔去构思、去创作时，他们必然进入所写作品的那一系列情境中。事实上，作家的创作题材就来自生活情境，创作时又再现了那些情境。所以，阅读教材中的每篇课文，几乎都表现了特定的情境。所谓"作者胸有境"，这是阅读课运用情境教学的基础。

每篇课文，都有一个整体情境，其中包含一个连着一个的局部情境，这些情境都是客观存在的。作者自己正是首先进入了特定情境，才能写出表现特定情境的作品；所以情境教学再现的是教材本身描写的情境，而不是另外添加的情境。情境教学针对小学语文教材的特点、儿童的认知特点，通过一定的途径，把学生带入作者笔下的那个情境。作家运用的语言也就镶嵌在这个情境中。当学生进入了作品描写的那个情境时，对作品必然产生亲切感，所谓"入境始于亲"，从而促使情感活动进入认知活动。由此，教师可以建立起独特而有效的小学语文教学新体系。

课程标准中指出，小学语文首先是一种文化，是"人类文化的重要组成部分"。所以，课程标准中以"工具性与人文性的统一"作为语文教学的基本特点，这就十分准确地把握了语文教学的性质。工具性与人文性二者的统一，就意味着学生在学习、掌握语言文字工具的过程中，要受到人文精神的熏陶；也可以说在人文精神熏陶中学习语文、感悟语文、欣赏语文。但它绝不是"工具性＋人文性"，而是两者的统一和融合，两者都含蕴于语文教学之中。两者融合的联结点是什么？那就是语文教学的魂——"情"。

阅读教材中的每一篇课文，都是由语言为中介，并以一定的表现形式展现在读者面前的。正是文中之"情"，使具体的字、词、句篇凝聚成一个整体，交织成有情之境、有形之境。

情境教学运用艺术的直观与语言描绘相结合，再现作者创作时进入的那个情境，渲染与课文内容相应的气氛。而课文语言则自然地镶嵌其中，课文成为一个整体，直接作用于儿童心理。情境教学从教学的起始阶段就激起儿童的学习动机，让儿童去感知，促使儿童进入具体的课文情境，对课文中的人物或事物给予关注，加深内心的体验，处于一种最佳的情绪状态。由于师生都进入了同一情境，从而产生了师生情感的沟通，学习便成为一种自在愉快的情感交流活动。这就使整体的情境作用于学生，使学生通过每篇课文的学习，把知识、能力、智力、情感诸多方面的发展糅和在一起，产生和谐的整体效应。

教学中，教师要清晰地认识到：情境，首先要作为一个整体让儿童去感知。教师在"初读课文、细读课文、精读课文"等不同步骤上，通过厘清文章思路，使学生理解关键词、句、段；在让学生体会语感、欣赏课文精华的不同阶段，通过情境创设驱动其情感的涌动；在"入情、动情、移情、抒情"的情感流程中，以情感为纽带，组织学生的活动，推进阅读过程。阅读一步步深化学生的情感，把工具性和人文性融合起来，充分体现两者的统一，让学生收获良多，感受到学习语文的快乐。

其间，"教材—学生"情感的桥梁便是教师的情感，要靠教师去传递，去强化，让学生随着教学过程的推进，入情、动情、移情、抒情。情感的纽带就联结、沟通在教材、学生、教师之间。

（一）厘清思路，使儿童在激发动机中入情

初读，是儿童第一次感知教材。在情境教学的起始阶段，我根据教材特点，把儿童带入情境，在探究的乐趣中，激发他们的学习动机，又在连续的情境中，不断地强化这一动机。一般说来，激发学习动机要在导入新课时进行，这是学习新课的重要一步。情境教学十分讲究这一环节的把控。教师根据不同的教材，采用不同的形式：或创设问题情境，造成悬念，使儿童因好奇而要学；或描绘画面，呈现形象，产生美感，使儿童因爱美而要学；或揭示实物，在观察中引起思考，使儿童因探究而要学；或联系儿童已有的经验，使其产生亲切感，因贴近生活形成关注而要学；或触及儿童的情绪领域，唤起其心灵的共鸣，使其因情感的驱动而要学……无论好奇求知，还是情感关注的需求，都促其形成一种努力去探究的心理。这种探究心理的形成，对具有好奇心、求知欲望的儿童来讲，本身就是一种满足、一种乐趣。其过程可以简单地概括为：促发探究—引起满足—产生乐趣—形成内发性动机。这就保证了儿童在接触新课时，带着热烈的情绪，主动地投入教学活动。教师导入新课，

激起儿童阅读全篇的兴趣，使儿童主动地去阅读全篇。写人、写事的课文，通过情境的创设，唤起儿童对故事中主人公的关注。写景、抒情的课文，通过情境的创设，把儿童带入丰富的美感中，使儿童乐于阅读全篇，主动地了解课文所描写的景物，初步体验作者抒发的情感。状物的课文，在初读时通过情境的创设，使儿童对所摹状的事物，获得具体的表象。

这里列举几种不同类型的课文，以介绍怎样在初读阶段将儿童带入情境，激发其学习动机。

一是童话、寓言、故事类课文。我常常从课文中选取一个美好的场景，一个或几个形象鲜明的角色，一个引人入胜的结局来考虑和设计导语。

二是写人的课文。我通过介绍人物或描述人物所处的环境，或联系儿童亲身的体验，来激起儿童对课文所描写人物的亲近感，使其产生关注的情感，从而想要阅读全篇。

三是说明类课文。我往往通过联系儿童的生活经验，设法把儿童带入一种探究的情境中。

案例：《太阳》

师：太阳，我们每天都能看到。早晨，从东方升起，把光明带给大地；傍晚，从西天落下，黑暗便来临。太阳对于我们好像是挺熟悉的，其实又是很陌生的。因为对于太阳的真实情况我们人类知道得太少了，需要老老少少一代又一代的天文学家去研究它，揭开它的奥秘。

师：现在就请你们来做小小天文学家研究太阳。要研究一个事物，首先要学会提出问题。

师：现在面对太阳，你们想知道它的什么？

（教师创设问题情境，启发学生积极思考。）

（学生情绪热烈，相继提出问题。）

生 1：老师我想知道太阳有多大？距离地球有多远？

生 2：据说太阳是个大火球，一切生物都不能存在，那么太阳上的温度究竟有多高？

生 3：老师，我想知道日环食是怎样形成的。

生 4：有人说月亮本身并不发光，而是太阳照射的缘故，对吗？

生 5：我还想知道太阳上面的黑子是怎么回事？

（课前教师已预估到学生对太阳的大小、远近、温度及现象均会提出问题。教师将学生的问题分类概括。）

师（鼓励）：这些问题提得很好，说明同学们很有科学精神、科学态度。

师：怎样去寻找你们提的这些问题的答案呢？一是从课文《太阳》中去找答案；二是课外自己去阅读有关资料，进一步求得解答；三是有些问题现在人类还没有得出结论，要靠你们去研究，去发现，去解答。

（这样处理学生的问题，不仅能使学生怀着极大的兴趣主动学习课文，而且能使学生拓展思路。）

师：关于太阳有多大、多远、多热，以及它与人类的关系，课文中说得很清楚。现在你们就是小小天文学家，就把这篇课文当作一份资料阅读，看谁能通过自己的阅读找到答案，先弄清每一小节的意思。

（教师利用角色效应，促使学生主动地学习课文。）

这样，无形之中我就把学生带入了探究太阳奥秘，查找、阅读资料的情境中。他们仿佛真的成了小小天文学家，读起课文来分外专注。在说明文阅读时，教师要联系儿童生活中经历的现象，或介绍相关的科学知识，或提出问题，引导儿童进入探究的情境，以激发其学习动机。

我和实验班的教师上课前总是做好一切准备，包括情感的酝酿。我们早早地来到教室，从上课一开始，就注意渲染一种与教材相一致的氛围，小心地拨动儿童心灵的琴弦，有意识地让教材蕴含的情感与儿童的情感活动相连接、相沟通。可以说，情感的纽带在上课之始，就牵拉启动了。在小学语文课本中有各种题材、各种文体的课文，教师要根据教材的特点，让学生在初读课文时就入情，所谓"披文而入情"。其实，学生此时入情，表明学习动机已经形成。这已激起的动机本身，便是一种期待欲；学生期待着人物、事物、现象如何发生，如何一步步发展，因动机被激发而进入积极的学习状态。

在激发儿童学习新课动机的同时，教师还要遵循一般的阅读程序，即从整体到局部、从轮廓到细节，而后再回到整体。因此阅读的第一步就从整体着手，从梗概着手，具体地说，就是弄清作者的思路。所谓"思路"，即作者思想的线索，又可称为作者创作时思维活动的轨迹。学生只有弄清作者的思路，厘清文章的来龙去脉，才能读懂文章；也只有读懂文章，才能进一步进入作者描写的情境，从而掌握关键词句，体会语感，体验字里行间的情感。正如叶圣陶先生所说："作者思有路，遵路识斯真。"

儿童学习动机被激起后，若教学过程刻板、单一，儿童又会因失望而使已形成的动机弱化，以至消失。因此，在把儿童带入情境后，教师要根据课文情节的发展、内容的需要，使情境保持连续性。教师有意识地把儿童一步步带入课文描写的相关情境，让儿童感到"情境即在眼前""我即在情境中"。客观的教学情境环环相扣、引人入胜，儿童进入情境后的热烈情绪又反过来丰富了课文的情境。他们或发自内心地微笑，或忍不住哭泣，或震动心灵地义愤，或争先恐后地表述自己感受……儿童的学习动机在这种"情"与"境"相互作用的持续中得以强化。教学终于成为"我"乐于参与的、有趣而有意义的活动。

（二）突出关键词句， 使儿童在感受课文语言形象中动情

儿童在初读课文后，了解了课文大意，往往学习的热情会减弱。但对语文教学来说，教学的目标远远没有完成，教师必须引导学生进入深度阅读阶段。教师要善于引导学生抓住课文关键词、句、段，抓住重点段。这一方面从课堂的效率出发，使学生花较少的时间，取得尽可能大的效果；另一方面也为了使学生在今后的学习、工作中掌握必须具备的阅读能力。因为当今的儿童处在科学技术迅猛发展的时代，面临着信息量成倍增长的现实，要学会抓住最关键的信息。作为摄取信息训练的语文教学，就要帮助学生在对一篇课文概览全貌后，准确地掌握课文的重

点所在。应该说，这是培养儿童实际阅读能力的十分重要的方面。有所轻，才有所重；既是重点，就得突出。

课文的中心蕴含于整篇内容之中。如果对课文的中心理解有偏颇，那么对课文重点的确定就不会准确。就拿《麻雀》这篇课文来说，不少教学参考资料都倾向于以"赞扬母爱"为主题。如果是这样，教学中应突出老麻雀如何用自己的身体掩护小麻雀，那课文中写猎狗的"愣住了""后退"就难以理解了。课文的主旨就是"母爱能战胜一切"，这样理解课文的主题显然是欠妥的，是违背作家的创作意图的。这篇课文的作者屠格涅夫是俄国现实主义作家，他生活在残酷的农奴制社会，从小就目睹农奴主对农奴的残害。他所创作的并在当时震动了文坛的特写集《猎人笔记》，揭露了农奴主的罪恶本质，表达了他对农奴的深切同情，并向读者展示了农奴制必然灭亡、农奴必然战胜农奴主的美好愿景。屠格涅夫的母亲是富裕的地主，极其专横任性，她手下的农奴经常受到残酷无情的惩罚。这种惨状引起了屠格涅夫的愤慨和抗议。他说："我诞生并成长在殴打和折磨农奴的环境里""那时候我心中产生了对农奴制的憎恨"。从作家的经历和世界观以及《麻雀》故事本身可以推断，《麻雀》的主题绝非赞颂母爱，而是要告诉读者，弱者只要敢于与强者搏斗，是可以战胜强者的。显然，"麻雀"一课侧重的是作为弱者的老麻雀敢于与庞然大物猎狗抗争，从而赞颂了弱者敢于藐视强者、与强者搏斗的精神。我在备课时做了这样的探究后，对课文中心的把握就比较准确了，对课文重点的理解就不至于产生偏差了。

语文教学中儿童情感的发展，往往是在学习课文的过程中进行的。在初读阶段，儿童由于动机被激起而"入情"。"入情"是说"情"的萌生。儿童的情感总是处于动态之中，可以是"生成—发展—稳定"，也可以是"生成—淡化—泯灭"。在学生初读课文入情后，教师应倍加珍视、把握学生情感活动的脉搏，使其随着教学过程的推进得到发展。

儿童在学习语文的过程中如何从"入情"到"动情"呢？儿童情感的产生是与儿童的认识紧密联系在一起的。具体来说，在学习语文的过程中，儿童的情感是与他们对课文的认识相关联的，而作者的情感则寄寓于他们所描绘的形象之中。因此，重要的一环，就是让学生去认识、去感受课文中所寄寓的情感的形象。没有形象的感受，就没有情感的产生。所以我主张"强化感受，淡化分析"，道理也在此。文学巨匠巴尔扎克就说过："作家必须看见所要描写的对象。"儿童也是一样的，要使儿童动情，关键的一条就是要让儿童看见课文中描写的形象。课文中描写的一个个人物形象，栩栩如生地再现在儿童的眼前；课文中描写的一个个特定空间，儿童可涉足其间，仿佛进入了其人可见、其声可闻、其景可观、其物可赏的境地。然而这又是建立在理解课文语言的基础之上的。

在初读全篇、厘清作者思路的基础上，我着力引导学生细读重点段。教材的重点段，是全文的主体部分、核心所在。课文重点部分的关键词、句、段，是最能本质地、集中地表现全文内容的。重点段的词句往往牵动全篇。

我在教学中，着力引导学生学好重点段，通过进一步带入情境，使学生感受教材描绘的形象；并结合使用点拨、设疑、对比等方法，引导学生理解关键词句。作者总是通过一定的语言文字去表达胸中的"情"和"理"。由此也可推论，一旦学生进入了作者描写的那个情境，作者用来表达这一情境的语言文字，则可以从整体上、从内在的相互联系上被理解。

阅读重点段，要求儿童对课文有深切的了解。这种深入细致的阅读过程，是一种由多种心理因素组成的复杂的智力活动。这包括儿童的感知、认识、思维、语言等活动，同时，儿童的动机、情绪都直接作用于这一系列智力活动中。

1. 强化儿童感知，充分展示形象，使其增强内心体验

在阅读过程中，要使儿童多种心理因素产生积极作用，就必须讲究情境再现的强度。事物只有达到一定的强度，才会被感知。为此，我和实验班的教师常运用多种手段，如生活展示、音乐渲染、图画再现、角色扮演与语言描绘相结合等。在实际运用过程中，我们又常常把这些艺术手段结合起来。图画和音乐的结合，不仅使儿童能听到，也能看到；表演和音乐的结合，往往又可以使儿童充分感受眼前的形象，加之音乐

的节奏旋律，表演的情境得到强化，使儿童多种感官兴奋起来，产生热烈的情绪，加深其内心的体验。这样，学生仿佛看到了，听到了，整个心灵也感受到了。我们在学生眼前再现课文描写的一个个栩栩如生的形象。结合课文语言，那些童话角色、寓言形象、故事中的主人公乃至常识课文中那海底世界里光怪陆离的奇异景象、宇宙天体的运转、月食的形成、太阳的火热……学生都感受到了，心驰而神往，他们的关注和激情被唤起。我常常会听到他们在下面窃窃私语，或独自喃喃地说："太有趣了！""真有意思！""多可笑！""我都为他担心！"……学生们如此兴奋，可见是情境打动了他们的心。在初读阶段已经被唤起的情感在随之加深。这种内心的情感发展，驱动着学生全身心地、一步步深入教学过程中，他们忘我了，教师也忘情了。围绕着教材，师生都沉浸在一个无形的充满情感交流的心理场中。这样，学生就会从教材的字里行间把握关键词句，读好重点段，加深、加速对全文的理解和感悟。

2. 为儿童提供想象的契机，使儿童展开联想与想象，丰富课文内容

情境的创设，把儿童带到课文描写的那个丰富的大自然的或是社会生活的场景中去。情境的强化，则把作者蕴含在具体的事事物物、生活空间中的情感，通过场景、氛围和画面表现出来。在这"形"与"情"的交相作用下，儿童的情绪一下子被激起，形成了一种内驱力。在这种"力"的推动下，学生很容易从眼前的场景联想到相似的另一个场景，和已经获得的相关表象结合、重组，进入想象的情境。事实上，没有想象的展开，儿童乃至教师是进入不了课文描写的典型情境的；想象的展开，不仅使儿童获得身临其境之感，而且也丰富了作者笔下的情境。

当儿童在感受课文形象，激起联想与想象，为之动情时，情感趋向高涨。他们的面部表情、朗读声调、发言用语，让我敏锐地觉察到情感的浪花正在他们心头涌动。

案例：《荷花》

《荷花》是叶圣陶先生的作品。课文选用第一人称，通过"我"看荷花，描写了荷花的美和"我"看荷花时展开的美妙想象，其中的第四小节是全

文的重点段如下。

"我忽然觉得自己仿佛就是一朵荷花，穿着雪白的衣裳，站在阳光里。一阵风吹来，我就翩翩起舞，雪白的衣裳随风飘动。不光是我一朵，一池的荷花都在舞蹈。风过了，我停止舞蹈，静静地站在那儿。蜻蜓飞过来，告诉我清早飞行的快乐。小鱼在脚下游过，告诉我昨夜做的好梦……"

课文写得很美。我带领学生学习课文的第一、第二、第三，并理出了全文以"看着—想着—看着"为顺序的脉络，学生一步步进入看荷花的情境之中。但重点段中提到的"觉得自己就是一朵荷花，而且和满池的荷花一起随风舞蹈"，对于小学三年级的学生来说，这种感受是很缺乏的，也不是靠字面解释可以获得的。在学生反复地朗读课文后，我利用教学开始时已出示的一幅放大的插图——一池的荷花，把学生带入在荷花池边看荷花的情境之中，启发学生并加以描述："现在我们来到荷花池边，让我们看看那一池的正开放的荷花，真美呀！现在你们细细地欣赏。你们看着，看着，想象开去，觉得荷花变得更可爱了，是不是？还闻到了荷花的清香……"在我的语言的支配下，情境被强化了，学生获得了真切的感受。

学生当即反应："我觉得荷花变活了！""我仿佛觉得荷花突然长高了！""我自己也好像摇摆起来了。""我觉得自己也变成了一朵荷花，心里美滋滋的！"这表明学生进入了课文中"我"看荷花的情境。在我的引导下，学生深情地看着荷花，凝神地看着。在眼前、耳边相似的情境交相作用下，他们用视觉感受"形"的美，同时用听觉感受"声"的美，感知强度增加了。此情此景，促使学生大脑中已经积累的相关情境连通叠加，于是，对课文中描写的那种想象中的原来似乎不可捉摸的情境（也可称为一种"虚境"）变得可见可闻了。学生获得的不仅是课文中词语所表达的形象，而且感受到荷花霓裳飘忽的动态的柔美及荷花亭亭玉立的静态的庄重美。通过点拨，学生对课文中运用的比喻理解了；对"蜻蜓告诉我清早飞行的快乐""小鱼告诉我昨夜做的好梦"这些拟人修辞手法的运用，也有了具体而深切的感悟；连同课文中"一阵风吹来""风过了"的叙述顺序上的结构特点也理解了。既有语言文字的学习，又有审美体验、想象展开的智力和非智力活动，学生收获良多。

突现的情境为学生提供了理解关键词句的契机，学生的想象展开了，心被打动了，他们为此兴奋不已，学习情绪为之高涨，加深了对课文内容的理解。学生乐在其中，也悟在其中。这体现了情境教学特有的优越性。

3. 设计训练，发展儿童的语言与思维，使其在运用中加深理解

情境直接刺激大脑皮层，学生仿佛听到了，看到了，捉摸到了。这样的情境，有利于学生形象思维的积极活动；在此基础上进行的分析、综合，促进了学生抽象思维的发展。学生在进行思维活动时，内部语言也随之跳跃式地发展。有了这样的基础，教师应及时引导学生把内部语言顺势过渡到外部语言。因此在情境强化后，教师需要设计语言训练，促使学生的认识更加清晰，感受更加深刻，为运用课文词语或句式提供了可能。

学生思维活动的积极进行，为他们语言的发展创造了良好的条件。在情境强化、学生感受较为丰富的情况下，实验班教师有意识地把训练语言与发展思维结合起来，从而加深学生对重点段的理解；同时，教师还提供针对刚学过的词语、句式的训练机会。由于学生是先感受后表达，加上情绪的作用，往往处于"情动而辞发"的跃跃欲试的状态。每次语言训练，实验班学生都争先恐后地要求发言，他们总是那样兴致勃勃。

语言训练加深了学生的感受，促进了学生思维、想象的发展。这样的训练完全跳出了传统训练的窠臼，不再是让学生给抽象的词语加一个概念化的注解，或用规定的词语搜索枯肠去造一个句子了。那样，学生的表达完全是言不由衷的，训练纯粹是孤立的、被动的、应付的。

例如，在教授"我是什么"时，在学生回忆起平时看到的白云、红霞、乌云的情景时，我随即用剪纸的方法出示了三幅图画，使学生联系生活经验，然后让学生用一两句话描述云在空中飘浮的情景，使课文中描写的情境更加清晰。在全文结束时，我又提炼出常识性课文必须让学生掌握的有关科学知识，设计了让学生担当讲解员的情境，从童话形式中抽象出"水"

是怎样变化的内容加以说明，以帮助学生掌握这一课的主要内容。

"我是什么"一课，实验班用两课时教学，前后共设计多项语言训练，贯穿全过程。

训练一

师：池子里的水怎么在睡觉，小溪里的水怎么在散步，江河里的水怎么在奔跑，海洋里的水又怎么能跳舞唱歌呢？

（教师给出提示句式，使学生通过语言训练，理解课文内容。）

池子里的水_____，就好像人在睡觉。

小溪里的水_____，就好像人在散步。

江河里的水_____，就好像人在奔跑。

海洋里的水_____，就好像人在跳舞唱歌。

训练二

师：水变成云，在空中飘浮着。我们先说说，大家都看到过云，你们看到过哪些云？

（随着学生的回答，教师出示剪纸，用图画激起学生对生活经验的回忆，使学生进入课文描写的情境，进行语言训练。）

师：看到了这些情景会怎么样，你能说一句话吗？说哪一种都可以。

（结合进行句子训练。）

天气晴朗，_____。

天要下雨了，_____。

傍晚，晚霞_____。

训练三

师：云在空中飘浮着，有时候变成小圆球，有时候变成小珠子，有时候又变成小花朵，真会变。现在老师让小朋友来做游戏，帮助词语"找到自己人"。这儿有9张词语卡片，谁能把它们排一排，谁和谁是一回事，把它们摆在一条线上。

（学生通过将卡片先后排列成下图，理解不同形态事物的不同比喻以及名词与动词的恰当搭配。）

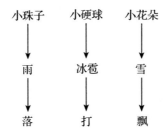

训练四

师：现在老师请小朋友做讲解员，说明水是怎样变化的，不用"我"的口气，直接用"水"的口气讲解。

（教师指名让学生口述。学生通过说明性口述，进一步掌握常识性课文的主要内容。）

师（总结）：学习了这课我们知道了，课文中的"我"原来就是水。水很会变化，云、雨、雪、冰雹都是水变化而成的。水可以在小河里，还可以在江河里、海洋里。水为人类做了很多好事，但也会做坏事。我们要研究水的脾气，让它为人类光做好事，不做坏事。

这些实例说明，情境教学强调将语言训练贯穿于阅读教学的过程中，这就替代了那种"发胖式"的分析，以及可有可无的"谈话"，提高了学生的学习效率，而且使学生遣词造句的基本功逐步扎实起来，语言也逐渐丰富起来。

（三）品味语感，使儿童在欣赏课文精华中移情

阅读过程包括"初读—读通""细读—读懂""精读—读透"。其实从细读到精读并无明显的界限，常常是即时进行的。所谓"精读"，就是读课文的精彩片段、词句，读出其神韵。我国的语文教学，历来讲究让学生领悟语言的神韵，这是由汉语言本身丰富的神采所决定的。学生在前一阶段的细读中，往往只顾及情节的发展变化，而顾及不到语言较深的内涵。到精读阶段，学生的注意开始转向课文本身的语言，在教师的引导和自身情感的驱动下，会全神贯注地注意那些深浸着作者情感的词句。

所以我认识到，课文语言不仅承载着人、事、景、物的形象，更重要的是使学生通过形象对作者寄托的情感、意愿有深切的体会。因此，在精读读出语感神韵时，教师要引导学生更深地理解语言，从而使学生被激起的情感深化；在学生动情之时，随即转向课文中的传神之笔，或一段，或一节，或一词一句。多读精华之处，是体会课文思想感情，提高文字表达能力的重要环节，也是提高学生阅读能力、鉴赏水平的有效步骤。

一个人阅读的鉴赏能力，涉及他对文章好词佳句、表现手法的理解，涉及他从中获取关于"美"与"丑"、"是"与"非"的审美观念。培养学生的语文素养，还将直接影响他们运用语言的能力和技巧。因此，在阅读过程中，在学生通读全篇，弄清作者思路，抓住重点段，理解关键词句的基础上，教师应进一步引导学生多读课文精华之处，这对培养学生初步的鉴赏能力十分重要。

在实验班，我的主要做法是引导学生体会语感。语感反映语言使用者对言语的敏感程度。抓住语感便抓住了语言最本质的东西。苏霍姆林斯基也一再强调："学校里应当有一种高度的言语素养，有一种对词的高度敏感的气氛。"他建议教师：你们要培养学生对词的感情色彩的敏感性。你们要使学生像对待音乐那样对待词的音响。形象地说，学生应该成为"词的音乐家"，珍视词的正确、纯洁和优美。

在实验班组织学生精读时，我十分重视对教材语言的形象、节奏、气势以及感情色彩的推敲、品味。为了让学生逐步学会体会语感，我给他们讲过"僧敲（推）月下门"的典故，讲过王安石的诗句"春风又绿江南岸"中"绿"字先后改换五次的故事。这些很小的文字趣事，虽是大人们熟知的，但对于让儿童懂得什么是"推敲"，什么是"一字未宜忽"，引导他们体会语感都很有帮助，他们可从中得到启发。

语感，非读者在阅读过程中亲自体会不可，教师的讲解是不能代替学生对语言的感受的。实验班运用情境教学，使抽象概括的词语变成具体的形象，从而激起学生的情感和积极的学习情绪。所有这些，都为学生准确而丰富地体会语感创造了有利条件。

精读阶段，教师则需要凭借所创设的情境，抓住教材传神之笔，让学生体会语感。做法：一是比较，二是诵读。"有比较，才有鉴别。"比的方法是最有效的。具体说来，有如下几种。

①"增"与原文相比。

②"删"与原文相比。

③"替换"与原文相比。

④"前后改动"与原文相比。

教师引导学生比比，读读，想想，讲讲，从而使学生体会到"啰唆"与"简洁"、"整齐"与"错乱"、"细腻"与"粗略"、"形象"与"笼统"、"具体"与"空洞"、"准确"与"牵强"之间的差异，并使其在比较中加深对词的情感色彩的理解。

案例："删"与原文相比

"燕子"一课把春天的美景写得非常精彩。"阳春三月，下过几阵蒙蒙细雨。微风吹拂着千万条才舒展开黄绿眉眼的柔柳。"作者运用加着重号的词语细腻地描摹了春天的美。为了让学生体会其语感，教学时，我凭借已创设的春天的情境，突出被风吹拂着的杨柳，然后采取了"删"与原文相比的做法。请看如下教学片段。

（教师出示句子：三月，下过雨，风吹拂着柳。）

师：（引导比较）这句话与课文上的有什么不同？你们觉得怎么样？

生1：我读了黑板上的句子，觉得没有什么味道。

生2：我读了课文中的句子，觉得很美。

师：两段话意思是一样的，为什么像黑板上这样写，干巴巴的，课文中一写，怎么就变美了，我们来比一比。

（学生独自思考，比较分析。）

师："阳春三月"，"阳春"是指温暖的春天，是春天中最好的一段时间。"下过雨"，下过什么样的雨？

生3：下过几阵蒙蒙细雨。

师：加了"蒙蒙""细"，你们有什么感觉？

生4：我觉得加上"蒙蒙""细"，写出了春雨的特点，就像朱自清的

《春》里所写的，"像牛毛，像花针"。

师：很好。

生5：李老师，能不能说，下过"花针般的细雨"？

师：可以吗？

生齐：可以。

生6："蒙蒙细雨"可以改成"沾衣欲湿的细雨"吗？

生7：啰唆。

师：你想到了"沾衣欲湿杏花雨"。（学生不约而同地背诵起"吹面不寒杨柳风"。）这诗句是好的，但我们一般不这样说。

生8："蒙蒙细雨"，使我想到古诗里的一句"润物细无声"。

师：这就对了。

师："风吹拂着柳"，我们先在"风"和"柳"的前面加一个字。

生9：微风吹拂着柔柳。

师："风吹拂着柳""微风吹拂着柔柳"，有什么感觉？

生10：我觉得柳枝好像摆动起来了。

师：微风吹拂着什么样的柔柳？

生11：微风吹拂着才舒展开的柔柳。

生12：微风吹拂着才舒展开黄绿眉眼的柔柳。

师："才舒展开黄绿眉眼的"，好像柳树怎么样？

生13：好像柳树刚刚从梦中醒来，睁开了眼睛。

师：这就把柳树写活了。

生14：好像柳树也长了眼睛和眉毛。

师：（加重语气，边说边画，用简笔画，再现春天杨柳万千条的情境。）不是一条两条，而是千万条才舒展开黄绿眉眼的柔柳。

师：现在把这个句子读一读。

生齐：微风/吹拂着/千万条/才舒展开黄绿眉眼的/柔柳。

从这一案例可以具体看出，我在引导比较中，凭借情境，利用学生被激发起的情绪，并渗透着分析、比较、判断等活动，使学生真正地读深了。只有这样重视语感的教学，学生才能读出课文字里行间闪现的形象、色彩及蕴藏在字眼里的含义。不难看出，这样的语言锤炼激起了学生对杨柳的爱。

案例："替换"与原文相比

在"小音乐家扬科"一课中，最后一段写着："扬科躺在长凳上……树枝做的小提琴还躺在他的身边。"请看如下教学片段。

师：这时候，我们仿佛看见小扬科躺在长凳上，他的呼吸已经很微弱了，在生命的最后一刻，他还在听什么？他的身边还放着什么？（学生展开想象，仿佛看到了奄奄一息的扬科，在生命最后一刻还恋着音乐，更深地体会到扬科对音乐的酷爱。）

师："树皮做的提琴还躺在他的身边"，这句中哪个字眼让你觉得小提琴仿佛特别懂事？

生齐："躺"字。

师：一个"躺"字，用得好在哪儿？

生1：说明只有扬科自己用树皮做的小提琴永远伴随着他，舍不得离开它的小主人。

师：倘若用"摆"呢？用"放"呢？比比，读读，体会体会。

（一个提问、一个字眼，使学生的感情更加深沉。他们读着课文，声音也哽咽了。他们仿佛也变成了小提琴，变成了乐师，让小扬科在生命的最后一刻听到美妙的乐声。）

师：生活里的音乐还是那样好听，小提琴还是那么可爱，可是我们的小音乐家却要和我们永别了，我们却不忍心说"小扬科死了"。作者是怎么说的？

生2：小音乐家扬科，眼珠已经不动了。

（教师紧接着抓住儿童的情感脉络，扣住课文中写扬科的传神之笔，加以深化。）

师：课文一开始就写了小扬科的眼睛，那是怎样的眼睛？当扬科被叫到管家面前时，他的眼睛又怎样了？

生齐：闪闪发光的眼睛—惊恐的眼睛—瞪着眼睛—睁着眼睛，眼珠已经不再动了。

（从小扬科眼睛的变化，学生更深地体会到一个富有音乐天赋、酷爱音乐的孩子被折磨致死的悲惨。）

师：小扬科睁着眼睛，如果他还能说话，他想说什么？

生 3（义愤地说）：他要责问这个世界，他们为什么要打死我？

生 4：我还小，我多么舍不得离开妈妈和我的小提琴！

生 5：妈妈，你一定要为你的孩子报仇啊！

学生的朗读、答语表明，他们在动情之中，悲愤的情感已移至课文描写的主人公身上，所谓"我他同一"，达到身临其境的境界，使情感弥散而趋于稳定。

教师利用一篇课文培养学生的情感。这在他们整个内心世界中虽然仅是一次积淀，但如此反复、叠加、积淀，他们高尚的审美情趣、道德情感是不难被培养起来的。教师引领学生在比较中欣赏，以想象为契机，以语言为媒介，从语言的神韵中加深体验，这与课文语言的理解几乎是同步进行的，学生的情感及语言能力都因此得到培养。

案例："前后改动"与原文相比

"桂林山水"一课是写漓江之美的，运用了排比的方法。在学生理解并感受漓江之美时，我将改动后的不用排比的一段话与原文相比。

学生比较后，我加以指点。

这三个分句的结构都差不多，排成一串句子，不仅让我们感受到了语言整齐的美，而且语言的气势一句比一句强。

生：老师，我知道这就是排比句。

师：对，现在我们就来读读，体会语言整齐的美，语势要渐渐加强。

（学生读这一排比句。）

通过改动后的文字与原文比比读读，学生体会到了课文语言优美的节奏、整齐的句式、逐渐增强的语势。这不仅引导学生理解了课文内容，而且使学生具体感悟到了排比句的作用。

经过这样的推敲、比较，学生对语言的敏感程度必会逐步提高。他们在阅读中就会较为敏锐地抓住一些富有神韵的词句，在自己的书面表达中，也逐渐懂得锤炼词语。

语感除了内含的神韵，还可以通过声音和语调显示出课文的气势和节奏。因此，在实验班的语感教学中，我常常把"词语比较"与"比较朗读"结合进行。这样一比一读，学生通过自己的动觉，发出声响，又传到听觉，多种感官活动，使学生对课文语感的体会更深了一层。

体会课文的精华所在，诵读吟味总是不可缺少的。这往往需要教师凭借情境，在学生情绪被激起时，利用学生的联想与想象，指导他们轻声地有感情地朗读，形成"视象"，使学生感到课文描写的情境仿佛就在他们眼前。这种使学生通过朗读品味、体会语感的做法，在阅读教学中是常用的，几乎是普遍适用的。实践证明，这种做法也是相当奏效的。

如上所述，在情境教学的探索中，我概括出"带入情境读全篇""强化情境抓重点""凭借情境品语感"等情境教学的阅读程序，达到"初读—读通—弄清作者思路"，"细读—读懂—理解关键词、句、段"，"精读—读透—学会欣赏课文精华"。这是顺应学生学习生活以至将来工作实践的阅读程序的。

当然初读、细读、精读的程序在具体的教学过程中不是截然分开的。尤其是"细读"和"精读"，往往是紧密联系在一起进行的。不是待细读完毕了，再进行精读；而是在重点段中，通过细读，理解关键词语后，紧接着进行语感的品赏，表情朗读的指导。但根据阅读的不同需要、不同目的，我们也可打破这种程序。

实践表明，这种讲究实效的阅读程序，有效地提高了学生的阅读能力、朗读能力及运用语言的能力，并影响到学生思维品质和情感的形成，促进了学生全面和谐发展。

（四）表情朗读，使儿童在语言表达训练中抒情

学生的感受加深了，情感被激发出来了，他们会不容自遏地想读，想通过表情朗读抒发自己的情感。及时引导学生抒发内心的情感，不仅

是其心理的需要，而且也是教学的需要。情感的抒发，可以使学生之间的内心感受得到交流，相互启发，相互感染；可以使学生的情感更加明晰，加深其情感体验。

表情朗读，是包括学生自己的主观感受的朗读。他们往往用恰当的语调、语速、语气来表达，抒发他们对作品中人物、场景热爱的或憎恨的，同情的或厌恶的，留恋的或憧憬的感情。所以学生们都特别喜欢表情朗读，而且由于朗读是发出声响的，他们一边读还能一边听到自己及同伴共同表达的情意。情感的交流、相互的感染，往往使学生的情感在抒发中走向高潮。所以教师应重视表情朗读，让"我"带着情感去朗读课文，从某种意义上讲，也是一种"言为心声"。

恰当的语言训练，是学生抒发情感的极好形式。当然，我们必须摈弃那些无病呻吟、"假大空"的语言训练，那会损伤学生情感的纯真。好的语言训练应该有感而发，恰到好处。

例如，在教授"小音乐家扬科"一课时，我指导学生看插图，并进行了如下的语言训练。

学生默读本段第三、第四小节。

"扬科在小提琴面前跪下了。"教师提醒学生注意他的动作，想象他的眼神。教师凭借课文插图再现的情境，启发学生的想象，进行一系列的语言训练，让学生表达内心感受，将学生的情绪推向高潮。几种语言训练形式，可以让学生自己选择。

语言训练一：用第一人称描述小扬科的内心活动。（板书：我——其实就是由学生扮演课文角色。）

师：扬科终于看到了日夜思念的小提琴，他心里会怎么想，或者会自言自语地说什么？现在你就是扬科。（板书：心想、自言自语地说）

教师引导学生复习前一段中写小扬科爱小提琴的句子，让学生用第一人称口述。扬科想："我……"

语言训练二：用第二人称，呼告的句式，表达人物的内心活动。（板书：小提琴呀，你……）

师：小扬科多么想把心里话告诉小提琴，他情不自禁地伸出双手（看图），这儿最好用第几人称说？谁能把刚才说的用"你……"的口气说说。

语言训练三：连贯描述图意。

师：在叙述过程中，同学们要交代清楚什么时候，什么地方，什么人，什么事；在交代时间地点时，也可以适当地描述环境。（板书：时、地、人、事；出示图片：月光透过窗户。）

下面是教授"燕子"一课时，我引导学生品味语感，并通过朗读让学生抒发情感的片段。

师：这段写得很好，哪几个词用得特别好？

生1："掠"写得好，它没有用"飞"，而是用"掠"。

师：好在哪儿？

生1："掠"就是一刹那间，用"掠"就比用"飞"感觉快得多了。

师：再看还有哪些词用得好？

生2：我认为"沾"用得好。

师：你认为"沾"好在哪儿？

生2：用"沾"觉得很轻。

师："沾一下水面"，你们看——（在图上演示）燕子的翼尖沾了一下水面，飞得又快又轻。

（教师的点拨使学生展开想象。）

生3：李老师，我觉得用"沾"能表现它（燕子）好像偶尔在跟小鲤鱼说话。

生4：我想它可能把清清的河面当作一面镜子了，照着自己的身影。

师：你们想得很好，想象很丰富。一个说是在和河里的小鲤鱼说话，一个说是在照自己的影子，你们还有什么不同的意见？

生5：它好像要看看水里的美景。

生6："沾"只有一点时间，来不及说话。

生7：我觉得小燕子没有心思观察美景，也没有心思照照自己的影子，它要捉虫子呢。

师：李老师认为他讲得最好。小燕子从稻田飞到高柳之下，又从水面沾了一下飞远了。它在做什么，你们可知道？

生齐：它在捉虫子。

师：因为燕子是什么鸟啊？

生齐：益鸟。

师：对了。燕子是益鸟，（板书：益鸟）我们来读课文，要读出你对燕子的爱和赞美。

师：对，你们学懂了。这一小节就写燕子飞行的快、轻和美，给春天带来了生趣。

下面我们就读第四小节，用自己的朗读来表达出燕子飞行的美和你们对燕子的爱。

（学生表情朗读，学生齐读后教师再指名读。）

在初读、细读、精读以及反复读的过程中，情境的再现，让学生仿佛看到了课文中描写的形象和场景，仿佛听到了课文中人物的对话，甚至听到了课文描写的鸟叫、阵阵树叶的飒飒声。学生只有"看到了""听到了"，才谈得上感受，也才能激起自己的情感。这就把课文的语言文字符号与形象结合起来了。加上教师情感的传递，教学语言的调节、支配和唤醒、激励，从而引起学生的共鸣。在情感涌动的过程中，学生的情感被激起，他们的主体性得到充分调动，从而情不自禁地投入教学活动，有力地推进了教学过程。归纳起来，在实际操作中就是如下这样几句话。

初读课文，厘清文章思路，在激发动机中入情；细读课文，理解关键词、句、段，在感受课文描写的形象中动情；精读课文，体会语感，在欣赏课文精华中移情；反复读课文，在表情朗读、语言训练中抒情。

情感是纽带，它贯穿于整个教学过程，师生的情感随着课文情感的起伏而推进、延续。课堂教学因为有了情感纽带的牵动、维系，变得更富诱惑力，学生的好学精神也得到了有效的培养。在情境阅读课上，学生充分感受到了语文学习的快乐。课堂上，多少次，他们禁不住挥动着举起的小手，向我暗示："我知道！""我会！""老师让我讲吧！"学习已成为他们的"自我需要"。在实验班五年的课堂上，多少次，当下课铃响起时，学生们都会情不自禁地发出惋惜之声："怎么下课了！""时间过得好快呀！""我们不下课，再上！再上！"学生兴奋不已，情不自禁地投入学习活动，争先恐后发表意见，提出问题，表现自己的才干。他们主动投入学习活动的状态，促进了与同伴之间的互动，促进了思维火花的碰撞。

在这里，没有丝毫沉闷的学习空气，没有强制，没有指令，学生完全摆脱了被动应付的状态。探究的乐趣，也绝不仅仅属于少数拔尖的学生，而属于全体学生。在这种强烈的内驱力的推动下，学生为求知而乐，为探究而兴奋、激动，达到了一个比教学预期目标还要丰富得多、广阔得多的境界。我无数次置身于这样的教学现场，我觉察到学生的学习已经不再局限于认知活动，他们将情感融入其中，顺其自然地把认知活动与情感活动结合起来。在优化的情境中，学生的身心愉悦，潜在的智慧得以萌发，呈现出生命的多元色彩。

"求知—满足"的实现使学生感到无穷的乐趣，得到一种心理上的享受。学生不仅语言学得扎实，审美情感和道德情感也受到了很好的熏陶和感染。学习的主动性带来了学习的高效能。五年级毕业时，学生参加升学考试。实验班的学生作为五年制的学生和兄弟学校六年制的学生一起参加考试，全班 43 人中考入省重点中学的就有 33 人，其他 10 人也考上了实验中学。这个成绩不仅使我，也使许多人心上的石头落了地。实验班 93.5% 的学生作文考出了良好成绩，其中 55.8% 的学生达到了优秀。我们的优秀率是城区小学平均比例的 12 倍之多，阅读优秀率是城区小学的 4.58 倍。但是学生历年来学得都很轻松，晚上 8 点就可以睡觉，一学期只有一次考试，真正地做到了快乐高效地学习。

学生优异的毕业考试成绩从一个侧面证实了实验的成功，情境教学的实际效果使大家信服，得到社会的认可。

（五）不同文体的情境阅读典型案例

小学语文教材选取的作品，文体多样，各具特色。因此，不同的文体运用情境教学也各有讲究。我将结合自己教学的课堂实例，分别从诗歌、散文、童话不同体裁课文的教学，具体阐述情感与认知结合的情境阅读教学。

1. 诗歌的教学

诗歌是各民族最初的和最基本的文学形式，它集中地反映社会生活。诗歌最明显的特点有两个：一是常常以直接抒情的方式构成意境，因此诗歌是蕴含着丰富的情感和想象的；二是语言高度凝练和谐，节奏也特别鲜明。那么如何根据诗歌的这些特点进行教学呢？

(1)激起情感，进入诗境

情感是诗歌的生命，要激起学生学习诗歌的兴趣，就要把诗歌描写的意境，先推到学生眼前，进而让他们走进去，这中间就需要创设情境，把学生带入诗的意境中。

诗歌注重情感的抒发，而这种抒发往往表达了诗人对生活中人物、景物、事件的爱憎和感叹。人们总是循着主人公的情感脉络把握诗歌所描述的社会生活。教材中所选的诗歌，描写的场景往往与儿童生活的经验是相通的或是相关的。在教学时，教师需要将诗歌的意境与儿童的相关生活体验连通，激起学生的情感，唤起他们的亲切感，促使他们带着一种如梦如幻的情绪状态，进入诗境。例如，我教二年级学生读补充教材《故乡的小园》时，导入新课环节就分为三步。

第一步让学生背一背他们一年级时学过的李白的《静夜思》。学生的轻声背诵，无形中渲染了这种思乡的氛围。

第二步用对自己家园的爱，唤起学生对故乡的情感。我告诉学生，南通就是我们的家乡，当我们长大后离开它，在外地生活、工作时，就说它是我们的故乡。故乡是一个人的出生地，我们离开了故乡，就常常会想起故乡的一草一木、一山一水。

第三步揭示课题。我根据课文内容描绘画面："今天我们学习的《故乡的小园》就是写诗人'我'对故乡的思念。李老师读了这首诗，仿佛看见诗人在一个有月光的晚上，望着月亮，想起自己的故乡；或是在一个秋天的早晨，望着南飞的大雁，想起故乡的小园；我好像还听到诗人在轻轻地呼唤着故乡。"紧接着，我便范读全文，引发学生的联想和想象，唤起学生情感的共鸣。

这样的设计完全是从学生的认识出发的。从"家乡"，到"诗人"，到"有月光的晚上"，再到"南飞的大雁"，这些都是学生熟悉的、已有的生活体验，而且都很美。学生听见了就仿佛看见了一样，他们的情感被激起了，也就容易进入诗歌的意境了。

(2)适当铺垫，弄清诗意

诗歌是通过高度凝练的语言反映生活的，所以诗歌的语言常常是跳跃的，容量特别大。小学生学习诗歌有一定的难度。学生要体验诗歌的情感，首要的一条是要把诗歌读通、读懂。教师在教学时就需要适当铺垫。下面以我教授的著名诗人艾青的诗歌《太阳的话》为例进行说明。因为这首诗写得美而情深，且运用隐喻，诗中人称与标题人称变化跨度较大，所以我在教学设计中，有意做铺垫，引导学生在有情有境的状态中，体会诗意，让他们喜欢上这首诗。请看教学过程。

一、导入为突破难点做铺垫

师：课文第一句说"打开你们的窗子吧"，说明窗子有没有开？"打开你们的板门"，板门就是木板做的门，有没有打开？太阳要进去，说明小屋里有没有阳光？

现在，同学们可以想象一下，小屋的门和窗都关着，又没有太阳，这小屋里一定是怎么样的？你们看(出示挂图——黑暗的小屋)，谁能说说这是(　　　)的小屋。

①(描述)艾青爷爷写这首诗是在中华人民共和国成立前，那时中国到处一片黑暗，就像这黑洞洞的小屋一样。你们看，天是黑沉沉的天，地是黑沉沉的地，没有太阳，也没有温暖，只有饥饿、贫穷和寒冷。

②(启发)同学们想一想，生活在这黑暗的小屋里的人，他们的心理

是怎样的？希望看到什么，得到什么？

③（讲解）艾青爷爷知道受苦受难的人是多么希望看到太阳、得到光明！太阳好像在跟受苦的人说话。于是他写了《太阳的话》这首诗。

二、教师范读课文

教师读课文，给学生做出示范。

三、学生自由轻读

师：现在你们自己来读读，看看是不是有点儿懂了。首先要搞清楚诗中的"你们"是谁，"我"是谁，太阳在跟谁说话。

四、改变人称轻读全诗（帮助理解诗意）

师：题目是《太阳的话》，那"我"就是太阳。现在我们就把诗中的"我"念作"太阳"，读读看，这样一读，诗的意思就会明白了。

开头一、二两节就变成：

打开你们的窗子吧，

打开你们的板门吧，

让我（太阳）进去，让我（太阳）进去，

进到你们的小屋里。

我（太阳）带着金黄的花束，

我（太阳）带着林间的香气，

我（太阳）带着亮光和温暖，

我（太阳）带着满身的露水。

五、学习全诗

备课时我自己也进入了情境，激动地将这首诗谱了曲子。音乐课、语文课上，我带领学生们趁着高涨的情绪唱起来，强化了他们对诗的感受。

小学语文教材中，有现代诗，也有古诗。有些古诗语言容量大，有时还涉及一些史实，这往往就成了学生学习的难点，教师需要带领学生去突破，而不能回避。

例如，毛泽东的七律诗《长征》中的第三、第四、第五、第六句是这首律诗的主体，涉及一系列的地名和重要历史背景，是小学生不易理解的，那就需要教师来做铺垫，来讲述，最好是绘声绘色地描述。教学时，我首先让学生弄清楚"五岭""乌蒙"是山名；"金沙""大渡"是水名，即"金沙江""大渡河"，然后结合时代背景的介绍，使学生大体了解红军长征的艰难历程。

在处理诗歌教学中"意"和"境"的关系时，我并不拘泥于一格：有时是让学生弄清了诗意再进入诗境，更多的时候是让他们在诗境中弄懂诗意，并进一步进入诗境。有些儿童诗则可让学生扮演诗人，进入写诗的情境；学生通过自己的亲身体验，弄清时间的顺序，这样也就理解了诗的含义。

内容上的铺垫，主要是从学生的实际出发，再根据教材的特点，决定采取什么形式，铺垫什么内容。教师要让学生在特定的情境中理解，但并不排斥必要的讲解。

(3)借助情境，咀嚼诗句

诗人在诗中抒发的情感，是通过诗句表达出来的。学生要体验诗的情感，就需要理解诗句；为了理解诗句，又需要借助情境，咀嚼诗句。所谓"咀嚼诗句"，就是反复地体会、品味。因为诗的语言描绘了一种境界，不是靠解释学生就能感受理解的。理解诗的语言，对学生理解诗意，提高语言素养是很有意义的。

对诗的语言的品味，是诗歌教学中的着力处。然而品味诗句并不是孤立进行的，需要与体会诗的意境糅合在一起。所以教学时，教师要善于借助诗歌描写的情境，人为再现诗人胸中的诗境，只有在这真切的诗的境界中来咀嚼诗句，学生才能品尝出诗的语言的准确、鲜明、生动。

下面是"长征"教学片段的设计。

教师播放歌曲《长征》。

师（描述）：听着这激动人心的歌曲，我们好像也看到了红军大队人马越过万水千山的场景。那五岭山谷、乌蒙峰峦，仿佛还飘动着红军的

军旗；金沙江畔，仿佛还回荡着红军胜利的欢笑；大渡河上，仿佛还闪动着红军战士攀着铁索桥奋勇前进的身影；千里岷山上，仿佛还映照着红军战士的张张笑脸……

啊，这万水千山，千山万水，诗人怎能一一写下！在这里，诗人选取了两座山、两条水为代表。

（教学诗歌时，教师的语言也应该是美的，有情有境。）

师：诗人一直追溯到长征开始，那逶迤的五岭仿佛又在眼前，你们看。（粉笔示意画）

"五岭"是五座山岭的合称，它绵延江西、湖南、广东、广西、贵州五省，山势起伏，蜿蜒长达数千里，现在你们能说吗？五岭＿＿＿＿。

（教师解释"逶迤"：像山势这样，弯弯曲曲，连绵不断就叫"逶迤"。"逶迤"也可用来形容河流、道路连绵不断。）

（教师领读"五岭逶迤"。）

师：红军大队人马翻过五岭又来到乌蒙山下。乌蒙山海拔 2300 多米，有我们南通的 20 几个狼山那么高。（粉笔示意画）那你们能说——

乌蒙＿＿＿（磅礴）。

师（指点）：这些句子都是写山。五岭，写山岭之长；乌蒙，写山巅之高。这里用"逶迤""磅礴"写出红军要翻过这样的高山峻岭怎么样？

生齐：难。

师：但是，我们红军战士不怕难，跟随着红旗，翻过了五岭，又越过了乌蒙，征服了一座座大山。在红军的眼里，这山是大还是小，从哪里可以看出？

师："腾"是什么意思？这里的"走"又是什么意思呢？

师：学到这儿，这两句的意思你们懂了吗？谁能说说，老师给你们一个词——"像"。

生1：逶迤的五岭在红军的眼里像跳跃的细浪。

生2：磅礴的乌蒙在红军的脚下像滚动的泥丸。

师（指点）：在这里，诗人生动地运用了夸张、比喻的手法，进一步写出了"红军不怕远征难，'高山峻岭'只等闲"，突出了红军形象的高大、气魄的豪迈。

（教师指导学生朗读：五岭逶迤腾细浪，乌蒙磅礴走泥丸。）

这个案例运用音乐与语言描绘相结合的方法，充分利用学生进入情境后所看到的形象，即将眼前形象与诗句相连接，让学生体会诗中传神的关键字眼。这样，学生对诗句的理解就能做到细致入微，对诗的语言形态和情感色彩也就能体验得比较细腻了。

(4)想象画面，体验诗情

儿童学习诗歌，进入了诗境，弄清了诗意，品味了诗句，进一步还要体验诗情。而这些不是孤立地、一项一项地进行的，是儿童通过进入情境，激起情绪，咀嚼诗句，体验诗情，想象出如在眼前的画面来体味、领悟的。其中，最重要的就是"读"。一般的读还不够，还要反复吟诵。古人云："熟读唐诗三百首，不会作诗也会吟。"通过朗读，通过吟诵，诗的语言成为有声的图画。那诗的韵律、节奏，激荡其间的情感，与情境所展示的形象结合在一起，促使儿童带着情感和视像(即画面)，并通过自己的运动觉吟诵出来，再通过听觉去感受，那他们对诗的理解必然是深入一层的。

指导朗读并非单纯地在速度的快慢、音调的高低方面着力，更重要的是要对诗的含义和情感有更深的理解和体会，用朗读去表达。为此，在教学过程中，教师需要有意识地引导学生想象，使其更深地进入诗歌描写的意境。

下面以"春姑娘"的教学片段为例，说明我是怎样通过启发学生想象，使其进一步体验诗情的。

（学生轻读第一、二两部分。）

师：现在，请小朋友们想象一下，春姑娘长得什么样儿。

师：这么一位美丽的小姑娘好像就出现在我们的眼前。好，我们就这么想着她的美丽的形象来读读这两部分课文，要把春姑娘的美读出来。

生1：刚才读了课文，我仿佛看到，在一条碧绿的小河边，有一位漂

73

亮的姑娘，她扎着两条长长的辫子，走起路来一晃一晃的，手腕上挎着一只大柳筐，里面放着金色的种子。她正在轻轻地歌唱，曲调像小河水一样流畅。

师：春姑娘都到哪些地方去了？她还去了许多地方，诗中没有写，你们能想到吗？

（教师提供句式，通过语言训练把学生想象的画面清晰地表达出来。）

生2：走过田垄上，来到村子里。

生3：走进园子里，来到水池边。

生4：越过山冈，来到森林。

生5：越过江河，来到草地。

师：她到了这么多地方，让我们用一些关联词语把它们联系起来，告诉人们，春姑娘走的地方可多了！

来到……走过……

越过……来到……

翻过……走进……

（教师指名让学生读相关小节。）

师（读后指导）：小朋友们，朗读时，要把诗中写春姑娘动作的词突出：挂、铺、撒、长、蹦跳着，等等。

师（描述）：在春姑娘走过的这些地方，你们看到了哪些美丽的图画？最好能说出色彩，说出声音，好像使人看到了、听到了一样。

师（指导）：春姑娘在田垄上走过……

春姑娘来到村子里……

春姑娘走进园子里……

（学生读诗。）

2. 散文的教学

在小学语文教材中，散文是常见的文体。散文是一种自由的、随意的、短小的文学形式。它通过作者的所见所闻，包括对接触的人物、事件连同联想的描写，来表现作者在其间的感受、得到的启发、产生的情感和认识。散文的选材范围很广，有写人物、写事件的，也有写自然景色、写风土人情的。但无论其题材怎样不同，就创作的核心元素来讲，其共同点就是情感、意境。教学时，教师应从散文的创作特点出发，抓住"美""情""神""境"这几点。运用情境教学教散文，具有独特的效果。教学时应如何把握呢？

(1)从"美"入境

"美"蕴含于每一篇散文中，这几乎是所有散文的共同特点。无论对大自然的一景一物，自然风光的描绘，还是对社会生活中的一人一事，生活场景的记叙；也无论对历史长河中的一朵浪花的追忆，还是对异国他乡风土人情的纪实，都给人以丰富的美感，给人以愉悦感。因此，教小学生学散文首先应从作品的"美"入手。学生往往因对美的人和事的渴求，而进入课文描写的情境。在初读课文时，教师应充分利用学生的生活经验，从他们的经历中，选取与教材内容相关的具有丰富美感的情境导入。

这可以使已经储存在学生大脑中的相关映像，在教师语言的主导下，一下子鲜明清晰起来。记得教授"燕子"一课时，一开始，我就亲切地问学生："春天来了，有一种美丽的小鸟从南方飞来了。你们知道那是什么鸟儿吗？"学生高兴地回答后，我便美美地描述起燕子的形象："你们看见过燕子吗？燕子是一种非常可爱的小鸟。它在春天飞翔的情景，可美啦！《燕子》这篇课文，就把这种美的情景写出来了。"这样能让学生在刚开始接触课文时就萌生一种美感，从而带着对美的向往的情绪高兴地学习课文。

在学生对课文有了初步了解后，我仍然从"美"入手，带领学生一步步进入课文描写的美的情境中。

我先出示燕子的剪纸——深蓝色的背景、黑色的燕子，犹如燕子在蓝天中飞翔。我用描述性的语言指导学生看图："小燕子在空中飞着，一会儿飞到东，一会儿飞到西，我们不大容易看清楚，现在请小朋友们先看一看燕子的模样。"结合学生的回答，我很自然地教授了"双翼""两翼""翼尖""剪尾"一组词，让学生通过燕子具体的美的形象，理解了"光滑漂亮""俊俏""剪刀似的"这些富有美感的生动词语所显示的形象和色彩。

接着我通过放大的插图(现成的印刷品,不用特地复制)及细致的描述,引导学生扮演角色,用小燕子的新奇的眼光看着眼前的美景,带着热烈的情绪进一步进入情境。这样,学生的认知活动就笼罩上了情感色彩。学生在不知不觉中进入了燕子在春天飞翔的情境。这就为学生学习课文、理解课文中的语言提供了丰富的感性认识,从而激起了学生学习散文的兴趣。

(2)以"情"相连

情感是散文的生命。作家在创作散文时,不管选取什么题材,也不管运用什么表现形式,所着力的是抒发内心的情感,表达内心的体验——或直抒胸臆,或借物、借景抒情。郑振铎的散文《别了,我爱的中国》描写了作者为求得更好的战斗武器,驱逐帝国主义而离别祖国时的场景,抒发了作者痛惜祖国山河破碎,对祖国无限眷恋的深情。许地山的《落花生》赞美了落花生的朴实无华,表现出作者做人的态度和爱憎。

教师必须先行一步从作品中感受作者的情感,再引导学生进入作品描写的情境。教师应从作品的字里行间理解作者寄予的情感,并以自己的情感传导感染学生,使其产生情感体验。但是,倘若面对同样的画面、同样的音乐,教师却采取一种漠然处之的态度,自己远离课文所表达的情绪、态度去"执行"教案,那可想而知,学生是进入不了相关情境的;进不入了相关情境,情绪就不能被激起,学生也就没有前面所说的那些生动的表达了。假如教师从纯客观的角度教学,学生也必然是无动于衷的。这说明,运用情境教散文,"情"是起决定作用的,教师的真情倾注是可贵而有价值的。

教师的情感是学生与教材间的桥梁。它会传导,会点燃。这样一个个连续的情境,能激起学生的情绪,使学生把词与形象结合,很好地理解课文;再加上教师的启发,学生就加深了对情境本质的认识和情感的体验,其认知活动由于情感活动的伴随,也达到了很高的水平。

(3)以"神"贯穿

从结构特点上来看,散文是十分灵活、自由的,可以时而抒情,时而状物，但都有一个鲜明的主题贯穿其中。主题即散文的神韵。因此，"形散而神不散"成为散文的重要特点。教学散文必须充分体现散文创作上的这一特点，通过"形"把握"神"，以"神"贯穿全过程，这才不失为散文教学的特色。

例如，《伏尔加河上的纤夫》这篇散文描写的是 19 世纪俄罗斯著名画家列宾的一幅名画。文章从画面中晴朗的天空写起，写伏尔加河上远处的轮船、近处的没有张帆的货船，然后引出一群穿着破烂的沿着河岸拉纤的纤夫，显然这是对整个画面的粗线条的描画。文章的第二部分则对画面中的十个纤夫形象逐一进行了刻画。虽然有的写年纪，有的写身材，有的写穿着，有的写神态，一个个写得栩栩如生；但是无论从哪一个角度写，都写出了纤夫生活的悲惨，背纤的活儿不堪忍受。"眼睛漠然地望着远方""没精打采地衔着烟斗""已经厌倦了""目光充满诅咒和抗议""要摆脱这种与他年龄很不相称的重荷""又虚弱又疲惫""愤怒地朝船上望""神态沮丧""无可奈何地拖着沉重的步子"……这些神态和细节的刻画，都鲜明地显示了文章的"神"。这也就是在文章结尾点出的"俄国劳动人民处在沙皇的黑暗统治和残酷剥削之下，过着非常贫穷、非常痛苦的生活"这一主题。

教学时，教师必须紧紧把握好主题，以"神"贯穿。教学的着力点并不是一个"老头儿"、一个"中年人"、一个"小伙子"、一个"汉子"、一个"少年"，而是从他们的身上、他们的眼中反映出的当时俄国劳动人民对黑暗现实的怨恨、诅咒和抗议，如同电视镜头，由远及近，然后将人物一个个地以"特写"或"大特写"推到学生的面前，让他们在如见其人的情境中来体会纤夫内心的情感。

《伏尔加河上的纤夫》的歌曲、放大的课文插图，加上我的语言描绘，把学生带到了遥远而古老的俄国的伏尔加河畔。缓慢而激昂的曲调和纤夫群体的画面，使学生感受到纤夫脚步的沉重、劳动的繁重，学生的心也随之而绷紧。在师生情绪的共同作用下，课堂气氛也显得凝重，学生的情感随着情境的强化而深沉起来。

情感的体验必须紧扣课文语言，我便从十个纤夫中选取典型形象，引导学生理解描写细节的词语，再结合人物的心理，使其加深对主题、对课文神韵的领悟。例如，"那个穿着红上衣的少年"便是最鲜明的典型形象，我充分利用已经渲染起来的气氛，采取描述性的谈话，抓住作品神韵，引导学生一步步领会课文语言。

到这儿，学生理解了课文中描写少年的这一段文字，感情也随之进一步被激起。于是教学又由这一典型形象，以"神"贯穿，很自然地引导学生理解对其他纤夫的描写。

课上我便引申开去："我们还可以从哪些描写中知道纤夫们都是无可奈何和怨恨的?"我突出了那"漠然地望着前方""又虚弱又疲惫"的老头儿，"没精打采"的高个子，以及最后的"无可奈何地""拖着沉重步子""神态沮丧的"的老头儿。这些均以"神"贯穿于对一个个人物形象、神情的刻画中，让学生从个别到一般，加深对所有纤夫被迫贱价出卖自己劳动的残酷现实的理解，从而从语言文字中更深地理解世界著名画家列宾描绘的一群纤夫的整体形象和社会意义。

这样组织安排教学过程，情境以"神"贯穿，学生对语言文字的理解就不是字面的、肤浅的，而是有血有肉的;对课文主题的理解也不是那样"本文记叙了什么，反映了什么"的公式化、概念化的生吞活剥的注入，而是有形象、有情感伴随的理念渗透。

(4)以"境"拓宽

在散文创作中，作家要表达思想，抒发感情，必然有一个空间，或自然景物或生活图景。作家选取的自然景物、生活图景，经过思想的渗透、情感的倾注，在"情"与"思"的作用下，就不再是原先的个别的生活图像的复现，而形成有情有境、能启发读者思索和想象的一种典型的生活空间、一种艺术的美的境界。

散文本身"形散"的特点，决定了教学时有可能需要拓宽其境。当教师通过语言描绘与直观手段相结合创设、再现作家创作时的那一种境界，并引导学生进入这种境界时，学生便会产生与作者所抒发的情感相似的或相一致的情感体验;同时由于情境的简约、朦胧以及新异，加上教师的微妙暗示，学生获得的情境时空不是局限于一方一隅，其时空可以延伸，可以拓宽，可以深化，学生想象的翅膀也就悄然展开飞起来了。其实，这就体现了情境教学"意远"的特点。

这种真切的情感体验和伴随形象的思维活动、想象活动，远远超过了作品描写的情境本身，极大地丰富了课文内容，这才是散文的教学。不仅如此，这种方式还促使学生内部语言迅速地组合，跳跃式地排列，这种心理状态已生成一种表达的欲望。也就是说，情境教学，以"境"拓宽，设计相关的语言训练，即时引导学生表达内心的感受，使学生的感情进一步升腾，认识随之加深。

举例来说，在教授"落花生"时，当学生已经进入和爸爸一起"吃花生""赞花生""谈做人"的情境中，思维活动也表现得相当活跃时，我便应引导学生联系生活经验拓展开去。请看以下教学片段。

师：在我们日常生活中，有哪些事物或人物也像落花生一样，不喜欢外露，而喜欢内藏，样子不好看，但却对人有用？

（由于前面一层层地铺垫，到总结时，学生很自然地由"落花生"联想到生活中的诸多事物的特质，他们纷纷要求发表感受。）

生1：藕。它虽然埋在乌黑的淤泥中，但它可以供人们食用。

生2：煤。虽然埋在深深的地里，它却可以燃烧，带给人们热量和温暖。

生3：石灰石。虽生在山里，但对人的用处很大，经过烈火的焚烧，把清白留给人间。

生4：骆驼。虽然样子丑陋，但是它能长途跋涉，行走在干旱的沙漠中，为人们服务。

生5：蚕。吃的是桑叶，样子并不好看，但是它把胸中所有洁白的丝全部献给人类，所谓"春蚕到死丝方尽"。

生6：陪练员。虽然不能参加正式比赛，但是为了培训冠军，自己默默地工作，一个想外露的人就不肯做这样的牺牲。

生7：清洁工。整天和垃圾打交道，但是他们却给人们带来清洁的环境。

生8：小石子。虽然不美，但它却能铺路，让人们踏在它的身上走向远方。

……

师（充分肯定学生精彩的发言）：同学们讲得太好了，这是因为你们想得好。你们列举的这些事物外表不美，也不张扬，但是都像落花生一样，对他人是有用的。

从学生表达的内容可以看出，以"境"拓宽学生的思路，是很有成效的。之所以要通过"境"来拓宽学生的思路，是因为散文本身具有"形散而神不散"的特点。也就是说，教师在教学中要以"神"贯穿，不抹杀散文"形散"的特点；不仅如此，还要充分体现和利用"形散"的特点，在抓住神韵的前提下，结合语言训练进行教学。

运用情境教学教散文要做到从"美"入手，但不仅仅是从"美"入手。教学散文的整个过程都应该很好地体现美。因为散文本身无论从题材到语言都是很美的。入选教材的散文，语言之美更具典范。所以教学散文，教师的语言应该是极富美感的。教师设计的导语，启发、指点的话语，都应力求具有美感，更要通过语感进行推敲、咀嚼、反复吟诵、体会、欣赏，学生由此获益会更多，其语文素养也就会在一课一课的点滴中积累起来。

3. 童话的教学

童话是儿童喜闻乐见的一种文学形式。一篇篇童话充满了幻想，而儿童就是爱幻想的，儿童的思维特征就带有童话的特点。童话可以把儿童带进一个超越时空的神奇的境界，使儿童强烈的好奇心和求知欲得到满足。童话教学必须把握童话的特点。童话具有教育性、趣味性、幻想性、科学性的特点，富有美、趣、智的情境教学是教好童话的理想途径和重要手段。

（1）通过形象，感受童话的美和趣

童话的读者主要是儿童。所以，作家在创作童话时总是带着浓厚的儿童情趣，运用拟人和夸张的手法，塑造一个个活泼可爱的童话形象。

丰富的美感、神秘的气息，使童话形象分外逼真而逗人喜爱。作家让这些活灵活现的童话角色在童话世界中蹦跳闪现，出没在森林里、小河畔、大树上、宇宙间……让他们像现实生活中的人们一样有欢乐，有悲哀，有懊恼。他们的情感、他们的语言，连同他们的智慧，和儿童的心相通。故事情节就沿着童话中角色活动的踪迹，一步步展开。童心必生童趣，所以儿童喜欢读童话是很自然的事。既然童话是用形象来展开故事的，让儿童学习童话，就应从突出形象入手。

创设情境常用的图画、剪贴画、音乐、表演都是很好的再现童话形象的艺术手段。运用这些手段，童话形象就变得看得见也摸得着了。但是在再现童话形象时，并不是把生活中的、自然界中的人和物的本来面目重现，而是运用作家创作童话时夸张的手法、拟人的手法，使童话形象活起来，又美又有情态，特别逗人喜爱。《小猫钓鱼》中的小猫就像小孩一样，钓鱼时三心二意，后来老猫教育了它，它便一心一意地钓鱼，很可爱。为了配合童话情节，教师利用图画和道具出示小猫形象时，应尽量让它"长"得可爱些，脸胖胖的，眼睛大大的，小胡子翘起来，特别神气，脖子上也可以加上一个蝴蝶结。

另外，有些童话运用了夸张的手法，教师再现童话形象时也不妨夸张一下，这样更能传神。例如，在教授"美丽的公鸡"一课时，我不是按一般的比例来画公鸡的，而是把鸡冠、眼睛画得大大的，胸脯画得高高的，尾巴画得翘起来、又大又长，把公鸡的美、公鸡的骄傲充分体现出来。总之，教师出示童话形象时应该像童话创作一样运用拟人、夸张等手法，富有幻想；也可用剪贴画的形式，随着故事情节的变化不断进行新的组合，给画面增添动态的新异感。

童话角色一般都用图画再现，而当图画出现在学生面前时，教师同时进行语言描绘是十分必要的，或单纯描述，或描述性提示，或描述结合示范指导朗读。

童话形象是作家用语言塑造的，在教学中运用艺术的直观再现童话形象，并不是教学的终极目的，归根结底教学还是要落实到作品的语言上，使学生学习、感悟教材语言。理解了童话语言才能加深学生对童话美和趣的感受，尤其是语感教学，可以帮助学生进一步体会童话形象，培养语言素养。例如，在《小蝌蚪找妈妈》中，青蛙作为有益于人类的小生灵，作者用精彩的语言把它写得很美。教学时，教师可以抓住关键字眼，进行语感教学，使学生进一步体会青蛙的美。请看以下教学片段。

师：青蛙的样子，课文上是怎么描写的？

（课文描写：荷叶上蹲着一只大青蛙，披着碧绿的衣裳，露着洁白的肚皮，鼓着一双大眼睛。）

（教师改写：荷叶上有一只青蛙，背上的颜色是绿的，肚皮上的颜色是白的，眼睛是凸出来的。）

师：这两段话意思几乎是一样的，但是给我们的感受却相差很多。你们比一比，哪一段写得好？

师：我们看，写青蛙的动作，用了哪些词？

（突出：蹲、披、露、鼓）

师（指点）：这些表示青蛙动作的词，都用得很准确。

我们再来比较色彩：

青蛙披着绿的衣裳，露着白的肚皮。

青蛙披着碧绿的衣裳，露着洁白的肚皮。

（教师指导学生朗读，突出四个动词和两个形容词。）

师：小朋友，想一想，为什么要把青蛙写得这么美呢？

师（根据学生回答小结）：因为青蛙是益虫。一只青蛙一年能捉15000多只害虫，我们小朋友要好好保护青蛙。

从以上教学片段可以看出，这种重视语感的教学不仅突出了童话角色的鲜明形象，渗透了童话的教育性；而且也使学生的语言鉴赏能力在这样经常进行的训练中得到了有效的提高。

（2）通过想象，进入童话世界

生动活泼、充满美感的童话形象和富有诗意的场景构成了色彩斑斓的童话世界，童话世界是令儿童奇思妙想的天地，只有让儿童进入童话世界。才能感受童话的童心童趣，才能领略童话的美妙和神秘。

其实，儿童处于最富想象的年龄段，他们的语言、思维方式往往充满着童话色彩。他们听见小鸟的叫声，会说"小鸟在对我唱歌呢"；看见孔雀开屏了，会说"孔雀要和春姑娘比美"；戴上一顶普通的航空帽，会说"我是一名宇航员"……由此可见，儿童是喜欢想象、擅长想象的。教学时稍加启发、点拨，儿童便很容易凭借想象进入童话世界，这是顺乎自然的。

如果不加以启发、点拨，教师自己对童话的态度淡漠，教学手段抽象，教学方法上只注重分析讲解，就会抑制儿童的想象，那就很容易把儿童阻隔在童话世界之外。那是违背儿童心理的教学。那样做只能使儿童感到无趣和厌倦。这种无意造成的消极情绪，必然会影响儿童学好童话，这就很难发挥童话的教育功能、认识功能和启迪智慧的功能。

怎样通过想象进入童话世界呢？首先要感受童话故事发生的场景，也就是童话角色活动的舞台。那些场景有些是学生很熟悉的，也有些是他们比较陌生的。它们虽然距离学生的生活比较远，但是因为比较模糊粗略，便于学生想象。从时间来讲，常常是"从前""很早很早的时候"……；从空间来讲，有"森林里""大海边""小河旁""山崖上"……学生们要从现实回到从前，从教室迈进小河、村庄，都需要通过想象。这主要是借助教师的语言，有时也依靠一些艺术的直观手段和设计来提供想象的契机，激起学生的想象。教师的语言和直观呈现的图景，会唤起学生已经储存的表象，并促使他们将这些语言和图景组合成新形象。

这些情境的显现，使学生通过想象和情感活动，情不自禁地进入了童话世界。就拿《小猴子下山》这一篇编入一年级的童话来说，虽然故事短小，但同样不能忽略对童话语言的理解。在这篇童话中，有一组动词"扛""捧""抱""扔"，是这篇童话的传神之笔。学生可以通过这些词来想象童话角色的可爱。

"扛""捧""抱"等词都可以让学生体会小猴子刚得到桃子和西瓜时那种喜爱的、兴奋的神态。然后教师以"你们有没有想到小猴子把自己这么喜欢的玉米、桃子、西瓜一样一样地扔了"启发学生，让学生抓住"扔"想象思考小猴子对待果实的态度变化之大。这样，在生动的情境中，学生充分感受到了小猴子丢三落四，"只好空着手"回家的原因，在有趣的情境中理解了小猴子的毛病。

这说明想象童话语言形象，才能使学生的感知更为细微，才能使其真正地进入童话世界。

童话角色是可爱的，它既是作家生活的积累，也是作家创造性思维的产物。童话角色带有浓厚的幻想色彩，尽管如此，童话角色的形象，包括它的神情、动作、心理及语言，都不可能被描写得面面俱到。因此，引导儿童想象童话角色，也是顺乎自然的事情。学生通过想象童话角色，使童话形象变得更为鲜明、更为具体。可以说，这也是作家所刻画的童话角色为读者留下的思考和想象的余地。伴随着想象和情感活动，童话角色就会活在学生的心灵里。

让学生想象童话角色的形象是可以做到的，而且这对学好童话也是必要的。想象童话角色，也应想象童话角色的语言。童话角色有说话的，也有不说话的，有的说话内容很简单，那么怎样启发学生的想象呢？教师应主要根据故事情节的展开，启发学生想象童话角色的语言、语调以及说话时的动作神态，这样，想象活动的本身就促使学生更深地进入童话世界，使童话角色的语言更加丰富、更加真切。教师在情境中引导学生想象童话角色的语言，有声有色，有情有景，学生的体验就会加深，童话角色的语言就能很快被理解和接受。对于小学高年级的学生来说，很重要的一点是培养其对全文内容的概括，加深其对童话主要内容的理解。

运用情境教学来想象童话的场景、童话的角色、童话语言的形象，不仅可以让儿童进入童话世界，而且可以充分发挥童话的最大特色，利用童话的幻想性发展儿童的创造性。

(3)通过训练，提高语言能力

要充分发挥童话的育人功能，除了上面所说的通过形象感受童话角色的"美"和"趣"，通过想象进入童话世界，还必须通过系列训练全面提高儿童的语言能力、判断能力和创造能力。

童话是在现实生活的基础上虚构而成的，且运用了夸张、拟人等手法，富有很强的幻想性，而童话的教育性往往就寓于其中。因此，读罢童话，教师就必须引导学生搞清楚什么是对的，什么是错的，使学生能分辨清楚"美"与"丑"、"是"与"非"。要做到这一点，不能靠注入，靠说教；而要通过评判童话角色来进行，通过评判引导来分辨。

在教学中，教师可以采取两种方式：一是让学生"当裁判"，评判童话角色；二是让学生与童话角色"交朋友"，帮助童话角色。这两种方式都是很受学生欢迎的。例如，在"小蝌蚪找妈妈"一课中，当小蝌蚪找妈妈时，鲤鱼妈妈和乌龟的话说法不一样，教师就可以通过评判角色，帮助学生分清究竟谁是小蝌蚪的妈妈，做出正确的判断。这实际上是通过逻辑思维进行推理，教给学生如何去认识事物，使其懂得部分不能代替整体。在此过程中，学生保持思维有序，进行很好的分析、比较，然后做出判断。

在学生读童话时，教师还可以让学生做童话角色的好朋友，通过帮助角色，来弄清是非。

童话常常有许多生动的角色，且有对白，是进行分角色朗读的好材料。教学时，教师可以让学生进入角色，扮演角色，在各小组中进行练习，全班学生都可以参与，这样整个教室都会沸腾起来。学生进入角色以后，往往会产生一种表现欲，教师便可因势利导，索性让学生扮演童话中的角色，这可以全面强化教学效果。角色效应也可以使学生全身心地进入童话情境。这看上去只是一种角色表演，实际上不仅让学生进一步进入童话世界，而且巩固了课文内容，训练了学生的口头表达能力。值得注意的是，演童话剧也应在全班分组练习的基础上进行，让全体学生进入角色，大家都是童话世界的主人。表演可以用原来已创设的童话场景作为背景，童话角色最好都戴上头饰，有条件的也可以添加一些小道具。

童话故事要读，要演，也要讲；学生喜欢读童话，演童话，也喜欢讲童话。讲童话便是复述童话。谈到复述，有接近原文的详细复述，也有简要复述，还有创造性复述。我在教学实践中概括出五种创造性复述方式，即"改变人称""改变处所""改变情节""添加角色""续说结尾"。学生对创编童话一般都很感兴趣。简要复述主要用于科普童话，即抽掉童话的形式，讲述童话中所讲明的科学知识和科学现象。至于创造性复述，因为要讲究创造性，一些教师不常采用。其实由于童话本身具有幻想性，让学生进入其中，进行创造性复述是不难的，而且是很有意义的。再说，在今天这鼓励创新的时代，教师更应有意识地通过童话教学培养学生的创造性。

运用童话进行创造性复述，可以采用改变人称的方式。教师可以让学生自己扮演童话角色，"我"就是"要比美的公鸡"，"我"就是"要下山的小猴子"，"我"就是"要过河的小马"，这样改成第一人称，可以加深学生的情感体验，增添其学习童话、讲童话的兴味。

创造性复述还可以采用增添角色的方式。在童话故事中启发学生增加与童话情节相关的一两个童话角色，可以有效地激发其想象力和组织材料的能力。由于角色的增加，故事的情节会更加曲折动人，原来的童话故事也能趣上添趣，还可以有效培养学生的思维能力和语言表达能力。

创造性复述也可以采用续编的方式。有些童话故事常常从反面告诉学生一个教训。为了渗透教育性，发展学生的创造性，教师可以通过让学生续编故事的方式，进一步强化正面教育。例如，《小白兔和小灰兔》就可以接着讲《小灰兔种白菜》的新编童话故事，《小猴子下山》就可以续编《小猴子又下山》的童话故事。

一系列的综合训练，可以促使学生爱学童话，学好童话，有效地提高学生的语言能力，最终发展学生的创造能力和初步的分析判断能力。

概括地说，教师备课时可以按前面介绍的情境阅读教学的基本程序进行，但还必须很好地把握各类教材的特点，使教学过程、教学手段、教学方法与之符合。而更重要的是，情境教学的运用，还必须从儿童的特点及需求出发，构想、优选创设情境的途径，从而进行设计。

三、概括创设情境的八条途径

　　课堂与生活连接起来，给小学作文教学带来了无限生机，学生的作文水平迅速提高。这给我很大的鼓舞和启发，并引起我新的思考，追究其成功的原因，我归纳出一个字，那就是"美"。那是因为我优选的场景以及引导学生选择的作文题材都是"美"的。作文教学改革的成功，促使我进一步思考阅读教学怎样也能让学生主动学、乐于学。经过反思，我认为还是那个字——"美"。

　　我知道"美"具有教育的多功能，魅力无穷。由此我想到美学，想到艺术。借鉴边缘学科、跨学科的思考，我拓宽了创新的思路，我要让艺术走进语文教学，让语文教学美起来。我以为，教育学、美学、哲学都是相近的，而文学和艺术更是相通的。这种相近、相通的边缘学科可以为教师打开教学的新天地，甚至可以激发灵感。这是真正的为了整合而跨界。

　　于是，我开始学习美学。综合学习美学的心得和对艺术的理解，我找到了新的思路，从中理出了对儿童进行审美教育的逻辑顺序，即从"感受美""理解美"到"创造美"。我又从儿童喜爱绘画、唱歌表演的现象思考：艺术是最形象、最富美感、最生动的文化。艺术活动都蕴含着美，展现着美，感受美正可以从这里开始。于是我利用艺术，提出"让语文课堂美起来"的创意，以图画、音乐、表演等艺术的直观、生活的真实与语言描绘相结合等途径创设情境，将知识镶嵌在情境中，使儿童在情境中感受语言形象、体验情感。这正达到了今天课程标准中提出的"工具性和人文性统一"的要求。我顺势设计了多样化的发展儿童思维与想象的情境语言训练。美的学习情境，让幼小的心灵得到润泽，热烈的情感使儿童的思维处于最佳状态，愉悦、兴奋驱动着他们主动投入学习活动。

（一）生活展现情境

情境教育十分注重真实情境对儿童认知与情感的无可替代的作用。周围世界是儿童学习首先要读的第一本书，由此把儿童带入社会、大自然，把儿童带入智慧的源泉中。情境教育注重把真实世界的画面场景与课堂符号链接起来，鲜明地展现在儿童眼前，引起学生认识世界的兴趣。在教学实践中，我常从生活中选取某一典型场景，作为学生观察的客体，帮助学生到生活中获取丰富的写作题材，或结合阅读教材优选场景，从而使学生认识周围世界，为思维与想象积累鲜活的材料。

生活的场景是广阔的。把学生带到生活中去，首先要依据教学计划、学科教材和学校所处的环境，结合时令季节特点，确定观察的主题，然后再根据主题选取具体场景。在教学实践中必须注意以下三点。

1. 选择鲜明的感知目标

为了使观察达到预期的目的，教师必须优选那些形象鲜明的感知目标，具有典型性的大自然场景或社会生活画面。因此，选取情境应有主有次、有取有舍，使情境具有鲜明性和新异感。比如，对于家乡的田野来说，这个广阔而丰富的天地可以给学生的太多了：有知识的获取，也有智慧的启迪；有美感的享受，也有劳动的欢愉。我不止一次将学生带到家乡的田野上，不过每次都有一个明确的目的、一个主题，做到围绕中心分层次有序地进行。比如，对于春、夏、秋、冬四季，可以让学生观察的场景就很多，"春回大地""丰收的田野""初冬""雪后的原野"，都可以让学生观察。这样做不仅为学生提供了丰富的作文题材，而且为学生的阅读及相关学科的学习也增加了许多感性认识，使他们一步步认识周围世界，真正把他们带入智慧的源泉中。

生活实践是学生学习数学最鲜活不过的、最易于理解的课堂。例如，让学生了解"大树有多高"，那一定要选取有大树，且大树高矮不一的地方。

需要特别强调的是，教师事先一定要实地优选典型的场景。"优选"就要"选"，才能达到"优"。一次，我准备带一年级学生去观察有上千年历史的光孝塔。观察前，我自己先实地考察，从远近不同的四个角度来看光孝塔。那么，究竟哪一个角度看光孝塔格外巍峨、格外庄重呢？经过筛选，我决定让学生站在附近的北濠桥上远看光孝塔，桥下是濠河的水，在夕阳的照耀下波光粼粼，远处就是矗立在树丛之中的光孝塔。这样从更加广阔的视角引导学生去看光孝塔，学生眼前仿佛出现了一个巨幅的画面。接着我再让学生近观，使学生感受家乡的美。

2. 安排合理的观察程序

情境选定后，先让学生感受什么，有一个程序问题。程序安排得好，学生获得的感知材料就不会是零乱的，而是按一定的逻辑顺序进入学生记忆的屏幕，从而促进学生思维活动有序地进行。合理的程序有利于学生对所获得的感性材料进行思考。

仍以观察光孝塔为例，除远望外，还需要近观。于是，我把学生带到距离光孝塔不远的地方，让他们看塔尖镏金的圆球在阳光照耀下闪闪发光；再来到光孝塔下，让学生清楚地看到光孝塔有几层，每一层有几个角，角下面都挂着一个小铃铛；待一阵风儿吹来，我和学生一起倾听小铃铛发出的悦耳响声。我按照从"整体"到"局部"，再到"细节"的程序指导学生观察，这样，学生获得的关于事物的印象是清晰的，内涵是丰富的，而且伴随着情绪，记忆将是持久的。

3. 设计观察中启发性的导语

观察必须与学生的思维活动、想象活动结合，才能加深其对情境整体的体验和对世界的认识。在此过程中，教师的启发性导语是十分重要的。这关系到怎样引导学生去观察、去思考、去表述。以生活向学生展示情境，还必须有意识地启发他们在观察中适当展开想象。当学生观察得比较持久的时候，他们获得了鲜明的"直接印象"，情绪显得兴奋，产生了一种想象开去的需要。这时需要教师启发性的导语即时提供想象的契机，促使学生由此及彼地想象开去。这样就做到了把观察与想象结合起来，与语言即兴描述结合起来，学生获益必丰。

（二）图画再现情境

图画是展开形象的常用手段。课文运用语言描写的情境，通过图画再现,使学生的眼睛亮起来了,课文情境也一下子变得那么具体、那么鲜明而生动了。因此,用图画再现课文情境,实际上就是把课文内容形象化,符合儿童对形象乐于接受、易于理解的认识特点(见图4)。

放大的插图一般用在教材内容美感特别丰富、形象特别鲜明、意境又很广远的课文中。当用其他的黑板画、剪贴画都不足以表现饱满的形象和广远的意境时,教师则要考虑用放大的插图创设情境,最好能选用现成印刷品,这样比较省时省力。

图 4　用图画再现情境

1. 简易粉笔画

简易粉笔画,又称为简笔画,是通过粉笔勾勒人物或事物的线条进而再现情境的。由于简笔画是边讲边画的,画面从无到有,一步步呈现在学生眼前,画面处于动态之中,这就必然能吸引学生的注意。因而运用简笔画简便而生动,很容易把学生带入情境。例如,"富饶的西沙群岛"一课中的第二节,写西沙群岛一带海水显出种种色彩,接着说明了原因是"因为海底有高耸的山崖,有低陷的峡谷,海水有深有浅,从海面看,色彩也就不同了"。这一现象对于小学生来说是十分陌生的——大多数人没见过大海,海底有高山、峡谷,更是想也没想到的事,所以教师需要设法具体呈现。我用简笔画再现教材描写的情境(见图5)。简单几笔,学生便知道了海底的山崖、峡谷以及海水深浅的原因,从而明白了海面上海水色彩各异的原因。

在教学课文重点时,教师也可以将简笔画展示的形象与课文中的词

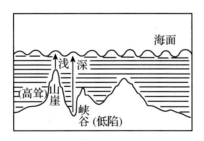

图 5　用简笔画再现教材情境

相结合，把学生带入教材所描绘的情境之中。这样做既省时又省力，效果很好。

2. 剪贴画

剪贴画以图形表现人物或事物轮廓，不像放大的插图那样要求逼真，只要大体相似即可，即使有些变形也无妨，因此剪贴画制作起来就方便多了。剪贴画最大的优势是可以贴上拆下，灵活运用，使画面充满生趣。凡是无须细致描绘，只需显示轮廓就能再现情境画面的，就可以用剪贴画再现。例如，在"要下雨了"一课中，随着故事情节的开展，我运用剪贴画创设了一组连续的情境。结合教学过程，呈现小白兔先后来到草地上、池塘边、路边（简笔画勾画），分别与小燕子、小鱼、小蚂蚁对话的情境。情境一个连着一个，角色（剪贴画）随着情境一个接着一个地出现，从而从不同角度反映了下雨前的种种自然现象和小动物们的反应活动。这种方式可以说是既简便又生动有效的。

由于剪贴画是由若干零件组合而成的，因此为画面提供了活动的条件，使画面易于呈现"动态"，更富有生气。

3. 课文插图

这是一种最方便、最经济的手段。在条件有限的学校，教师应充分利用插图把学生带入情境。尤其是一些以人物为主的插图，单幅的或是连续几幅的，或表现历史重大主题，或反映异国他乡风土人情，或抒发特别庄重的情感，这类课文无法用剪贴画、简笔画表现，而借助插图带入情境是值得推崇的最经济的办法。实际上，大多数课文中都有许多绘制精美的彩色插图，教师应尽量发挥插图的作用。

此外，教师还可以利用视频画面，尤其是多媒体画面，更给学生一种新异、真切的感觉；同时，这些画面又呈现于连续的动态中，能够吸引学生的注意。随着教学条件的改善，视频画面已被引入情境教学的创设途径之中，而且已展示了美好的前景，使用很普遍。

值得注意的是，视频画面不要用得过多，太多也就没有新鲜感了。特别是，由于画面过于真切，不容易使学生展开想象，学生难成为"境中人"，没有形成"有我之境"。

无论运用放大插图，还是课本插图；无论运用简笔画，还是剪贴画，以及视频画面，都需要教师加以指点、启发、描绘，告诉学生感知的角度及侧重点，从而使其充分感受形象，进入情境，加深对课文形象及语言的理解。

总之，教师运用以上手段再现情境时，画面不仅要有"形"，还要有"境"；教师描述不仅要有"形"，还要有"情"。这样，"形"才能对学生的感官发生作用，"形"又激起"情"，学生才有可能由此进入教材描写的情境之中。

（三）音乐渲染情境

音乐是一种抒情功能极强的艺术形式。它通过乐曲进行中力度的强弱、旋律的起伏变化以及节奏的抑扬顿挫，使人获得比其他艺术形式更为直接、更为丰富、更为生动的感受。音乐的这种情感性质决定了它具有强烈的刺激力和影响力。音乐创作者在乐曲中表现的是自己在生活中获得视觉形象的综合感受。当它以旋律、节奏变化的形式作用于儿童的听觉，使其产生感性上的直接体验时，必然会唤起儿童心理上的相似的反映、情感上的共鸣，起到很好的渲染情境的作用。英国哲学家培根说过："音乐的声调的摇曳和光芒在水面荡漾完全相同，那不仅是比喻，而且是大自然在不同事物上所印下的相同的痕迹。"这种通感，也可称为联感，决定了音乐更容易把儿童带到特定的情境之中。事实也正是这样。音乐像文学一样，也有自己丰富的语言、鲜明的形象、深远的意境。音乐是直感式的体验，儿童很容易通过对音响的感知直接产生情感体验，激起相关的想象和联想，心驰而神往。

在语文教学中，将音乐与文学两者结合起来，作用于儿童的听觉和视觉，会起到相互渗透、相互补充、相互强化的作用。但要注意，选取的音乐与教材语言要具有一致性或相似性，尤其在整个基调上、意境上，以及情节的发展上要和谐，这样我们才会获得意想不到的效果，进而达到以音乐渲染特定情境的目的(见图6)。

用音乐渲染情境，并不局限于播放现成的乐曲、歌曲。对一时找不到合适曲子的课文，在教学必需时，教师自己的弹奏、轻唱以及学生自己的表演唱、哼唱，都是行之有效且十分简便的办法，关键是要运用恰当。

图6　用音乐渲染情境

比如，《伏尔加河上的纤夫》这篇课文是根据俄国著名画家列宾的作品描写而成的。19世纪的俄国是沙皇统治的黑暗年代，列宾所塑造的伏尔加河上纤夫的形象，深刻地揭露了当时沙皇统治的残酷、人民生活的痛苦。这也正是学生学习这篇课文应获得的认识和感受。但是课文插图太小，朦朦胧胧，影响了学生的感知效果。于是我想到《伏尔加河上的纤夫》这首俄国歌曲，当时因条件所限，没有现成的录音带，我只得自己用沉重而缓慢的节奏轻唱，来渲染纤夫生活步履的艰难、灾难的沉重。下面是我的一段相关描述。

师：在古老的俄国，沙皇的统治使广大人民生活十分痛苦，伏尔加河上纤夫的悲惨生活就是一个很好的证明。你们看(出示图画)，他们用力地背着纤，脚步是这样沉重，歌声充满反抗的情绪。读了这篇课文，我仿佛听到他们在唱。（教师哼唱，学生看着图，听着歌，深受感染。）

> 哎依唔嘿哟，哎依唔嘿哟
>
> 齐心合力把纤拉。
>
> 哎嗒嗒哎嗒，哎嗒哎嗒嗒，
>
> 拉完一把又一把。
>
> 穿过茂密的白桦林，
>
> 踏开世界的不平路。
>
> ……

有些贴近学生生活的课文，有相适应的歌曲，这时不妨让学生自己轻唱或哼唱，同样也能收到很好的效果。尤其是低年级学生，可以利用课间操，边唱边做动作，学生们情绪都很热烈，学习效果也随之增强了。

近年来，神经科学家研究表明，音乐会让人脑产生大量的类似吗啡的"呐啡哒"，这是一种使人产生愉悦感的神经递质。音乐的重要功能就是"可以激发人脑的神经通路，使神经一直处于唤醒状态"。由此可见，选择音乐渲染情境，不仅是艺术的，也是科学的。

（四）表演体会情境

表演体会情境，常常是凭借角色来进行的(见图7)。情境教学中的角色有两种：一是进入角色；二是扮演角色。所谓"进入角色"，即学生心中默会"假如我是课文中的××"；而扮演角色，则是学生扮演课文中的某一角色，进行表演。学生自己进入角色或扮演角色后，课文中的角色不再是书本上的了，而是自己或自己班级中的同学，这就促使学生带着角色转换

图7　用表演体会情境

的真切感受理解课文，对课文中的角色必然产生亲切感，也就很自然地

加深了内心体验。另外，表演的形式，不仅使课文所描述的形象直接作用于学生的感官，而且给其罩上了情感色彩。这种生动的形式，使学生特别兴奋，他们既可以听到，又可以看到，还可以感受到戏剧情味。学生情绪热烈了，印象也就必然深刻了。

以表演体会情境，最常见的形式是童话、寓言、故事中角色的扮演。扮演狼、大公鸡、小山羊、小狐狸时，学生将头饰一戴，教室里的气氛随即就热烈起来。学生欣喜若狂，争相扮演。表演开始，教材中的角色活灵活现地再现在学生眼前。他们成了热情的演员或观众，一下子全部进入了教材描写的情境之中。这样，教材语言与眼前形象连接起来，就加深了学生对课文的理解。值得注意的是，每次表演都应有明确的目的，或为了理解教材语言，或为了运用语言训练表达。因为这种表演全属即兴，不仅有感知、记忆，也包含着想象与思维的活动。

小学语文教材，尤其是低、中年级的教材，可以让学生表演的课文是很多的，表演能够加深学生对课文的体验。到了高年级，学生仍然可以表演，因为表演使学生"稚化"，仿佛又回到了学龄初期。这种外界特定环境引起的心理"稚化"，使学习者忘我，从而进入良好的情绪状态。因此，在高年级，只要教学需要，教师仍然可以让学生通过表演体会情境；不过应在低、中年级以训练对白为主的基础上，加入语感教学，使学生加深对课文内容的理解，增加其创造性。

（五）模拟操作情境

知识只有在解决问题中被灵活运用，才是有价值的。情境教学主张以儿童活动推进教学过程，这就摈弃了传统课堂的许多无效的陈规老套，突出了在模拟操作中，将知识与实际运用相连。这样能使学生在应用中、在模拟操作中进一步理解知识，同时极大地提高了学生运用知识的实践能力。

模拟操作情境是在神经科学相似原理的基础上产生的。课堂模拟操作中的人物、场景都似曾相识，与儿童大脑中储存的图像具有相似性。儿童进入模拟操作情境，不仅感到特别亲切，可以通过眼前形象和实际感受，联系在真实的生活中已积累的经验，展开联想与想象；而且可以亲自动手、动脑，在操作中历练技能、技巧，灵活运用知识。所以，模拟操作对儿童来说是形式特别生动的有意义的知识学习。

由于模拟情境只需与课文内容相似而已，在运用时，就显得简便易行。画一个萝卜，点上三笔作眼睛、嘴巴，就表示是"萝卜娃娃"；与课文内容相协调的乐曲，或是师生的哼唱，都能使学生联想到相似而丰富的情境。教师利用学生平时积累的森林、小河、田野等表象，以图画再现作为背景，学生在想象的情境中，或扮演课文中的角色，或扮演生活中的人物进行模拟操作。

（六）游戏比赛情境

游戏能力是儿童与生俱来的能力。儿童在游戏中感受快乐、友爱，全身心投入其中，以至忘我，迸发出勃勃生气和创造力。从本质上讲，游戏就是为儿童创造的。

游戏，在人们的认识中是课外的活动内容，是非正规的教学方式。因而课堂教学常常忘却了游戏，或是排斥了游戏。多少年来，尤其是应试教育的课堂，早已舍弃了游戏，游戏也悄然远离了儿童。实际上，这就忽略了游戏对儿童发展的意义和重要价值。

基于情境课堂快乐、高效的基本宗旨，游戏比赛情境也早已被列入创设课堂情境的途径之中，成为最受学生欢迎的、最有生趣的一种。

当下，无论从儿童的天性来看，还是从教学效果来看，让游戏走进课堂的意义是无可厚非的。在此引举一例作为论证。由浙江大学与中国科学院研究人员组成的团队研究了我们常玩的"石头剪刀布"这一传统游戏，经过大规模测量，他们揭示了隐藏其中的行为模式，生动地解释了"石头剪刀布"的胜算原理。"石头剪刀布"的制胜策略就是，如果你是输家，下轮换用能打败对手的出手；如果你是赢家，下轮不要再使用原来的出手。研究成果更显示出中国的传统游戏包含了现代物理学、心理学、神经科学领域的内容。因而，"石头剪刀布"研究入选"麻省理工学院科技评论2014年度最优"榜单，成为中国首次入选此项榜单的社科领域成果。

这个震惊世界学术界的典型案例，让我们对游戏刮目相看。

智慧创造了游戏，而游戏又孕育着智慧，同时游戏还能激发智慧，促进儿童爆发出热烈的学习情绪。皮亚杰早就指出，游戏从认知考察，是一种智力活动。所以我们不得不承认，游戏本身是一种效果不可低估的学习方式，可谓"玩中启智"。

为此，我特将"游戏比赛情境"纳入创设情境的重要途径。情境课堂引进游戏，利用游戏，就是要从儿童的特点出发，让儿童快乐学习，提高效率。因为在快乐时，儿童的大脑处于兴奋状态，神经元连接加快，心理的愉悦感促使儿童易于学会知识，想象力和创造力得到有效发展，同时儿童团体合作的能力和力争上游的信念也得到了培养。在课堂创设情境就必须充分突出游戏"快乐、智慧、活动"的三大特点。在游戏中，学生可以交流信息，运用知识，乐学、爱学，进入忘我境界，从而使教学进入沸腾状态，这其中的关键是游戏的"比"和"赛"。"比"和"赛"的形式可以是比集体、比个人、比对错、比优劣、比输赢、比快慢。游戏也可与扮演角色、模拟操作结合进行。一般在巩固阶段，教师带领学生通过游戏理解学习内容，在快乐的思考中运用知识(见图8)。

图 8　游戏比赛情境

教师必须珍视儿童因为游戏生成的快乐、热烈的情绪，因势利导，让儿童在有趣的学习环境氛围中，进一步生成学习的内驱力，从而主动参与学习活动。

至于游戏的形式，可以是传统游戏，也可以是自行设计创造的新游戏，关键要根据教学内容的需要、儿童的需求，让儿童在玩中学、玩中用；让游戏真正达到既给儿童带来快乐，又能增强教学效果，促进儿童身心全面发展的目的。

（七）网络拓展情境

当今社会已进入网络时代，教学不只局限于电教画面、录像、幻灯的运用。网络的丰富资源为儿童提供了极其宽广而又复杂的崭新的教育空间，这是一个巨大的智库。教师必须运用网络拓展情境。网络提供的信息、声音、画面和互动，可作为创设情境的新颖途径。目前，从网络中搜索信息，下载网络视频，研究开发微课，建立班级博客、班级微信群，乃至翻转课堂等都已逐渐在教学中被运用起来。同时，儿童在懵懂中、好奇中，已经常拨弄手机、打开电脑，去探索新奇的、虚拟的网络世界了。这对儿童的认知有着深刻的影响，其间也难免有负面影响的产生。

我们如何从为儿童的明天着想的高度，设计今天的教学？对于儿童学习情境的优化，必须具有前瞻性。

信息技术的广泛运用，形成了教育的新形态，并且还将继续给教育带来深刻的变化。未来的学习过程，对儿童来说是开放的，也是不确定的。如何适应儿童学习的新需求，引领儿童走进健康的安全的网络？如何使信息技术成为真正的"智慧教育"？这些问题要求当今教师在起步阶段就培养儿童正确运用网络信息的能力。

教师不能简单地认为运用信息技术就是"智慧教育"。"智慧教育"不是简单地在课堂上播放视频，让儿童看得真切、学得生动。在某种意义上，网络视频过于真切、生动、便捷，无形中会扼杀儿童的想象和智慧。情境教育的重要的核心理念就是要开发儿童的潜在智慧，发展儿童的创造性。在"网络拓展情境"的探索中，我初步提出以下实施要点。

第一，培养儿童主动从网络中搜索信息的能力。教师不仅要培养儿童的这种意识，而且要逐渐使他们形成良好的习惯。这是他们了解世界，扩大视野，获取更丰富知识，适应信息社会的要求。

第二，指导儿童学会选择信息、取舍信息。教师事先提供关键词，这是一个便捷的指导方法。这样不至于使儿童在茫茫网络世界中毫无头绪，迷失方向，误入有毒的"黑洞"；也便于儿童检索，获取正面信息，舍弃负面信息。引导儿童学会选择，正确取舍，是重要的一环。教师应将其作为网络学习的第一准则，以防止儿童受不良信息的伤害。

第三，鼓励儿童探究信息。教师要引导儿童在选择信息的过程中主动思考，使其能在网络学习中提出问题；引导儿童学会在获取信息的过程中进行探究，以促使其潜在智慧的发展，使网络世界成为儿童宽阔思维的重要空间。生动的图像和信息，能够进一步激起儿童的好奇心和求知欲。

第四，引导儿童互动、交流信息。在互动时，教师引导儿童评价信息，各自在白板上呈现自己搜索选择的资料并进行交流。教师在评价后做出判断，从而使儿童一步步理解所获信息的价值，以指导儿童学习运用这些信息。

这样，教师在"搜索信息—选择信息—探究信息—交流信息—评价信息—运用信息"的一系列活动中，逐步引导儿童学会主动地走进网络世界，懂得选择，做出正确的取舍，并在此过程中进行探究，主动获取新奇的健康的网络信息。

网络几乎是一个无所不包、无所不有的巨大的智库。但其间也混杂着不少垃圾，甚至是毒素。教师必须及早介入，让儿童注意挑拣，学会取舍。选择所需要的、有用的东西；舍弃无用的、多余的、有毒害的东西，这一点十分重要。在这一过程中，教师要指导，家长要督促，要做到引导与制约相结合。

（八）语言描绘情境

在教学实践中，我深感，美能生情，而情又能激智。要达到这样的效果，教师的语言描绘则是十分关键的。在课堂上，有些教师也运用音乐、图画、角色扮演等手段，但儿童并没有因为艺术的直观而真正进入情境，原因何在？那就是教师的语言描绘不到位，或过于平淡，或过于华丽，或语速过快，儿童还来不及想象教师描述的画面。

教师要通过语言对儿童的认知、情感进行调节和支配，引领儿童感受情境的"美"，体验情境中的"情"，使其生动地获取镶嵌其中的知识。如果学生的认知活动缺乏教师语言的调节和支配，那么学生往往会热衷于自己最感兴趣的部分，而忽略了对整个情境，尤其是主体部分的感受，忽略了镶嵌其中的知识。形象与语言的分离，就难以使学生获得确切的、丰满的感性知识，更不易激起与教材情境相一致的情感活动。

当情境再现时，教师通过语言描绘，提示观察程序、观察重点，引导学生边听边看，边看边想，促使学生将观察活动与思维活动结合进行。这对学生的认知活动起到一定的指向性作用，从而提高学生感知的效应。不仅如此，由于教师的语言往往又传递了自己的情感，强化了情境，渲染了情境的氛围，使情境展示的形象更加鲜明，所以能够激起学生积极的情绪，使其主动进入情境中，产生情感的体验。简言之，教师应该从与儿童对话的角度全面考虑，要用自己的真情，用形象化的语言说到儿童的心上，以达到师生同在境中的状态。由此教师可以引导学生从感受，到感悟，到顿悟，再到创造。

运用语言描绘情境，无论与直观手段结合进行，还是独自描述，教师运用的语言都必须具有相当的示范性，要具有主导性、形象性、启发性及可知性。

1. 主导性

既然语言支配着学生的认知活动，就必须充分发挥它的主导作用。要让学生注意什么，感受什么，联想什么，以及观察后怎样表达，关键是教师语言的主导。其实在整个教学过程中，教师的主导性也正是从其语言中体现出来的。而教师的语言描绘是否能体现出主导性，取决于教师对情境创设的目的及教材的掌握。教师只有充分钻研教材，把握教学内容与教学形式之间的关系，才能充分发挥其语言的主导性。

2. 形象性

教师的课堂语言是有声的语言，直接作用于学生的听觉。教师的语调、语义能引起学生思维与想象的活动。但是，如果教师的语言概念化，显得贫乏干瘪，学生会因不理解或无趣味而抑制思维活动的进行。所谓"语言描绘情境"，即教师用语言对教材相关情境做具体描摹，使学生产生身临其境的感觉——学生不仅感受到了声音，而且仿佛看到了画面，可谓"声音的图画"。这就像画家作画，用线条与色彩去造型；教师的描绘，则是用有声的语言去绘画、去揭示形象，是对整体情境的生动的再现。要做到这一点，当然要求教师的语言具有鲜明的形象性，且具体而生动。

教师的语言是否具有形象性，在很大程度上取决于教师是否"看到"了课文描写的那个情境，以及情境中的人物形象、神态、动作。对于《卖火柴的小女孩》一课来说，教材中那个披着金黄色卷发的卖火柴的小女孩，我"看见"了；那双凝神望着划亮的火柴、充满着期望的眼睛，课文中虽未做具体刻画，但在备课时，作为教师，我"看到"了；卖火柴的小女孩蜷缩在墙角，划着火柴，虽然火柴的光亮是那样微弱甚至是颤抖的，我也"看到"了。这样，教学时，我才有可能以自己真切的情感去激起学生纯真的情感。正如创作时，作家要首先看到人物，并将人物一直记在心中；读者才能看到他笔下的人物，甚至为之感动。可以说，只有教师自己"看到"了课文描绘的形象，学生才能"看到"。

再如托尔斯泰的小说《穷人》，对于小学五年级的学生来说，是有一定难度的。为此，我通过形象的语言描述，把学生带入情境。第二段(课文重点段)的教学片段如下。

师(形象地描述着)：托尔斯泰爷爷的第一段描写，把我们带到海边的一间小屋里。我们仿佛看到在那又黑又冷、狂风呼啸的夜晚，女主人公桑娜正坐在火炉旁，一边补着破渔网，一边焦急地等待着出海捕鱼的丈夫归来的情景。当桑娜听到屋外呼啸的海风时，再也坐不住了。她走出门，来到茫茫的大海边，希望看到丈夫的小船。可是漆黑的大海上什么也看不到，于是，桑娜又想到了那个生病的女邻居西蒙。说到这儿，我们的视线也随着桑娜的身影移到了西蒙家门口……

这一段描述，使学生面前出现了一幅幅画面：狂风呼啸的夜晚，小屋里，女主人不停地补着渔网……桑娜来到漆黑的大海边……桑娜来到西蒙家门口……

这样形象的描述，使课文中描写的画面呈现于学生眼前，吸引了学生的注意，从而激起了学生的情感，使学生一步步走入情境，并为之动情。教室里气氛显得沉静而紧张起来，那一颗颗幼小的心也悬了起来，学生情不自禁地和桑娜、西蒙家的命运贴得更近了。这充分说明，儿童情感的产生离不开对形象的感受。在情境教学中，教师富有形象性的语言起着关键作用。

3. 启发性

情境教学着眼于儿童的发展，因此，教师的语言描绘必须具有启发性，要让学生将语言学习和思维发展结合起来。在教师的启发下，学生的思维活动积极进行，由"此"想到"彼"，由"表"想到"里"，由"因"想到"果"，由"个别"想到"一般"，不断进行着思考探究。

下面仍以教授"卖火柴的小女孩"为例。故事中写小女孩和奶奶"飞到了没有寒冷，没有饥饿，也没有痛苦的地方去"，这是全文的重点所在，也是难点所在。这一句的真实含义就是"小女孩即将走向死亡"，但是学生还不能一下子理解。

教学时，我这样一步步启发。

师：在幻想中小女孩和奶奶飞到哪儿去了？飞到"那没有寒冷，没有饥饿，也没有痛苦的地方去了"。这是这一节主要的句子，为什么这是主要的？

（教师带领学生概括前几节的内容，这是小女孩强烈追求的梦境。）

（教师让学生比较读：飞到那没有寒冷、饥饿和痛苦的地方去；飞到那没有寒冷，没有饥饿，也没有痛苦的地方去。）

师：为什么要选用"三个没有"来强调？

（学生回答略。）

师（指点）：这说明之所以用"没有……，没有……，也没有……"强调，是因为小女孩生活在极度寒冷、饥饿和痛苦之中。如果她的生活像我们这样温暖、这样幸福，她会不会产生这样强烈的幻想呢？

（学生轻声齐读幻想部分。）

（教师通过指导学生朗读，进一步激起学生的情感。）

师：尽管安徒生爷爷用"没有……，没有……，也没有……"来表达小女孩临死前的美好幻想，但她真的能和奶奶飞到那样的地方去吗？在19世纪，这样的地方在人间，穷人和穷人的孩子生活的地方有吗？对于穷人、穷人的孩子来说，活着就是生活中有寒冷，有饥饿，有痛苦；只有死了，才没有饥饿，没有寒冷，没有痛苦。因此小女孩飞向那里，实际上是向死亡走去。

师（指点）：这光明只不过是那火柴头上燃起的一点微弱光亮，周围依然是一片黑暗；这快乐只是在幻想中和已经死去的唯一的亲人奶奶抱在一起，这又是多么的可怜、可悲。我们对小女孩深切的同情在朗读时要表达出来。

教师用语言这样一步步启发，学生对问题的思考也随之由浅入深，并加深了情感体验。

4. 可知性

教师语言描绘的主导性、形象性、启发性，都必须以可知性为前提。教师的语言包含的概念、形象，在学生记忆的表象中应或多或少有所储存，但并不等于教师的语言涉及的概念、形象是学生全部熟知的。因此"可知"并不是"已知"；"可知"既包含"已知的"，也包含着"未知的"，是利用"已知"达到"未知"，结合直观手段，使"未知"成为"可知"。这样的语言，学生既可以理解，又可以从中有所收获。

上述创设情境的各种途径的运用是很灵活的，在实际操作中，教师可以把几种途径有机地结合起来，但都需要与语言描绘的结合。常用的有音乐、图画与语言描绘的结合，音乐与表演的结合，音乐、表演与图画的结合。

需要注意的是，把学生带入教材描写的情境并不是目的，在学生进入情境后，要充分利用学生进入情境的感受、情绪，使其理解教材语言，掌握教材，相机进行语言训练，使其受到熏陶和感染。

综上所述，为克服教育现实存在的弊端，我在起始阶段经过多年的改革和探究，寻求到克服弊端，解决现实问题的答案。

第一，为了让儿童在学习中成长，必须让儿童走出封闭的课堂，去认识周围世界。生气勃勃、充满美感的生动画面，可以把课堂学习与生活链接起来。

第二，小学低年级是儿童以识字为主，从口头语言向书面语言过渡的关键期。作文训练如果推迟到三年级就延误了，会致使三年级儿童感到作文难度很大，并为无话可写而苦恼。针对现实，我提出儿童习作"提早起步，提高起点"的主张，并在野外教育中引导儿童去认识周围世界，创造了"观察情境作文"的崭新作文模式，使儿童在写作文时有感而发，甚至达到了所谓"一切景语皆情语"的境界。这表明，"意境说"中"情以物迁，辞以情发"的阐述，在儿童作文中运用的必要性和可行性，也使我开辟了儿童情境作文的新天地。

第三，作文教学成功的重要因素是教学内容的"美"，由此产生让语文课堂美起来的愿景，让艺术走进阅读教学。我将儿童喜闻乐见的艺术，图画、音乐、戏剧等与语言描述结合，再现课文描写的情境，将知识镶嵌其中，并创造性地设计课堂，探索出了模拟情境的八条可行途径。实践的研究又让我有新的发现。那就是儿童进入情境后，高涨的情绪会被激起，且一直伴随儿童认知活动始终，使儿童的主动性大增。

在寻求解决现实问题的答案中，我深感克服弊端往往是创新的开始，这让我看到教育创新之路可渐行渐宽，初步探索出情感与认知结合的情境教学。

第三章

反思产生顿悟，"行者"
亦成"思想者"

　　我们是一线教师，是实践者；实践者应该永远在路上，但又绝非匆匆过客。我们是有目的、有抱负、有追求的行者。记得十几年前，有十位教育学博士来校访谈，有一位博士颇为感慨地说："李老师，您这儿是产生理论的地方。""产生理论?!"我一听，心里一怔，同时也一亮，我们能产生理论吗？这对我这个行者，是很大的触动。于是我学会了反思，在反思中注意善思。是的，教师谈不上是思想家，但必须是思想者。我们不仅要回答关于教育实践与研究中的"是什么""怎么样"，还要回答"为什么"。我们要学会在行进中去思考，去感悟，去创新，努力在改革的潮流中走出一条新路。

一、概括促进儿童发展的"五要素"，揭示普遍规律

　　在情境教学向前发展的过程中，我习惯回过头来看，带着情感，带着对儿童、对教育发自内心的热爱，在回味、体验中分析、概括。

　　通过反思，回顾多年的实验历程，我发现第一阶段的运用情境进行片段语言训练，第二阶段的带入情境提供作文题材，第三阶段的创设情境进行阅读教学，虽然我是一个阶段一个阶段地去探索，一个局部一个局部地去认识；但当我反思时就觉得，这些都不是单一的、孤立的，而是相互联系的，每一个阶段都涉及儿童发展的各方面的要素。至此我顿觉，儿童的发展是整体的。

　　这时，我开始接触到马克思关于人的全面发展的观点，同时看到四川省社会科学院学者查有梁先生(他同时是原中央教科所兼职研究员)著述的《系统论》《信息论》《控制论》。这些论说在当时使我感觉耳目一新，我如饥似渴地学习，一边看一边做阅读笔记。随着学习的深入，我很自然地将其与马克思关于人的全面发展的观点，以及"场论"联系起来。在

这些理论的启发下，我的脑海中突然跳出一个概念，我觉得我所创设的情境就是一个"心理场"；在这个心理场中，教师的语言作用于儿童心理，儿童的反馈又会作用于教师的心理。学生与学生之间，师生与教材之间是一个多向折射的"心理场"。于是我产生了一种新的设想：情境教学是可以促进儿童整体发展的。情境的创设必然对儿童的知识、能力、智慧、情感、意志产生影响。

作为一名实践者，教师要把自己在实际工作中的种种心得，上升为规律性的认识，这需要经过一个"悟"的过程。情境教学一步步的发展，就是一次次反思的结果。我在反思中产生顿悟，在反思中不断发展。没有反思就没有顿悟，没有顿悟也就没有概括。我努力用理论充实自己，把自己的实践与理论结合起来，在实践中自觉地反思、总结、提升出新的理论。我深感在改革创新中，教师作为"实践者"必须是思想者。

于是我向自己提出问题：在优化的情境中儿童是怎样获得发展的？进而追问自己：促进儿童发展的要素究竟是什么？当时，华东师范大学比较教育研究所杜殿坤教授也让我围绕这个题目，很好地加以总结概括。我想，情境教学是立体的，是多角度作用于儿童心理的。经过归纳、演绎，我提出"运用情境教学促进儿童整体发展"的新思路，撰写了《从整体着眼 促进儿童发展》的长篇论文，总结出情境教学促进儿童发展的五条要素。到此，我觉得情境教学不再是平面的了，情境教学站起来了！

实践中的研究指引我从第一轮的实验历程中，概括出情境教学促进儿童发展的"五要素"。现将其阐述如下。

（一）以培养兴趣为前提， 诱发主动性

对于培养学生学习兴趣这一问题，我很早就意识到了它的重要性。教师要注重学生学习兴趣的培养和发展。我通过情境的创设，将课上得"好懂，有趣，有一定难度"，其中就包含着对学生兴趣的重视。

记得有一次，我给学生们上《下雨啦》一课。那天早晨，我醒了，忽然听到屋檐下响着"嘀嗒、嘀嗒"的积雨声。我赶紧来到窗边往外看，呵，下了一夜春雨！我欣喜极了，等了多少天，春雨终于洒落大地，这样的

天气教《下雨啦》这篇课文真是太合适了！

上课了，我很神秘地说："孩子们，你们听——窗外是什么声音？"他们怀着极大的好奇心，静静地侧耳细听。不一会儿，他们几乎不约而同地轻叫起来："嘀嗒、嘀嗒……"

"对！今天我们就来学习《下雨啦》这篇课文！"学生兴致勃勃，好像春雨就洒落在他们的心田……我们快活地读着。

> ——滴答，滴答，下雨啦，下雨啦。
> 春苗说："下吧，下吧，我要长大。"
> ……

这一课的教学进度比平时快多了，给学生的印象鲜明而深刻。学生学习的热情真是高涨，这说明只要引导得当，那种"力"是教师意想不到的。这就给我一个启示：学生爱学和不爱学，40分钟的效率大不一样。这一实例表明，学生一旦对学习产生了兴趣，学习对他们来讲，就不是一种负担，而是一种乐趣，他们就会主动地投入其中。

激起学生学习兴趣的能动作用体现在，他们在课堂上反映出来的那种热烈的场景。实验班学生渐渐地显示出了学习劲头的高涨，他们思想非常活跃，上课时积极发表意见，一双双小手几乎要举到我的面前，一个个急切地喊着："让我说！""我说！"下了课，他们又会围着我说："李老师，我还没说呢！""李老师，你还没叫到我！"还有学生喊着："我们排队！排队！"一直等到我依次听他们把一个个在课堂上没来得及发表的意见说完了，他们才带着一种满足的神情到外面去玩。看着这些情景，我心里能感受到学生求知欲得到满足的快乐。他们终于有了陈述的机会，把自己内心的想法表达出来了，告诉李老师了；李老师听到了，他们很高兴，这又显露出学生总是有一种表现自我，希望得到认可，得到尊重的心理。由此可以看出，兴趣极大地提高了他们学习的主动性。假如我今天要教《采树种》，学生就会找来树种，宝塔似的松树种，小子弹似的冬青树种……很多很多，放在桌上供我上课使用；假如我今天要教《雷达》，学生就会事先去找有关雷达的介绍，然后把找到的资料带到课堂上说给大家听。这种好奇心与探究欲是一种很重要的学习品质。我常常顺势把学生带入一种向往的而又需努力的，即使有障碍、又可以逾越的境界。

这些现象都促使我去思考，在课堂上，儿童全身心投入学习活动，探索欲、好奇心、自我表现的需求得到满足，从而进一步激起浓厚的学习兴趣，而兴趣又带来了持续的学习主动性。这正是情境教学通过情境的创设，用情感伴随着他们的认知活动的结果。

由此我想到，古今中外无数科学家、艺术家，一切有成就的人，他们对自己的工作之所以能持之以恒、百折不挠地进行钻研，甚至达到了入迷的境地，其共同原因，不就是他们对自己的事业有着浓烈的兴趣吗？因为有了兴趣，他们才会入迷；入了迷必然会勤奋、会产生毅力，最终达到忘我的境地，"天才就是强烈的兴趣和顽强的入迷"。可见，从小培养学生的学习兴趣，将使他们终身受用不尽。

至此，我颇有把握地做了概括：培养兴趣正是情境教学促进学生发展的第一要素，它应该是学生发展的前提。教学过程，准确地说，应该是促进学习者"自我发展"的变化过程。教学过程只有通过学习者本身的积极参与、内化、吸收才能实现。教学的这一本质属性决定了学生是教学活动的主体。学生能否主动地投入学习，成为教学成败的关键。多年来，我一直着力研究"儿童是怎样学习的"，探究其中的规律，推进儿童的学习过程。学龄期的儿童，学习的理智感一般比较差，尤其是学龄初期的儿童更为明显。他们的学习动机更多地为感性所驱使。因为儿童发展的原动力，同其他事物的变化一样，主要是它的内因。因此，运用情境教学促使儿童发展的第一要素就是主体性，我们要充分调动儿童的主动性，使其投入学习活动。

在这里，我首先讲一个培养学生兴趣、激发其学习主动性的故事，故事内容如下。

我记得实验班二年级的时候，来了一个名叫小成的留级生。二年级对于他来讲，已经读过两年了。他身材瘦长，脸显得有些黑黄，父母住在乡下，他平时跟着奶奶，看上去是一个与集体有距离感的孩子。班级中的学生应该都是平等的像这样的孩子，我更注意培养他们的自尊感和自信心。因为稍不留意，就很容易忽略他们的情感，给他们的心理乃至人格的形成造成负面影响。但更重要的是，我要想方设法把他的学习成绩提上去，让他感觉"我也行"。针对他最害怕的放学了教师把他留下来补课的情绪，我把功夫放在课上，上课的时候，简单的问题我就请他发言，他很容易就答对了。他答对了，我就好好表扬他。每次听到我的表扬，他都显得很高兴，因此慢慢地，他开始主动举手要求发言了。而他一举手，我必定请他回答。实验班二年级已经有写观察日记的习惯了。小成第一篇观察日记写得很不好，错别字一个连着一个，整小节没有标点符号，甚至小节结束了，也不懂得用句号，还用着逗号。

我读后觉得这孩子的成绩确实是个问题。但我想到这样的孩子，一年级留级，二年级又留级，受的批评肯定不少，再批评也不会引起他多少重视，只会伤害他的自尊心，影响他人格的形成。所以我不仅没有批评他，反而在班上表扬了他："小成也像我们班的小朋友一样写观察日记，完成了作业，很好！"这一次表扬让他开始融入了新的集体。

我意识到，学生一旦受到尊重，内部的力量就被激发出来了。不久，小成的观察日记写得有些进步了。有一天，我读到他的这样一篇日记。

放学回家，奶奶还没有回来。天快黑了，我站在门口等奶奶回家，等了很长时间，看见奶奶回来了，我真高兴，就挽着奶奶的胳膊走回家去。

我读到这里真高兴。这篇观察日记中，"挽着奶奶的胳膊"这个词语就表现了他对奶奶的亲。我当即用红笔在下面画了圈圈。我欣喜地看到了他的进步。于是，我在班上读了他的这篇日记，非常兴奋地表扬他的进步，他学习的劲头更足了。

有一天作文课上，我指导学生观察小鸭子。到观察小鸭子吃食的时候，我请小成做我的小助手来给小鸭子喂食。所有学生都特别羡慕他，他显得特别高兴。观察后，我让学生写想象性作文，他们自己出了作文题目《小鸭子奇遇记》，小成也写了一篇《小鸭的故事》。

这篇想象性作文写得有头有尾，是一个完整的故事，一些细节写得很有智慧，对大灰狼的形象描写得也特别生动。

一群鸭子正在玩，忽然从森林里走来一只凶恶的老灰狼(，)它躲在一棵老树下。它吱(龇)着牙(，)伸出舌头，张开凶恶的嘴(，)眼睛盯着一群小鸭子(，)馋得直流口水。

一群鸭子听见脚(步)声，就连忙领着伙伴跳进水中。这把老灰郎(狼)气(坏)了，他就在河边跑了一卷(圈)，老灰狼眼珠子骨碌一转(，)装着温和地(的)样子说："我的好宝宝(，)快来(!)舅舅给你们买了一只小喇叭，可好玩呢!"

最后，老灰狼受到了上第(帝)的乘法(惩罚)，小鸭子就战胜了凶恶(的)老灰狼。

——小成

不难看出，小成的作文有了明显的进步。这篇作文虽然还有不少错别字，但用词造句、内容的充实程度，都比第一篇有了很大的进步。这让我深深地感到，每个孩子都有潜在的智慧，自信会让他们变得聪明起来。

我还记得小成升入三年级时，江苏电化教育馆要拍我上的一节口头作文课"我是一棵蒲公英"。上课时，想不到小成也举起了手，我不假思索，马上就请他回答；至于他会不会说得不好以至影响课程的拍摄，我全然不顾。他站起来说："刚才一名同学说错了，'在阳光下，小河水荡漾着银色的波纹'不对！月光下的小河才荡漾着银色的波纹，阳光下应该是金色的。"啊，说得多好啊！他既认真听了同学的发言，又能指出别人的不当之处，他的学习态度以及对语言的敏感程度都有了明显的进步。我深深感到他就在这不断受到信任和激励的环境中进步成长起来了。孩子的自尊感、学习的自信心就这样在不断受到教师的信任和尊重中发展起来了。而当他感到教师是那么器重他、喜欢他、关心他的时候，他健康的心理就促进了人格的形成。这种学习的兴趣，就不单纯是一般心理学意义上的学习热情了，而是和自尊感、自信心紧密联系在一起的。到了高年级，小成的成绩升到中上游水平了。现在回想起来，小成的进步对我探索如何培养儿童学习兴趣具有典型意义。

当学生具体地感受到学习的乐趣，感受到自己的聪明才智，获得成就感时，就能增强学习的自尊感和自信心，从而在精神上、情感上获得一种力量，促使自身主动地去学习。这对激发学生的学习主动性的作用是不容忽视的。教师的期望与鼓励，会逐渐改变学生对学习和对自己的评价，而这往往是在学习过程中发生的。

所有这些，有利于形成"教师肯定—学生满足，树立自尊感、自信心—需要学习—再肯定，再满足—需要学习更新的、有一定难度的内容……"的良性学习链，学生的主动性便被进一步调动。学生只有主动地学，才能主动地获得发展。"凡是没有自我运动的地方，那里就没有发展。"

再者，儿童天生就具有好奇心、探索欲。"好奇""探索"会驱使儿童好学、爱问。这在激发儿童主动性、促进儿童未来成才方面，都是很有价值的心理因素。"好奇"和"探索"是儿童固有的特点，然而，这种积极心理要保持稳定却不是那么容易的。单调重复的教学活动，过易、过难或过量的作业，教师无意的训斥、苛求，家长的责罚、逼迫，等等，都会压抑、挫伤儿童这种可贵的心理品质，使之逐渐淡化，进而使儿童视学习为负担，严重地甚至想竭力地逃避、摆脱学习活动，这种情形在学校里并不少见。因此，在情境课堂的操作中，教师要借助新异的教学手段，创设生动有趣的学习情境，鼓励儿童逾越学习的"障碍"，激起儿童的学习情绪，激发其学习动机，使其"好奇""探索"的欲望得以满足、持续。儿童一旦产生了学习兴趣，他们的注意力就受情绪支配了。心理学家告诉我们，除无意注意和有意注意外，还有第三种注意，即后继性有意注意，这种注意便是靠兴趣来维持的，能够促使儿童主动投入教学过程。

情境教学根据学科内容创设情境，或模拟的生活情境，或真实的情境，或童话情境，或科幻情境等，都是连续的、动态的情境。教师有意识地把儿童一步步带入教学内容的相关情境中，儿童进入情境后的真切感和在其间体验到的角色意识，在这种"情"与"境"相互作用的持续中得以强化。教学始终成为"我"高兴参与的、有趣的、有意义的活动。

"好奇""探索"的欲望得到满足，这种积极的心理在保持稳定的同时不断得到强化，从而能使儿童在愉快的情绪中形成新的学习动机，保证了儿童在学习活动中的主体位置。

（二）以指导观察为基础， 强化美感性

教学活动从某种意义上来说是一种认识活动。课本中的每一篇教材，乃至儿童的充满稚气的习作，实质上都是人们对世界认识的记录。所以在语文教学中，促进儿童的发展，首先是发展儿童的认识能力，即儿童通过观察、思维、想象、记忆认识世界的能力。观察为儿童打开了认识世界的窗户，它是智慧的重要源泉。通过观察积累丰富的感知材料，成为儿童发展的基础。观察能力对于儿童未来从事任何工作来说，都是必不可少的(见图9)。

图 9　指导儿童观察

长期以来，我不断地探究儿童是怎样去学习，怎样去认识世界的。在这一过程中，我逐渐发现、认识，并加以研究。在和儿童的朝夕相处中，我知道世界对于儿童来说，是形象的、新奇的，是活生生的；儿童也正是通过形象去认识世界的。我记得那是实验班一年级的时候，一名

学生的妈妈告诉我，有一天，儿子兴冲冲地跑回家说："妈妈，我到操场后面去找春天，看到很多野花开了，我找到了春天！"多好呀，春天在儿童的眼中是形象的，他从一朵小小的野花的开放，就看到了春天。事实上，儿童对知识的学习、对世界的认识都是伴随着形象的。但是，我们多少年来的传统教育，却使儿童的学习变成了一种仅仅是抽象的、符号化的应答。

儿童的认知怎样伴随形象，从而使儿童获得具体的感受呢？观察是儿童认识世界的第一途径，甚至人的美的享受90%是通过视觉获得的，足见观察之重要。所以在实验班，我不仅有计划地带领学生去观察周围世界，还引导、鼓励学生自己去认识周围世界。我常常对学生说："用你们的眼睛去看啊！用你们的耳朵去听啊！"有一次，晚上下冰雹，打在房顶上"啪嗒啪嗒"地响。我就马上打开堂屋的门，走到院子里。我一看，那冰雹在地上蹦跳着，欢快得很呢！第二天早晨我一到学校，就问学生："昨天晚上下的是不是雨？"学生说："不是，下的是冰珠！"我说："你们怎么知道的？有没有观察？"学生说："我一开始在屋子里，听着那声音不像下雨，就跑出去观察。""我还从地上捡起冰珠，把冰珠放在手心里，看着它慢慢地变小，最后全部融化了。"这样的提示和即时的了解，非常有效地培养了学生观察的兴趣，渐渐地，学生和大自然也贴近了。观察真是儿童认识世界的一扇窗，他们通过这扇窗，睁大好奇的眼睛看世界。

要让儿童喜欢观察，观察的客体必须是他们感兴趣的事物。那么，针对儿童爱美的心理，选择美好的事物作为感知目标就显得十分重要。大自然是富有美感的，它呈现出那么多美的景象：家乡秀丽的青山、奔流不息的江河、广漠无边的原野……既似一幅幅泼墨写意画，又像一幅幅深沉的油画。春天的花蕾、刚露新绿的小草；夏日的繁星、月下的蛙声；秋天的田野、丰收的作物；冬日的雪景，耸立在寒风中的松、竹、梅等大自然的景物；迷迷蒙蒙的晨雾、叮咚作响的冰雹、席卷大地的狂风……大自然以它特有的色彩、丰姿、奥秘，激起儿童对它的神往，这是儿童理想的永恒的智慧源泉。当大自然发生急剧变化的时候，教师更应注意带儿童去观察。因为这是最能显示大自然力量的时候，最能使儿童认识到世界是处于不断变化、发展的辩证规律之中的时候。春雷动地，万物苏醒，下过暴雨后，河水猛涨，教师可以及时引导儿童留心观察，让他们逐渐认识事物之间的因果关系。

指导儿童观察大自然、观察生活，我在实践探究中运用了"选择美的事物""逐步增加观察""拓宽想象空间"等手段。随着学生年级的升高，我还逐步地让学生感受社会生活的美，选取那些生动的、形象鲜明的、健康的美的情境为学生提供描写美的人和事的作文题材。生活中蕴藏着丰富的美的元素，我有意识地引导儿童到生活中去寻找美、感受美。无论大自然的画面，还是社会生活的场景，那些富有美感的客体会带着鲜明的形象和画面，有声有色地进入儿童的意识。

在课堂上，我同样注意结合课文内容有意识地指导儿童观察。例如，"我是什么"一课，课文写"水会变""会蒸发""太阳一晒就变成水蒸气"。我就拿了只烧杯，倒上热水，先让学生看热气升腾；然后把玻璃盖子一盖，让学生注意观察，看热气在玻璃盖上凝成小水珠，水变成气体又变成液体的现象，让学生能够敏锐地观察到事物的变化，从而进行最初步的科学启蒙。再如教授"鱼和潜水艇"一课时，我买来活鱼让学生观察鱼在水中上下游动的情景；接着我从鱼肚中取出的鳔，让学生观察并了解鱼鳔的作用；然后让学生观察并模拟操作"潜水艇"。这样的观察强化了他们的感受，丰富了课文内容。学生感到新鲜有趣，又产生了许多思考，还提出关于鲨鱼生存的一系列问题，这样就有效地加深了学生对周围世界的感受。由此可见，进行观察实验与不进行观察实验效果是大不相同的。

当生动有趣的情境呈现于学生面前时，他们首先去看、去听，进而走进情境，感受镶嵌在情境中的知识的内涵。儿童的视觉、听觉、运动觉就在这不断的、经过教师引导而产生的兴奋中，在儿童感官可塑性极大的时候，变得敏锐、完善起来。

大量的实践使我认识到，情境教学恰恰符合儿童的这种认知特点和认识规律：用形象去认识世界，用感受去把握世界。

事实表明，观察发展了学生的想象力，因为观察所得为他们组合新形象提供了感性材料，帮他们积累了多姿多彩的印象。有一次，学生观察小鸡，看到小鸡孵出来了，他们说："小鸡竖起脑袋，看着这陌生的世界。"移情发生了，学生把自己的感情转移到了小鸡身上。教授"一粒种子"一课时，我让学生回家种豆子。他们有的把豆子种进泥土里，有的放进水碗里。他们很自然地用童心去观察，每天去看他们的豆子：豆子长出一点小芽了！豆子长出根了！豆子钻出泥土了！学生每天都感到很新奇，也很自然地展开想象："豆子努力地长啊长啊，今天它长出了两片嫩芽，好像在感谢我这个小主人呢！"去河边赏月的路上，有学生对我说："李老师，你看，星星在对我们微笑呢，好像在说：'快走呀，月亮公公在河那边等着你们哪！'"这诗一般的语言，不正是观察与想象一起酿造出来的吗？

当学生登上家乡的高山顶时，我便用山腰亭台上"举目四顾海阔天空，长啸一声山鸣谷应"的诗句，开拓学生想象的空间，感受家乡群山和浩瀚长江的壮阔之美。学生沉浸在美的新奇的情境中而达到忘我的境界，而只有在这忘我的境界中，学生的感受才可能是丰富、深刻而强烈的。

观察发展了儿童的想象力，为儿童的想象提供了感性材料；观察得越多，越能形成更多的印象，他们也才能在现实的土壤中展开想象，想象也才能丰富、精彩。儿童置身于情境中，真可谓"神思飞扬，视通万里"，想象把他们带到一个神奇而广阔的世界。在儿童想象的世界里，世间万物都有着和他们一样的情感，都可以与他们对话。

让儿童去观察，不仅仅是为了让他们认识世界，也是为了增强对他们观察力的培养，这是教育的目的。而儿童观察力的形成，只能通过观察来实现，需要在观察中培养和发展起来。观察让儿童的眼睛变得敏锐起来。

有一次，我带领学生观察校园里的花。我请来一位搞园艺的师傅，为学生讲解各种花不同的名字和特点。

学生听了很感兴趣，美美地欣赏着校园里的花。有个小男孩看到恋蝶花，就问："它为什么叫'恋蝶花'呢？"

我说："你们猜呢？"

有学生说："肯定是蝴蝶很喜欢它。"

又有学生说："我看到蜜蜂也喜欢它。"

课间，学生不断地去看校园里的花。我看见一名学生凑近恋蝶花，鼻子沾了花粉，满脸沉醉地说："你们看，我成了一只小蜜蜂，钻到花蕊里面去了。"学生真的融入了这个美好的世界。观察，让他们觉得大千世界是那样美好、那样可爱。

儿童的观察敏锐了，他们对周围世界就留心了，什么都想找出个"为什么"，什么都喜欢自己去发现。在观察中，儿童感受着大自然、感受着人和社会的美，因此无形之中，日积月累，儿童对大自然、对社会的认识会不断加深，热爱之情也渐渐生成，对生活的感受也随之丰富。一天，丁蕾小朋友吃饭时发现奶奶吃出的鱼骨头要比她吃出的多，以为奶奶吃的鱼多；再一看，原来奶奶吃的是鱼头和鱼尾，自己吃的是鱼身子，骨头自然少，她从中感受到了奶奶对她无声的爱。

我深深地感到，观察力是儿童发展的重要方面。无论做科学家、文学家、医生，还是做能工巧匠、普通劳动者，都需要一双具有敏锐观察力的眼睛；在生活中，儿童也需要一双会审美的眼睛。观察力的形成，不仅是儿童求知的需要，而且对其今后工作和生活质量的提高，同样是非常重要的。

课程标准中提出"培养儿童对生活的热爱"，这是一个很高的目标，该如何去实现呢？该怎样去培养儿童对生活的热爱呢？在我的情境教学实验中，我引导儿童去认识周围世界，让他们在观察中去体验，去感受，去思考，去想象，使他们真真切切地感受到大自然是美好的，社会是美好的，世界是美好的，从而对这个世界有了丰富的感受。如果我们让学生闭上眼睛，一说大自然，他们的眼前一定会出现那些曾经观察过的灿烂的小花、繁盛的树木、弯弯的小河……一个个美丽而连续的画面。总之，在大量的观察实践中，儿童的眼睛看到了美的、鲜活的场景，儿童的感受是真切的，想象是丰富的，表述是生动的，甚至是精彩的。这一切让我认识到，以指导观察为基础，强化美感性，是情境教学促进儿童发展的又一要素(见图10)。

在指导儿童观察的过程中，我还深深地感悟到，教师自己是否能用儿童的眼睛去看世界，用童心去感受，也是非常关键的。我曾不止一次地和青年教师说过："当班主任需要有爱，当语文老师需要童心。"因为观察是儿童认识世界的一扇窗，这扇窗是打开还是关上，就在于我们教师

图 10 让儿童在观察中获得发展

了。成人常常对大千世界熟视无睹，因为熟视无睹，也就无动于衷。但作为一名小学教师，我做不到也不应该对周围世界无动于衷。我很习惯用儿童的眼睛去看，用儿童的耳朵听。地上的一群蚂蚁、一片落叶，路边的一朵小花，我都很自然地看在眼里。这样，我的心和学生的心便贴得很近，和他们一样感受到了生活的美好和丰富多彩。在这当中，我好像也重新认识了这个世界。用儿童的眼睛看世界，世界永远都是新鲜的。

（三）以发展思维为核心，着眼创造性

儿童兴趣的培养、主动性的激起，观察活动的展开、主观感受的形成，以及儿童的情感活动和语言表述，都离不开思维活动。情境教育提出的"发展"的内涵，包括知识、能力、智力以及情感意志等心理品质的整体和谐发展，其核心便是思维的发展，尤其是思维的创造性。儿童创造性的发展，并不是在教学中听其自然地"顺手拈来"的，而是有意识有目的地培养训练出来的。

在探索儿童创造性的发展过程中，我意识到，学科教学必须从学生的明天出发，考虑今天的教学。"只有当教学走在儿童发展前面的时候，才是好的教学"，这是千真万确的。也只有这样，教师才能通过教学，不断地把儿童带入一个一个的永远没有终结的最近发展区，使儿童不断意识到以前没有意识到的东西。回顾平日的教学，"发展"儿童的创造性在我的思想中是一个十分鲜明的目的。

早在20世纪70年代末，我便在我的第一篇论文中明确提到，小学阶段是人的潜在智慧发展的最佳时期，儿童的可能具备的能力如果不在这一时期发展，不被唤醒，那么其智慧发展就会呈递减趋势，最后便像耀眼的火花得不到氧的供给而泯灭一样。因此我认为，不失时机地在儿童学习和运用祖国语言文字的过程中发展儿童潜在的智慧是一项特殊的任务。因为小学语文内涵丰富，非常有利于儿童具体形象思维、抽象逻辑思维、创造思维的发展。

在课堂上，因为情境的优化，儿童热烈的情绪会达到沸腾状态，儿童的思维处于最佳状态。他们积极并主动思考，从而迸发出一个又一个令人欣喜的智慧火花，燃烧、升腾，从而产生逾越"障碍"的力量；进而越过"障碍"，获得成功的快乐。儿童的情感活动参与了认知活动，这种最佳的心理驱动，正是挖掘儿童潜在能力的重要通道。回顾情境教学的实践，我们正是在引导儿童学习和运用祖国语言文字的过程中，发展儿童的思维，培养儿童的创造力的。

如此坚持实践，我进一步发现，在特定的与教材相关的情境中，教师要着眼于儿童的创造性，有意识地训练儿童的感觉，培养其直觉，发展其创造力。就"提高学生的悟性，培养创造性人才"的教育终极目标来说，情境教学对于儿童全脑的发展来说，已经显示了它的独特价值。

1. 训练感觉

感觉是人类认识世界的第一通道。卢梭认为："进入人类理性的所有一切的东西，都是通过感觉实现的。"儿童的感官，通过训练可以日益敏锐起来；不注意训练，则会变得迟钝。而感官的迟钝必然会成为儿童提高直觉、提高悟性的障碍。因此，教师应在儿童感官可塑性极大的时候，对其加以培养。这个任务，不应只是交给音、体、美等学科的教师，语文、数学、科学常识等相关学科也应将其主动承担起来。情境教学的生动手段，都是可以作用于儿童感官的，儿童的感官就在不断的感觉中被训练起来。在情境中，教师的语言描述从教学目的来说，是在引导儿童感知、体验情境。儿童的视觉、听觉、运动觉在不断的有指导的兴奋中变得敏锐、完善起来。事实也正是如此。实验班的学生，确实眼睛特别亮，耳朵特别灵。观察日环食时，他们会发现地下的树影也变得不同了。如上所述，实验班二年级的学生夜晚听到"啪嗒啪嗒"的"雨声"，他们会走到屋外看个究竟，原来是冰雹落地。课间，他们在锯下的树干中敏锐地发现了其年轮是 5 圈，而同一棵树树枝的年轮是 3 圈；并向我提出"同一棵树年轮不同，那怎样判断它的年龄"的问题。无数事实证明，感觉的训练能使儿童对周围世界日渐留心，感觉敏锐起来，这就拓宽了他们进一步认识世界的通道，并且成为他们思维、想象、创造的重要基础。

2. 培养直觉

直觉是儿童先天就有的，然而又是后天会泯灭的。直觉是儿童智慧十分宝贵的品质。作为教师，我特别珍惜并不失时机地发展儿童的直觉。情境教学注重训练感觉。人为优化的情境，通过形象的感知、联想的展开，且有美感伴随，十分有利于直觉的培养。人类社会的大多数创造，往往是从"直觉思维跳跃"的萌动开始的。我深感，要提高人的悟性就必须从小培养儿童的直觉。直觉虽然不同于感觉，但直觉的培养离不开感觉。只有感觉敏锐了，才有可能产生直觉。儿童乐于探究的现实告诉我，儿童进入特定的富有美感的情境后，由于感官接受鲜明的形象，大脑非言语思维积极活动，往往会促使儿童在瞬间产生一种很"自然的感觉"，或者是直觉的反馈。比如，儿童会在情境中随意说出："大龙虾一定爬得比海龟快！""红珊瑚一定比白珊瑚更珍贵，我更喜欢红珊瑚！""蒲公英是吸土壤妈妈的奶汁长大的。""小蝌蚪的尾巴断了，一定游不起来，那就找不到妈妈了。不信我们试验一下！"儿童在科学常识教学中对现象迅速做出的判断，在数学教学中对数、量、长度等的估量，心里的预测，类似这些直观的、笼统的、带有猜测性的臆想，即一下子做出的认可或否定，就是儿童直觉水平的显露。当然这是极初步的、低级的直觉水平。我十分珍爱这种直觉的萌发，因为作为实验班的教师，我对开发儿童潜在智慧的意识在不断增强，所以我能做到尊重直觉，利用直觉，培养直觉，并及时给儿童以热情的鼓励和肯定："你的感觉挺不错！""你能一下子看出来真不容易！""你的估计很有水平！"不仅如此，我还利用直觉反馈，激发、强化儿童的学习动机，并引导儿童通过简单的演绎进行初步的逻辑推导，以验证自己直觉的正确与否，并进一步认识事物，加深对课文蕴含理念的理解。我通过长期的情境观察，训练儿童的感官，强化其知觉，使其积聚大量表象与经验；同时突现、强调情境的某一部分，启发儿童展开联想，并借助修辞中的比喻（明喻和隐喻）、拟人等手法，以及数学、科学常识的估量、猜想、预测、判断方法，让儿童大胆地尝试。这种培养虽然是初级阶段的启蒙，却是不失时机的，对激活、发展潜在的智慧，提高儿童的悟性是十分有意义的。

3. 在想象性训练中发展创造力

在词的理解和运用、修辞手法的运用及篇章的训练中，我都着力发展儿童的思维，其着眼点是什么呢？毫无疑问，那就是创造性。长期的一线教育教学工作实践让我看到，儿童潜在的智慧是惊人的。我认识到，儿童的智慧要开发出来，必须在早期就进行。情境教学"境界广远"的特点，让我有可能在教学中特别强调想象的重要性，特别注重想象力的培养。

想象力是一种富有创造性的认识能力，真正的创造是想象的结果。有计划地设计、安排想象性作业，对发掘儿童的潜能、发展儿童的创造能力是十分有效的。于是，我就结合阅读教学和写作教学进行了很多拓展儿童思维空间、想象空间的语言实践活动，让学生带着想象去阅读，在阅读中想象，带着想象去习作，又在习作中展开想象，有意识地积极发展学生的想象力。

在阅读教学中，我让学生改变人称，改变处所，改变结构，改变体裁，补充情节等，进行创造性的复述，利用课文中丰富的思维空间进行创造性的表述。

在习作教学中，我让学生进行想象性作文训练，让他们通过观察、想象来拓展思维空间，从而培养他们的创造精神。

在进行想象性作文创作时，学生带着欢愉的心情，兴致勃勃地写出了一篇篇打破格局的、属于自己的童话和故事。在这些新颖有趣的想象性语言训练中，学生不仅陶冶了情操，而且感受到创造的乐趣。

课程标准中指出："在发展语言能力的同时，发展思维能力，激发想象力和创造潜能。"课程标准中吸纳了我在情境教学实践与研究中开发的

"想象性作文"新样式，并在各个年级的要求中，从阅读到习作，都突出了"想象"的标准。回顾 20 世纪 80 年代初我对情境教学的探索，我愈加觉得，情境教学以发展思维为重点，着眼于创造性，这不仅符合儿童的语言学习规律，而且符合儿童的思维发展规律，显示了情境教学扎根于实践的前瞻性与生命力。

创造是对表象的改造。要创造出新的形象，求异思维起着很大的作用。求异，即不同于一般。求异思维中往往闪动着儿童创造性的智慧火花。情境教学以观察为基础，着眼于发展，为儿童学习拓宽了思维空间。情境教学进一步促进了儿童求异思维的发展，培养了儿童思维品质的灵活性与广阔性。

例如，在教授五年级课文《种子的力》以后，我就让学生以"大力士比武"为题进行创造性复述。这个题目对小学生来说特别有吸引力。知道题目后，学生一个个表现得非常兴奋，他们都迫不及待地想完成这样的作业，因为训练的内容可以使学生从各自的生活经验、知识出发，从不同的角度选择谁是大力士，他们怎么比武，比武谁会夺魁。结果有说大象夺魁的，有说小蚂蚁是大力士的，也有说小草、种子是冠军的，还有说起重机本领最大的……当大家正在争论时，有学生突然站起来说："人类才是真正的大力士，因为起重机是人类发明创造的。"学生从中悟出了可贵的哲理。

培养儿童的求异思维是发展创造性的重要举措。在实验班进行的各种语言训练中，我们几乎找不到只有一个答案的训练。我总是鼓励学生："和别人相同的答案就别再说了。""动脑筋，自己说的和别的同学要不一样。"天长日久，在训练中，我使学生的思维变得灵活与广阔，使学生的求异思维能力得到了很好的发展。当然，我们既要"求异"，也需"求同"。在求异的基础上，从学生的回答中揭示一些共同的规律，也是不容忽视的。

（四）以激发情感为动因， 渗透人文性

我始终认为，语文教师应该塑造儿童的心灵，让他们的精神世界丰

富而美好，所以我对古人的"文以载道"，以至后来的"文道统一"或"文道结合"都很赞成。文中必有"道"，教师应以"道"育人，这些看来似乎古老而传统的想法，与后来语文教学要发展儿童的情感意志的时代呼唤，连同今天的课程标准中对"语文教学的特点是工具性与人文性的统一"的界定相比，其实质都是一致的。

我们的语文教学应该怎样去影响，并且是积极地影响学生的精神世界呢？这让我意识到语文的人文性是不可忽略的，我们应该将其渗透到教学之中。忽略了"道"，便抽去了"文"的生命与灵魂，语文教学就成了单纯的、孤零零的知识教学。没有了血肉，语言的感情色彩、语言的细微差别、丰富的语感，便随之黯然失色了。这样，语文教学便不可能达到预期的目的。

我们通过语文教学来育人，进行人文启蒙，给儿童的道德和审美以熏陶，这些并不能靠哪一节课就可以完成，而必须靠日积月累的"渗透"。这里，我特别用上"渗透"这个词：以情感为动因，渗透人文性。我认为，它体现了对儿童进行情感教育的内在规律和特点。"渗透"，就像滴水穿石，一点一滴地沁入儿童的心田里，天长日久，自然会影响儿童的精神世界。教育的渗透靠什么？靠情感的激发。我们就要通过情境中那些有血有肉的形象，那些声情并茂的场景，那些震撼人心的故事，去打开儿童的心扉，去感染儿童的心灵。所以，在情境教学探索的三四年间，我就对"情境—情感—育人"三者之间的关系有了一些认识。

在这方面，应该说情境教学做得还是很有成效的，而且也体现出了优势，所以对于它的成功因素，我特别做了概括，大概是这样三点。

1. 从感受形象出发，激起儿童的情感

小学阅读教材主要是通过形象来帮助儿童认识世界、学习语文的，因为形象是具体的，是儿童容易感受到的，它能感染儿童，激起儿童的情感。因此，我选择生动的画面、优美的旋律、有趣的角色扮演等艺术手段，与语言描绘相结合，再现课文描写的情境，为儿童理解语言做好认识上的准备，而且是笼罩上情感色彩的认识准备，使儿童如临其境，从中受到感染，使儿童幼小的心灵受到震撼。

记得教授"冬爷爷的礼物"这一课时，我自己扮演冬爷爷。我围上一条白围巾，站在学生面前，学着老爷爷的嗓音，非常亲热地向他们问好："孩子们好!"冬爷爷的形象、冬爷爷的语言让学生兴奋极了，乐滋滋地应答："冬爷爷，您好!"这一举动表现了学生对冬爷爷的亲，对冬天的爱。顿时，教师和学生的教与学的活动变成了冬爷爷和孩子之间的对话，使语言训练、思维训练罩上了浓郁的情感色彩。当我问"你们猜冬爷爷给你们带来了什么礼物? 你们喜欢什么呢?"时，学生兴致勃勃地说着："我喜欢蜡梅!""我喜欢天竺!""我喜欢下雪!""我不喜欢北风，但是我不怕!""冬天的早晨，我迎着北风上学去!"……我又问："为什么喜欢雪花呢?"学生快乐地说着："有了雪花就可以堆雪人了!""可以打雪仗!""有了雪花，到处变得很美丽!"……我顺势提出："那么，你们想知道雪花的什么呢? 有多少关于雪花的问题要冬爷爷回答?"一双双眼睛亮闪闪的，他们一下子提出很多问题："冬爷爷，雪花为什么这么白?""雪花为什么这么轻?""雪花为什么落到我的小手上就不见了?""雪花都是六个角吗?"更有学生提出非常奇特的问题："雪花为什么是从天上落到地下? 而不是从地上飞到天上呢?"实际上，这既是师生之间的情感沟通，又是心智的交融。鲜明的、可爱的形象，营造了一种平等、和谐、融洽的教学氛围，使师生在对话、交流、沟通中，达到了从真情交融到心智交融的沸腾状态，形成了教与学相互推进的合力，使学生在主动投入教学过程时，情不自禁地激活蕴藏的潜能，展示出求异的思维品质和探究的精神。下课了，学生还围着我，津津乐道着他们对雪花的喜爱。总之一句话："思维的火花在于它的情感色彩。"

学生从感受形象出发，以"形"激"情"，在再现的课文情境中一步步入情、动情、移情，最后抒发自己的感情。他们和课文中的主人公融为一体，感受着主人公的喜怒哀乐，激起心灵的共鸣。学生真正理解了课文中的语言，以及字里行间流露的情感。

2. 从审美教育着手，发展儿童的情感意志

随着情境教学实验的深入，我进一步感受到，无论在课堂上，还是在学生的作文中，情感都起着非常重要的作用。学生在学习语文时，有

没有情感伴随，效果是大不一样的。我自己曾无数次面对、融入这样的教学现场，当思索和回答情境教学发展要素的时候，我能想到的最突出的一条就是情感。情感是儿童发展的动因，这是无可辩驳的。

情感是儿童思想意识和道德行为的强有力的发动者和鼓舞者。苏霍姆林斯基曾经说过："孩子的心不应是真理的冷库。"儿童的道德行为都是以道德情感为先导的。情境教学正是以激发学生情感为主要特点构建其理论框架的。学生从感受形象出发，受到教师真情实感的熏陶，从而获得丰富的审美感、高尚的道德感，进而产生一种内驱力，使学习成为心灵的需求。

阅读教学的工具性往往和它的人文性紧紧联系在一起。抽象的概念教育不可能激发儿童的情感，而没有激发情感的教育，又不可能激起儿童内心的动力。郭沫若曾经指出："人的根本改造，应当从儿童的感情教育、美的教育着手。"完美的道德信念必然以高尚的、方向鲜明的美感为基础。审美教育适合儿童的爱美心理，可以给儿童带来愉悦感，激发儿童的情感。小学阅读教材以生动的形式、丰富的内容，比较集中地再现了生活的美——它描绘了大自然的美，揭示了革命领袖、英雄人物、优秀少先队员的精神风貌和心灵之美，展现了伟大祖国风光秀丽、历史悠久、地大物博的壮丽画卷，汇集了许多生动有趣的故事、童话、诗歌、寓言。纵观十册小学语文教科书(五年制)，90％以上的课文描写了美的人和事。因此，针对儿童爱美的心理和阅读教材的特点，从审美教育着手，发展儿童的情感意志，必然是行之有效的。

美的感受可以激发爱的情感。人的美感建立在感觉的基础之上。审美教育是从感受美开始的，因为"美能唤情"。不能感受美，就谈不上对美的鉴赏和创造。"美"是通过具体的感性形象表现的，要使儿童感受美，我们必须在他们的眼前展示鲜明的形象。描写大自然美的课文，要让儿童感受到大自然的色彩、姿态和意境的美；描写人物的课文，要让儿童从人物的语言、神态、动作中感受到人物形象的美，并使儿童通过人物的心理活动和语言理解人物内在的心灵美；名家名篇，要让儿童通过作品的语言和情感，感受到祖国文字的美和艺术作品的美。通过让儿童感受美，激发他们爱的情感，是水到渠成、顺理成章的事。我国教育家陶行知先生曾阐述过"爱满天下"的思想。这种爱美好的人和事的情感，不正是一种健康的、崇高的情感吗？我们可以设想一下，如果没有爱，怎么去陶冶儿童的情感？法国启蒙思想家卢梭说过："当儿童不爱什么的时候，他无所牵挂，只关心自己和自己的需要。"可以说，没有爱，就没有教育。不仅如此，学生一旦没有了情感，他们的思维、理解、记忆等一切认知活动都会被抑制。所以，我们应该凭借阅读教材，努力使学生感受到美，激发他们幼小心灵里的爱的情感。关键的一点是，教师眼前要闪现着美的形象，心中要蕴含着爱的情感。于是，在琢磨教材的过程中，我注意抓住课文的语言，去想象课文中描绘的画面和人物，努力使课文中的形象在眼前鲜明起来，在自己心里"活"起来，真正走进课文描写的情境。

例如，备"小音乐家扬科"一课时，我抓住课文中对扬科眼睛的四次描写——"闪闪发光的眼睛""睁大了惊恐的眼睛""只是瞪着眼睛""睁着眼睛，眼球已不再动了"，想象扬科从一个富有音乐天赋的孩子的形象，到受惊吓、任人宰割的形象，又到被折磨致死的小生灵的形象，这些犹如电影中的特写镜头一个接一个地推到我的眼前。于是，我的脑海中一下子涌现出在美国密西西比河上被无辜杀害的黑人孩子小杰克，从韩国被贩卖到南美香蕉园里的小冬木，以及大雪寒天冻死在路边的卖火柴的小女孩……想着，想着，我自己也动了感情，小扬科的形象就丰富多了。

我深深感到，只有当教师的感情和作者的感情产生共鸣时，在教师课堂上才能成为作者和学生情感沟通的桥梁。教师的备课过程，应该是一个再创造的过程。自己在这方面感受深了，自然也就有了教学方法。我常常通过彩色图画、示意性粉笔画、师生动作演示以及实物和音乐创设情境，把学生带入课文描绘的情境中，使学生通过朗读和描述情境，进一步感受美的形象，加深内心体验。在创设情境时，我注意把自己备课时的感受和情感渗透在教学语言中，因为教师的语言对学生的感知总是起着调节支配的作用。随着学生年级的升高，我更多的是采用语言描述创设情境，促使学生产生联想，感受美的形象，从而激发爱的情感。

3. 从真挚的情感引向正确观念的形成

儿童的情感是容易被激发出来的，但是阅读教学中的人文教育不能仅仅停留在情感的激发上，因为儿童的情感往往缺乏持久性和稳定性，它在认识过程中产生，也会随着认识的变化而变化。因此，教师有必要在激发儿童情感的基础上有意识地引导儿童逐渐形成正确的观念，即要寓"理念"于"情感"之中。"情"和"理"是相互联系、相互渗透的。针对儿童的特点，教师在阅读教学的人文渗透中要着重情感的陶冶，从而使学生的情感持续和深化下去。但是这种从"情"到"理"的概括，必须是始终伴随着形象的，而且必须在激发情感的过程中得到强化，这样才能为正确的观念层层铺垫。儿童在长期感受美的过程中，情操得到了陶冶，然后他们就会去追求美。教师可以在儿童追求美的过程中，帮助他们去理解、鉴别美和丑。从儿童的认知规律来说，这是促进儿童从感性思维向理性思维的飞跃；从思维特点来说，这是引导儿童从形象思维向逻辑思维的过渡。这种由情感向观念的过渡，对培养儿童的道德情操是十分重要的，因为缺乏观念的情感是不稳定的，只有形成观念后，儿童的情感才会趋向稳定，儿童也才有可能形成自觉的道德行为。

世界是通过形象进入人的意识的，儿童更是如此。儿童的年龄越小，鲜明的形象对于他们思想的影响就越强烈。别林斯基说：哲学家用三段论法说话，诗人则用形象和图画来说话。小学语文教师也应该学习诗人的做法，基本上用形象和图画来说话，换句话说，教师应该"显示形象"，而不是"阐述观点"。因此，对那些情深感人的、联想丰富的、充满美感的课文，教师可以运用情境教学法，通过图画、朗读、描述创设情境，使学生如临其境，如见其人，如闻其声，从中受到感染，从而在思想情感上受到潜移默化的影响。《草地夜行》和许多红军长征的故事一样可歌可泣，是对学生进行革命传统教育的好教材。上课伊始，教师可以用描述的语气简要地介绍草地沼泽多、无人烟的特点，以及红军当时干粮已经吃光，只得吃草根树皮的艰苦情况，为学生进入情境渲染一定的气氛。在学生自学全文，轻读一、二两节后，教师再引导他们闭上眼睛想象："你的眼前出现了一片怎样的草地？在草地上走着一个什么样的小红军？

他一个人在草地上怎样地走着?"教师提示学生抓住课文中的"茫茫的草海""空着肚子""拖着僵硬的腿""一步一挨"等主要词语，通过想象进入课文描写的情境中。学生的想象展开了，情感也就被激发出来了。从形象出发，学生的感受会更深刻。"范例胜过训诫"，榜样在道德情感的形成过程中起着十分重要的作用。让学生感受形象，尤其是结合教材充分感受领袖人物、英雄人物、先进人物的高大形象，可以说是阅读教学中思想教育的核心部分，因为以道德榜样作为一种教育手段，是符合学生的心理特点的。借助形象帮助学生展开想象，想象又紧密联系着情感，这就会使学生的智力活动随之形成情绪记忆。正如苏霍姆林斯基指出的那样，这种情绪记忆"不仅有思想，而且有情感和内心感受"。这样从感受形象出发，不仅有助于学生掌握教材语言，而且有助于陶冶学生的情操。

（五）以训练语言为手段，贯穿实践性

儿童发展必须要凭借手段，而手段必须充分体现学科特点。既然语文具有工具性的特点，就应该以语言训练为手段，这一点我在1978年写的论文里已经提到过。但是经过将近4年的情境教学的探索之后，我对"训练"有了新的认识，即训练语言要与学生的生活相连，与思维发展相结合，并以感知为媒介，否则训练就成了背离学生心灵世界、单纯符号式的习题操演。因此，在训练学生语言时，我十分珍视学生的已经被激起的热烈的情绪。这对我而言，是一个认识上的飞跃。

1. 突出体会语感的训练

记得叶圣陶先生曾经说过："一字未宜忽，语语悟其神。"读书，要能悟出其中的神韵，而对文章神韵的敏锐感受便是语感。如下的我国语言专家夏丏尊先生对语感的一段话给了我很大的启发。

在语感敏锐的人的心里，"赤"不但解作红色，"夜"不但解作昼的反面吧。"田园"不但解作种菜的地方，"春雨"不但解作春天的雨吧。见了"新绿"二字，就会感到希望、自然的化工、少年的气概等说不尽的旨趣，见了"落叶"二字，就会感到无常、寂寥等等说不尽的意味吧。真的生活

在此，真的文学也在此。①

这段话告诉我们，语感是对语言文字最丰富的了解，抓住语感便抓住了语言最本质的东西。阅读教学中对学生读写能力的培养、思维的拓展、想象力的开发以至情感的陶冶，主要是通过语感教学进行的。因此，我们应当强调培养学生的语言素养，提高学生对词的感情色彩的敏感度。在实验班组织学生精读时，我非常注重对教材语言的节奏、气势以及感情色彩的推敲和品味。

下面是我教授"桂林山水"的一段实录。在教学中，语感训练被放在突出的位置，并在教学过程中得以落实。

桂林离我们很远很远，为了把学生带到那里，我需要创设情境。我运用"假想旅行"把学生带到漓江畔，并以导游的身份，范读课文。我用对比衬托的手法使学生充分体会语言，理解课文的表达方法。

师：书上说漓江的水静得让你感觉不到它在流动，漓江的水清得连沙石都看得见，这是一种怎样的情境呢？现在我们就来一次假想旅行。我们从南宁坐上火车，几小时后就到桂林了。江边有几只小船正在等我们。老师和你们一起坐上小船。现在我们一起乘着小船，轻轻地摇荡在漓江上，观赏着漓江的水。现在你们闭上眼，想象着我们正在漓江上，体会一下漓江"静得让你感觉不到它在流动"是怎样的情境。让我们轻轻地、缓慢地哼唱《让我们荡起双桨》的曲子。（学生用鼻音哼唱，仿佛是许多小提琴，那种轻柔的美让孩子如临其境，体会课文语言的形象和意境。）体会体会，你们有什么感觉？

（音乐、图画加上教师的语言描述，触动学生的多种感官。音乐的旋律丰富了学生的视觉感受，教师的语言又支配着学生想象的所在，把学生带到漓江畔的情境中，使学生充分感受漓江的宁静。）

师：看哪些同学仿佛真的到了漓江。

---

① 转引自叶圣陶：《如果我当教师》，157页，北京，教育科学出版社，2012。

师：你们还记得表示水流声音的词吗？

生：潺潺的。

生：淙淙的。

生：还有哗哗的、叮咚叮咚的。

师：刚才在你们的感觉中，你们听见漓江水流动的哗哗的声音了吗？（学生摇头）听到叮咚叮咚的流水声了吗？潺潺的呢？淙淙的呢？（学生摇头，有的轻轻地说："没有。"）

（学生深情地表达自己的感受。）

生：漓江的水真静呀，只听见船桨划水的声音，哗啦，哗啦。

生：我觉得偌大的漓江，只有我一个人。

生：我觉得漓江的水仿佛凝固了，不动了。

师：让我们轻声齐读——

师/生：漓江的水真静啊！静得让你感觉不到它在流动。

师：现在我们从船上往下看，仿佛看到了什么？

生：我看到江底的沙石。

生：我看到水中的鱼儿游来游去。

师：现在让我们抬起头，放眼望去，漓江的水该多绿啊！（引导看图）书上打了个什么比方？

生：漓江的水像无瑕的翡翠。

师："翡翠"懂吗？就是绿色的玉石。这块玉石上有斑点吗？从哪个词可以看出？

生："无瑕"这个词告诉我们，翡翠上没有斑点。

师：对。"瑕"是指玉上的斑点。"无瑕"告诉我们漓江的水多绿，多清啊，像绿色的玉，美极了，连斑点都没有，让我们来赞美漓江的水！

（教师、学生轮读这三句话，教师读每一分句的前半句，学生读后半句。）

师：漓江的水真静啊！

生：静得让你感觉不到它在流动。

师：漓江的水真清啊！

生：清得可以看见江底的沙石。

师：漓江的水真绿啊！

生：绿得好像一块无瑕的翡翠。

师：读了以后我们更觉漓江美，文章也写得美，所以我们爱读。如果还是这些内容，老师把它重新排列一下，效果会怎么样呢？你们体会一下。（教师引导学生通过比较读，体会排比句的作用。）

> 漓江的水真静啊，静得让你感觉不到它在流动。
>
> 漓江的水也很清，连江底的沙石也看得见。
>
> 漓江的水绿得非常可爱，简直像一块无瑕的翡翠。

（学生比较读，体会语感。）

师（指点）：我们再一齐把课文中的句子读一读，大家比一比，想一想有什么不同。

这三个分句都是写漓江的美，它们的意思密切关联，拥有相同或相似的结构，可以加强语气，给人的印象鲜明、深刻，这样的句子就叫排比句。（教师有意改变排比句式，让学生从具体语句的对比中，体会排比句的修辞作用。）

（生齐读。女生读第一分句，男生读第二分句，男女生齐读第三分句，逐渐加强语气，进一步体会排比句的作用。）

师：（讲分号）这三个分句是并列的，所以中间是分号，停顿和句号差不多。

（生朗读，读出分号的停顿。）

这些语感的训练是通过咀嚼词语获得的真知。他们对语言的敏感度和鉴赏能力，常常就在这一词一句的比较、推敲中，有所提高，并逐渐在他们的表达中反映出来。

2. 加强以应用为目的的整体训练

无论什么工具，我们要掌握就得靠运用，通过运用由生疏到熟练。学生自己对语言的运用是最有效的语言实践，教师再精湛的讲解也是无法替代的。根据语文学科特点，我又特别想到要注意加强以应用为目的的整体训练，因为语言文字本身的应用就带有鲜明的整体性。听、说、读、写不可能是一个字、一个词进行的，而是整段、整篇进行的。

我常常想，教师可讲可不讲的则应不讲，可问可不问的则应不问，应留出时间来让学生自己动脑、动口，将课文语言输入大脑记忆仓库。在学生读前、读中和读后，我经常用最简洁的办法，紧扣课文精华所在加以指点，引导他们推敲，并不断给予肯定、鼓励。

阅读是人一辈子的事。今天阅读课上的语文学习，归根结底是为了让学生学会阅读，喜欢阅读，这是生活应用的需要，而不仅仅是为了考试。所以我常常根据语言在生活中应用的种种形式，在阅读教学中有意识、有计划地分步进行训练，精读、略读、默读、朗读，以及速读、跳读、猜读，或浏览，或摘抄，使学生迅速、准确地获取信息。读后我又会提出要求，让学生或说大意，或说要领，或描述细节，或进行复述。我想这些都是整体的，也是一种为明天的准备。

为了提高学生的语文整体素养，我还经常带学生到生活中去综合应用语言，让他们在生活实践中学习祖国的语言文字。一年级第一学期让学生"说一句话"，第二学期让学生"每日写一句话"；二、三年级让学生每天观察周围世界，写出从五六十字渐渐加到七八十字的观察日记。三年下来，全班每名学生的情境写话、观察日记都可做到书写工整，语句通顺，条理清楚。由于写作内容与他们的实际感受紧密相连，因此学生的写作兴趣也随之培养起来。他们所写的日记、短文都很生动，颇富儿童的情趣。四、五年级的学生仍然每天睁着好奇的眼睛，观察周围的世界和它的变化。学生通过"情境短文""情境作文""想象作文""记实作文"，写出自己对周围世界的认识和思考。我还十分注重训练学生的应用文写作能力，结合课文或学生的生活实际，让学生学写便条、书信、读后感、黑板报稿、广播稿、小报道、实验小报告这些生活中常用到的文体，有意识、有计划地训练学生应用书面语言文字的能力。我们实验班的学生从一年级到五年级从来没做过一本"练习册"，这在当时来说应该是很不容易的。我把学生做练习册的时间省下来，进行整体的语言训练。我还通过创设情境，结合课文内容，让学生写他们想写的话，在情境中对他们进行语言训练。

我的观点是读得多一点，练得精一点，多读多写，读中学写，其实这些都是传统语文教学的精华之所在。我认为，多读多写、读写结合是行之有效的，是符合规律的。既然是符合规律的，我们就要传承，"为我所用"。倘若教师不能在读中教学生如何写作，那么在作文指导的时候就不能做到有的放矢。学生在写作时也就不知道该怎样命题，怎样确定中心，怎样选材。所以我曾经写过一篇《作文的功夫在课外》的随笔，谈到必须在读中学写，让学生做到"有话可写""有话要写""有话会写"以至"有话能写好"，让学生的感受从心底里流淌出来。

对于听、说，我也是不忽视的，尤其是"说"。在当代社会，人与人之间的交流，许多是通过口头进行的。因此，结合课文内容我还让学生做各种形式的语言训练，让学生扮演小记者、讲解员、广播员、裁判员、教师、家长等熟悉的角色。当然我也会让他们扮演富有童话色彩的角色，让他们带着饱满的热情，做描述性、说明性、评判性、辩论性的语言训练，这些训练也都是整段整段进行的。学生在语言发展的黄金时期，在当众发言顾虑最少的年龄阶段大胆地进行训练，效果往往是令人满意的。

3. 注意结合以感知为媒介的训练

语言的特殊性质决定了儿童必须把语言学习与对世界的认识结合起来，需要丰富语言资源，需要拓宽视野，需要激活形象，进行思维与想象，把观察、思维与语言三者融为一体进行训练。

我想，这就是"源"的问题，即思维的材料，也可以作为语言的材料。毫无疑问，儿童的悟性都是通过感觉实现。大教育家夸美纽斯就说过："在感觉中没有的东西，在理智中也不会有。"儿童总是凭借他们的感官在认识周围世界的过程中，获得思维和语言的源泉。因此，我努力把所设计的语言训练与其源泉相连，而媒介便是儿童的感知。在儿童感知客观事物或进入美好的情境时，他们的思维便有了直接的印象。面对这种以感知为媒介的思维活动和语言训练，儿童一般表现得主动而积极。

生动的情境启动了儿童的思维，使其领悟了其中因与果的逻辑关系，从而很自然地进行因果关系的句式训练。这种训练是思维的训练，也是语言的训练，而且由于感知作媒介，儿童便产生了表达的动机，这样他们就可伴随情感进行训练。情感，往往使训练达到意想不到的效果。

实验班学生上三年级时，学习了著名作家徐刚的散文《多美呀，野花》，之后我便带学生去观察野花，重点观察了蒲公英，然后上了一堂口头作文课"我是一棵蒲公英"。学生的语言表达真是十分生动。下面是一个片段。

生：我的家住在一条弯弯曲曲的小河边，我的兄弟姐妹可多啦！小草是我的弟弟，米粒大的荠菜花是我的妹妹。一阵风吹过，我们跳起了优美的舞蹈。小鸟在我们头上叽叽喳喳地叫，仿佛在给我们鼓掌。河水淙淙地流着，好像在为我们演奏。

生：小蜜蜂是我们的常客。他常常在我的小脸上东瞧瞧，西瞧瞧，和我一起玩。他一边给我增加养料，一边对我说："蒲公英啊蒲公英，你可真好，蜜汁可真多。"我不断地吸取土壤妈妈的奶汁。土壤妈妈总是说："孩子，多吸点儿，把身体养得壮壮的，妈妈才高兴呢。"

生：×××说错了。她前面说的是"蜜蜂给我增加养料"，后面又说，"蜜蜂说，'蒲公英，你可真好，蜜汁可真多'"，意思没说清。

生：我可以改成亲吻着我的脸蛋。

生：应该说蜜蜂给我传播花粉。

生：她说"小蜜蜂和我一起玩"，加个字，"小蜜蜂和我一起玩耍"。

生：或者是"和我一起嬉戏"。

生：我也帮×××改一下。她说"小鸟叽叽喳喳地叫着，好像在为我们鼓掌"。我帮她改成："小鸟叽叽喳喳地叫着，好像在唱歌呢。"

生：我帮×××加一句。晚上，河水轻轻地流着，好像唱着歌把我们送进了梦乡。

（这让我深感，以感知为媒介的语言训练，易于激起儿童丰富的想象力，使他们对词语变得十分敏感。）

另一名学生说了以下一段话。

生：我的家在小河边，这里虽然没有美丽的花园和高大的楼房，但是我和姐妹们生活得很快乐。我们汲取着土壤妈妈的奶汁，苗壮成长。我们经历过不少风暴。有一次，风咆哮着，雨怒吼着，我们在暴风雨中手拉着手，顽强地抵抗风雨的袭击，我们在风雨中摇摆着身体，但还是挺过来了。

生：我帮××加一句："雨过天晴，太阳出来了，树叶上滚动着晶莹的水珠，阳光照得我们闪闪发光。"

生：我帮他在中间加一句："我们在风雨中摇摆，土壤妈妈不断鼓舞我们说：'孩子要挺住，要挺住！'"

三年级的学生对语言如此敏感，这是因为有了"源"。有了情，学生的语言就会变得丰富，表达欲望就会更加强烈；有了"源"，学会就会产生真切的感知，从而可以用生动、准确的语言进行表达。在此过程中，我还特别注意激发、利用儿童的情感，使他们主动地练，高高兴兴地练。

在这一阶段的探究中，我将大量的语言实践活动以各种生动的形式贯穿在整个教学过程中。我主张以训练语言为手段，贯穿实践性。贯穿实践性是指整个教学过程中自始至终都体现实践性。只有实践自始至终都贯穿其间，学生才能真正学好母语。

无论体会语感的基础训练，还是以应用为目的的整体训练，抑或是以感知为媒介的语言训练，其目的都是促进学生思维的发展。因为语言文字本身不是孤立存在的，而是与社会，与人的思想、情感、智慧紧密地联系在一起的，所以忽视了思维的发展，语言训练就会是浅表的。

在语言训练中，我还概括出三个要点：①从模仿开始；②注意创造性；③培养独立性。

多少年来，我站在讲台上，每日面对着一个个生龙活虎的学生，望着那一双双明亮的眼睛，我总在想这里面蕴藏着多少智慧的火种啊！教师应该去点燃它，而不是去熄灭它。于是，我总是想方设法让全体学生积极动脑筋，乐于动脑筋，努力做到以"活"促"实"，"实"中见"活"。有人说我把"孩子教聪明了"，我说："孩子本来就是聪明的，理应把他们教得更聪明。"我的指导思想就是着眼发展，着力基础。

二、提出培养儿童思维品质的有效举措

（一）情境学习与儿童形象思维的发展

儿童是用形式、声音、色彩和感觉进行思维的，也可以说，儿童的思维是艺术的、形象的，饱含情感的。儿童即使在进行抽象的逻辑思维时，也仍然伴随着形象。显然，情境教学符合儿童的思维特点。情境教学的运用，会使儿童的思维活动在最佳的心理状态下进行。

这里仅就情境教学对儿童形象思维发展的促进作用谈几点认识。

1. 展示大自然的场景，提高表象积累的广阔性

表象的储存是儿童认识世界的起点，也是形象思维的基础。绚烂多彩的大千世界是促进儿童发展的理想的广阔天地，而传统的注入式教学的做法，往往把儿童囿于几十平方米的教室里，课堂教学成了唯一的途径，单一的封闭式的教学禁锢了儿童的思想，限制了他们发展，在很大程度上切断了儿童思维的活的源泉。情境教学是开放的，它可以在课堂上展开，也可以在生活中进行。我们可以经常从大自然中选取生动的情境。尤其对于一、二年级的学生，我们更应以大自然为主要客体，向他们展示一幅幅美丽的图画。春天的早晨，我带孩子们踏着露水去采野花，坐在田埂上望着疾飞的春燕。夏天的傍晚，当雷声轰鸣，闪电划过天际，我和孩子们伫立在屋檐下，看着天上翻滚的乌云，狂风卷起了地上的尘土，蚕豆大的雨点落了下来，孩子们跑到操场上，用圆脸、用小手接着凉飕飕的雨点。雷声夹着闪电，狂风携着大雨，巨大的轰响似乎摇撼着整个大地，充分显示了大自然的威力。秋天的夜晚，我带孩子们去小河边，等待着月亮从河那边冉冉升起。在晚风中，我和孩子们看着在云朵里穿行的月亮，唱起优美的童谣："皎洁的圆月亮，银盘般的圆月亮，你

可愿意和我来玩有趣的捉迷藏？你呀，满脸含着微笑，躲在云里……"歌声伴着习习的凉风，摇碎了水中的月影。隆冬时节，一场大雪覆盖了原野，我又带着孩子们踏着雪来到广阔的田野上。啊，远远近近、大大小小的屋宇，犹如一座座童话里的水晶宫殿。整个原野白茫茫的一片，几棵小黑菜从白雪棉被里伸出了小手臂。河岸上，芦苇在寒风中颤抖，草儿枯了，野花也不见了，河中的小鸭也不知躲到哪儿去了。到处是雪，白皑皑的雪。一会儿，太阳出来了，把这雪的原野抹上了金色。孩子们眯着眼，被眼前的一切迷住了……

多少回，大自然以它神奇的魅力深深地把孩子吸引住。此时此刻，多少印象带着鲜明的色彩，留在孩子们的记忆中，多少个"为什么"带着迷人的诱惑力在孩子们的脑海中翻腾，又有多少个生动的词语随着这一切变得活跃起来，闪现在眼前的客体与孩子的词语仓库之间。周围世界的鲜明形象对教师来说只是一种源泉，这个源泉的各种形状、色彩和声音里隐藏着成千上万个问题。事实也正是如此。记得孩子们在二年级时，遇上了一场大雪。我和他们站在雪中，纷纷扬扬的雪花沾在我和孩子们的身上，落在我们的脸上。这生动的情境促使孩子们在课堂上提出了许多疑问："雪花为什么是六角形的？有五角形的吗？""雪花为什么这么轻、这么美？""雪花为什么这么白？""雪花为什么是从天上落到地下，而不是从地上升到空中？""雪花为什么有时下得大，有时又下得小？为什么不一直下大一点儿呢？"……可以断言，倘若孩子们没有在雪中用整个心灵去感受，而是脱离了真实的雪的情境，他们的思维是不会这么活跃的。

2. 作用于多种感官，提高感知的强度

情境往往以多种形式呈现，或图画的，或音乐的，或表演的，等等，刺激儿童的视觉、听觉、触觉等多种感官，再加上教师的语言刺激，往往给儿童的感知带来一定的情绪色彩，从而提高了儿童感知的强度。正如苏霍姆林斯基所指出的那样，这种直观"是一种发展观察力和发展思维的力量，它能给认识带来一定的情绪色彩"。这样，情境在儿童的记忆里留下的不仅有表象、概念，而且有思想、情感和内心感受。所有这些，必然促使儿童的形象思维活动积极进行。就拿教学古诗来说，如果仅停留在字面的讲解、词语的注释上，学生就进入不了诗歌的意境，就不能很好地理解诗情画意，当然，也就谈不上真正地理解一首诗。例如，对于五年制小学语文第九册中的《暮江吟》的全诗大意，作为五年级的学生，尤其是实验班的学生，通过自学，加上教师对关键字眼的指点，是可以理解的，但对于诗的意境他们不一定能体会到。因此，在教学时我便引导学生抓住诗中的有关词语，运用图画演示等手段创设情境，促使他们通过形象思维去体会，从而进入情境。

第一，让学生抓住诗中描写的主要景物，点明空间。白居易站在江边，吟诵了哪些景物？（残阳、江水、月、露）

第二，明确时间。诗人从什么时候到什么时候站在江边？（从日落到月出，从黄昏到夜晚）

第三，根据学生回答，用简笔画创设情境。

第四，让学生扮演角色，进一步进入情境：现在就请小朋友做诗人，此刻你就站在江边，眼前的景色美极了，你犹如置身在一幅图画之中。那么，你看到什么呢？

学生凭借眼前的用简单线条勾勒出的图画，结合自己进入情境的体验，展开联想，对情境进行加工。下面是学生对想象中的诗的画面的即兴描述。

生1：黄昏时，我踏着夕阳，漫步来到江边，只见远处翠绿的江水微微颤动。在夕阳的照耀下，一半江水被照得红红的。我爱这九月初三的夜呀，露水像珍珠，月亮像弯弓。

生2：我站在江边，看到江水拍打着礁石，江水一半碧绿一半红。太阳渐渐地落下去了，月亮颤颤地升出水面，熠熠发光。九月初三之夜多值得爱啊，露水像珍珠，月似弓呀！

从学生描述的词语变化中我们不难看出，情境展示作用于学生的多种感官，增强了形象的亲切感，使感知具备了一定的强度。学生描绘的画面是可见的，对于全诗的意境情感，他们有了较为具体的体会，加深了对情境的理解。

3. 缩短时空距离，增强形象的现实感

在教学中，我们会接触到许多描写异国他乡风土人情的课文，也会接触到许多描写过去的甚至是远古时代的课文。这些课文的教学，正是为了让儿童进一步认识这个广阔的世界，了解人类社会的发展。但是，这与儿童的生活环境或者有空间的距离，或者有时间的距离，而这些时空之差往往导致儿童难以体验，影响了儿童对它们的认识。情境教学通过一定的途径，缩短了时空距离，使远的变近了，使过去的变成现实的。《小音乐家扬科》《卖火柴的小女孩》《凡卡》这些课文，揭露了资本主义国家穷苦孩子的悲惨遭遇，这距离我们学生的生活甚远，不易被感受。通过情境的创设，这些课文中的一个个小主人公都再现在学生的眼前，一下子变得活灵活现，有血有肉。他们的喃喃自语，他们绝望的叹息，连同那伤心的哭泣，学生仿佛都可以听到；那瘦小的身影，那渴求的双眼，甚至那淡淡的微笑，学生仿佛都可以看到。

教授"凡卡"一课时，上课伊始，我以深沉的语调，描述故事发生的情境，并引导学生进入课文情境。

"《凡卡》是俄国著名作家契诃夫写的一篇非常感人的小说。读着它，我们好像来到了狠心的鞋匠家的小屋里，来到了九岁的凡卡身边……"接着我提示情感性问题，以增强学生的内心体验，激起学生对主人公关切、怜爱的情感："课文一开始就说'九岁的凡卡，给送到鞋匠那儿当学徒'，当你读到这儿，你觉得九岁的孩子应该干什么？"学生们很自然地联系到自己的生活实际，这为学生体验凡卡学徒生活的悲惨做了必要的感情铺垫。

学生们说："九岁的孩子应该在自己家里，在爸爸、妈妈的身边，得到亲人的疼爱。""九岁的孩子不应该去当学徒，应该去上学！"……

教师以描述肯定学生的体验："然而九岁的凡卡却离开了家，离开了亲人去当学徒。你们看书上的图，凡卡跪着，他多小啊！"

顺着课文情感的发展我进一步把学生带入课文情境中："如果就在这圣诞节的夜晚，你来到鞋匠阿里亚希涅作坊的小窗口，朝里看，你会看到什么？又听到什么？"

在这样的引导语的支配下，学生带着对凡卡的关切去阅读课文。那些描写凡卡提心吊胆的词语——"担心地""斜着眼睛""叹了一口气"，一下子扣住了学生的心弦。他们想起了"每逢佳节倍思亲"的诗句，说："九岁的凡卡在家家户户欢聚的圣诞节夜晚，却孤苦伶仃，他想到自己没爹没娘，爷爷又离自己这么远，老板又这么凶，他实在活不下去了，所以他冒险给爷爷写信。"从学生的发言可知，教师用语言描述情境，使学生通过联想与想象，形成"视像"——凡卡就在眼前——从而体验到凡卡的悲惨处境与悲凉的心情。在刚接触课文时，我就不只是简单介绍几个概念，如故事发生的时间、地点、人物、情节，而是利用形象，激发学生对凡卡命运的关注，让学生在与作者感情有所共鸣的心理状态下，去阅读作品、理解作品。

所以当学生朗读"亲爱的爷爷康斯坦丁·玛卡里奇"时，仿佛能体验到凡卡对爷爷的轻轻的呼唤，在读到"我没爹没娘，只有您一个亲人了"时，他们很好地读出了停顿和重音，读得那么感人，有的学生禁不住流下了眼泪。学生的情感与凡卡的命运紧紧地拴在了一起。他们借助自己的形象思维活动，理解了作品中凡卡写信的特定时间与具体情境，他们急切地想知道凡卡的信有没有写好，在写信的过程中，老板有没有闯进来……到课文快结束时，我便提出问题："凡卡的这封信爷爷能收到吗？结果会是怎样呢？"继续启发学生展开想象。

等到春天，爷爷还不来接凡卡，凡卡在一个没有月亮的夜晚，逃出了鞋店，回到爷爷的身边。

日子一天天过去了，爷爷一直不来接凡卡，老板和老板娘还是不断地折磨着凡卡。凡卡又饿又累，伴随他的只有自己的泪水。最后，凡卡终于死在老板的魔爪下。

……

显然，学生通过自己的体验与想象，用曾经积累的表象进行着思维活动。学生通过进入情境体验着那些遥远人物的遭遇，他们的思维活动伴随着情感进行着。情境教学使那些过去的，甚至是很久很久以前的事变得现实化。

综上所述，情境教学不仅丰富了儿童的表象，而且提高了儿童的感知强度。形象的现实化，使儿童身临其境，如见其人，如闻其声。这样的情境作用于儿童的心理，客观情境、主观感受促使他们的形象思维积极进行。同时，情境意象的广远性促使儿童的联想与想象活动随之展开，这就进一步使儿童的形象思维具有更广阔的空间和浓厚的情感色彩。因此，情境教学必然能促进儿童形象思维的发展。

（二）情境学习与儿童抽象思维的发展

儿童要获得智力上的充分发展，必须学会分析、综合、判断、推理。学龄期儿童的思维正从具体的形象思维逐步向抽象的逻辑思维过渡。通过训练儿童的语言，有意识地促进这种过渡，是小学语文教师发展性教学的重要任务之一。

情境教学注重观察，强化感知，往往又将理念寓于其中，这符合儿童的思维特点。儿童的抽象逻辑思维在很大程度上仍然与感性经验相联系，具有很大的具体形象性。因而，情境教学不仅可以促使儿童的具体形象思维向抽象逻辑思维过渡，而且会促进儿童抽象逻辑思维的发展。

1. 情境的逻辑顺序，有利于儿童思维的条理化

情境是一种有序的状态，无论生活展示的情境，还是课堂上以直观手段演示创设的情境，都符合一定的逻辑顺序，呈现并列关系或主次关系，因果关系或表里关系。《要是你在野外迷了路》所创设的"白天""黑夜""雨天""雪后"四个特定时间的并列关系的情境，体现了有序性。在观察野花时，我先让学生找野花，看野花，通过感受野花之多、野花之美，

认识野花不要人播种，不要人浇水、施肥而能到处生根开花结籽的野生特点，使情境呈现出"表里关系"的逻辑顺序。教授"珊瑚"一课时，我用珊瑚实物演示情境，以大海画面为背景，根据教学内容，使珊瑚与大海呈现出"主次关系"的逻辑顺序(珊瑚为"主"，大海为"次")。教授"富饶的西沙群岛"一课时，我以简笔画创设海底情境，有高耸的山崖，有低陷的峡谷。由于海水深浅不同，因而海水色彩各异，这表现出了事物的"因果关系"(见图11)。

图 11　情境的逻辑程序促进儿童思维的条理化发展

情境演示的程序本身是符合逻辑顺序的，学生通过感知获取的材料也必然是有条理的，学生的思维程序也易于进入逻辑顺序的状态。例如，教授"我是什么"一课时，我抓住课文的主导句"我会变"，以剪贴画再现儿童日常能见到的"蓝天白云""乌云翻滚""红霞满天"的景象，帮助学生理解"穿白衣服""穿黑衣服""红纱披在身上"，再加上语言描述，使情境呈现出从果到因的逻辑关系。学生面对眼前的形象，提出了有关"云"和"水"的问题："云为什么会走？""云是水变的，水是怎么跑到天上去的呢？""为什么下雨天是乌云，晴天是白云呢？"一年级学生能提出这些问题，表明形象鲜明、具有一定逻辑顺序的情境，激发了学生对事物本质的探究。然后我以实物演示"水蒸发变成汽"的过程，并介绍水呈三态的本质属性，使学生认识"水—汽—冰"的变化规律，从而促进学生抽象逻辑思维的发展，加深学生对课文的理解。

2. 情境中蕴含的理念，促使儿童的具体形象思维向抽象逻辑思维过渡

情境教学借助的图画、音乐、实物、表演、语言及生活场景，都是其赖以表现的形式，而内涵则是其蕴含的理念。在情境教学中，教师通过一步步地展现这些形式，引导学生去琢磨，去理解，去领悟课文所蕴含的哲理及事物的本质。教师的思路是根据课文显示的理念，考虑教学的形式、手段，创设情境，揭示理念，即从抽象的理念到形象的情境，再到抽象的理念。学生的认识过程是在感受形象的同时，接受教师的语言信号，调节思维活动，进行分析、综合、比较，而后做出判断，从中悟出理念，即从形象到抽象。因此，情境教学无论从教师设计的让学生感知的程序来说，还是从学生接受的程序来说，都是有利于具体形象思维向抽象逻辑思维过渡的。例如，《南辕北辙》这则寓言告诉学生，行动与目的相反，是永远达不到目的的，这一寓意便是这则寓言创设情境的理念。寓言虽然短小，但寓意较深，对于三年级学生来说，难以理解。学生需要从形象入手，因此在教学时，我通过简笔画和表演两种途径创设情境，启发学生想象，并设计句式进行训练。

情境1：结合学生自学，以简笔画示之。从前有一个人要到什么地方去？（突出要去的目的地）而他的车往哪个方向走？请你读一下课文，在图上用箭头表示一下。（图略）

对图进行语言描绘："这人真有趣，南边的楚国是他要去的目的地，而他的车却向相反的方向——北边——驶去。"

情境2：扮演角色，体会寓意。首先我让同桌两人一组扮演坐车人和他的朋友，并启发学生想象：当别人劝告这个坐车人时，他连说三个"没关系"，你们能想象到他当时的态度和神情吗？学生通过分组表演，已开始进入角色，所以能想象到坐车人是"想也没想""不假思索""十分固执"的态度。然后，请两名学生表演，使学生进一步体验这个驾车人"南辕北辙"的可笑。学生对这个驾车人"不假思索""执迷不悟"，径直向与楚国相反的方向驶去的可笑形象进行了分析，并做出判断：这个人是到不了楚

国的，因为他的行动和目的地相反。显然，这是在具体形象思维的基础上进行的抽象逻辑思维。情境中蕴含的理念，正是课文本身要揭示的观点。缺乏理念的情境，便偏离了教学内容的核心，成为教学过程中多余的形式。

对于一般的散文来说，我们同样可以通过创设情境揭示情境内含的理念，促使学生由具体形象思维向抽象逻辑思维过渡，《落花生》便是其中一例。城市里有的学生虽然常吃到花生，然而却并未见过长在泥土中的花生，更不大明白落花生的"它的果实埋在地里，不像桃子、石榴、苹果那样，把鲜红嫩绿的果实高高地挂在枝头上，使人一见就生爱慕之心"这一特点。因此，教师就很有必要运用情境教学，以简笔画再现生长中的花生，接着进行描述："你们看落花生，矮矮地长在地上，它的果实深深地埋在地下(说着随手以一褐色的纸沿图中的线盖住，以示泥土)。人们站在它的身边，也不能看到它的果实。"然后抓住课文中"矮矮地"与"高高地"一组反义词及相关的动词"埋"与"挂"，引导学生通过比较、概括，初步懂得落花生喜欢"内藏"，桃子、石榴、苹果却喜欢"外露"的不同品格。实际上，这就是思维过程，从具体形象到抽象概括。由于学生此时的抽象思维是伴随着落花生的形象进行的，所以思想表现得很活跃。

思维的积极活动促使他们由表及里地认识事物。他们还列举了藕、煤、石灰、骆驼等10多种类似的事物，体会到其中包含的深刻哲理，懂得"人要做有用的人，不要做只讲体面而对别人没有好处的庸人"的道理。

我们可以设想一下，在教学时，课文本身虽包含着理念，但教师如果从概念到概念进行讲授，学生就不能很好地感知形象，那么由此展开的抽象逻辑思维就不可能这样活跃。情境教学从形象到理念，符合学生思维的发展规律。这种从具体形象上升到抽象理念的思维活动，往往加速了学生观念的形成，使学生逐步建立起对客观世界的正确认识，这是实现语文教学教育性的重要方面。

3. 情境中的语言训练，有助于儿童学会分析判断

儿童的分析、综合、判断、推理的思维活动，是借助于言语实现的，

是在第一和第二信号系统的协同活动中完成的。情境中的语言训练，有助于儿童推理能力的形成。

由于世界浩瀚无边，人们不可能一一去直接认识，因此，间接认识就显得十分重要。推理是人们对客观事物的间接认识，是由已知推出新的判断的思维形式。一般来说，儿童的抽象逻辑思维还属于初级阶段，他们的推理能力较弱，但是，这种推理能力是可以培养训练的。在实验班，教师主要通过情境中的语言训练，引导儿童学习初步的推理方法。

由于实验班教师着眼于儿童的发展，所以在设计语言训练时，常常结合学科特点，有意识地进行推理训练。在教授前面所提到的《南辕北辙》一课时，为了帮助学生自己揭示寓意，教师设计了以下两种句式训练。

训练1：这个坐车人以为马跑得快，车夫是个好把式，带的盘缠多，就可以到达楚国，你们认为像他这样能到楚国吗？（出示句式："不但……而且……""因为……"）

这样的语言训练促使学生根据坐车人与目的地背道而驰的错误行为，做出"到达不了楚国"的判断，推导出"不但到不了楚国，而且离楚国将越来越远"的结论，并以"因为"揭示了到达不了目的地的根本原因，这实际上是运用演绎推理的思维顺序推出寓意的。

训练2：为了使学生深化寓意，做出积极的判断，教师提出："现在我们来帮助这个坐车人。怎样就可以到达楚国？"（出示句式："只要……就……""越……越……"）

为了完成这样的语言训练，学生势必会从已知的否定判断，推出一个新的肯定判断。这样不仅加深了学生对寓意的理解，而且使学生的推理能力在其中得到了训练。

在小学语文课本中安排的《鱼和潜水艇》《蝙蝠和雷达》《琥珀》《黄河象》等有关仿生学、古生物等的常识性的课文，更是培养学生推理能力的好素材。对于情境中的语言训练，实验班教师做了有意识的设计安排。

在备"黄河象"一课时，教师抓住了课文最后一节中的两个词：一是"想象"，二是"推想"。这就决定了教师在教学过程中，应有意识地让学生借助形象思维展开想象，通过推理训练，发展学生的逻辑思维能力。

上课伊始，教师通过语言描述一张简单的黄河象挂图，把学生带入"站在黄河象化石旁"的情境中。

教师这样描述："有多少同学见过大象？大象已经够大了，但古代的黄河象比现在的大象大得多。北京自然博物馆的古生物厅里就陈列着一具黄河象的化石。假如有一天，老师带你们到北京去，来到北京自然博物馆的古生物厅里，首先映入我们眼帘的，便是那高大的黄河象的化石。此刻，我们便站在这个黄河象的周围参观。"（教师出示挂图，结合讲解让学生感受黄河象之大。）

带入情境的目的是让学生充分展开想象，进行推想。于是教师这样引导："这头黄河象的骨骼这么完整，它昂着头，左脚抬起，我们可以想象一下，黄河象死的一瞬间是什么情况。"

眼前的情境，使学生一边张开想象的翅膀，一边又对真相进行着推测，他们展开了热烈的讨论。从他们的发言中我们可以看出他们此时的思维活动情况。

生1：我想，可能黄河象正在散步，火山爆发了，一声巨响，它抬头一看，惊呆了。当它抬起左脚正要逃跑时，已经来不及了，火山的岩浆把它盖住了。

生2：这不可能。火山一爆发，黄河象的骨头便会炸得四处乱飞，它的骨骼就不会这么完整了。

生3：也可能是黄河象正在寻找食物时，走进了流沙层，流沙把它深深地盖住了。

生4：也可能是它来到沼泽地喝水，当它抬起左脚要喝水时，身体就陷到烂泥里了，因为黄河象太重了。

学生激烈地争论后，教师对他们的大胆推想给予了肯定："考古学家在发现这样的化石以后，正是根据考古学知识，做科学的推想。你们的推想，从某一点来看，也有一定的道理。"学生受到教师的鼓励后，对想象、推理活动更感兴趣。所以，当他们饲养小蝌蚪时，就推想：小蝌蚪的尾巴一定是用来掌握方向的，就像小鱼的尾巴一样。为了证实自己的推想是正确的，他们断然剪去小蝌蚪的尾巴进行试验，结果证明推想是合理的。他们开始注意从现象推想出本质，从原因推想出结果，又从结果推想出原因。他们通过分析、推理，做出判断，使抽象逻辑思维得到了较好的发展。

（三）情境学习与儿童创造性思维的发展

当代儿童是现代化建设的中坚力量。新异的、高速的现代化手段会逐步替代缓慢的、陈旧的操作。社会的迅速发展、日新月异的变化，需要学校在儿童早期不失时机地发展他们的创造性思维。今天，学校的创造性活动已蓬勃开展，这是十分可喜的现象，然而在学校里大量的活动仍是课堂教学。因此，通过各科教学，有意发展儿童的创造性思维，提高儿童的思维品质便显得十分必要。实验证明，运用情境教学，可以促进儿童的创造性思维的发展。

1. 观察情境丰富了表象，为组合新形象打下基础

儿童对世界认识的加深，在很大程度上取决于表象积累的广度与深度。乌申斯基曾说过："初步教学的责任是要教儿童真实地观察，要以尽可能完全的、真实的、鲜明的形象来丰富他的心灵，这些形象以后会成为儿童思维过程的要素。"[①]观察能力是进行创造性思维不可缺少的一种能力。人类社会中的许多发明创造往往是建立在敏锐地观察事物的基础上的，或是发明者发现了那些被人们忽略的细节而产生的顿悟。通过观察，储存表象，是培养儿童创造性思维的首要步骤。

① ［俄］乌申斯基：《〈祖国语言〉教学指南》，见张焕庭：《西方资产阶级教育论著选》，496页，北京，人民教育出版社，1979。

情境教学往往从观察入手。大量的观察，在儿童眼前展现了一个个富有美感而意象广远的情境，极大地丰富了儿童的表象，培养了儿童留心观察周围世界细微变化的习惯，有效地发展了儿童的观察力，使他们在粗略观察的基础上，逐步趋向精细地观察。多少个早晨，孩子们会兴致勃勃地跑来向我报告他们的"新观察"："老师，桃花开了，五个瓣的。""我发现小蝌蚪已长出了两条后腿。""昨晚，我数星星了，一共数了364颗。""昨天雷雨后，我看到一条彩虹，好像有一头搭在我心上。""我吹肥皂泡，发现泡泡上闪出的光和彩虹一样。老师，这是为什么？""我知道学校里刚锯下的那棵大树已经五岁了，因为它的年轮是五圈。不过为什么树枝上的年轮才有三圈呢？"

不仅如此，由于情境教学讲究情境的美，选取鲜明的感知目标，安排合理的观察程序，并考虑启发性的导语，因此，观察客体的印象是鲜明的，程序是有条理的，这样就使得儿童不易遗忘且便于儿童检索。五年来，学生所写的"一句话""观察日记""情境作文""想象作文""童话故事"，正是对这些观察活动的记录，是他们在观察中的深切感受的生动体现。他们离开小学后，在中学还常常以小学的生活为题材进行写作。

情境教学的观察活动，为学生今天以至将来进行创造活动打下了必要的基础，而留心观察周围事物的良好习惯及敏锐的观察能力，为学生组合新形象储存了丰富的表象。

2. 情境教学注重想象，为组合新形象提供契机

任何创造活动都离不开想象。想象是人的创造活动的一个必要因素，神奇的想象为人们提供了创造的契机。想象对于任何人都是必要的，它几乎支配着整个世界，因为想象总是包含着、孕育着创造性。

儿童是富有想象力的，这是一种天性。世界在儿童的想象中，充满着奇异的色彩，就像童话一般。成人往往不了解儿童的奇妙的想象天地。那些普通的小盒，在儿童的手中、心上，是"汽车"，是"房子"，或是"小鸡温暖的窝"；那些小瓶是"布娃娃的奶瓶"，是"厂房上的烟囱"，或是"可以射向天空的火箭"。墙壁上斑驳的石灰，天空中多变的晚霞，在儿童的眼中更是童话般的画面——那是一条小河弯弯曲曲，一直流到天上

去了；那是一只庞大的金龟，驮着许多娃娃，金龟大概要带他们到龙宫去；还有许多长翅的飞马，慢悠悠地从草原腾起，飞向月球……这正是儿童想象的活力、创造力的萌芽。

作为儿童的教师，应该帮助他们飞向蓝天，潜入大海，越过崇山峻岭，跃过历史的长河……从而让儿童潜在的创造才能得以充分发挥。

情境教学是十分注重想象的。教学中创设的情境在很大程度上属于相似模拟，粗略而简易，为学生留有广阔的想象空间。京剧中的"马""船"等道具，以及那"开门""关门""跨过小沟"的动作，看上去似乎古老了一点儿，但在这里"写意"手法的得当运用，反而增强了京剧的艺术性，因为观众需要通过想象去感受，去理解。在这一点上，情境教学与京剧颇有相似之处。情境教学中展示的一只小船的剪纸、一排跳动的波纹线条以及幻灯屏幕上的点点亮光，在特定的情境中，通过教师的语言描绘，在学生想象活动的参与下，那小船的剪纸成了正在行驶的"大船"，那跳动的波纹线条成了"翻滚着的大海的波涛"，而那点点亮光成了无垠的夜空中闪烁的繁星。凭借远去的大雁、山鹰，学生也仿佛飞到了古老的、远方的原始森林，僻远的荒山，广袤的沙漠……可以说，想象就是"深化"，没有一种心理机能比想象更能自我深化，更能深入对象。想象可以把学生带到世界上任何一个地方，可以上天，也可以入海……

在教学中，教师要想激发学生的想象力，就需要了解想象活动的产生过程。想象是由需要的推动或某种直接印象在大脑皮层上引起相当强烈的兴奋中心，使大脑储存的表象进行新的组合。由此看来，"需要的推动""某种直接印象"是形成想象的动因。情境教学正是给儿童的想象造成直接的印象，同时教师的导语则又促成"需要的推动"。在实验班的观察活动中，我精心安排了观察与想象的场景与导语。带学生放风筝时，我有意带上蝴蝶、蜜蜂、孔雀这些动物风筝，让他们看着一个个栩栩如生的"小动物"在蓝天上悠然摆动，给他们的想象造成"直接的印象"，并有意逗他们：那花蝴蝶不停地扇着翅膀，在做什么？那蜜蜂此时想到哪儿采花蜜？那孔雀多骄傲，它想在哪儿张开五光十色的尾巴？这使学生觉得，仿佛真的蝴蝶、真的蜜蜂在天宫的花丛中飞舞，仿佛真的孔雀伸着细长的脖子，骄傲地在天街漫步……这种情境与一串导语，推动着学生展开想象的翅膀，随着动物风筝的翱翔而高高地飞去……观察鸡冠花时，我让学生摆动手中的花冠，模拟"一阵风吹来"的情境，从而看到花籽纷纷洒落的景象，并加以启发："花籽落在土壤中，当春天来到，又会萌发新的更多的小花秧，谁能说说那是怎样的情境呢?"……所有这些都是我有意识安排的，目的是为儿童的想象呈现"直接印象"，并以导语促成"需要的推动"，使儿童的想象活动得以实现。由于兴奋，儿童在脑海中留下的表象特别清晰，这就为思维的灵活性、广阔性做了必不可少的铺垫。儿童的求异思维能力在观察思考中，在美的陶冶中得到了很好的发展。

在阅读情境教学中，教师遵循作者思路，安排情境程序，运用新异的手段创设情境，使学生通过形象感受来理解课文，与作者产生情感上的共鸣。"形象"的感受，"情感"的激发，往往离不开想象。学生的想象越丰富，对课文的理解就越深刻。因此，情境教学十分强调想象的作用。在阅读时，通过想象去理解，可以帮助学生养成在阅读过程中把作品描写的情境主动地加以重现的习惯，即学生通过想象，进入课文描写的情境中，从而增强自我的感受能力和创造能力。事实上，只要教师启发、诱导恰当，学生都可以通过自己的想象去理解课文内容。在这一方面，学生蕴藏着很大的潜力。学生一般可根据故事情节，想象当时的环境气氛;根据课文描写的人物的神情、动作，想象人物的语言和心理活动;根据课文描写的人物的语言、心理活动，想象人物的神情、动作;根据课文中心，想象故事可能发生的情节和多种结局;根据事物的状态，想象它的过去，推测它的未来……学生在情境中展开想象，通过想象组合成新的形象。可以说，一方面，情境教学为学生拓宽了想象空间;另一方面，学生的想象又丰富了课文情境。

3. 情境教学鼓励求异，提高思维的广阔性与灵活性

教师应激发儿童的学习热情，培养儿童的求异思维。情境教学所创设的生动形象和场景，往往有新、美、远的特点。因为"新"，儿童便好奇;因为"美"，儿童便感到愉悦，乐于进行求异思维活动;因为"远"，儿童便感到思维空间广阔，从而易于"求异"，这就有效地激发了儿童的学习热情、

好奇心、求知欲，强化了儿童学习的自信心，使儿童成为学习的主人。在实验班，学生都是那样热烈地、主动地投入教学活动。教学活动对于他们来说，既是学习，又是游戏；既是上课，又是美的享受。美感丰富的情境，使儿童爱看，也爱想；广远的意象，使他们思想无拘无束，从而易想也易说。所有这些，使儿童处于进行创造性思维活动的最佳心理状态。在教授"捞铁牛"一课时，教师运用实物进行演示，创设了"捞铁牛"的模拟情境，这使儿童兴奋不已。他们面对这种新异的情境，展开积极的思维活动，想出了更妙的方法：用大吊车，用巨型吸铁石，用空气和水的浮力的联合作用……这样不仅发展了学生的求异思维，而且培养了他们的创造能力。

情境广远，提供求异的可能。激发学习热情并不是孤立的，它与情境提供的语言训练、题材形式是紧密联系在一起的。情境的内容为学生的求异思维创设了有利的条件。一般来说，场景狭小，局限性大，学生的思路不容易开阔，思维活动单一，而情境广远，就可以引导学生从不同的角度思考问题。例如，在教授"黄河象"一课时，教师凭借一张放大的黄河象的挂图，创设来到北京自然博物馆的情境，引导学生根据图上黄河象抬起的左脚、昂起的头展开想象：黄河象死的一瞬间，可能是怎样的情景？学生仿佛正在博物馆的黄河象化石旁边，眼前黄河象的挂图仿佛是真的黄河象的化石，形象的真实感、亲切感，促使学生主动地从各个角度进行推导。他们从"火山爆发"到"流沙"到"陷入沼泽"，提出了种种设想。由此可见，学生在情境中的思维是多么灵活。

情境教学拓展了学生的思维空间，任学生充分地展开想象。显然，比起传统的、舍弃文章的情感、注重词句的解释和内容的分析的灌输式教学，情境教学更有利于学生求异思维的发展。

三、为使儿童各科学习快乐高效，向情境教育拓展

回顾第一轮的实验，我几乎都是凭着一股热情，边做边思量，边思

量边做，用南通的一句俗语就是："铜匠的担子——走到哪儿，响(想)到那儿。"现在，第二轮实验开始了，这一次是一年级七个班协同动作，进行整体改革。整体改革当时已在全国启动，我想着这一轮我们应该充分利用在第一轮五年实验中积累的经验。所以，对于第二轮实验我是有一定的理性认识的。

我当时的想法是情境教学突破了教学手段、教学方法的局限，在新的一轮实验中，我们还应该从教学内容的改革上下功夫。按照"系统论"的思想，我明白了"结构决定功能"的原理，因此我很快从优化结构着手，来提高语文教学的效益。我想，如果赋予小学语文以生动的形式和充实的内容，就肯定能在更大范围内提高教学质量。我心中挺有把握，对新一轮的实验充满了信心。与此同时，我又想到从幼儿园到小学坡度太陡，低幼衔接是个问题，这一问题也应该在第二轮实验中得到解决。

春天我便去了幼儿园，亲自给幼儿园的孩子教汉语拼音。我从一些资料获悉，学前阶段是语言学习的黄金期，幼儿对语言特别敏感，在这一时期进行相关的语言教育效果是最佳的。另外，通过在幼儿园的调查我了解到，幼儿园大班除每天 30 分钟的语言和数学知识的学习之外，其余时间基本上是各种室内外活动。这样的课程安排远远满足不了大班幼儿与日俱增的求知欲，而且与小学的密集的课程安排落差又太大。显然，学前教育与小学教育之间是一个陡坡。我想无论从幼儿学习语言的效果来看，还是从为幼儿进入小学生活做必要的准备考虑，在幼儿园大班第二学期教学汉语拼音都完全是合理的。只是汉语拼音教学要以做游戏、讲故事、说儿歌这些生动有趣的形式为主，让幼儿在玩中学。我在轻松活跃的氛围中给幼儿园的孩子教汉语拼音，每周两节，每节 30 分钟，孩子们都感到新鲜有趣。

例如，教单韵母"ü"时，我先给孩子们画一条鱼，发"ü"的音，读第二声，在鱼的嘴巴上画两个小圆圈，说"小鱼吹了两个泡泡"，然后又让他们说说自己知道的鱼的名称。孩子们别有情趣地说出了带鱼、黑鱼、小黄鱼等鱼的名字，一个个非常开心。接着我又让他们发第三声的"雨"，然后和他们一起你一句、我一句地说着：春天的雨，毛毛雨，沙沙沙；

夏天的雨，雷阵雨，哗啦啦……这样的汉语拼音教学受到了幼儿的普遍欢迎。

这一学期，我在幼儿园上了 32 节课。孩子们认识了声母、单韵母、复韵母(除前鼻音、后鼻音外)，会拼读，但不会写。我觉得这次尝试最大的好处是使孩子们一进小学就可以凭借汉语拼音这个拐棍识字、阅读，甚至写话，一下子改变了启蒙教育单纯教学汉语拼音的单调而枯燥的格局。于是，第二轮实验一开始，我就开设了过渡课。因为要开设过渡课，就要全面安排各科教学，因此改革很自然地跳出了语文学科。

从全国范围来讲，整体改革已经热火朝天。记得 1985 年秋，我到武汉参加中国教育学会召开的学术会议。会上，国家教育委员会(现更名为教育部，以下简称国家教委)的柳斌副主任和专家都做了非常好的学术报告。面对这么多专家，听着那振奋人心的报告，我心里更着急了。情境教学下一步怎么走? 整体改革怎么搞? 它是那样一个庞大的系统，是我这个小学教师能驾驭的吗? 我为心里想做却做不了的事而焦虑万分。

第二天，我去拜访当时主持会议的北京师范大学顾明远先生，谈了我的苦恼，向他请教情境教学该如何继续发展。顾明远先生话不多，听完我的话，当即热情地鼓励我:"你别担心，情境教学的前景是很好的。情境教学不仅可以用在语文教学中，在国外它还被运用到理科教学中。你应该充满信心去做。"我心中升腾起几颗小小的火星，有一种暖融融的感觉。紧接着，我又拜访了在会上的中央教科所的江山野研究员，他也给了我鼓励，后来还给我写了一封信。他们的话给了我很大的鼓舞，让我有信心继续往前走。

第二年，我和学校领导到上海宝山参加全国整体改革会议。会上，刘佛年老校长和杜殿坤老师都做了发言。我们是带着渴求心理去参加会议的。刘佛年先生非常了解一线教师，尤其是农村教师也跃跃欲试想搞整体改革的心理，他说:"整体改革有一个过程，你可以在全校搞，也可以在你的年级里搞，甚至在你这个班，和你的数学老师两个人一起搞。"我一听，顿时恍然大悟，原来整体改革并不是我想象中的那样的庞然大物，它是一个相对的概念。我们完全可以从自己的实际出发，有多少能力就办多少事。杜殿坤老师随后也发了言，他的发言同样给了我很大的启发。我当时就非常清楚地意识到教育本身就应该是整体的，因此毫无疑问，运用情境教学来进行全校的整体改革是完全可能的。

这一次的宝山会议打消了我们对进行整体改革的畏惧，成了我们启动整体改革的动力。情境教学就在国际国内教育不断变革的大背景下，顺乎自然地开始向情境教育拓展。

为了整体改革，我甚至放弃了一次难得的走进学术机构脱产学习的机会。1986年，中央教科所开设了一个全国拔尖教师培训班。这个培训班总共只有20多个人，这些人都是从全国挑选出来的有发展潜力的名教师，在中央教科所学习一年，由知名专家专门培养。顾明远先生和滕纯副所长都专门找到我，告诉我我也是其中一个。我是一个非常渴望学习的人，何况这次又是在中央教科所，有这么多知名专家指导，是何等难得的机会啊！可是转念想到，整体改革已经起步，我怎能放得下呢！鱼和熊掌不可兼得，我便婉言给中央教科所写了信，放弃了这次非常珍贵的学习机会，并在心里暗暗安慰自己：从新的实践当中学，从做中学。

20世纪80年代中期，世界教育改革开始明显地从科学化向情感化、人文化的方向发展。人文主义的思潮已经打开了教育改革的大门。从国内来讲，教育改革尤其是整体改革的形势已经锐不可当，各地都行动了起来，一场场关于整体改革的学术交流活动也相继展开，到处都呈现出生机勃勃的景象。作为一名改革的积极分子，我聆听着时代发展的脚步声，关注着整个改革的大局，非常渴望自己探究的情境教学在整体改革大潮的奔腾中得到新的发展。

我回顾了以往的实验，包括已经进行的整体改革的尝试，开始重新思考。对于整个实验，我有了通盘的考虑。我思量着，开展情境教学实验的原因是我看到了小学语文教学中的诸多弊端，而这一轮探索与实验的目的是什么呢？我认为，目的非常明确，那就是力图使其他各科的教学都能像语文情境教学那样，让儿童学得快乐高效，简言之，就是促进儿童的整体发展、主动发展。多少夜晚，我在灯下不停地写，不停地画，苦思冥想：一方面，既然是整体改革，就要超越语文学科，通过各个学科的协同作用促进儿童的整体发展；另一方面，整体改革不仅仅是我一个人单枪匹马可以担当的，语文学科的其他教师和其他学科的教师也要融入进来。那么，怎么让他们便于操作呢？我反思着1982年概括出的促进儿童发展的五条要素，渐渐发现"以培养兴趣为前提，诱发主动性""以指导观察为基础，强化感受性""以发展思维为核心，着眼创造性""以激发情感为动因，渗透教育性""以训练语言为手段，贯穿实践性"这五条要素，不也是其他学科促进儿童发展的要素吗？我试问自己：哪一个学科不要"诱发主动性，强化感受性"？哪一个学科不要"着眼创造性，渗透教育性"？我肯定地回答了自己提出的问题，答案是各学科无一例外。只要把最后一条"以训练语言为手段"改为"以训练学科能力为手段"，各科教师就都可以理解、可以操作了。我顿觉整体改革的路一下子拓宽了，清晰了。我得出结论："五要素"符合儿童的心理特点和发展规律，具有普遍意义。情境教学不仅仅属于小学语文教学，它同样属于整个小学教育！

情境教学的"学"有可能改成"育"字了！它既然属于整个小学教育，就必然会为儿童素质的全面发展开拓出一条有效的路径。

课程标准中提及的关于儿童主体性的问题以及创新品质、实践能力的问题，我早在20世纪80年代就已把它作为促进儿童发展的情境教学的要素提出。经过反复验证和推论，在90年代，"五要素"又发展为情境教育的"五原则"，对此我感到非常欣慰。我们在"情境教学—情境教育"探索过程中的感悟和做法与课程标准相吻合。实验的大方向始终是正确的，这是因为我们概括出的"一切为了儿童的学习"的理论，是从实践中顺势发展起来的，又在实践中得到了确认。

（一）策划实验方案，组成实验团队

对于情境教育的实验，我从儿童素质全面发展的角度做了通盘的构想和设计，又从学校管理者的操作层面上思考，并于1990年4月，悉心策划了实验方案。

因为是一个整体改革的方案，所以我尽力设计得周全些，思考得细致些。从目标到措施，从学生的发展到教师的提高，以至行政管理等涉及课题实验的方方面面我都想到了，并且都做了力所能及的策划和预想，力求规范。

现在我择其要点写在下面。

《着眼发展，着力基础，全面提高儿童的素质》
"情境教育实验"综合实施方案
(1990 年 4 月)

一、课题的提出

教育要培养德智体全面发展的社会主义事业的建设者和接班人，这是关系到我们民族兴盛，社会主义事业继往开来的关键。初等教育是提高人才素质的基础。抓紧儿童处于发展的最宝贵的时期，为提高人才素质打好基础，是国家与社会赋予教师的使命。出色地完成这一任务，是教师们责无旁贷的。现代教育仍是以知识灌输为主，在很大程度上处于片面"应试"的状态，这导致少年儿童疲于奔命，扼杀了少年儿童的志趣、潜在的智慧及创造精神，严重影响少年儿童高尚情操、正确思想道德观念的养成，这是对儿童的扼杀与摧残。（注：也只有提到这样的高度，才能激发广大教育工作者改革的紧迫感。）应该说，这样的现状再也不能继续下去了。

如何全面地提高学生的素质呢？我们必须确立"着眼发展，着力基础"的教育观念，充分利用暗示的作用以及环境与隐性课程对儿童个性形成的作用。情境教育以美感教育为突破口，以情感为纽带，优化育人环境，使学生在知情意行诸方面得到主动的发展。

二、课题的教育目标

(一)学生的发展

在经过优化的情境中，学习情境、校园情境、家庭情境和谐发展，这对于学生的内心世界有积极的作用，有效地推进内化的过程，促进学生的思想品德素养、文化知识素养、审美素养和身心素养的提高。

1. 思想品德素养

热爱伟大的祖国，热爱社会主义，热爱中国共产党，热爱少先队组织；从小懂得人民的利益高于一切，热爱劳动，热爱集体，关心他人；懂得初步的社会公德，在公共场所以及个人生活中养成良好的行为习惯，能明辨是非，具有初步的辩证唯物主义观点。

2. 文化知识素养

牢固地掌握大纲明确要求掌握的基础知识、基本能力，具有一定的动手能力，良好的学习习惯，较强的求知欲望及较浓的学习兴趣。

3. 审美素养

喜爱美的事物，并能充分感受，加深内心体验；有自己的兴趣爱好，有一定的特长，对文化艺术有初步的欣赏能力；喜爱欣赏音乐、美术、文学、戏剧，崇尚美的事物。

4. 身心素养

身体健康，身体素质良好，眼睛近视度数控制在上级教育行政部门规定的指标范围内；爱惜自己的身体，具有良好的卫生习惯，并具有良好的心理素质；初步懂得骄娇二气不可滋长，能听取他人意见，能不固执己见，不任性，对环境有一定的适应性。

（二）青年教师的发展

学校要研究情境教育的理论，逐渐形成以情境教育为主要特色的学校办学模式，建立小学教育的新体系。在优化育人环境的同时，着眼发展，着力基础，使儿童素质得到全面提高，并在提高学校教育质量、科研水平的同时，培养一支素质较好的年轻的教育科研队伍。青年教师要着力研究儿童在特定环境中的心理状态、情感活动以及做出的反应，并在教育理论的指导下认真实践，逐渐掌握教育教学的科学性及艺术性。

三、实验课题的理论思考

情境教育是一个新的课题，我们有信心通过实验建立新的理论体系。

（一）情的作用

情境教学在语文教学中的运用获得了成效，这表明通过人为地创设与课文相关的情境，在特定的情境中激起情感活动，并通过师生的情感交流，语文教学可以获得意想不到的效果。由此推而广之，思想品德课，社会学科(历史、地理)，音、体、美等学科同样可以运用情境并获得良好的教学效果，因为社会学科同样离不开人的情感活动。即使在数学、科学常识这些自然学科中，我们也同样可以运用情境，因为自然学科离不开生活，离不开形象思维和创造性思维活动。在特定的情境中，情感活动可以极大地提高儿童的兴趣，促使儿童进入探究的情境中，提高科学常识、数学知识的应用性，培养儿童的实际操作能力、创造精神和科学的态度。

（二）暗示的作用

人为创设的情境具有明确的目的性。在儿童进入某一特定的情境后，情境对儿童的心理发生作用，在课堂教学中引发儿童的注意、观察、思维、想象等智力活动，使儿童伴随情感，主动投入教师预先设计的认识活动，从而完成认知和发展任务。在课外活动(包括班队活动、兴趣小组活动、文体活动)中，教师为儿童创设愉悦的情境，使儿童在活动中练就本领，使儿童受到美的熏陶，从而喜爱生活并养成文明的行为习惯。以上诸情境并不是自然环境，而是经过优化的特意创设的环境，它以情为纽带，所以称为情境教育，而不是环境教育。

（三）隐性课程的影响

在学校里，显性课程完成教学大纲规定的各科任务，但是活动课程、人际交往、学习氛围这些隐性课程同样可以成为教育源，并起到显性课程不能起到的作用。在隐性课程里，学生耳濡目染，受到潜移默化的影响，在有意无意间就接受了教育。由于隐性课程很少受到教育者的干预，因此更容易被接受、被内化。

四、实验的范围

该实验涉及学校教育的各个方面，由多元系统构成其范围，大致包括如下几个方面。

第一，课堂教学为中心环节，各科教学情境的运用，做到趣、美、智。

第二，学校班队课外活动情境的优化，做到乐、美、智。

第三，学校校园环境的优化，做到洁、美、智。

第四，学生家庭情境的优化，做到净、美、智。

第五，校内外和谐合作的人际情境，做到亲、美、和。

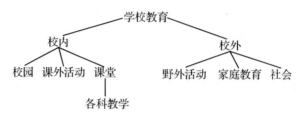

以上诸情境均以美为突破口，以情为纽带，以智为核心，以儿童实践活动为手段，以周围世界为源泉，以达到儿童素质的全面提高为目的。

五、实验的主要措施及时间安排

为了把握教育、教学要素之间的关系，我把全年的实验构想一一写明白。

（一）以德育为主导

学校各科教学以德育为主导，把思想道德教育渗透到各科教学中，同时把语文教学与思想品德、班队会、野外教育联成整体，带动其他学科进行大单元教学，强化教育的整体效益，做到每月有教育中心，大单元教学则围绕教育中心进行。

2月：着重进行常规教育，结合新学期所发新书，设"爱书周"，教育学生爱护教科书，以及课外书籍，培养学生对书籍的热爱及良好的阅读习惯。

3月：着重进行对集体、对他人负责的责任心教育，结合3月5日"学雷锋纪念日"，设"学雷锋周"，教育学生学习雷锋，热爱集体，关心他人，从小具有责任心。在"学雷锋周"内，重温英雄事迹，举行英雄事迹报告会，重温雷锋日记，学唱革命歌曲，组织热爱集体、关心他人的相关实践。各年级针对本年级儿童的特点，提出富有新意的主题。

4月：着重进行热爱大自然的教育（审美教育），教育学生爱花爱草爱护绿化，爱鱼爱虫爱小鸟，保护环境。设"爱花节"，让学生知道有关花的知识（包括花的栽培、花的形成、花的保护），引导学生种花、看花、爱花、写花（如《校园里的花》《我爱美丽的鲜花》《花儿朵朵》《百花争艳》

《教室里的盆花》《花仙子》《花儿的自述》《××与××的对话》《我也是一朵小花》),做到每人种一盆花,有多种的送一盆给学校,让校园的通道到处是花,集中进行爱花爱美爱大自然的教育。

5月:着重进行劳动创造世界的教育,让学生懂得劳动人民用自己的劳动和智慧创造了今天的人类世界,而且仍在通过劳动和智慧,特别是高科技创造人类更加美好的明天,在这个过程中渗透辩证唯物主义教育。设"创造周",培养儿童的创造热情和动手能力,发展儿童的创造性。在"创造周"里,教师为学生介绍科普作品、科普小论文,介绍世界上大发明家、科学家的故事。每个班的学生提出 100 个"为什么",进行科技制作,学写科研小论文、实验小报告,举办科技制作展览会,体会到"知识就是力量,创造就是快乐"。

6月、7月:集中进行爱党爱社会主义的教育。

欢度"六一",与爸爸妈妈共度节日。开展我和爸爸妈妈比童年,和爷爷奶奶比童年的活动。让学生认识到"我"比爸爸妈妈的童年幸福,比爷爷奶奶的童年幸福,知道爸爸妈妈、爷爷奶奶爱"我",党和祖国爱"我","我"也要爱自己的亲人,爱培养自己成长的党和祖国。

6月2日设"爱生日",组织教师为学生做好事,进一步培养教师爱学生的情感,让学生体会到:"学校老师爱护我们,关心我们,教育我们,我们应该格外地尊敬老师,尊重老师的劳动。"

7月1日纪念党的生日,设"幸福节",让学生体会到只有共产党才能救中国,我们要饮水思源,更加热爱伟大的党。

9月:教师节、丰收节——热爱劳动,热爱劳动人民。

10月:爱国月——热爱祖国的教育。

12月:童话节、收获节。

(二)以语文学科为龙头

语文教学实行单元教学。在低年级,教师实行识字、阅读、作文三线同时起步,把教材内容与生活相结合,把教材归类,确定各单元主题。在中高年级,教师根据题材特点把教材分成写人、记事、写景、状物、说明应用、古诗文诵读六个单元,根据单元内容确定主题,并介绍祖国的秀丽山河、祖国的瑰宝、祖国的优秀儿女、祖国的悠久历史。实行"文"与"道"的结合，"读"与"写"的结合，"课内"与"课外"的结合，"训练"与"发展"的结合。根据题材特点引导学生分别掌握各类不同题材作品的阅读与写作的要领，以能力训练为主线贯穿始终，明确每节课训练的重点，抓住主干，剪去枝蔓，让情感走进课堂，运用生动的情境教育，让学生充分活动起来，体现学生的主体性，提高课堂效率和质量。同时结合每个月的教育中心调整单元教学的进度，并协同思想品德、班队活动、各科教学进行主题性大单元教育，每学期2～3次。

（三）以情境教育为主要途径

教育、教学活动遵循认识论、反映论。教师要根据教育中心、教学内容创设相关情境，优化育人环境，利用移情作用、暗示原理、角色效应，以审美教育为突破口，以情感活动为纽带，以课堂教学为中心环节，促使学生主动地投入教育教学活动，使学生素质获得全面发展。

六、改革管理体制，加强学校行政对实验工作的领导与管理

学校实行条块结合的管理模式，增设教育科研处、教学科研处、教师培训处。学校设如下机构。

教育处：突出思想品德教育、养成教育，并得以落实。

教学处：抓紧教学中心环节，保证教学质量稳步提高。

科研处：保证科研工作的开展与落实。

培训处：抓校内的教师队伍建设和校外培训工作。

各年级：设年级主任，使条块式的管理得到保证。

校务系统、培训系统、教育系统、教学系统构成一个网络式的管理系统。

为了情境教育的发展成立青年教师培训中心

1990年，春光烂漫，青年教师培训中心成立了。在成立大会上，我鼓励青年教师们在青年教师培训中心要勤奋学习，切磋教艺，发挥自己的聪明才智，在珠媚园里长成一片林。后来我为青年教师培训中心的刊物题写的名字就是《珠媚林》，寓意为青年教师如棵棵小树苗壮成长，在

二附小的珠媚园里长成一片葱郁的林子。

学员们还推选了唐颖颖老师代表大家发言。她的发言给我留下了很深的印象，这是一名钟情于小学教育的教师。她的发言如下。

李老师是我的启蒙老师。我是她第一个情境教学实验班的学生，是李老师教会我第一个字，是李老师第一次让我们用自己的眼睛观察世界，是李老师使我明白做人的道理。当年李老师教我们的一幕幕场景，至今仍历历在目。十多年来，李老师那美好的、令人崇拜的形象一直印在我的脑海中。

初中毕业考试，我达到了重点中学的录取分数线，但是我放弃了。我想走李老师的路，于是毫不犹豫地走进了南通师范学校。

如今，我的许多同学上了大学，但我并不觉得自己没出息，也并不后悔，这也更使我坚定了重新当李老师学生的决心。我要学习她对祖国深沉的爱，对事业的执着，对工作的热情与严谨……

全校的中老年教师也为青年教师培训中心的成立而高兴。他们是我的老同事，我的诤友，我的合作者。他们抑制不住内心的激动，在会上给我递上条子，上面写着如下内容。

李老师：

今天的拜师会，我们的感触太多太多！这个机会对我们来说来得太迟太迟……我们多么希望能有时光隧道！不过我们是幸福的，因为李老师——您就在我们的身边！请您收下我们这些迟到的学生。

致
崇高的敬礼

顾学玖、褚淑云、钱玉华
1990 年 3 月 10 日

读后，我心中涌起一阵热浪，感慨万千，我能做的就是和大家一起搞好培训中心的工作。这样一个培训中心，带动、凝聚的却是全校老中青三代教师团结向上的大集体。"爱生乐教，开拓进取"成为我们共同的座右铭。

既然挑起青年教师培训中心辅导员的担子，我就得动"真格"。我的要求很明确，就是有德有才。为了让他们明确自己的努力方向和奋斗目标，在第一次活动时，我让他们每人制订一份"个人成长规划"，要求青年教师给自己定下成长的目标，并把对事业的追求通过自我规划具体化，这就使培训中心的内容和要求成为他们的"自我需求"。他们还要通过制订"作息时间表"，主动安排一天的时间，从每一天做起，从点滴做起，力求日有所得。

根据全面提高青年教师思想和业务素质的要求，站在培养 21 世纪教育师资的高度，我将培训分成教学基本功、教学艺术、教育理论、教育科研四大块，并对他们进行辅导。我还对小学语文课文的常见文体进行分类，讲授如何运用情境教学教好诗歌、散文、童话、寓言和常识性课文等，讲清各类课文的特点、备课的注意点以及情境的创设方法和教具的制作方法，提高他们把握教材、驾驭课堂教学的能力。为了帮助他们真正地认识教学过程的实质，我还经常与他们就具体课文共同备课，设计方案，再一起听课、评课，使他们学有所获。

青年教师对学习表现出极大的热情和刻苦的精神。记得那时候我们规定每周星期二下午四点学习，他们一个个都能按时来，然后准时开始学习。周五晚上学理论，同样谁都不迟到。即使在寒冷的冬天夜晚，大家下班后也主动留下来学习，忘记了寒冷，忘记了饥饿。年轻的母亲忘记了在幼儿园等接的孩子；爸爸为了学习，顾不得回家祝贺儿子生日快乐；生病在家半个月的教师回到培训中心，第一句话就是"在家躺在床上，想的就是生怕掉队"；当学校有了突击任务时，大伙儿更是忙得不亦乐乎，他们都说："李老师，还是忙点儿有意思！"所有这些都充分显示了我们这个团队蓬勃向上的精神。

我是一名既有亲和力又有高标准的教师。我引导青年教师珍惜时间，切不可虚度青春年华。寒暑假时我总要给这群年轻人布置作业，如写毛笔字、钢笔字，画简笔画，读书，写论文等。他们总是欣然领受，认真完成，开学后我再做点评。

暑假里，我迎合年轻人的喜好，和他们一起到郊外，放眼浩瀚的长江水，于江边抒怀；在长江边的亭子里举行一次别开生面的"野外读书会"，交流各自的读书心得。有时他们竟顶着烈日相约到我家学习，一起读布鲁纳的《情感目标》，表达着自己对教育理论的理解。

我深知，青年教师只有在丰富多彩、充满艰辛和探索的教育教学实践中才能走向成熟和成功。

施建平老师是我最早的徒弟之一。他人品高尚，爱钻研。我进行第一轮实验的时候，他跟班听随堂课200多节，在教学艺术上提高很快。青年教师培训中心的教师们都把他当作榜样。1991年，全国小语会在青岛举行"全国第二届中青年教师阅读教学观摩比赛"，施建平老师作为江苏选手去参赛。功夫不负有心人，小施在全国比赛中获得了一等奖。学校的教师们都为他高兴，青年教师培训中心的教师们更是欢欣鼓舞，大家学习研究的劲头更足了。施建平老师个人更加努力，很快成为当时全省最年轻的特级教师。我坚持"火线练兵"的原则，此后多次带他外出讲学，更多的是让他独自一人出去上课、讲学，南到广州、深圳，北至哈尔滨、内蒙古，几乎跑遍了半个中国。我心想，一个人可以带动一大片。

在全国小语会的支持下，我们积极推广情境教学。1998年秋天，全国情境教学观摩比赛在南京举行。这次我们选定的是青年教师培训中心的主任曹桂林老师。他是一棵好苗子，我先让他在校内上研究课，有了多次成功的经验后，再去参加全国情境教学观摩比赛，条件就比较成熟。他执教的"我的自白书"获得了一等奖。教学时，他的感情是那样庄重、投入，嗓音是那样浑厚、有力，吐字又是那样清晰，学生和听课教师都深受感染。他上完课后，全场立刻响起了热烈的掌声。他获得了成功！

其实，我培训青年教师的一个基本原则就是引领、支持他们走向成功，使他们从小成功走向大成功，在不断的成功中，感受成长的快乐，体验自我的价值，从而培养起对小学教育事业的热爱。

青年教师培训中心的老学员一个个成长起来了，新学员又一个个加入进来。随着学校的发展，年轻人越来越多，他们是培训中心的新鲜血液，给培训中心带来了青春的活力和新的气息，我对他们也倾注了很多心血。1996年加入青年教师培训中心的丁伟老师是江苏省如皋师范毕业的，文采气质俱佳。在培训中心一年后上公开课"可爱的草塘"，非常成功。第二天我去上海讲学，临时决定带上她，因为外面的世界很大，山外有山，楼外有楼，必须及早开阔他们的视野，增添新的活力。时间很紧，我就在去上海的高速客船上给她评课，告诉她昨天的课哪里上得好，哪里还不够，可以怎么上就更好，进一步指导她。到了上海，我先到一所学校做报告，再让她上课。课上得不错。我用晚上的时间，在宾馆帮她评析白天上的课。第二天，我又带着她接连到上海实验学校和上海外高桥新区两所学校上课。上海的老师都热情地称赞，觉得才工作一年的青年教师能上出这么好的课，很不简单。后来，我又让曹桂林和丁伟两名老师参加全国小语会的培训工作，在新疆给来自全国的参赛老师上课。他们在更广阔的天地里经受了考验。10余年来，在北京、天津、上海、广州，青年教师培训中心的这群年轻人热情地传播着情境教育的种子；在西安、桂林、兰州、杭州、盐城、徐州、福州、曲阜，我们也能看到他们年轻的身影，听到他们自信的声音。他们外出上了多少课，多少人次，听众多少，我都没留心统计，但只要他们发展，我就高兴，我就觉得自己的培训工作有价值。因为他们成长、成熟起来，最终获益的不仅是他们自己，更重要的是我们的小学生。

为了拓宽他们的视野，提高他们的理论素养，使他们清楚地了解教育科学的本质、规律、历史和未来，我除了组织他们系统学习教育理论以外，还聘请高校的专家、作家到培训中心来讲学。我请来了当时中央教科所的伍棠棣教授，南京师范大学的朱小蔓教授、郝京华教授，华东师范大学的高文教授、王文静博士，北京师范大学的桑新民教授和江苏省作协主席海笑。我还带着几名教师特地去上海请杜殿坤教授做情境教育实验的导师。

在青年教师培训中心，我努力做到人尽其才，各尽所能。这一群年轻人各有所长，我鼓励他们多扬其长，补其短，所以青年教师培训中心里百花齐放，争奇斗艳，有的教师在全国、全省参加课堂教学比赛、基本功大赛时获一等奖，有的教师在学校管理、班级管理岗位上做出了很好的成绩。现在的二附小从正校长到副校长到各个科室的主任，除了后来从外校调进的教师，都曾是青年教师培训中心的学员。

在青年教师培训中心培训 8 年之后，在 1998 年的教师节，曹桂林、任美琴、黄小君、杨悌、唐颖颖、陈志萍、杨金萍、刘洪、张洪涛、唐晓益、陈迎 11 名语文教师再次给我递上了火热的拜师报告，恳请我收他们为徒弟。这回我只能答应，而无法拒绝。我非常欣慰地看到经过 8 年的磨炼，这群雏鹰都能展翅飞翔了，而且一定会飞得比我更高远。我身边的年轻人，在时代的激流中，在老人和孩子的期待中，奋力向上，像雨后的春笋拔节般地往上长。我感到既羡慕又快乐。

（二）初步提出各科教学的实施要诀

在学校各年级语文教学运用情境教学取得成效的大环境下，情境教学按既定方案首先向相邻学科——思想品德课——延伸。

一天早晨，学校里一名老教师兴冲冲地对我说："李吉林啊，我今天上晨会课还用了情境教学呢！"我感到惊异的同时，又非常欣喜。这一信息增添了我将情境教学向其他学科拓展的信心。

我意识到长期以来，我们的思想品德课都是抽象的、概念的。教师习惯于把道德观念灌输给儿童，这样的道德教育必然是缺乏实效性的。在思想品德课中，儿童道德理念的建立、道德行为的形成，需要情感的参与。所以我想完全可以通过创设德育情境，把儿童带入其中。生动、感人的情境，必然会激发儿童的道德情感，而道德教育的内容则镶嵌在这多姿多彩的大背景中，儿童无所顾忌，毫无逆反地在其间活动。我又想，既然要激发道德情感，那就离不开儿童对形象的感受，于是我们根据教材的特点和教育的需要，优选手段，或图画再现，或音乐渲染，或角色表演，或多媒体视听，或生活展示，形象地再现教材内容所表现的情境、所讲述的故事和所阐述的道理，让儿童通过他们的感官与心灵去感受，去体验，去对话，去理解，充分感知思想品德教育的内容。在此情此境中，情与理交融在一起，道德教育产生了实效。

有一名教师在上"护盲小组"一课时，以盲人阿炳的《二泉映月》为背景，出示一幅色彩图，将护盲小组在闹市区主动热情地搀扶盲人上班的美好形象展现在学生面前。然后教师结合教材内容配上录音与幻灯，让学生具体了解护盲小组成立的经过和活动情况，想象他们风雨无阻地护送盲人的情景，并通过扮演角色体会把方便和温暖送给他人的美好，懂得同情和帮助有困难的人是社会的新风尚，是学生从小就应该有的一种品德。最后大家齐唱《爱的奉献》这首歌。美的教学手段创设了感人至深的情境，使学生受到强烈的感染。在不知不觉中生成的道德情感激励着学生去做。教师因势利导："那我们班上的盛玉萍小朋友双腿瘫痪了多难受呀！大家想想，当我们迈开双腿做什么的时候，她只能怎样？"这一触动了情感的问题，让学生想到了小玉萍上学、上课、游玩、放学回家，甚至上厕所时的不方便，他们不再对小玉萍的困难熟视无睹。学生内心蕴藏的道德良知被唤起，他们提出要成立"互爱小组"。说做就做，大家纷纷要求参加。小组成员每日接送小玉萍，风雨无阻；下课搀扶小玉萍上厕所或让她走出教室，分享小朋友游戏的快乐。这一送就是三年。学生三年如一日地接送，甚至在野外活动时，也推着小玉萍的车，让她一同投入大自然的怀抱，共享欢乐。

这一阶段的探索有两点必须明确：一是道德教育必须有情感伴随，二是道德教育要从儿童身边做起。远离儿童生活的道德教育只能是大而空的。道德情境教育使长期以来抽象的"说教式"的思想品德课变得活泼且有血有肉。

情境教学向思想品德课延伸实验的成功，推动了其他各科实验的开展。音、体、美等学科由于本身具有丰富的形象性，因此比较顺利地迈开了情境教育的第一步。

我非常珍惜教师们潜在的智慧，一扇门一把锁，我把情境教育的钥匙交给年轻人，让他们去打开各学科通往情境教育的大门。那把钥匙就是体现情境教育的"五要素"：诱发主动性，强化感受性，着眼创造性，渗透教育性，贯穿实践性——这是共性的。同时我又要求教师把握好开锁的要领，那就是"两个特点，一个目标"。两个特点就是"学科的特点＋

儿童的特点"，一个目标就是"儿童的发展"。

课堂教学是学校进行素质教育的主要阵地，情境教育则通过创设趣、美、智的教学情境，让儿童在教学过程中充分活动起来，在学习各种知识、培养学科能力的过程中，获得智慧、情感、意志等的全面发展。

语文：教师创设教材描写的特定情境，在形真、情切、意远、理蕴的情境中激发学生的情感，把情感活动与认知活动结合起来，使儿童通过自己的实践活动，从整体上理解和运用语言，并在这一过程中受到审美情趣、道德情感的陶冶。教师强化利用组成语文教学的要素之间的相互作用，使学生在课时不增加的前提下读得多，练得实，用得活。

数学：教师把数与形(即生活)结合起来，促使学生在掌握数的概念时能伴随形象，加强数字的操作能力，在特定的情境中认识掌握数的概念。在特定的情境中运用数学知识进行操作，引导学生把数学用于生活，提高数学的应用性、趣味性，并对教材内容进行调整、组合、增删。

思想品德：教师克服抽象、空洞的说教方式，优化德育情境，激发学生的道德情感，动之以情，晓之以理，并通过相关的社会实践活动，引导学生践行，把知、情、意、行统一起来。在低年级教学时，教师针对学龄初期学生认识能力的局限性，通过模拟社会生活的情境进行行为训练，使学生在训练中逐渐形成道德认知，培养道德情感。

科学常识：教师创设模拟情境，让学生扮演向往的有趣角色，进入探究创造的情境中，进行实际操作、演示，有效地进行早期理科教育的启蒙，培养学生的观察力与创造力以及对科学的兴趣，使学生热爱科学。

音乐：教师渲染歌曲描写情境，加深学生对歌曲蕴含情感的体验，充分利用音乐渗透思想教育、审美教育，让学生在听音乐、学唱歌曲中想象情境，培养乐感及对音乐的欣赏能力。学生通过扮演角色，表现歌曲，培养表演的能力，愉悦身心并爱上音乐，即在情境中理解、体验、欣赏、表现，并学习音乐基础知识，训练歌唱技巧。

美术：教师创设与绘画内容相关的情境，激发学生绘画的欲望与情趣，让学生在特定的情境中观察想象，愉快地进行绘画活动，并在其间训练绘画技巧。

体育：教师根据教学创设军训、运动会、动物园、游击战等特定情境，让学生扮演角色，使之不怕苦，不怕累，不怕脏，锤炼意志，发展技能技巧，增强体质，加强纪律性，培养集体主义精神。

历史、地理(社会)：教师可缩短时空距离，或再现当时当地情境，或模拟情境，或假想旅行，或扮演导游，或担任展览会讲解员，也可以进行表演、演讲或评论，从而给学生真切感，激发学生强烈的爱国主义情感。

走进各科教学的教室，我看到教师们都非常投入，把图画、音乐、表演这些创设情境的生动手段都利用起来了。目睹课堂上的全新景象，我深感情境教育的巨大作用，它让各科的课堂教学亮起来了，不仅生动形象，而且有情有趣。情境教育受到学生的普遍欢迎。当时我用三句话对音、体、美情境教育进行了概括：以"情"激"趣"，以"美"悦心，把想象与学科技巧的训练密切结合起来。在后来的学科情境教学中，教师更突出了"美"，让儿童感受音乐的美、体育的美、绘画的美。正像鲁迅先生所说的那样，音美以感耳，形美以感目，我们要进行审美教育，培养学生对艺术、对体育的热爱。艺术素养是一个人的素养的重要组成部分，因为它会影响人的情感与道德。

情境教育的实验与研究，为施展音、体、美学科教师的才情开辟了新的天地。他们一个个变得更加能干，更加智慧，也更加多情。他们都在情境教育的实验中，不断塑造自我，发展自我。在多少次研究课的设计讨论中，大家畅所欲言；在一次又一次的教案修改中，他们都有勇气否定原来的设计；在课堂上他们的微笑、他们的目光、他们的语言、他们的仪态、他们与儿童的亲密无间，都会让你意识到，儿童在成长，青年教师也在发展。我置身于这样的情境中，觉得自己也仿佛平添了生命的活力，变得年轻了许多。这是天时、地利、人和的另一种感受。我觉得我在学生和教师群体中成长。啊！校园是肥沃的土壤，自己是小树，小树就能长大；自己是种花的人，就能看到花儿盛开。教育科研的园地是一个催人向上、促人进取的多彩世界。

现在看来，20多年前制订的这样一份方案，从内容上来看还是具有一定前瞻性的，所以方案具有可行性。方案制订的出发点是一切为了儿童的发展。

情境教育是一个逐渐探索、逐步发展的过程，认识是随之加深，甚至是循环往复的。我记得语文情境教学在低年级探索的起步阶段取得显著效果之后，便有人说情境教学只适合在低年级运用。我听在耳里，记在心上，我没有简单地进行否定或肯定。当我的学生从低年级升到中高年级时，我想，情境教学究竟适合不适合在中高年级运用呢？我应该通过分析，用事实来说话。

在那个阶段，我联想到保加利亚心理学家洛扎诺夫的"超级教学法"。这种方法的训练对象是成人，主要通过让成人来扮演角色，利用暗示和无意识心理的作用，使成人"稚化"，进而处于一种忘我的境界。这种方法产生了惊人的教学效果。我想，就连成人都需要通过"稚化"进行暗示，非常积极、忘我地投入学习过程，进行高效率的学习，更何况我们的小学生呢？我还想到，中高年级的语文和低年级的语文一样，也是充满了形象的，也是有情有景的，而且，无论低年级的小孩子，还是中高年级的大孩子，借助形象是他们认识世界的共同特点。既然如此，情境的创设应该同样适合中高年级。当然，孩子到了中高年级，随着生活经验和表象的积累，对于一些浅表的东西很容易领会，就不需要教师再将其镶嵌在情境中了，只需教师稍做指点即可。所以，当时我就意识到，中高年级情境的创设应该更加简约、典型，更加富有内涵，不过，仍然不排斥图画、音乐和角色扮演。教师需要增加语言的描绘和创设问题情境，注重利用儿童的经验和丰富的表象积累，通过启迪使他们产生联想，让他们把记忆中的表象呈现为视像，进行思考和表述。最后的教学效果证明，情境教学不仅适用于小学低年级，而且适用于小学高年级，当然也有中学和大学的教师说情境教学也可以在中学，甚至大学运用。对此，我不敢妄自判断，因为我不了解中学生、大学生的特点，不了解中学和大学教育的实际。

后来，情境教学走出语文教学，逐步向思想品德及音、体、美等学科拓展。我们也是这样摸索着、思考着、尝试着，在实践中发现问题，在实践中解决问题。

（三）坚持六年之久， 攻下最难攻的堡垒——数学

在试图将情境教学向数学学科拓展的时候，我发现，数学就像一座难攻的堡垒，让我感到非常棘手。数学与有着丰富形象、蕴含着丰富情感的语文相比，显得抽象多了。那么多的概念和符号，对小学生来讲，似乎难以理解。

数学需不需要情境？如何在数学教学中创设情境？数学情境教学和语文情境教学有什么相同之处，又有什么不同？……一个个难题的呈现，预示着数学情境教学必定需要较长时间的摸索。

在这里，我想讲一讲攻克数学这座堡垒的真实故事。

学校里年轻的数学教师蕴藏着极大的改革热情和智慧，他们被语文情境教学的魅力所吸引，并羡慕我在语文学科带的徒弟，因而也希望我能收他们做徒弟。他们又热忱地表示："李老师，你就不肯收我们数学老师做徒弟？"我说："我不懂数学，怎能'好为人师'呢！数学的研究全靠你们啦！"听了这句话，周伟老师失望而又恳切地说："李老师，你以后千万不要说你不懂数学！"虽然只是简短的一句话，却让我觉出了它的分量，我从中感受到数学教师在数学学科搞情境教育对我寄予的希望，他说我懂数学还是不懂数学，对他们探索的信心有着直接影响，我怎能说不懂呢！我连忙改口说："没事，不懂我就向你们学，学了就能懂。"他们听了都高兴地笑起来。我这个数学门外汉就这样被这群可爱的年轻人的热情和诚意感动了，开始了对数学情境教育的探索和思考。虽然对于该怎样进行数学情境教育，我一时半会儿心里还没数，但是我相信它总是会成功的。我有了信心，大家也就有了信心。

数学教师们行动起来了，他们首先把语文情境教学的那些方法、手段，搬到了数学教学中。一天，他们喊我去听三年级的《认识长方形和正方形》一课。看得出来，授课教师很费了一番脑筋，他用图画创设了一个"小兔盖房子"的情境。黑板上的挂图上有一座正方形的房子，砌房子的砖块是长方形的，窗户是正方形的，屋顶的烟囱也是长方形的，小兔的

房子是由长方形和正方形构成的。很显然，这名教师是试图让学生在童话的情境中认识长方形和正方形。

我一边看着，一边想着，我非常客观地认为，小兔盖房子虽然有很多有趣的故事情节，但是长方形、正方形都在小兔的房子上，感知目标就不那么鲜明。对于正方形和长方形的差异学生也一下难以辨明，于是我觉得这种方法不是很恰切。如果仅仅是把语文情境教学中那些创设情境的手段照搬过来，未必能很好地体现数学学科的特点。一方面，我从保护教师积极性的角度，表扬了教师们的大胆尝试和创新；另一方面，我又十分警惕，千万不能因为害怕情境教学不能在数学中得到拓展而牵强附会。科学的东西还是要实事求是的，生搬硬套不是好办法。这次尝试让我领悟到，情境教育要在其他学科拓展，就一定要遵循这门学科自身的规律，而不能削足适履。那么数学学科自身有怎样的规律呢？

我思考着：语文源于生活，数学不也是源于生活吗？因为生活或生产的需要，所以产生了数学。但是我早已发现，现实的数学是远离学生生活的，抽象而难以理解，而且也过于烦琐，许多的数学术语，把原来不复杂的小学数学搞复杂了。学生觉得数学难而无趣，也是很自然的事。因此我认为，数学的情境教育应该从摒弃它的弊端着手，即怎么让数学走进儿童的生活，让儿童亲近数学。这么一想，我的思路开阔了许多。

四年级的顾文彬老师是一个聪明又机灵的小伙子，很易于接受新事物。不久，他准备执教"长方体表面积的计算"一课。过去教授长方体的表面积计算时，教师一般首先出示一个标准的长方体模型，让学生认识长方体的棱、面，再揭示出长方体表面积的计算公式。教材上也就仅仅有一个长方体的图形，教学内容显得单调、枯燥，与学生的生活似乎毫不相干。学生按部就班地从图形到公式一步一步地学，没有探究，没有兴趣。该怎么把课备出新意，让学生乐于学习，乐于探究呢？正在这时，学校刚好举行"爱书周"活动，各班都要做图书箱，建立图书角。那天，我经过总务处，无意间看到一只只新的图书箱。我心一动，一下子就想到了"长方体表面积的计算"，兴奋极了：长方体不就在孩子身边吗？

我马上找到小顾老师，把他领来看图书箱，小顾毕竟是聪明人，一看就明白了，兴奋地说："好，有办法了!"随即，他又找了图书馆的老师，向他了解全校一共要多少图书箱。紧接着，我就和数学教师开始备课。我们从学生的生活出发，创设了在"爱书周"里做图书箱的情境。上课了，图书箱展现在学生们眼前，顾老师让学生扮演总务处主任的角色，让他们计算给学校 36 个班配备图书箱要多少三角板。学生被带到一个和他们自己生活相通的情境中来学习，认识长方体的表面积，而且自己霎时变成了总务处主任，成了学校当家人，真是新奇有趣。因为生活的需要，他们去研究身边的数学问题，"总务处主任"们用尺子亲自测量一个图书箱长多少，宽多少，高多少，数据有了，再计算图书箱的表面积是多少，制作一个需要多少三角板，学校那么多班级，又需要多少。在直接源于生活的情境中，学生很快就弄明白了长方体的表面积计算公式，又巧妙地将这些知识运用到生活中去。这节课上得很成功，学生始终兴趣盎然。

这一节课的成功使我感悟到，数学其实就在学生的身边，就在我们的生活中。有了这个发现后，我便很自然地找到了数学学科创设情境的途径，那就是把生活带进数学的课堂。这个发现让我这个数学外行备感鼓舞，我觉得自己的认识就在这探索的过程中一点点地形成，并提高起来，我对数学的感受也一点点地敏锐了起来。

从这一新思路出发，我们又研究了很多课。在"爱国月"里，数学教师结合主题性大单元教育活动上了五年级的"多位数的读法"一课。百万、千万、亿这样的多位数，对于学生来说是挺遥远的。他们并没有这样的概念，所以读起来不容易，写起来也易错，而且单纯学数字是挺乏味的。我想，数字只有被根植到社会生活中去，才是有意义的、有价值的。当时国庆来临，我就想，报纸上关于我国近五年来经济发展情况的报道很多，粮食、钢铁、煤炭、汽车、电等产量分别是多少，又分别增长了多少，很多数据都是多位数。我就和数学教师商量，让学生课前去收集相关数据，让他们比较具体地了解伟大祖国经济不断发展的喜人形势。其实这也是一种社会调查，一种活生生的思想教育，让数学和祖国的经济发展结合起来。上课了，学生将收集的数据在小组里交流，然后汇集起来，创设了一个"祖国经济大发展展览会"的情境。要办展览会就要根据数据制作图表，教师由此引导学生去写多位数，而且要求准确、清楚。于是学生们兴致勃勃地在下面练着，认真地写着一个个多位数。有的学生画表格，有的学生写数字，"展览会"筹备好了，学生也在不知不觉间学会了多位数的写法。"展览会"要开幕了，就得有讲解员，学生们纷纷举手，要求担当讲解员。担当讲解员要求声音响亮，口齿清楚，报告数字必须准确无误。就在这角色扮演中，学生领悟到读多位数的要领——眼快、口快，并主动积极地练习报告多位数的本领。在听读的同时，学生也为祖国经济发展的惊人速度而欢欣鼓舞。这样教师就将数学学习与儿童的生活和社会的发展联系了起来，既让儿童懂得了祖国这5年来的辉煌成就，又让儿童掌握了多位数的写法和读法，并把所学的知识及时地应用于实际生活中。

此后，教师们都领悟到数学就在情境中的道理。学校的数学课变得生动而有趣了。学习统计时，教师让学生结合班级开展的读好书活动，统计同学们读各类书的数字，然后做成图表进行展示；学习百分数、分数，以至比例时，教师让学生在班级、在学校、在社会就某一个项目收集数字，去编题计算，感悟数学在生活中的广泛运用；学习元、角、分时，教师让学生当营业员和顾客，理解人民币的进制、兑换；学习重量"吨"时，教师让学生当饲养员，给牲口过秤。教授"百分数的应用题——利息"一课时，教师设计了"为储户当参谋"的游戏，设立"储户咨询站"。有的学生当"储户"，有的学生当"参谋"，有的学生当"储户咨询站站长"，相互间展开角色的对话：有储户与参谋的对话，也有站长与储户的对话。积极的思维活动在游戏中快乐地进行着，生活中的数学在课堂上得以生动展现。这些模拟的生活情境有效地培养了学生的数学应用能力，极大地丰富了数学教育，使儿童对数学的兴趣油然而生。数学在情境中产生，教师要引导学生到情境中去运用。现在看来，这已是现代数学教学的必由路径。这一阶段的收获不小，经过六年之久的探索，我终于提出了情境数学的三个主张。

第一，数学来源于生活，教师要引导学生在生活中发现数学，把数学与生活结合起来，在真实的或模拟的生活情境中学习数学、运用数学。

面对情境教育在数学学科的进展，我又想，数学的重要特质就是思维的体操。数学的学习就是不断地引领儿童去思考、去探究。我们创设的情境，应具有鲜明的探究特点，有利于儿童思维的发展。但是探究并不意味着抽象，并非仅仅是逻辑。儿童学数学，应该伴随着生动的形象去探究，也就是在情境中探究，在情境中生趣，这样儿童的探究就有了乐趣，儿童也易于在探究中产生顿悟。因此，实验班的数学教师努力把抽象的"公式""定律"化为具体可感的形象或生动的形式，把数学知识镶嵌在情境中。

陈建林是一名年轻的数学教师，有着较深厚的数学功底，教六年级数学。为了使学生把体积的知识综合运用到实际生活中，他和学校数学教研组的教师们共同研究创设了一系列学生感到亲切有趣的情境，并引导学生在情境中运用计算不规则体积的知识。我也参加了他们的研究。一上课，陈老师很有兴致地对学生们说："同学们，华罗庚爷爷是我国著名的数学家。今天，陈老师准备成立一个'小小华罗庚研究小组'，你们谁愿意参加?"话音刚落，全班学生哗地举起小手，要求参加研究组。陈老师热情地说："看来我们得成立一个'小小华罗庚研究大组'了，大家都来参加，非常好。今天我们的研究内容是综合运用所学过的有关体积方面的知识，去解决实际问题。"

陈老师通过让学生参加"小小华罗庚研究小组"，来提升他们的学习兴趣，并明确地提出了这堂课的学习要求。接着陈老师把学生带到模拟的"金属制品车间"——工人叔叔正在制造铜锁——随即拿起一把铜锁，创设一个探究的情境："工人叔叔所用的材料是一块棱长为9厘米的正方体铜块，用这样大小的铜块能加工成多少把这样的铜锁呢?"铜锁的体积是不规则的，有锁身，有锁柄，有锁孔，那怎么算呢? 陈老师鼓励学生大胆猜想。在学生感到困惑时，陈老师用一个故事把学生的思维引向深处。他说："两千多年前的古希腊，有一位伟大的数学家，他的名字叫阿基米德，他也曾遇到了你们今天遇到的问题。"学生一听顿觉新奇。陈老师接着说："国王要阿基米德判断皇冠是不是真黄金，他为此困惑了好几天，最后的结果怎样呢？让我们来听听阿基米德当年的情况。"陈老师播放了一段录音："阿基米德在跨进放满了水的浴缸时，发现许多水从浴缸里溢了出来。看着溢出来的水，阿基米德恍然大悟，他立刻跳出浴缸，披上衣服冲出门去。"

学生听了兴奋不已。陈老师问道："阿基米德看到浴缸里溢出来的水，受到了启发，找到了测皇冠体积的方法，你有没有从中受到什么启发？"他鼓励学生动手试一试："现在请你们这些'小华罗庚'组成实验小组，利用桌上的实验器材，根据自己的设想，大胆地去做一做，看哪一组的方法跟阿基米德的方法是相同的。"学生一听自己的方法竟有可能与伟大的数学家阿基米德的方法相同，高兴地简直要跳起来。那铜块究竟能生产多少把锁，学生运用与阿基米德相同的方法终于算出来了！真是"情能激智"呀！

接着陈老师把学生带到模拟的"玻璃制品车间"，问道："怎样注明这种玻璃瓶能装多少毫升的药液？"

学生便操作开了，这样试，那样试，在探究中最后终于明白了，应将药瓶里的水倒入量筒。陈老师当即进行表扬："你们的方法真好！据说爱迪生当时也曾经向他的助手提出了类似的问题，最后还是爱迪生把方法告诉了助手，就像你们刚才那样，他往玻璃瓶中倒满水，然后把玻璃瓶中的水倒入量筒中，一下子测出了水的体积，那就是玻璃瓶的容积。"

陈老师以学生崇敬的数学家为榜样，再把学生带入模拟的探究情境中，让他们感受科学家神奇的数学智慧和人格之美，陶冶学生的情操，开发学生的潜能。

我们创设的情境具有鲜明的探究特点，让学生不仅在情境中感受数学，理解运算的规则，而且在一种非常愉悦的心理状态下探究数学，积极思考，培养了对数学的兴趣。事实已表明，数学情境课程给儿童带来了无限的生机和乐趣。

第二，通过创设探究情境，让学生在快乐的情绪下，借助形象进行抽象思维，把形象思维与抽象思维结合起来，启迪数学智慧，这体现了数学是思维的体操的学科特点。

陈建林等教师的课启发了我，使我感到数学和其他学科一样，也是人类文明的重要组成部分，蕴含着丰富的美感。英国哲学家罗素就说过，数学是一种"冷峻的美"。这使我意识到小学数学里应该体现数学的审美性和文化性，引导学生在学习数学的过程中，获得数学的审美感受和文化熏陶。数学的审美性、文化性是一个新的课题，而数学情境课程的特点更易于进行这方面的探索，于是我们的情境课程研究又上升到这样一个新的层面上去。我们不仅要对学生进行认知的教育，还要渗透审美的、文化的、情感的、道德的熏陶，这样才能促进学生的全面发展。

在教授"平行四边形面积的计算"一课时，传统的教法是教师先复习长方形面积的计算公式，然后出示平行四边形，通过演示告诉学生平行四边形的计算公式是什么，然后进行练习。这便是最常见的离开了生活、纯认知的教学。

执教的关勇老师是一名很富幽默感的教师，所以思维方式也常常与众不同。我们在集体备课研究时，他的幽默常常生发出一种特别轻松的气氛。在那样的情境中，大家可以"出格地想"。他在备课时说："人类研究长方形面积的计算公式用了一万年之久，而后研究平行四边形面积只用了五六十年。"我一听，觉得这是非同一般的资料，连忙问："这数据确凿吗？"关勇老师笑着十分肯定地说："这是我从书上看到的。"这个资料的提供让我从数学史想到数学文化，人类对数学的研究是代代传承的，后者是在前者的基础上发展起来的。因此，我认为让学生从数学的文化感受数学的美，是可以寻找到途径的。我谈了自己的设想，得到数学教师们的认可，心里特别高兴。

抓住数学文化的"脉"，重演再现发现公式的情境，让学生自己去发现公式，可以说这是多少年来我在困惑中思考数学情境教育的一个朦胧而又梦寐以求的境界。今天，我豁然开朗，内心似乎涌起一种发现了什么似的兴奋。关勇老师集中大家的智慧，加上自己的钻研，上了很出色的一课。

上课一开始，关勇老师启发引导学生："人类研究长方形面积的计算公式经历了一万年，而后来研究平行四边形面积的计算公式却仅用了五六十年。显然，人类是从长方形面积的公式中得到了很好的启示。"简单的几句话，道出了人类对这两个几何面积计算公式的探索历程，包含着逻辑之美、创造之美。接着关勇老师让学生扮演角色："现在就请你们做古代小小数学家。"他随即出示一幅简笔画，上面画着一间小屋，小屋前有一块平行四边形的地。关勇老师指着图说："一位老爷爷的屋前有一块平行四边形的地，老爷爷很想知道这块地究竟有多大，问了很多人都不会算，你们这些小小数学家有办法计算出它的面积吗？"于是，这些"小小数学家"拿着长方形、平行四边形的图形，摆弄着，切割着，拼接着，在古典民乐的典雅的音韵中，他们专心思考，小声议论，大胆猜想。不一会儿，有人举手了，又过了一会儿，更多的人举手了，他们争相发表各自的观点："我是将平行四边形从中间切割的，一拼就是长方形了。""我们可以运用长方形计算公式来计算平行四边形。""这是不是也叫'长×宽'呢？"学生边说边演示，边提出问题，教室里沸腾了。"公式"不再是由教师告知的，而是学生通过扮演向往的角色，在探究中自己发现的，这样他们运用起来就会备感亲切而印象深刻。对人类文明史进程的初步体验，把数学知识、数学文化和探究精神在情境中融为一体。这样对人类研究、探索平行四边形公式的情境的再现，可以使学生体验人类文明发展进程中的生动的一幕，并充分显现出教学内容的美感。数学教师从体现美的角度设计思考，可以使数学教学更具人文性，更加丰富多彩。

第三，教师将生活展现、实物演示和艺术手段结合起来，重演再现人类发明数学公式的情境，体现数学的文化性和审美性，从而实现数学教育中数学知识的获取，数学技艺的掌握与数学文化、数学美感的熏陶三重功能，丰富学生的精神世界。

情境数学将"数"与"形"，"数"与"生活"结合起来，让儿童在身边发现数学，使原来颇为遥远的，令人敬而远之以至畏惧的数学变得亲近，变得可以理解，由此激发学生对数学的热爱。

情境教育向数学拓展的时候，数学学科的教师们在课堂上创设相关情境，使学生不仅在情境中感受数学，获得理解运算的规则，而且在一种非常愉悦的状态下学习数学，促进积极思维的发展，增强对数学的兴趣。在数学教学里，情境创设给数学教学带来了无限的生机和乐趣。情境数学的研究也使教师们获得了显著的发展，他们在全省数学比赛中连续 10 年获得冠军。

（四）揭示情境教育基本原理， 从心理倾向的不同角度激发学生的学习主动性

在基本模式构建后的 6 年光景里，我一直思量着情境教育的基本原理究竟是什么，这是对自我的挑战。事实上，我作为实际教育工作者，不可能在情境教育生成前，就将基本原理先前一步建构。如果一切都在已知的领域，课题研究也就失去了意义，也就无创新可言。我只能从实际出发，一切真知来自实践，这是千真万确的。我仍然是以中国式的感悟思维，从感性到理性，去反思，去"悟"。首先在实践中，我追求的境界是，在教育教学活动中，学生可以摆脱纯理性教育，在情感的驱动和召唤下，在不知不觉中，在无意识心理的导引下积极参与，以至沉浸其中而忘我。儿童在其间所处的地位，在我的思想里十分明确：儿童是主体，是主角，教师、教学手段、教学形式、教学方法都是为主体服务的，都是为了促进主体的发展。这一切都在优化的情境中发生、互动，进而得到整合，形成合力。我为儿童进行的这些构想，对儿童的这些希求，连同相关的措施、策略在漫长的时间里，都浸润到具体的教育教学活动中。于是当我回顾、感悟这一过程时，便从真实的场景、事件中，从儿童的情感世界和状态中，发现了基本原理的雏形，其关键词也日益显现，以至清晰，蕴含其中，支撑其间。于是我一步步去揣摩，去做取舍，从现象中提取精华，终于经历了从感性到理性的飞跃。

儿童情境学习的关键是驱动儿童主动投入学习活动，只有主动学习才能获得主动发展。构建情境教育的基本原理，必须要有科学的依据。为了激发儿童学习的主动性，我借鉴的情绪心理学、洛扎诺夫的暗示心理学论述、心理场理论，以及我自己从教学实践研究中发现的"角色转换原理"，都是从儿童心理倾向的不同角度，让儿童主动投入学习活动。这些理论促使教师更好地引导儿童学习体现主动性的科学原理。

概括情境教育基本原理的过程，让我深感情境教育所做的一切都是

为了儿童的发展，所以其基本原理的揭示也表里如一地显现出一切从儿童出发、一切为了儿童的理念。

1. 暗示倾向原理：情境暗示对儿童心理及行为产生的影响

优化情境，就是针对儿童的特点，运用图画、音乐、表演等直观艺术形式，或运用现实生活中的典型场景，直接诉诸儿童的感官。这些处于边缘的形象、色彩、音响、节奏、语言等信息、符号，由于暗示的作用都可以被直接吸收。儿童可以对通过视觉、听觉获得的全部信息做出反应，而这些信息在情境中又是有机地相互联系着的，从而构成一个协同动作的整体，并作用于儿童的感官。因此，儿童进入这样的情境中时，很快激起强烈的情感，形成无意识的心理倾向，情不自禁地投入教育教学活动，并表露出内心的愉悦感，从而迅速地对学习焦点的变化做出反应。情境教育的形真、情切、意远、理寓其中的特点，无不显示了情境教育中的特定环境对儿童的心理倾向发生的作用。按照洛扎诺夫的理论，"凡是对于心理的影响都是通过暗示实现的"，而每个儿童身上天然存在着接受暗示的能力。这种主客观的一致性表明，情境教育的暗示倾向原理，促使儿童的主动学习走向必然，在教育、教学活动中具有有效性和普遍性。

2. 情感驱动原理：儿童在情感的驱动下主动积极地投入认知活动

儿童在对客观情境获得具体的感受时，会表现出一种积极的态度，并在持续的关注激起相应的情感。情感会产生一种驱动力，使儿童积极主动地投入学习活动，并把情感不由自主地移入教学或教育情境中的相关对象上。随着情境的延续强化，情感逐步加深。长此以往，情感会渗透到儿童内心世界的各个方面，形成相对稳定的情感态度和价值取向，并最终融入儿童的个性之中。

这种人为优化的情境既丰富又充满美感，贴近儿童生活，因此处于人生早期和感知最灵敏时期的儿童便不假思索地接受了。这种情感活动与认知活动相结合的过程，在优化的情境中是普遍发生的，而且在不同学科、不同年级延续、反复、发展，对儿童的心灵产生潜移默化的作用。儿童的审美情感、道德情感和理智情感，受到了很好的陶冶。"情感驱动"为第一原理。

3. 角色转换原理：让儿童由"被动角色"转变为"主动角色"

根据教学的需要，让儿童扮演角色是儿童喜闻乐见的创设情境的有效途径之一。

角色扮演，使教材中的抽象的、符号化了的内容变得真实、形象。角色转换使儿童在角色意识的驱动下，充分地投入，全面地活动起来。与此同时，角色扮演渲染了整个学习情境，不仅是扮演者，全体学生都在不知不觉中进入了角色，真切地经历了角色的心理活动过程。儿童的身心很自然地移入所扮演的角色中，仿佛成了那个角色。情境教育运用角色转换原理，让儿童更深切地体验角色的语言、行为，并进行模拟操作，从而提高了儿童的实践能力。这种"有我之境"可产生一种巨大的、无形的导引效应。教育、教学活动随着角色扮演活动进入沸腾状态，促使儿童从习惯上等待"受教"的角色，转变为积极参与的"主动学习"的角色。

4. 心理场整合原理：儿童心理需求满足，产生向着目标前进的"内驱力"

人为优化的教育情境不再是一个自然状态下的学习环境，而是富有教育内涵，富有美感而又充满智慧和儿童情趣的生活空间。这种人为优化的情境，其力度，其真切感和美感，都足以影响儿童的内心世界。这种心理需求得到满足而形成的愉悦感，让活动其中的儿童顺势产生向着教育教学目标推进的正诱发"力"。儿童的学习主动性得到充分调动，潜在智慧的发展也获得了最佳的场合。儿童顿悟加速产生，其认知结构和心理结构不断得以丰富，教育的理想境界日渐得以实现。

在四项基本原理中，"暗示倾向""角色转换"和"心理场整合"都是与情感的生成、激起互为联系、互为作用的，"情感驱动"在情境教育基本原理中起着支撑作用。

四、为使更多儿童获益，构建情境课程

情境课程的构建源于 20 世纪 70 年代末。面对单一呆板的课程现实，我心里总是琢磨着怎样让课堂丰富、生动起来，怎样顺乎儿童的天性，满足他们的学习需求，让他们健康快乐地成长。鲜明的目标驱使我开始了情境课程的开发。事实上随着情境教学、情境教育实验的不断推进，课程改革也因为儿童发展的需要而一直进行着，情境课程的诸领域也在逐渐形成中。

一是野外情境课程的萌生：走出封闭课堂，让儿童的学习与生活相通。

当时封闭的灌输式课堂与儿童理想中的学习王国相距甚远，于是我毅然带领儿童走出封闭的课堂，走向大自然，走进社会生活，精心从客观外物中优选场景，让儿童的学习与生活相通。

野外广阔的空间以及不胜枚举的美景呼唤着儿童投入大自然的怀抱。他们沉浸其中，每每乐而忘归，流连忘返。万物生长的田野是儿童学习的生动课堂，野外教育对于儿童的成长是有益而有效的。由此我发现了儿童学习的巨大智库和天赐的、永不枯竭的源泉。我深感大自然是本不能随意掩卷的天书。在实验班的整个小学阶段，我满腔热情地、有序地进行着野外活动。野外教育被排进课程表，成为备受儿童欢迎的新课程。这使我认识到，针对教育现实中的弊端，满足儿童的需求，促进儿童快乐、高效地学习和全面地发展，是课程改革的宏伟目标。

野外教育课程的开发，成功地将课堂学习和大自然链接，将符号学习与生活结合，激发儿童对大自然的热爱之情和对生命的珍爱之情，引发儿童对环境的关注，促使儿童在实践中运用知识。其意义在于：为儿童的认知活动、语言活动、思维活动、情感活动及意志的培养，提供了取之不尽、用之不竭的资源，为学校综合实践活动和研究性学习搭建了更为广阔的平台。

野外情境课程的开发，让儿童从野外真实的情境中获得了丰富的习作源泉，让我在改革初期便收获了情境作文教学的喜人成果。因此，我进而改革阅读教学，通过创设情境，激发儿童的热情，让情感一直伴随着儿童的认知活动，这极大地提高了儿童学习的主动性，丰富了抽象的文字符号。鲜活的野外观察为儿童积累了生动鲜活的表象，成为儿童思维活动、想象活动的素材，从而开发了儿童的潜在智慧，培养了儿童的学习力。第一轮儿童母语情境学习喜获成功。起步阶段中的体悟以及初步揭示的儿童课堂学习的规律，为此后核心领域的课程改革打下重要的基础。

二是幼小衔接过渡课程顺其自然地生成：迈出小学阶段儿童快乐学习的第一步。

第一轮五年的探索与研究喜获硕果。到第二轮实验时，我们又迎来一批一年级新生。为了让他们学得快乐、学得高效，我提前到幼儿园兼课，由此方知幼儿园与小学之间是一个"陡坡"。儿童在幼儿园每天只有半小时的室内课，而在小学几乎上、下午都在教室里学习各门功课，如此大的落差使学龄初期的儿童难以适应新的学习环境。现实告诉我，幼小衔接过渡课程是必不可少的课程。于是，我便顺势开设幼小衔接过渡性情境课程，提出"室内短课与室外观察相结合的原则"，减小坡度，精心设计，使学习内容、学习形式既接近幼儿园，又高于幼儿园的教学要求。过渡性情境课程使学生们很快适应了小学阶段的生活。儿童对新的学习环境、学习生活，从适应到喜爱又到身心愉悦，从而为整个小学阶段的学习，做了心理上和行为习惯上的准备，迈出了小学阶段快乐学习的第一步。

三是从优化结构到主题性大单元综合课程的诞生：满足儿童的多元发展需求。

我意识到，多少年来传统的母语教学一直强调识字是阅读的基础，阅读是习作的基础，于是形成了"汉语拼音—识字—阅读—习作"这样单一的教学模式。它的重大缺陷是忽略了语文教学各要素之间的相互联系，相互作用，从而使整个启蒙教育都是单调的、枯燥的，导致小学母语教学的低效。

我受查有梁先生的"系统论"的影响，认识到"结构决定效率"，这促使我在第二轮实验中进行内容结构的优化，科学地提高教学效率。我充分利用母语教学要素之间的相互作用，提出"识字、阅读、作文"三线同时起步的方略，形成多向结构、循环往复、螺旋式上升的序列。结构由单一到多向，激发和满足了儿童强烈的求知欲，极大地丰富了启蒙教育阶段儿童的学习生活，使儿童学习母语的速度明显提高。

在中高年级，我则根据语文教材内容将"工具"与"人文"、"读"与"写"、"训练语言"与"发展思维"、"课内"与"课外"结合起来进行"四结合主题性大单元教育"。我聚焦主题，把单元中相似或相近的内容进行归类，以相互联系的理念集中训练，这体现了大语文教育的观点，拓展了语文教育的空间，丰富了语文教学的内容，从而更好地帮助儿童触类旁通，使之较快地掌握规律，从中获益。结构的优化，丰富了课程内容，提高了教学效率。在采纳第一轮实验的成功经验的基础上，我让艺术走进课堂，使课堂美起来，这样母语情境教学从内容上到形式上都决定了儿童情境课程改革的成功。

在情境课程从局部到整体的构建中我进一步意识到，课程逐步走向综合是方向。那么，儿童情境学习又如何设置综合情境课程呢？我通过回顾成功的语文教学的"四结合主题性大单元教学"，进一步打开自己的思路。综合课程的"雏形"既然已经诞生，我就进一步由此拓展开去，设计新课程的方略，并顺应国际国内课程发展的趋势，提出了促进各科相连的"主题性大单元综合课程"。由此情境课程翻开新的一页：以德育为主导，语文学习为龙头，各科融通，课内外结合，以鲜明的主题，横向沟通各个学科，纵向贯穿于全学期的阶段教育，在同一主题下相互补充，相互促进。教育内容作为整体作用于儿童的感知与心灵，为课程逐步走向综合以及道德教育在各科的全面渗透，寻找到一个突破口（见图 12）。

四是核心领域学科情境课程显示新的生命力：学科课程与儿童活动

图 12　和时光老人赛跑

相结合。

在学校，课程改革的核心领域无疑是各个学科的教学。课程目标总是要通过各科教学的具体化加以落实。为加速学科情境课程的开发，我反思多年来各学科课堂情境教学的成功经验，提出了"把学科课程与儿童活动结合起来"的思路。学科情境课程从儿童学习出发，把儿童带入优化的情境中，使儿童在暗示、移情、角色、心理场"力"的作用下，伴随着情感主动地投入教育、教学过程，主动地活动起来，进行感知的活动，语言的活动，思维的活动，触摸、模仿、操作等身体的活动。大教育家夸美纽斯的"泛智主义课程论"就强调要使活动的训练与认识活动结合起来，在认识事物的时候进行实践活动。杜威的活动课程论更突出了活动在儿童获取经验中的重要地位。在优化的学科情境中，儿童是作为完全的人，作为学习的主体活动着的。教师以活动推进教学过程，突出在应用中学习知识、主动建构知识的重要性，让儿童成为真正的学习的主人。客观环境与主体活动的充分融合，使儿童全身心地投入学习活动，感受、理解、应用情境中的学习内容。情境教学在不同学科、不同年级不断延续，如此反复、深化，使儿童的审美情感、道德情感及理智情感随之受到了很好的陶冶。

历经 18 年的实践、探究与全面梳理，在 1996 年全国的情境教育学术研讨会上，我揭示了已成体系的"情境课程"的四大领域，按"儿童—知识—社会"三个维度，遵照国家课程改革着力综合与实践、沟通书本与生活世界、理论与实践应用相结合的崭新的课程理念和态势，逐步构建了情境课程的框架。

（一）把握"儿童—知识—社会"情境课程设计的三个维度

"儿童—知识—社会"这三个维度既是相互独立，又是相互关联的，它们都有机地统一在情境中。依据马克思关于人的活动与环境相一致的原理，"环境的改变和人的活动相一致"，是人全面发展的基础。"情境课程"之"情境"实质上是人为优化的情境，是"有情之境"，是促使儿童能动地活动于其中的环境，是一个有情有趣的网络式的师生互动的广阔空间。它将教育、教学内容镶嵌在一个多姿多彩的大背景中，为儿童的发展提供优质的生活世界。

1. 儿童

传统课程开发的焦点往往是教师、社会以及学科需要儿童所掌握的那部分知识。在传统的理念中，儿童是幼稚的，是无知的，是等待接纳知识的，因此必然成了教师灌输的被动对象。这种指导思想下构建起的课程疏远了儿童，排斥了儿童，甚至扼杀了儿童的求知欲。求知欲是引导儿童去学习，去发展的最可贵的原动力。但是，相当多的成人对此几乎是视而不见或不屑一顾的。儿童这些潜在的美好的天性、潜能，被极大地忽略了。在情境课程中，儿童是至高无上的，是真正的学习的主体，而学习正是由认知的主体积极建构的，离开了主体的建构活动，就不可能有知识的习得。"一切为了儿童的发展"，是情境课程的出发点和归宿。因此，我们需要重新研究我们教育的对象——儿童，来探寻隐藏在他们身上的秘密。

我把儿童的天性归纳起来，那就是儿童爱美，儿童爱活动，儿童潜藏着智慧。那么我们怎样根据儿童的这三大特点，对其进行教育呢？最根本的一条就是要明确我们的最终目的，即使全体儿童获得全面的、充分的发展。因此，情境课程不仅要充分利用他们各自的经验和内心世界中种种促进他们成长的可贵的自然资源，还要通过新旧经验的互动建构，不断叠加、重组、融合、发展。这不仅是社会对他们的期待，而且是儿童本身企盼已久的愿景。

儿童的这种天性，在不同的课程作用的影响下，可能是千差万别的，有的很外露，有的则内隐。儿童的潜能具有极大的不确定性，有可能得到充分开发，也有可能被压抑。儿童的发展是在一定的情境中发生的，情境成为学生构建知识不可缺少的资源和运用经验、运用知识不可替代的现实场景。儿童正是在这种情境中去洞察、去感悟、去体验的，也就是说儿童潜能的发挥是要通过他们自身在与社会、与文化相互作用的情境中来实现的。情境课程则是通过情境的优化，激发他们的情感，让他们主动学习，主动发展。在儿童活动期间我们会看到，儿童作为一个自由的生命体，在特定的情境中，和小伙伴之间，和教师之间产生思维碰撞与情感交融。在那个奔放的情境中，儿童迸发出智慧的火花，这有时竟是教师意想不到的。儿童的潜能被激活后，他们的潜在禀赋、自我意识、自主品质、自由人格也会得以展现和提升。情境课程就是真正地走进儿童世界的课程。

作为一名一线教师，我和我的同行——我的伙伴，经历过很多次这样的情境，我们常常为儿童的智慧所折服！在备课的时候，我常常提醒教师和我自己要放开些，要相信儿童，儿童是学习的主体，知识必须由儿童自己建构。教师是一个唤醒者、鼓舞者，或者是儿童学习的伙伴，充其量是一个非常亲和的教练。使儿童成为学习的主体这一核心理念，一定要在教学中充分体现。

2. 知识

一直以来，人们始终觉得学校就是传授知识的一个专门场所，所谓传道、授业、解惑，是天经地义的事情。但学校所传授的是抽象的符号，儿童只是被动地接纳知识，对知识之间的联系、知识产生的背景，儿童很难知晓。本该鲜活、有趣的知识成了单纯的抽象的符号，远离了儿童的生活，变得那样陌生。应试教育中教师布置的无数的习题，如大山一样压得儿童喘不过气来。儿童不禁发出惊叹："学习怎么会这样憋气！"我们似乎可以用"封闭的知识＋烦琐的习题＝儿童畏惧学习"的公式来概括。传统的知识传授方式对儿童往往失去了积极的意义和价值。因此，单纯灌输知识对于发展儿童的心智和人格的积极作用已受到质疑。

知识与情境是相互依存的，任何知识都是在一定的情境中产生的，最终都要回到情境中去。儿童学习的知识更应该是情境性的。情境课程是指教师通过运用图画、音乐、表演、多媒体等直观手段，结合语言描述来创设情境，并把知识镶嵌其中的课程模式。我们不仅可以创设一种真实的生活情境，还可以根据我们所吸纳的"意境说"的营养，创设一种想象的、充满美感的情境，使情境具有广度和深度。儿童作为一个主体，在这样的情境中所获得的知识是全面的、综合的、有声有色的，蕴含着美和文化意韵的。儿童的学习不再是掌握一个一个的知识点或一个一个孤立的符号。知识本身是多元的、有血有肉的、活生生的、相互联系的。

学习知识的最终目的是实践和创新。情境教育强调着眼发展，着力基础，从未来出发，从现在做起，进行有序的系统的应用、操作。因此，情境课程对儿童知识的建构是开放的，可以带有一定的弹性，可以拓展，可以补充，儿童学习的内容往往超越文本。情境课程十分注重儿童的创新、实践活动。实践是儿童认识的起点，儿童只有通过实践才能真正掌握知识。简言之，运用知识的最高境界是为了创新。人类之所以能进步，就是因为能运用知识，并能在实践中创新。古今中外的一切发明创造都是知识在实践中创新的结果。在儿童的认识活动中，创新提升了实践，生动的实践又激活了创新。因此在情境课堂中，教师十分珍视儿童的创造潜能，让儿童在特定的情境中和热烈的情感驱动下进行创新实践，通过实体性现场操作、模拟性相似操作、符号性趣味操作来加强基础、促进发展，并通过实际应用来体验学习成功带来的快乐。

3. 社会

我们在20世纪80年代初期就开始开发儿童的野外情境课程。我们带领儿童走进大自然，进而走向社会生活，让儿童去接触、去感受社会生活中光明美好的一面。这对儿童认识周围世界，感悟社会生活起着奠基作用，使他们知道知识是社会性的。儿童在知识建构的过程中，必须联系社会实际，与社会接触，与他人互动，与环境互动，并在互动中学习。因此，情境课程是一个开放的系统，它致力于拓展儿童的生活和发展空间，向家庭、社会延伸开去，让我们的课程回归生活实践。社会生活本身就是一个取之不尽的课程资源，它会影响着、引导着、支撑着在其中生活与学习的儿童。生活场景仿佛对人们倾诉着往事的心声，并带给人们很多深层的思考，同时又召唤着人们去向往未来。其实，这也是教材。儿童在其中感悟、观察、体验，并学会相互联系地、多元地、多角度地去学习知识。儿童学习知识的最终目的是在社会实践中加以运用，社会是儿童学习活动最佳的实验场，是综合实践最生动的课堂。儿童学习的知识倘若远离社会，学习活动倘若隔绝于社会生活之外，那么儿童的学习便没有任何意义，儿童也不可能真正地领悟知识的精要。儿童学习就是为了将来能在社会中生存，并在发展个体的同时推动社会的发展。情境课程充分利用环境、控制环境，让课堂学习内容与社会相连；通过多样的课外教育活动，渲染学校欢乐向上的氛围；凭借主题性大单元教育活动进一步与社会相通。儿童则在其中感悟、观察、体验，在社会实践中把知识学活。学校还设定教育周节，如二月的"爱书周"、三月的"学雷锋周"、六月的"爱生日"、十月的"爱国月""丰收节""童话节"等，让丰富多彩的活动将课堂与校园、家庭、社会横向融通，使这种与广阔的课堂，与最生动的文本密切相连的教育得到强化，从而形成新的传统，产生良好的教育效果。情境课程与社会相连，通过教育空间的拓宽，推倒了学校与社会之间的围墙，丰富了儿童的课堂感受以及认知建构的源泉。

情境课程将生活的真实情境与想象的模拟情境结合起来，为儿童提供了一个宽阔而又适宜他们成长的环境。其中灌注着社会性的"角色效应"使儿童成为真正的学习活动的主体，在师生与教学内容间萌发情感，使师生在情中、在爱中交流、互动，使儿童的潜在智慧得以激活。教师充分利用情境教育特有的功能，让儿童积极地思考、想象、操作，通过自己的创新、实践活动获得知识，提高能力，让儿童的潜在智慧得到开发，情感得到陶冶，意志得到磨炼，从而达成儿童全面发展的目标。

因此，概括起来说，社会是儿童知识建构的情境。情境课程拓宽了教育空间，为儿童建构知识提供了不可缺少的资源，为儿童运用知识提供了不可替代的现实情境。儿童在其中感悟、观察、体验。

情感是儿童建构知识的纽带。情境课程通过创设一种"亲、助、乐"的师生人际情境和"美、趣、智"的学习情境来缩短儿童与教师、与同学、与教学内容的心理距离。师生关系的平等、亲和成为激活儿童潜在智慧的有效形式。

儿童是建构知识的主体。情境课程让儿童在已创设的特定情境中扮演角色，使儿童仿佛进入了现实生活。角色转换产生的新异感，激起儿童强烈的学习热情。儿童在角色意识的驱动下，尽情地投入，全面地活动起来，忘我地由"扮演角色"到"进入角色"，由教育教学的"被动"跃为"主动"，成为学习活动的主体。

"基础"与"发展"是知识的双翼。情境课程通过实体性现场操作、模拟性相似操作、符号性趣味操作，为儿童在知识建构的过程中插上"基础"与"发展"的双翼，以应用强化学习成功带来的快乐。

总之，儿童在情境中自我实现，知识在情境中生成、构建，社会生活在情境中显现它的价值与意义。这样，在情境中，儿童与知识、儿童与社会以及知识与社会之间的那种分离、对立就消失了。儿童中心、学科知识中心的课程和单列的社会课程都不存在了。通过情境，我们将之糅合起来，这就是我们提出的情境中心的课程。我们把儿童带入真实的情境中，或在课堂上通过模拟的情境再现生活的画面，或通过角色扮演进行模拟操作，这些仿真的情境实际上是社会的缩影，是儿童熟悉而向往的生活世界，它能让儿童感悟到学校与社会、学习与社会、知识与社会、自身与社会都是紧密地联系在一起的。在这样的课程里，儿童、知识、社会不是分离的，不是对立的，而是互动的，三者有机地融合在一起，而"情感纽带"则牵拉其间，使情境课程充满着情感色彩和人性光辉。

（二）构建网络结构的情境课程"四大领域"

18 年情境课程探索的历程，是从局部到整体的过程。我以儿童发展为主旨，构建情境课程的内容，以核心课程、综合课程、过渡课程以及源泉课程四个领域为结构形成情境课程的网络，将知识的系统性、活动的操作性、审美的愉悦性融为一体，强调以特定的氛围，激起强烈的热情，在优化的情境中，促使儿童主动地参与。我们努力将外显课程与内隐课程的影响糅合在一起，从学校各个不同的区域、时空，体现课程的基础性、操作性及多样性，发挥情境课程的多种功能。

1. 核心领域：学科内容与儿童活动相结合的"学科课程"

多少年来，学科课程是用来传授系统知识的，它以所谓"学问"为中心，单纯地传授知识，注重认知的发展，这似乎是天经地义的。但这种建立在"特殊认知活动"基础上的教学论却恰恰忽视了儿童学习的主体性亦即活动性、情境性的存在。根深蒂固的"应试教育"又强化了学科课程单纯传授知识、注重分数的偏向，从而使学科课程陷入越来越狭小的学校深院中。

学科课程是学校教育具体实施的核心领域。在实现由"应试教育"转向"素质教育"的过程中，应该说首先要做的就是学科课程的改革。

那么作为核心领域的学科情境课程怎样体现"为了儿童的发展"这一宗旨呢？作为情境课程的建构者，我很清楚，那就是要明确儿童在课堂上的主体地位。那又怎样去体现呢？我知道儿童往往是在活动中认识事物的，儿童又是特别爱活动的，没有活动，儿童的主体地位得不到保证。于是，我创造性地提出了在学科课程中把学科内容与儿童的活动结合起来的观点。

我们加速了学科情境课程的开发，以优化的情境为空间，根据教材特点营造、渲染一种优美的、充满智慧的、儿童感到特别亲切的氛围，让儿童的活动有机地注入学科知识的学习之中，让儿童去感受，去探究，去发现，去体验，去表达，去操作。有了这一系列的活动，儿童才能主动地学习，这样就保证了儿童在学习活动中的主体地位，使儿童真正成为教学活动中的主动角色。儿童活动与学科内容是紧密结合的，这不仅弥补了杜威所提出的"活动课程"缺乏系统性的缺陷，而且加深了儿童对学科内容的理解，促进了儿童对学科内容的应用。

学科情境课程把儿童的主动参与具体化为在优化的情境中产生动机，充分感受，主动探究，情感体验，表演体验，判断正误，模拟操作，语言表述等。在此我特别强调，儿童的课堂活动绝非一项一项活动的叠加，而是有其内核的，那就是思维的活动。在优化的情境中，儿童的思维活动往往处于最佳状态。儿童的思维就是进行学科活动的内核。

学科情境课程中的儿童活动仍保持着学科特点，无论语文知识还是数学知识，抑或是其他学科的知识，从宽泛的意义上来说，都起源于人的活动。是人的活动产生了语言文字和数学，又是人的活动，推动、发展、完善了语言文字和数学。既然如此，儿童在学习语文、数学时就不应切断源泉，远离生活，而应与生活相通，与周围世界相连。例如，语文教学中有观察活动、体验活动、表演活动、语言表述活动，而数学教学中有观察活动，探究活动，搬动、比画、拼接、测量等一系列的操作活动，这些活动在情境课程中带有生活演示、扮演角色、模拟操作的情趣，从而更符合儿童的身心特点。

实践表明，学科情境课程中的一系列活动，为学科教学增添了活力，使教学化"难"为"易"，变"单调"为"多彩"，使儿童由"被动"变为"主动"。

活动的目的就是让儿童主动地投入教学过程。例如，数学情境课程的目的是发展儿童的思维，将"数"与"形"，"数"与"生活"结合起来，让儿童在身边发现数学，使原来颇为遥远的、令人敬而远之以至畏惧的数学变得亲近，可以理解，由此培养起学生对数学的热爱之情。我们要让情感走进数学，让形象伴随着抽象思维，让儿童快乐地进行思维的体操。因此，我们创设的情境是探究的情境，它具有鲜明的探究特点，不仅能让儿童在情境中感受数学，获得理解运算的规则，而且能让儿童在一种非常愉悦的心理状态下分析、研究、推论、归纳、演绎数学，在数学系列活动中积极思考，培养对数学的兴趣。事实已表明，数学情境课程给儿童带来了无限的生机和乐趣。

这种学科情境课程中的活动，遵循教材体系，以儿童的知识、智能、情感、意志获得尽可能大的发展为目标导向。

一名出色的青年数学教师教授三年级"认识分数"一课时，不再是仅仅在黑板上用圆和长方形等几何图形演示、划分，表示 $\frac{1}{2}$、$\frac{1}{4}$、$\frac{1}{8}$ 等，而是紧密结合学生生活，让学生充分活动起来，把学生带到生活情境中：一名学生扮演卖大饼的老板，穿上工作服，戴上白色的点心师帽，其他学生做顾客，自觉排好队，分别提出买 $\frac{1}{4}$、$\frac{1}{2}$、$\frac{1}{8}$ 的饼，还有学生给"老板"出难题，要求买 $\frac{1}{3}$ 的饼，大家学得饶有兴致。接着教师将一个个大馒头分到每小组，让学生按分数分切馒头。学生在整堂课中都积极参与，在一个个判断、辨别、操作的活动中获得了正确而鲜明的分数概念。学生乐不可支。情绪记忆让知识在儿童的脑海中留下了难以磨灭的印象。这节课的教学效果是十分令人满意的。

其实，数学不仅仅是数学，它还蕴含着文化。教师抓住了数学文化的"脉"，便可再现发现公式的情境，让学生通过自己的活动，通过扮演向往的角色，通过一系列的模拟操作，积极思考，一步步去感悟甚至自己发现数学运算的法则和公式。这样的话，他们理解起来就会更深刻，运用起来就会更自如。

再拿科学常识这个学科来说，时代的发展要求我们必须越来越重视科学的启蒙教育，但科学常识教学中仍存在着一些问题，如拔高和加深教学要求，一味追求严密的逻辑体系，偏重单纯知识的传授，远离儿童的生活等。结果，儿童不但难以掌握教师所教的科学概念，而且还会因为教学的高、难、深、繁而失去对科学的兴趣。科学常识学科的褚明进老师说得好："科学情感是人们对自然、对科学的一种积极态度，一种追求真知的执着愿望，一种对自然秩序和规律的信念和信仰。"作为教儿童科学常识的教师，能对自己所教的学科有如此深刻的认识，真是了不起。

科学虽然是真理，是揭示规律的，但是科学同样来源于生活。因为生活的需要、社会的发展，人类才产生奇思妙想，才进行了发明创造。生活中蕴藏着大量的、潜在的科学课题，教师应引领儿童关注与周围世界有关的科学现象，根据科学教育的特点，创设一种探究的情境，激发他们的好奇心和问题意识。在课堂上，在丰富的活动情境中，教师让儿童带着问题进行假设，通过实验、观察、分析进行归纳概括，得出结论。这样不仅可以培养儿童尊重事实的科学态度、探究精神，而且可以激发他们将科学知识应用于生活的热情，提高他们的实际操作能力。

我从教师们丰富的实践中提炼出要领，为各科教师进一步探索提供参照。例如，对于音、体、美学科，我就提炼出了以下要领："把技能训练与想象结合起来，在自我表现中享受艺术、体育带来的快乐，开发儿童的创造性。"

在体育情境课堂上，儿童带着快乐的情绪，积极主动地进行体能训练，既锻炼了身体，又磨炼了意志。对于这种体育教学的境界，我和体育教师达成了共识，我们明确目标，由此走出了一条体育情境教学的道路。经过多年的探索，体育教师们运用音乐渲染、角色扮演、语言召唤等手段，将教学内容融于一种富有情趣、儿童喜爱且乐于接受的教学氛围中，使儿童在不知不觉中领悟动作的要领，全面实现了教学目标。何严新老师是一名颇具探索精神的体育教师。他和他的同事们共同研究，共同设计，使小学体育教学翻开了别开生面的一页。

不同学科的教师都通过直观的艺术手段与语言描绘，创设出一种美、智、趣的教学情境，并把它与亲、美、和的人际情境交融在一起。学科知识与儿童活动的结合，使儿童的主体地位在学习活动中得到保证，主动性得到充分体现。

儿童在优化的情境中活动，儿童的活动又丰富了情境。儿童通过自身的体验、操作、感悟，获得充分的发展。在学科情境课程中，儿童的情感与认知、情绪与行为是统一的整体，儿童是作为健全而完整的个体发展着的。

如此我们可以设想一下：一个刚步入世界的儿童，拥有那么纯净的心灵，那么真切的情感，那么迫切的求知欲，在学科情境课程中活动着，每天都受到美的熏陶。这样就为培养优秀人才打好了基础。

2. 综合领域：各学科协同的"主题性大单元情境课程"

当情境教学拓展成情境教育时，我关注并吸纳了课程论发展中凸显出来的多元的、人文的思想以及综合的理念。叶圣陶先生关于课程综合的精辟论述，也给了我很大的启示，使我很自然地将中高年级语文教学中的"四结合主题性大单元教育"的课程思想进一步拓展，运用到整个小学教育的多学科教学中去。

叶圣陶先生指出，传统教育因为分立了的缘故，每种课程往往偏于一个境界，而教育的最终目标却是达到种种境界的综合，也就是说，使各个分立的课程所发生的影响纠结在一块儿，构成有机体似的境界，让学生的身心都沉浸其中。叶老的话引起我极大的共鸣：传统教育的离散性往往削弱了教育的整体效应，而这些来自学校不同空间的信息终将集中到学生身上，作用于学生的心理。我自己从与儿童共同相处的生活中感悟到，如果把各科融通起来，整合起来，那教育内容就能得以协调，相互强化。

当然，要把各个分列的学科综合起来，也绝非易事。各学科有各学科内在的知识体系，如何把它们结合起来，按什么序列去组织安排，是首先要解决的问题。我在 1989 年年末开始酝酿、策划，心里盘算着，脑海中跳动着"主题""大单元""综合"这几个关键词，于是我提出了"主题性大单元活动"的主张。在"着眼发展，着力基础，全面提高儿童的素质"情境教育实验综合实施方案中，我提出学校各科以德育为主导，以语文学科为龙头，协同发展，围绕主题形成合力，以更好地对儿童的内心世界产生积极影响。我们要把思想道德教育渗透到各科教学中去，同时把语文教学与思想品德、班队会、野外教育联成整体，带动其他各科教学进行主题性大单元教育，每学期 2～3 次。

此后我相继了解了英国的"综合教育日"、瑞典等国家的"合科教学"，以及美国实施的一种名为"超越学科的学习单元"的教学计划，它们都试图采取大单元的方式将课程综合起来，一个主题涉及几个学科。看到自己的探索与世界课程综合化的趋势相呼应，我真的很高兴。

主题性大单元情境课程将各科教育与儿童活动统整起来，每一个大单元确立一个鲜明的主题，让师生共同参与，如"小蜜蜂行动""我们去寻找美""情系灾区""童话让我们插上想象的翅膀""走进科学的大门""与时光老人赛跑"等，都是对儿童颇具吸引力的主题。从教学到教育，从课堂到课外，从校园到校外(家庭和社会)，在主题的导向下，各科教师协调动作，相互支持，相互迁移，相互补充，充分把教育、教学内容中的"相似块"集合在一起，从各个不同的侧面对学生进行教育。教师们利用大单元情境课程相互作用的一致性，加大教育的力度，使有限的教育教学活动，在深度、密度上得以拓展，强化了教育的效果。这不仅为课程的综合找到了出路，而且也体现了课程综合的优越性。

众多教师积极参与主题性大单元情境课程，多年来在实践中积累了各类主题性综合活动的经验。主题性大单元课程具有"主题鲜明""情感伴随""儿童自主""角色众多""场景逼真"的特点，儿童积极参与，视野和胸怀开阔了，综合实践能力提高了。实施的时间长了，大家都感受到主题性大单元教育的优越性，心里也都明白具体该怎样操作。操作方式概括起来有以下几点。

(1)结合社会大背景和时令，确定大单元主题

既然是把课程综合起来，那一定得有主题，否则就无法统领各科。主题又如何确定呢？要想通过主题性大单元教育来提高教育的整体效益，增强教育的力度，就一定要有大背景的烘托，或是大自然时令的背景，或是社会生活的大背景，这样我们的主题教育就可以在大自然的怀抱里，在社会生活的大环境中得到强化。归根结底，儿童是大自然之子，是社会生活的小主人。实际上这也从另一个侧面表明，主题性大单元课程同样是三维的，儿童、知识与社会在其中协同建构。

主题性大单元情境课程从儿童的特点出发，以他们喜闻乐见的形式，创设活动情境，结合时令和社会大背景确定主题，着重培养儿童热爱祖国、热爱家乡的情感，以及集体意识、责任意识、自主意识、他人意识、环保意识，并发展儿童的动手能力、交往能力及"三自"能力①。

例如，2005 年 10 月，"神舟六号"成功发射，全国上下欢欣鼓舞，学生也十分关注，于是我们就抓住这一契机，把当年的童话节办成了以科学童话为内容的"我是长翅膀的小博士"主题性大单元活动(见图 13)。各年级各学科围绕"科学童话"开展了丰富多彩的教育教学活动。所有学生都兴致勃勃，他们的思维和想象都尽情地、无拘无束地在科学童话的美妙天地中飞翔。他们都满怀想象的激情和创造的热情，学童话，读童话，画童话，写童话，演童话。各年级语文学科的教师安排了一个科学童话

---

① "三自"能力是指学生自我教育、自我管理、自我服务三方面的能力。

单元，除课本上原有的童话故事外，还补充了一些经典的科学童话，如《小壁虎找尾巴》《圆圆和方方》《灰尘的旅行》等，不仅扩大了学生的阅读量和知识面，还激发了学生对科学的兴趣，使他们领悟到科学童话的特点，激起创作科学童话的欲望。中高年级各班还将创作的科学童话装订成册，封面和插图也都是学生自己设计制作的。五年级学生还别出心裁，制作了千姿百态的童话小书。数学学科的教师将一些数学知识用童话的形式呈现出来，让学生在生动形象的故事中学数学，用数学。美术学科的教师带领学生创作科学童话绘画，制作科学童话造型，那些非凡的想象、奇异的幻想、精彩的画面让人惊叹不已。音乐学科的教师教唱《永远住在童话里》和《蓝猫》等歌曲，用歌声架起童话与现实、今天与明天之间的桥梁。其他各学科教师也将科学童话与学科知识和技能有机结合，既发挥课堂教学的核心作用，保证教学任务的落实，也丰富了教学内容，推动了活动的深入开展。

图 13　我是长翅膀的小博士

在大单元活动的快乐氛围中，校园里气球高悬，红旗飘扬。"智慧爷爷"(教师装扮)在北京奥运会吉祥物"福娃们"(学生装扮)的簇拥下来到会场。一、二年级用《小蝌蚪找妈妈》的歌舞，表达了学童话的快乐；三年级在舞台上打开一本巨大的、充满奇趣的科学童话书，汇报了读童话的收获；四年级用一百多米长的科学童话画廊，展现了画童话的乐趣；五年级用自编的科学童话作文集和创编的数学童话剧，展示了写童话的热情；六年级则制作了几百件别具一格的科幻模型，表达了创造童话奇迹、实现美好愿望的理想。在全场倒计时声中，随着"点火、起飞"的口令和一道火光、一声轰响，学生们自己制作的"神七"火箭模型腾空而起，飞向云天。全场欢声雷动，一片沸腾。整个活动精彩多多，惊喜连连，不仅全体学生，连教师也沉浸在科学童话给予的幻想和快乐之中。这次围绕"科学童话"举行的童话节，不仅像以往一样给学生带来了欢乐，还达到了引导学生发扬科学精神，使学生在阅读、理解、表演、创作科学童话中，发挥想象力和创造力的目的。学生的爱国热情也在活动中得到了激发。

这样的主题性大单元情境课程紧跟时代步伐，及时捕捉教育契机，让学生在活动中感受到社会生活的发展和变化，为他们日后的社会化发展奠定基础。

(2) 各科融入，大单元教育打破学科隔膜

主题性大单元情境课程兼顾学科的知识体系，但不会因此束缚儿童的活动，影响教育效果。为了适应儿童的发展，教师需要对学科内容做出调整，尤其是语文及思想品德这些社会学科以及艺术学科的教师，他们有时会打破教材的编排顺序，插入、补充围绕大单元主题的、更适宜儿童参与的活动内容，从教育的整体效应出发，做局部的改善。

在"创造月"里，为了培养学生的探究精神，激发他们对新领域的好奇心，三年级教师结合语文课本中的"海底世界"一课，举行"海洋之旅"主题性大单元教育活动。在学生的想象中，大海是神秘、美丽而深邃的，他们渴望去领略那无边无际的蓝色世界，去探究那深藏于海底的无尽奥秘。针对学生这样的探究欲望，教师把各科教学融合起来，让学生了解海洋，培养他们对海洋的热爱之情，激发他们保护海洋的责任感。同时，通过对海洋世界的各种形式的探究，培养学生的想象力和创新精神，以迎接 21 世纪海洋开发的新纪元。在主题的导引下，学生行动起来，阅读有关海洋知识的丛书，开展"海洋探奇"知识图片展和"海洋漫游"百科知识竞赛，制作"蓝色家园"海洋知识小报……各科围绕这一主题展开教学。在语文课上，师生共同学习《海底世界》《海底的冷灯》《人类的秘密仓库》等一组课文。在数学课上，教师把应用题的教学镶嵌在精心创设的海洋

情境中，增加了学习的趣味性。在自然课上，教师和学生一起探讨海底多彩的生物世界以及丰富的矿藏资源。在音乐课上，教师教唱《小海螺》。在美术课上，教师从"你好，欢欢"吉祥物设计制作，到"海洋畅想"绘画比赛，再到"海底世界"海洋环境模拟设计，都让学生充分发挥了自己的美术才能和创造潜能。体育的融入更别有新意。体育教师成了"海洋奥林匹克运动会"的主办者，举办了一场以"欢乐海洋"为题的别开生面的海洋动物趣味运动会。在欢快的音乐声中，学生戴着自己亲手制作的动物头饰，全然成了五彩斑斓的"海星"，蹦蹦跳跳的"梭子蟹"，"吞云吐雾"的"章鱼"，鲜艳夺目的"鹦鹉螺"，昂首挺胸的"海狮"……这些海底生物家族组成的代表队，参加了各个项目的奖牌争夺。有趣的海洋动物运动会把"海洋之旅"主题性大单元教育活动推向了高潮，学校的操场成了名副其实的"欢乐的海洋"。

在主题性大单元教育活动中，儿童真正做到了整个身心沉浸其中。是活动，是教育，也是教学，促使儿童按捺不住内心的热情主动投入其中，并通过情感的弥散，收到持久而稳定的教育效果。

（3）儿童自主能力在大单元教育中得到锻炼

主题性大单元情境课程为学生提供了广阔的活动空间。主题性大单元活动常常以社会为大背景，根据全国性道德教育的举措，拟定主题，开展系列活动。2005 年，全社会隆重纪念抗日战争暨世界反法西斯战争胜利 60 周年。学校借助整个社会的舆论和氛围，于 9 月开展了以"牢记历史、热爱和平、振兴中华"为主题的大单元教育活动，邀请参加过抗日战争的老同志讲述抗战故事，组织师生观看有关抗战的电视节目和电影，组织教师编印《铭记抗战》教师指导活动用书，午间还播放抗日歌曲。各学科都集体备课，安排了相应的教学单元，各年级各班都开展了个性化的系列活动。例如，语文教师编选了一组抗战诗文，讲述日本强盗在中国烧杀掳掠的滔天罪行，让学生深入了解那段苦难而光辉的历史，组织学生编写抗日小报，不忘国耻。数学教师让学生运用图表、比例图、编创应用题等形式呈现抗战的史实和数据，增强感受。音乐教师教唱抗日歌曲，让学生了解著名的抗战歌曲及作者，在激昂的旋律中重温那段烽火岁月，抒发热爱祖国、热爱和平之情。美术教师和学生一起设计纪念邮票和首日封，让创造在追思中生发。体育教师开展"跨越战壕""勇炸暗堡""抢救伤员"等游戏，让学生在情境中体验抗战的艰辛……最后，学校举办了合唱节。全校学生高唱抗日歌曲，将整个活动推向高潮。活动主题鲜明，形式丰富，学科联动，全体参与，动态连续，收到了很好的效果，给学生留下了终生难忘的印象。同时，各班开展竞赛，争创特色，学生的主动性和创造力被大大激发。学生将爱国情化为爱乡情、爱校情、爱班情，立志为长大报效祖国而团结一心、发愤图强，这极大地增强了班级凝聚力。

主题性大单元情境课程每学期一般只有2～3次，它以鲜明的主题横向沟通各个学科，纵向贯穿于全学期的阶段教育，巧妙地将显性课程与隐性课程结合起来，在同一主题下相互补充，相互促进。活动的动态连续、综合，使教育情境既具有生动性，又具有一定的深刻性。这样，主题性大单元教育把儿童的认知和情感水平带入了一个新的发展区，使教育获得了促进儿童知、情、意、行协调发展的整体效应。

主题性大单元情境课程使整个校园成了一个情境教育的大课堂。在这样快乐、热烈、美好的情境中，班级的界限被模糊了，学科的界限被打破了，师生间变得亲密无间。学生快乐极了，有歌，有舞，还有表演。学生常常组成参赛小组共同合作，又相互竞赛，展示自我，锻炼了各自的才干。

儿童在优化的情境里长大，心灵能得到润泽。这样的教育将会影响儿童人格的发展，乃至他们的终身发展，其实对教师而言，又何尝不是如此呢！主题性大单元情境课程，让师生同在快乐的情境中成长。

学生在主题性大单元情境课程活动中，丝毫感觉不到有负担，他们全身心地投入，充分发挥自己的聪明才智，并在活动中和同学合作，获得了极大的乐趣和很多成功的体验。这是活动，但又是多角度、多层次与社会实践紧密结合的学习。这是学习，但又是有趣的活动。

我们可以从下面的学生习作中感受到他们在主题性大单元教育中感受到的快乐，那是属于他们的刻骨铭心的童年记忆。

做时间的小主人

听，"当——当——当——"，新年的钟声敲响了，时光老人从时间的大门里走出来了！他头戴金冠，身穿大红袍，腰系五彩缎带，银白色的胡须，直垂到胸前，脸庞上露出慈祥的微笑，背上还挂着一面钟。他捋捋银白的胡须，和蔼地对我们说："同学们，我给你们带来了一件美好的礼物，你们猜猜，这礼物是什么？"同学们异口同声地说："2000年——""对了，是崭新的 2000 年。面对新年，我们该做些什么呢？"于是我们齐声朗诵了《时光老人的礼物》："三百六十五天，谁也不多，谁也不少，就看我们啊——能不能把你安排得最好……"

我们的声音是那样响亮，我们的情绪是那样高涨。"同学们，一寸光阴一寸金哪，你们一定要抓紧这一分一秒的点滴时间，努力学习，为祖国的'四化'做贡献！来，我们赛跑吧！"说着，时光老人迈开稳健、坚定的步伐，带领我们一起奔跑。我甩开双臂，飞奔起来，心里想：在崭新的 2000 年，我一定要抓紧时间，合理地利用时间，做时间的小主人。我们越跑越快，谁也不甘落后，奔向 2000 年，奔向美好的未来……

（刘昊）

校园里的欢笑

六年的小学生活转瞬即逝，但是，我们那些甜美、爽朗的笑声，却永远地留在了美丽的珠媚园，留在了我的童年记忆中。

记得那是二年级学校开展的一次"让我们走进童话世界"的活动。在活动中，我扮演《龟兔赛跑》中的乌龟。演出前大伙背着一个硕大的乌龟壳，前面绑着一块表示乌龟肚壳的泡沫板，行动起来十分不方便，看起来真像是一只只笨拙的小乌龟。"小乌龟"们，你看看我，我瞧瞧你，不由地哈哈大笑起来。

我们这群"小乌龟"摇头摆尾地上台了，一上台大伙儿就哄堂大笑。过了一会儿，大伙儿又不禁你看看我，我看看你，看着彼此那笨拙的模样又笑了起来！接下来的节目是《小兔子乖乖》，最好玩的得数那些大灰狼了。"小兔子乖乖，把门儿开开！"伴着这熟悉的音乐，一群"大灰狼"穿着灰色的衣服，戴着滑稽的头饰上场了。最可笑的就是"大灰狼"那条又粗又大的尾巴，那尾巴随着音乐的节奏一甩一甩的，全场响起一阵掌声。那些"大灰狼"做出一连串惹人发笑的动作，以表现它们的狡猾，逗得我们哈哈大笑。我定睛一看，啊，原来，那些"大灰狼"都是我们的男老师。老师们如此幽默，一扫上课时的威严。在活动中，教师和学生简直就是朋友，是兄弟姐妹。我们一边笑一边识别着，这是语文张老师，那是音乐李老师……欢乐的笑声在校园里回荡……

大单元主题活动还包括各种球类比赛，它们也给我们带来了无穷的欢乐。在我喜爱的小小篮球赛中，我和小队员们一个个生龙活虎地奔跑在球场上。我是打前锋的，抢了球就上篮。有一回，我一个人进了三次球，得了6分，可是就在进第三个球时，我一使劲，因为天刚下雨，脚下一滑，跌在水洼里，身上、脸上、手上都是烂泥，就像条小泥鳅。大家看了，又是拍手，又是笑。我想只要能为班上争光，摔个跤，算得了什么。比赛结果，我们班以12：10战胜对方。球场沸腾了，欢呼声、鼓掌声，交织在球场上空，这真是一首独特的交响曲啊！

在小学六年，我真正感到校园是我们的乐园，校园是我们的天堂，我们就是这天堂中欢乐的天使，我们的欢笑声永远回荡在校园。

（邵欣园）

从学生的习作中我们可以看出，主题性大单元教育活动不仅使学生身心愉悦，而且增长了学生的见识，培养了学生热爱学习、热爱集体、热爱家园、关爱他人的美好情感。

经过多年的探索和发展，每学期2~3次的主题性大单元教育活动已成为我校文化的重要组成部分。在发展过程中，很多主题性大单元教育活动逐渐地成熟起来，现在几乎已经成为学校的传统节日。已经走过20年的童话节被学生称为"比过年还快乐"的节日。

3. 衔接领域：缩短幼小距离的"过渡性情境课程"

学龄前的儿童往往急切地向往着小学生活。他们早就怀着极大的热情，等待着那一天——背着书包上学去！在他们的眼里，小学一定非常有趣，做小学生一定非常幸福。

然而，当他们乐陶陶地迈进了小学的大门，小学的学习生活却往往使他们失望，甚至畏惧。因为从幼儿园到小学，学习环境改变了，学习内容增多了，学习负担加重了，仅仅在一个暑假之内，就发生了这么巨大的变化，不少学生无法很快适应。上半年在幼儿园，他们每天只上30分钟室内作业课，其余时间均在室内外进行各种活动，如观察、体操、唱歌、舞蹈、游戏等，下午午睡到3点钟。过了一个暑假，进入小学，他们到了一个完全不同的环境里，上午上课、上课、再上课，下午还没休息好，又赶到学校上课。除了体育课和短暂的课间十分钟，他们几乎从早到晚都在教室那一方小小的天地里，而且一节课就是漫长的40分钟。识字、写字、算术，一系列的符号作业活动充塞着学龄初期儿童的生活，他们仿佛一下子失去了童年的乐趣。这种变化是学龄初期的儿童所难以承受的。这就形成了幼儿园—小学衔接的"陡坡"，这个"陡坡"不可避免地影响了一年级新生对小学生活的热爱。

为了搞好学前教育和小学教育的衔接，减缓学前教育和小学教育的坡度，克服幼儿教育和小学教育课程缺乏衔接、严重挫伤入学儿童学习积极性的弊端，我们开设了过渡情境课程。

针对学龄初期儿童刚离开幼儿园的特点，又根据小学教育的实际要求，思来想去，我提出了在过渡课期间，"室内短课与室外观察相结合"的原则。具体做法，概括起来大致是以下几方面。

第一，缩减每节课时间，由40分钟减为30分钟；课间休息由原来的10分钟增加到20分钟。

第二，主要学科分设各种课型，变换授课形式。例如，语文课分设汉语拼音识字、汉字注音阅读、观察说话，增设趣味数学课，下午还增加了故事大王、唱歌游戏活动。

第三，增加户外活动时间，定期开展野外活动。（在过渡课期间，野外活动每周一次。）

第四，在上室内短课时，运用各种手段，增强教学内容的形象性、趣味性。

开学第一课

新的一班孩子又入学了，我是那样虔诚地迎接他们的到来。几乎在一天之内，我把全班 45 位小朋友的名字都一一记住了。我对自己很满意，因为这是很有意义的。——学生觉得老师都认识他了，这对于他们而言，简直是件值得骄傲的事。同时，他又觉得老师的眼睛仿佛总看着他，开始学会管住自己，甚至回家后会兴奋地告诉爸爸妈妈："老师已经知道我的名字了，我可要像个一年级的小学生!"

上课了，孩子们都坐到了自己的位置上，圆睁着眼睛，准备听小学的老师上课。我亲切地询问孩子们："春天的时候，你们还是幼儿园的小朋友，夏天一过，秋天才刚刚来到，你们就已经背上小书包了，你们已经是什么人了?"孩子们笑盈盈地回答：

"我已经是一年级的小学生了!"

"妈妈给我买了新书包。"

"我上了小学，还要做'三好'学生!"

......

多么美好的愿望。"我是一年级小学生了!""我终于上学了!"这鲜明的新概念激起了他们的自豪感。早在上幼儿园的时候，他们就那么急切地盼望着像今天这样背着书包，梳洗得整整齐齐地去上小学。用他们自己的话来说："上了小学我就不用妈妈送了。""上了一年级我就会识字了。""当了小学生，我就能学科学了。"此刻，他们坐在教室里与坐在幼儿园的小椅子上的感受是完全不一样的，从今天起他们觉得自己突然长大了。对于孩子们这种向上的心理，教师应该十分理解和珍视。他们需要信任，更需要鼓励，他们强烈的求知欲望需要得到满足。这是一年级新生的普遍心理特点，可以说是共性。教师的引导会使孩子们的这种压抑不住的兴奋、喜悦升腾，从而诱发学习动机。

上课了，这是刚入学儿童的第一节课。我带着孩子们走出校园，先认识学校校牌，让他们知道自己上的是一所什么小学，接着进入校园，看看学校全貌，然后再让孩子们认识校园里的树木花草。孩子们围在花圃前，迫不及待地说："老师，我知道这是鸡冠花。""那是爆竹红。""也叫一串红，放在嘴里是甜的。""老师，那树上的花叫什么名字？"好几个孩子不约而同地指着校门口开着繁花的那棵夹竹桃问我。我微笑着告诉他们："这棵树的名字挺奇怪。你们看它的叶子多像竹子，花是粉红色的，又像桃花，人们给它取了个名字，叫'夹竹桃'。"他们喃喃地重复着："夹竹桃，夹竹桃，多好听的名字。"虽是学龄初期的儿童，他们同样能感受到美，并在美的感受中感到愉悦。爱美，儿童也不例外。我乘着孩子们的兴致，在他们看树、赏花、抚摸小草的过程中，教给他们"大树""小树""大树高高的""小树矮矮的""绿树""红花""小草"等词语，以及"有……有……还有……"句式，并在他们认识陌生的校园环境的过程中，让他们学会了一篇汉字注音阅读材料："校园里有绿树，有红花，还有青青的小草。我们的校园真美啊！"

教师的指点、提问、朗读，与这绿树红花的环境融为一体，真像甜甜的春雨滋润着小苗。孩子们细心地看着，专心地听着，争先恐后地讲着自己的想法，学得好愉快。我想，倘若离开了具体的情境，在短短的30分钟内，孩子们怎么能学到这么多的词和句，又怎么能通过这些词语的解释真正感知校园的美，产生对校园的情感呢？——其实，儿童对校园的爱，会迁移为对学习生活的热爱。

我们必须记住，儿童是用形象思维的，他们需要形象。世界本身就是充满形象的，离开了形象哪有世界。既然如此，我们又怎能抛开形象让儿童去认识世界呢？学龄初期的儿童只能在形象中认识周围世界，在感知形象的过程中发展思维，学习语言。

下课了，他们并没有像小鸟那样立刻飞走，而是仍然依恋着校园的花草，仿佛是第一次看到一般。这让我感悟到：儿童只要感到有趣，就会很快适应并爱上新的学习环境和学习生活，进而为整个小学阶段的学习做好精神上和行为习惯上的准备，迈出小学学习阶梯的第一步。

此外，一、二年级思想品德课，针对低年级着重培养良好行为习惯的教育重点，为了促使儿童形成规范的道德行为，开设了"行为训练课"，把生活场景再现于教室，如模拟家庭情境、公共汽车上的情境以及儿童活动中心的情境等，进行行为训练。这样在特定的情境中进行操作，把儿童行为规范、操作标准与实际行为结合起来，可以使儿童印象深刻，从而形成良好的行为习惯，大大提高了养成教育的效果。这些突出教学要求的训练课，对于提高儿童的实际能力十分有效。

针对儿童爱玩的天性，我们每天还会用 20 分钟进行"音乐欣赏""故事大王""卫生保健""信息交流"等短课，这是主体课程教学的延伸与拓展。这些短课课时短，没有一定的进度，形式多样，使儿童身心愉悦，极大地丰富了他们的精神世界。

4.源泉领域：利用天然智库鲜活资源的"野外情境课程"

大自然是人类生活的根基，没有大自然就没有人类。大自然蕴含着取之不尽、用之不竭的智慧，人类的文化最早就是在大自然中孕育出来的。大自然的万千姿态、绚丽色彩、声响，连同那变化莫测的种种场景，无论无声无息的渐变景象，还是雷霆万钧的剧变景象，都成为对儿童进行智慧教育、审美教育的生动教材。然而传统的灌注式、封闭式教育几乎已经忘却了大自然这本好书，忽略了这个广阔的多姿多彩的课堂。实际上，讲究美感，注重感觉，适应自然，以大自然为背景的野外教育思想可谓源远流长。无论一代圣人孔子，还是道家庄子都优选大自然作为授课的课堂。情境教育开设的野外情境课程，正是遵循了这一教育规律。那大自然的诗、大自然的画、大自然的音乐对儿童情感、意识以及智慧起着难以估量的重要作用。当然，我们反对过分强调自然的作用、忽视知识系统的观点，但大自然特殊的教育作用、陶冶功能确实是其他任何教材都替代不了的。当儿童走进大自然的宽广世界时，大自然那无与伦比的美感，连同大自然种种景象所包含的、所显示的因果关系，都会引发儿童的惊叹和思考。在当下，野外教育弥补了儿童的"自然缺失症"，显示了它深远的现实意义。儿童所掌握的词汇在其间复活，同时又在记忆屏幕上留下丰富鲜明的表象。在很大程度上，儿童的发展是与周围世界相互作用的前进运动。为此，我们极力开阔儿童的视野，拓宽教育空间，开设了野外情境教育课程，还特设与之相应的观察说话、观察写话、情境作文等练习，让儿童投入周围世界的怀抱。

(1)求近、求美、求宽，优选场景

为了开阔儿童的视野，拓宽教育空间，我们开设了野外活动课程，低年级两周一次，中高年级一月一次。

野外是广阔的，在把学生带到那里去活动之前，教师需要选择场景。因为学生年龄小，尤其是一、二、三年级的学生，所以教师在选择野外活动地点时应该是就地取材，不必舍近求远。这样，学生可以迈开自己的双脚，踏步而去。学生在轻轻的风中前行，整个身体都沐浴着大自然的光辉和气息，那比起坐在封闭的、拥挤的车厢里不知强多少倍。

我首先选择了学校后面的一大片田野，学生只需走大约10分钟的路程就到了。那里的一条小河，一块农田，一片小树林，一座古老的宝塔，成了学生较早认识周围世界的一角。实验班正是从这里开始，打开了一扇扇通向广阔世界的窗户。

路程是近的，风光是美丽的，学生的视野开阔了。他们可以由此及彼地联想，可以由表及里地思考，更可以在其间让想象的翅膀飞起来，这就是我说的"宽"的含义。

我们优选了周围世界的典型场景，由近及远，由单一的大自然的场景到以大自然为背景的社会生活的一角一隅。为了这一个个理想的活动空间，我们一次又一次地去野外寻找，一遍又一遍地筛选，初步形成了野外活动的网点。我们从学校后的田野、小河到学校西侧古老的光孝塔，然后沿着绕城而过的濠河边及至城郊的山麓和浩荡长江……选点、定点。一个点是一卷画，是一个用"美"编织的生活空间。

(2)观察、思维、实践，综合进行

野外丰富的教育资源很自然地成为综合教育理想的课堂。我们充分利用野外情境课程，让儿童在其间观察、思考、实践。

春天的田野是生机勃勃的，显示了无限的生命力。家乡的田野上流过一条小河。我带学生来到小河旁，欣赏河岸上新嫩的芦芽，观看成群的小鸭子跳进水里，在小河里快活地游着，叫着，体会"竹外桃花三两枝，春江水暖鸭先知"的意境，然后我们沿着小河去找小蝌蚪，一群群小蝌蚪在水中游来游去，于是我让他们写情境作文《春天的小河》。春天是油菜花盛开的季节。金黄的油菜花，一丛丛、一簇簇，遍地都是。田野上还有躲在绿叶下面的花蝴蝶似的蚕豆花，比碗口还大的花菜的大花冠，朵朵白雪似的野荠菜花，金色的野菊花……无数的蜜蜂在花上采着蜜，欢快地唱着，成群的白蝴蝶也赶来了，飞舞在花的海洋中，为绚丽多彩的画面增添了无限的生机。鲜明的形象、丰富的色彩，激发了学生们的想象力，于是我让他们去写情境作文《春天的花朵》，或者写童话故事《谁是花朵之王》(见图14)。

图14　丰富儿童习作题材的源泉

春天的田野上，还有一个个塑料暖棚，里面正孕育着夏季水果和蔬菜的秧苗。它们就像蒙古草原上的一个个蒙古包，孩子们看了很感兴趣。我带领孩子们依次走进暖棚，他们都禁不住叫了起来："简直是夏天了!""太热了!"棚里的番茄、马铃薯、黄瓜长势正旺。孩子们不约而同地思考着大棚里的蔬菜为什么长得这么好，进而领悟到科学种田的优越性，所以他们在写《田野上的"蒙古包"》时，写得真是有声有色。在野外观察天体、天象时，孩子们仰着头，不知疲倦地数着，记着，比较着(见图15)。

美丽而富饶的田野，激起了孩子们多少审美情趣和奇思妙想，又给孩子们创造了多少实践的空间。这种观察、思考、实践的综合，在野外情境课程中得到了很好的落实。

(3)认知、情感、意志，协同发展

大自然并不是孤立存在的，它与人相连，就必须与社会相通。因此，在野外教育中，儿童不仅可以获得最鲜活、最形象的知识，而且可以受

图 15　观察天文现象：日环食

到道德、审美方面的教育，随着有些主题活动的进行，儿童的意志也可在其间得到磨炼。

我们通过野外情境课程，在引导儿童认识周围世界时，有机渗透思想、道德教育及美的熏陶。就在那美丽的田野上，从整齐排列的农田到在田野上辛勤劳作的农民，从田野边寥寥无几的低矮的小屋，到耸立在村边的一幢幢新建的小楼房，无不包含着对儿童进行热爱劳动、热爱劳动人民、热爱家乡、热爱祖国的教育。

野外活动的高潮便是在这家乡的青山绿水之间。到了五、六年级，孩子们一个个长大了，长壮了，夜行军、登山看日出、勇闯芦苇荡等活动都让他们兴奋不已。请看以下记录。

路变得更加泥泞了。刚走一阵，我的鞋就湿透了，白球鞋转眼间变成了黑球鞋。我的一只脚刚从泥里拔出来，另一只脚又陷了下去。我使劲拔着脚，好不容易才拔了出来，继续艰难地向前走。有位同学气鼓鼓地说："这芦苇荡前不见头，后不见尾，要走到什么时候啊！"我豪爽地说："当年，红军战士长征时的条件比我们艰苦多了，可他们能过草地，翻雪山，我们这点苦算得了什么？""对，你说得对，咱们一定要走下去！"

"同学们，别泄气！"前面传来施老师振奋人心的话语。我们信心倍增，继续向前行进，无论滑坡，还是泥潭，都阻挡不了我们前进的步伐。江堤，越来越近，队旗在前面招展，我们热血沸腾。

我们在堤岸上，个个像泥人似的，大家你看看我，我瞧瞧你，都哈哈大笑起来，笑声回荡在芦苇荡上空。

我突然领悟到：路，就在脚下。只要付出血汗的代价，就可踏出一条路来。

有的同学还说："只要勇敢地闯一闯，就能战胜困难，坚持就是胜利！"

不难看出，这样的野外教育是意志的磨炼，是战胜自我的挑战，是对生活更深一层的认识，这些体验在课堂上是无法获得的。

归纳起来，野外情境课程的开展都是有背景、有目的的，大致有以下三个方面的结合点。

第一，结合各科教学，为学生学习提供源泉。

野外情境课程的发端始于语文教学及儿童习作的需要。我们继而发现，野外情境还可以为儿童数学的学习提供生动的场景，而音、体、美镶嵌其中，更是自然的事了。

多少次，在野外情境课程中，我亲眼看到，孩子们在大自然的怀抱中是那样欢天喜地，滔滔不绝。这些充满生活气息的表象，带着绚丽的色彩与动听的声响，深深地留在孩子们的记忆中。这些在野外真实情境中获得的鲜活的形象是对语文学习最生动的补充。

学习估量、步测、测量等数学知识时，教师可专门开展野外活动，让学生在实际操作中获得数感，也可利用一次野外活动，凭借野外丰富的情境，综合复习近期的教学内容。

儿童在大自然宽阔的怀抱中，睁大眼睛看世界。他们在优选的野外情境中学习知识，进行社会现象调查等。他们观察、想象、思考、切磋、交流，在这独特的、宽阔的、丰富的野外情境中，顺乎自然地把认识周围世界与研究性学习有机结合起来。例如，他们既观察春天的飞燕，又研究候鸟的特性；既观察大雾笼罩的田野，又研究雾的形成；既感受小河流动的美，又调查河水的变化，研究保护水资源的办法……在这些真实的情境中，儿童感受真切，思维活跃，获取了学习各科知识的丰富源泉。

第二，结合主题性大单元教育，丰富学生的感知。

主题性大单元教育，不仅指各科的融通，还指课内外、校内外的结合。所以在开展主题性大单元教育活动时，教师一般都要带领学生走出学校，到大自然中，到社会生活中去观察、调查、访问、采集标本、收集数据，让学生尽量获得鲜明的感知材料和相关资料。

"我爱长江，我爱濠河"主题性大单元教育活动开展时，各年级教师拟订了各自年级的实施计划，带领学生或来到长江边，或漫步濠河畔。低年级的学生沿着濠河走，看濠河碧波荡漾，就像一条银色的项链，戴在家乡的脖子上。有人说，濠河如同法国巴黎的塞纳河绕城流过。我们努力让学生体会家乡南通特有的美，带领他们观看濠河边上的近代实业家、教育家张謇的塑像，参观濠河边的中国第一座博物馆，然后我们又走进濠河东岸边的蓝印花布博物馆，看纺纱、织布，再亲手做一做，扎染一块小手帕。学生感受着家乡工艺的精美。河畔公园中盛开的鲜花，濠河边的小桥流水、亭台楼阁都让学生置身于如画的情境中。

中高年级的学生环绕南通城，划船畅游濠河，上岸后再考察濠河边的人文景观。他们不仅感受到家乡的美，而且初步了解了家乡的历史。

第三，结合时令季节，使学生身心愉悦。

野外情境课程除上面提到的结合各科教学和主题性大单元教学外，为了使学生身心愉悦，也常常结合时令、季节进行。"春姑娘的大柳筐""秋夜看月亮""捡落叶""桂花树下""冬爷爷的礼物""冬天的树""雪的原野"等，都是结合时令、季节进行的野外情境课程。因为我们选取的都是季节中很典型且富有美感的场景，并由此展开，拓宽教育的空间，所以每次去野外时，学生总是美不可言，乐不可支，流连忘返。

下面是我带三年级学生在上野外情境课程"秋夜看月亮"时的一些设想和记实。

过两天就是中秋节了，"月到中秋分外明"启发了我——在那中秋之夜，明月当空，将会引起孩子们多少美妙的联想啊！应该带他们去观察中秋之夜的月亮。

他们毕竟只是三年级的孩子，所以在他们观察时我最好给予一些指导。秋夜的明月是孩子们心驰神往的，会引发他们许多美好的幻想。

选择观察地点也是很有讲究的，我原先想一定要去比较宽阔的地方，于是我想到了操场，但是进而一想，操场虽大，可大而空，空荡荡的缺乏一种氛围，一种美感，后来我又想到在公园里观看，因为公园美，但那么多树木，可能会遮挡孩子们的视线。

我已经选好了地点，在人民公园外的公园桥旁，那是濠河流经的地方，水面宽阔，放眼望去可以一直看到天边，而且还可以看到水中的明月。

我让孩子们提前一刻钟到公园门前。我拉着排在队伍最前面的小吴洲的小手，兴致勃勃地向河边走去。走着走着，小吴洲忽然对我说："李老师，我们快点走啊！月亮公公在河那边等着我们呢！"

是的，在这样的情境中孩子的嘴里是会蹦跳出诗句的。我的心里热乎乎的，于是我真的加快了步伐，加速向前走去。

孩子们在公园门外玩了一会儿，然后我招呼他们在河岸上席地而坐。童真让孩子们痴痴地看着东边，等待着他们心中向往的明月在眼前升起。

是的，我之所以稍稍提前一点，就是有意让孩子们在等待中形成对美的渴求。

不一会儿，有孩子叫起来了："李老师，快看，月亮升起来了！"

"对面，月亮升起来了！"

一个滚圆的、硕大的红月亮，从东方升起来了！长这么大，我还真没有如此投入地，如此真切地观看过月亮升起。我连忙启发孩子们做即兴描述："你们看又大又圆的月亮升起来，我们得描述描述呀！"

"月亮从东边升起来，那么大，那么圆，又那么红，真是太美了！"

"月亮就像一盏大红灯笼！"

"这月亮红得和初升的红太阳差不多，只是没有那么耀眼，那么光芒四射！"

孩子们说得一点也不错，月亮红得、美得就像朝阳一般。

孩子们继续描述，美滋滋地说着："月亮从天边的树丛里悄悄升起来。"

"谁能比拟一下？"我顺势点拨。

孩子们目不转睛地望着初升的月亮，有孩子说："月亮好像挂在树梢上。"

"李老师，我说的和他不一样，天边的树丛伸起长长的手臂把月亮托起来。"

一个"长长的手臂"，一个"托"，多么准确而生动的描述。我想，若不是在此情此境中，怎能有如此绝妙的语言。

月亮渐渐升高，当明月中天时，孩子们已经可以看到月亮上的影子。于是，我引导他们把观察与想象结合起来，把科学与神话结合起来，拓宽他们的思维空间。

"月亮上的那些影子你们看到了吗？你们知道那是什么吗？"

我话音刚落，就有孩子说："我知道，那是桂花树，那是玉兔，这是我奶奶告诉我的。"

"还有嫦娥姐姐和吴刚。"

"老师，他们说的不对，那是环形山的影子。"

啊，科学与神话，真实与幻想，孩子们带着美妙的幻想，努力地探究着有关月球的问题。

一阵晚风吹来，河边的一排柳树被吹得沙沙地响，水中的月影儿被摇碎，我若有所思地说："这时候天上有一轮明月，那水中呢？"

孩子们齐声背起了古诗《嫦娥》。

这时我拉起了手风琴，孩子们深情地唱起歌谣：

皎洁的圆月亮，

银盘般的圆月亮，

你可愿意和我玩有趣的捉迷藏，

你呀，满脸含着微笑，躲在云里哪一方……

孩子们都美美地沉浸在诗情画意中。在回家的路上，我问他们："如果李老师明天让你们写作文，就写今天晚上看到的月亮，你们会写吗？"

"当然会！"

"你们能自己拟个题目吗？"

"月亮升起来了。"

"月夜。"

"秋夜看月亮。"

······

孩子们连珠炮似的说着，流露出他们对作文浓厚的兴趣。

事实也是这样，第二天在课堂上，我和孩子们一起讨论写作提纲，大家先讨论了一般性顺序：等待月亮升起来；月亮升起来了；月亮越升越高；我们在赏月的情境中。

有的想出了富有想象力的提纲：我们看到月亮姑娘的笑脸；月亮姑娘和我们捉迷藏；真想飞到月亮姑姑身旁。

孩子们写出了一篇篇生动的小文。

野外活动作为课程设置，帮助儿童走出了封闭的小教室，来到广阔的天地里，自由地呼吸着新鲜的空气，欣赏着广袤天宇下的大千世界。儿童在认识世界的过程中，逐渐积累起对大自然的情感。大自然及社会生活中的事事物物直接或间接地作用于儿童感官，这种开放式的信息储存方式，为儿童的认知活动、语言活动、思维活动、情感活动，提供了取之不尽、用之不竭的丰富资源。这源源不断的活水可以使儿童的心田、知识的仓库不断地得到滋润、充实，这是对人的心灵的塑造。野外情境教育让儿童在大自然的怀抱里徜徉，以至流连忘返，在感受美的同时获得了丰富的感性材料。这些活生生的信息资源，大大地丰富了课堂上的认知活动。

综上所述，情境课程这四大领域决定了儿童情境学习的内容，既有横向的拓展，又有纵向的衔接，形成了相互联系、相互作用、共同推进的网络式的结构。我们从课堂内学科与活动的组合，到打破学科界限，走出课堂，实行大单元联动，再到走出学校，走向广阔的天地间获取源泉，再加上低幼衔接的过渡课、微型课程的补充，使教育空间通过课程紧密地联系起来，保证了多元、开放的学习系统的形成。学科课程内容与儿童活动的结合，使儿童的主体地位在情境课程中得以体现，得到落实。"美""智""趣"系列的教学情境，满足了儿童的需求，使儿童在主动参与中获得发展。这样就为儿童的健康成长，以及知识的、能力的、智力的、情感意志的全面发展打下了重要基础。

情境课程的开发也使各科教师有了用武之地，使教师的创造性得到很好的发挥。他们编写了多种校本教材，并且连连在各级教学比赛中获奖。无论得奖的教师，还是参加研究的教师，在这 10 年当中从教学水平到理论研究水平都有了明显的提高。

情境课程的构建引起了众多专家的关注，他们给予了高度评价，认为情境课程好比一块富矿，蕴藏着巨大的值得开发的宝贵资源。其中华东师范大学课程论专家裴新宁教授指出，情境课程是"以学习者为中心设计与发展的课程"。课程设计聚焦"蕴含着丰富情感的、蕴藏着潜能的、活生生的儿童"，这种优化的学习情境，是体现学生主体性的保证。情境课程，不仅体现了当今国际上"学习者中心的课程"的共同取向，还为"学习者中心"赋予了独特的内涵，并创造了有效的实践路径。此外，情境课程把学科课程与学生的生活建立起有机链接，将正式环境与非正式环境中的课程加以整合，促进了儿童卓越素养的形成。裴教授高度评价：中国情境教育学派的创始人和践行者李吉林在数十年扎根中国境脉的教育实践和不断创新的基础上，将情境学习的思想拓展到课程设计与开发领域，独树一帜地构建了情境课程网络，为当下关注学习科学基础的国际课程发展领域增添了中国情境教育学派的奇葩，彰显了中国课程新流派的风采。她创造性地将教育回归到本源，让智慧和美德真正触及和浸润孩子的心灵世界，这是一个富于想象和创造的世界。她以真创境、以美激情、美情促智、德美一体的情境课程的建构，还原了学习者的主体身份。李吉林的研究不仅仅对今天中国的教育研究与发展是一个促进，对世界教育思想的进一步丰富和创新也是一个巨大的贡献。

第四章

创新召唤大胆跨界，民族文化引领走自己的路

　　我清楚地意识到，一个世纪以来，中国的教育还没有真正走出一条属于自己的路。从 20 世纪开始，我们先学习日本教育，接着引进欧洲教育，到新中国成立后则全盘照搬苏联教育，连教材都是人家的，这条路一走就是大半个世纪。20 世纪 70 年代末，改革开放的大门打开的同时，也为中国教育工作者铺展了中国式的教育创新之路。

　　在探索的过程中，我从反思中敏锐地发现问题并提出问题，一个问题一个问题地摸着石头过河，但是对于彼岸我是清晰的，那就是为了全体儿童的健康成长。学习与研究让我逐渐走上理论与实践相结合的道路。走在这样的路上，虽感到艰辛，但更多的是快乐与充实，时时似有一阵春风拂面的感觉，我像年轻人一样充满活力。这种活力让我乐此不疲，努力地朝着彼岸前行。我们再也不能沉沦于笼罩着科举制度阴影的应试教育中，因为它会在不经意间扼杀了学生的灵气和创造力，损伤他们纯美的心灵。我努力去克弱攻弊，逾越障碍，迈出新的步子，这种愿望是真挚而又急切的。我心想，我们不能反复地去论证别人已经做过的，而是要做自己的东西，要走自己的路，所以我比较自觉地把创新作为一种追求。

　　我怀着极大的热情，不断地用理论来支撑自己的实践，同时在实践中创造性地运用理论，让理论活起来，为我所用。这种真挚情感的实践，使我有了许多感受。我很习惯于反思，又从反思中产生顿悟，并在此基础上进行概括、提升，然后就有了自己的主张和思想。于是我就拿起笔去写，写随笔，写散文，写经验，写论文，也写了专著。我觉得概括和写作，可以使零乱的思路变得条理化，可以使我的认识更加清晰、深刻。

　　在情境教育的探索过程中，中华民族的文化给予情境教育研究以丰厚的理论滋养，特别是"意境说"的理论对我有极大的启发。一千多年前刘勰的《文心雕龙》以及近代学者王国维的《人间词话》，可谓"意境说"的代表杰作，是中国民族文化的经典，其精髓可概括为情景交融，境界为上。在读的同时，我们不得不为其精湛而丰富的内容所震撼。

"意境说"原本是文学创作的理论，更确切地说是"诗论"，但在探索情境教育的过程中，它引起了我的深思，古代诗人在创作时也同样是从对世界的认识和对真实生活的感悟中获得的灵感。其间的感受、体验，引发诗人的思考、想象，随之激起情感，或愉悦的，或悲凉的，或激愤的……情感触发了诗人的语言活动，因此诗人蘸着情感的墨水，写下了一首首让读者，连同诗人自己心动的诗篇。即使是从古代流传至今的不朽的诗作，其创作过程中同样离不开"真、美、情、思"。

"意境说"生动而深刻地揭示了诗人创作的规律，成为民族文化的经典，具有永恒的价值。它蕴含着丰富、厚实的文学创作理论，充满了无穷的生命力。这四大核心元素让我深切地感到，为了儿童发展之所需，我大可"借古人之境界为我之境界"。正如王国维所言，"一切境界无不为诗人所设"，而我深感"一切境界无不为我、为儿童所设"，"意境说"的核心元素可以为教育所用。在时代的召唤下，我对教育创新的急切追求，使我大胆地借用一千多年前古代文艺创作理论的精髓，并将其创造性地应用于今天的儿童教育中。长期的实践探究获得了意想不到的效果，使情境教育一步步走上民族文化引领的道路，蕴含着本土文化的精髓，这让我更觉民族文化经典之珍贵。我深信，继承和发展民族文化定能使中国教育真正走出自己的路。发挥民族文化的独特优势，吸纳本土文化的丰富滋养，是中国教育走自己路的保证。

一、从"意境说"中概括四大核心元素，符合儿童发展所需

我从"意境说"中概括出了"真""美""情""思"四大特点。"意境说"的阐述引起我极大的共鸣。长时间的体验和感悟让我构建了情境课程的操作体系，提出了"以美为突破口""以情为纽带""以思为核心""以儿童活动为途径""以周围世界为源泉"五条操作要义，从而推动情境课程日益走向大众化。

（一）"真"——让儿童认识一个真实的世界，链接符号学习与多彩生活

刘勰在他的《文心雕龙·物色》等篇中，突出了客观外物在文学创作中所起的作用及意义。他认为："感物吟志，莫非自然。""物"是创作的对象，是"情""思""辞"的根基。"诗人感物，联类不穷"，"物我交融，情景相生"，这种近乎唯物论的阐述，实际上强调的是"写真实"才能"抒真情"。王国维则明确指出"所见者真，所知者深"，"写景物真感情者，谓之有境界"。

情境教学从起步阶段就受这一论说的影响。我在优选典型场景，为儿童提供作文题材时，就主张给儿童一个真实的世界——走进大自然，走进社会生活，在儿童眼前展现一个活生生的，可以观、可以闻、可以触摸、可以与之对话的多彩世界。这让我认识到，只有讲究"真"，才能让儿童真正地认识周围世界，感悟生活，将课程内容与真实的生活相融合，让儿童在感受"真"、领悟"真"中长大。这无论对于他们的认知、情感、思维发展，还是对于未来他们如何做人都是十分有益和必要的。所以，情境课程的特点之一便是"形真"，但讲究的是"神似"，而不是"形似"。情境教学中的以音乐渲染的、图画再现的、角色扮演的形象，正是同样的道理，它以"神似"显示"形真"。我们应从"真"出发，由"真"去启迪"智"，去追求"美"，去崇尚"善"。

于是，我带领孩子们走出封闭的教室，投入大自然的怀抱，走进多姿多彩的社会生活。一次次对情境的观察与感受，在孩子们的记忆屏上留下了许多生动的印象。这些印象为孩子们的想象与思维活动提供了极其丰富的材料，使他们有可能去组合，去创造新的形象。在情境中观察引起的一系列活动形成的"具身认知"，不仅为儿童提供思维和想象的材料，而且对培养儿童敏锐的感受能力，满足他们对周围世界认识的强烈欲望都是十分有意义的。除了将儿童带进真实的生活世界，我们还可以在课堂里通过创设情境模拟真实生活，进一步将课堂与生活情境相连，这让我寻求到将课堂符号认知与生活感受之间的断层连接起来的路径。

（二）"美"——美的愉悦唤起情感，在熏陶感染中促进儿童主动全面发展

刘勰在《文心雕龙·情采》中强调了"文采"的重要性，他用比喻通俗地说明了事物的形体总是需要文采，需要美的。刘勰追求的物、情、辞之间的和谐的美，从"美物"到"美文"，讲究的便是一个"美"字。王国维又进一步指出："词乃抒情之作，故尤重内美。"如此，诗人从"真景物"的"外物美"，到自己的"内修美"，精神与物象交融，一直沉浸在美的境界中，所谓"情以物兴，故义必明雅；物以情睹，故辞必巧丽"，"比兴"之作法方在其时自然"萌芽"。正如王国维所说的，在"红杏枝头闹春意"和"云破月来花弄影"中，仅一个"闹"字，一个"弄"字，就使境界全出，最终成就美的诗篇。

"意境说"对"美"的反复褒扬以及对现代美学理论的借鉴一直影响着我，使我在情境教学初期就去追求语文教学的"美"，创造性地将艺术引进语文教学，在创设的或再现的或优选的情境中呈现美感。我通过美的形式、美的内容、美的语言，让美首先去占领儿童的心灵。情境的美对儿童具有极大的魅力，使我选择了把"以美为突破口"作为情境课程操作要义的第一条，进而又以"美"为境界，以"美"育人。

在情境课程中，教学实践告诉我：民族文化的吸纳对教育是有效而有益的。美感带来的愉悦感，使儿童欢愉而兴奋。这让我进一步感悟到，教学中的美，对于儿童就像一块磁石，它既能启智又能育德，既能冶情又能发辞，具有全方位的育人功能。由于"美"，我们可以摆脱各科教学的单纯工具性的束缚。美感的笼罩，使各科教学的文化内涵得到顺乎自然的体现，工具性包容的知识和实践，镶嵌在滋润了文化艺术的、美的情境中。如此，知识变活了，变得有血有肉，变得丰富而具神采。

我还把"美"作为培养儿童创新精神的土壤，因为审美的愉悦感可以使儿童的想象、联想在无限自在的内心世界中积极展开，潜在的创新的种子就很易于在这宜人的审美场中萌动、发芽。美，无处不显示出一种积极的驱动，无处不产生对儿童智慧的启迪。美，不仅滋润了儿童的心

田，而且会呼唤儿童向着崇高和圣洁的境界迈进。他们因爱美而鄙丑，因从善而憎恶，最终使自己的心灵变得美好起来。

在教学活动中，教师的审美感受以及它给教学带来的高效能，对儿童产生的无可替代的作用，使我明确地提出一个值得倡导的教学原则："美感性"。可以说，在情境教育探索过程中提出的对美的认识、主张及操作要义，除了受到美学原理的启示外，还受到"意境说"对我的潜移默化的影响和理论滋养。

"意境说"中的"真""美""情""思"，我以为正是儿童教育之所需。儿童是"真"人，教师应是"不失其赤子之心者"。教育与生活相通，便是"真"的表现。即使是模拟的生活情境，同样给儿童一种真切之感。教师应创设具体生动、真实有趣的情境，用真人真景激起真情感，进而激广远之思，创造出美的果实。

经过对"意境说"的进一步领悟与思考，我深感其博大精深，它蕴含着美学、心理学、创造学最古朴的原理，不愧为民族文化的瑰宝，而这正是国际上"情境认知"研究领域的空白之所在。难怪后现代课程论者指出，要把课程范式研究转向"寻求情境化的教育意义"，并"在东方文化中寻求课程与教学智慧"，建构具有民族文化风格的课程与教学理论，这实在是很有见地的看法。

我结合现代教育理论将中国古代文论"意境说"大胆地运用于小学教育，这表明中国民族文化给予了我们智慧的启迪与理论滋养，导引我们的教育创新走民族自己的路。其实，"文学"说到底是"人学"，而教育又是"人的教育"，从哲学的含义讲两者无疑是相通的。所以"意境说"，不仅为小学语文情境教学提供了理论支撑，而且进一步支撑了整个情境教育的研究和情境课程的开发。正因为情境教学、情境教育、情境课程蕴含着民族文化，洋溢着时代气息，所以显现出勃勃的生命力，并展示出更广阔的美好前景。

教学实践中的感悟，让我找到情境教育操作的突破口，那就是"美"，进而我提出以"美"为境界，把"美"作为情境教育追求的境界。提出这样的主张，也绝非单凭感觉，其间也包含着许多理性的思考。我从"美"与儿童主体性的形成，"美"与儿童精神世界的丰富，"美"与儿童最初的人生幸福，"美"与完美人格的培养等方面，来认识"美"的无可替代的重要作用，来具体诠释"美"的育人功能。

　　教育实践告诉我，当儿童生来具有的审美需求得到满足时，就会产生愉悦的情绪，进而产生主动地投入教学过程中的"力"。情境教学就是把学科知识镶嵌在浸润了文化艺术的、美的情境中。美感的笼罩，使各科教学的文化内涵得到顺乎自然的体现。我认定，美的情境的创设，是启迪儿童潜在智慧的最佳途径。

（三）"情"——情感生成儿童学习的内驱力，让情感伴随认知活动

　　刘勰在《文心雕龙·物色》中对客观外物对人的情感的影响做了生动形象的阐述。他指出："物色之动，心亦摇焉。""一叶且或迎意，虫声有足引心。""况清风与明月同夜，白日与春林共朝哉！"这表明了人的情感受客观外物的影响之深。王国维则明确指出："境非独谓景物也。喜怒哀乐，亦人心中之一境界。""一切景语皆情语。"不仅如此，刘勰还在《文心雕龙·情采》中指出，"情者，文之经，辞者，理之纬；经正而后纬成"，"情"是文章之灵魂，主张"为情造文"，特别讲究真情的抒发。他还论述了情感对语言技巧的影响，"情以物兴，故义必明雅；物以情睹，故辞必巧丽"，阐明了"情"在文学创作中的重要作用。

　　回忆实验初期，我将外语情景教学移植到小学语文教学中，只是在课堂上进行片段的语言训练，正是"意境说"让我豁然开朗，拓宽了我的学术视野。我琢磨，客观外物既然会影响诗人、词人的情感，也必然会影响儿童的内心世界。于是，我带领儿童走向大自然，无论在春天野花盛开的田野，还是在夏日蝉鸣蛙叫的小河边；无论在秋夜的明月下，还是在冬天飘雪的早晨，我都亲身体验到"情以物兴，物以情睹"在今天儿童教育现场中的真实体现。真是景中生情，而情又融于景。客观外物激起儿童的情感，他们自然而然地产生一种强烈的表达动机，即所谓"情动而辞发"。每每大自然中归来，我便可以读到一篇篇饱含着童真童趣、言

之有物而又充满儿童纯真情感的习作。

通过教学实践我还发现，课堂上优化的情境会激发儿童的学习热情，驱动他们情不自禁地投入教学过程。我将"意境说"关于情感的精辟阐述与自己在教学实践中的体验结合起来，从中我感悟到把直观的艺术与语言描绘结合起来的情境并不是一种单纯形象的呈现，它浸润着、弥漫着情感，情感成了情境的内核，无情之境终不成境，所以除了"形真"外，我还概括出"情切""意远""理寓其中"，以形成情境教育的四大特点。

在多年的探索中，我深感"情"是情境教育的命脉。当儿童在教师的引领下进入情境时，便与教师的情感，相互牵动着、影响着。我把"以情为纽带"作为情境课程的重要操作要义之一，继而我又结合心理学、美学、场论的学习，明确了以下结论，即优化的情境必然会激发儿童的学习热情，使其产生一种投入学习活动的主观需求。于是儿童感受到学习活动带给他们的快乐与满足，并在其间受到熏陶感染。同时，因为情感的作用，教师的真情、期待、激励，使儿童变得自信，使儿童的思维、想象、记忆等系列活动处于最佳状态，使儿童的学习活动获得意想不到的效果。毋庸置疑，单纯的符号学习不可能使儿童主动地学，更谈不上感受学习的快乐。儿童潜在的智慧，也会因为没有情感火花的点燃，在无意间，在师生都不知晓的状态下，继续沉睡。

于是我将"意境说"的精髓与自己的教学实践结合起来，使儿童在一种美好的情感世界、情感体验中学习知识，发展智力。儿童的思维、想象、记忆等系列活动笼罩上情感色彩，他们感受到学习活动带来的快乐与满足，进而达到知、情、意、行的统一。

情境教育由于以情动情，让儿童受到熏陶感染，所以有效地培养、发展了儿童的审美情感及道德情感。随着情境的延续，儿童的情感逐步加深，天长日久，弥散、渗透到他们内心世界的各个方面，作为相对稳定的情感态度、价值取向，又将逐步内化、融入儿童的个性之中。在儿童的道德意识和道德情感发展的关键期，这样做对他们的人格发展是至关重要的，其影响也是极其深远的，它表现为层次更高级、内涵更丰富的理想、道德、意志等。

（四）"思"——想象是创造的萌芽，意境广远开发儿童潜在智慧

刘勰在《文心雕龙》中提出"神思"的理念，为此特写一章，阐明人的思维不受时空的限制。他指出，"文之思也，其神远矣。"

我在情境课程操作要义中提出的以"思"为核心，当初只是以心理学理论为依据。在探究中我发现，想象在发展儿童思维、培养儿童悟性方面有特殊作用，因此我开始注意发展儿童的想象力。这些认识与自己较早地受到"意境说"的影响，从中汲取了理论滋养是分不开的。在20世纪70年代末80年代初，我即凭借教材和作文教学激发儿童的想象力，并且构想出"以观察情境积累表象，丰富儿童想象所需的思维材料""以情感为动因，提供想象契机，为儿童组合新形象产生需要的推动"等具体策略，使"意境说"中的"神思"之说在教育教学中打开了可行的窗口。

我和实验班的教师常常把儿童带入广远的意境中，让他们在课文描写的情境中阅读，并设计出想象性复述、想象性作文等一系列表达语言的训练样式，让儿童在其间展开奇妙的想象，把观察与思维、观察与想象有机地结合起来。儿童在阅读中凭借想象，可以加深情感体验，丰富阅读材料；在习作中，凭借想象可以把作文写得富有儿童的情趣，我由此发现激发儿童的想象力，是发展儿童创造性的相当有效的途径。因此，我特别主张在优化的情境中，让儿童带着想象去阅读，带着想象去习作。教学实践表明，在情境中，儿童的想象力是极其惊人和奇妙的。这让我深感儿童的思维是长翅膀的，儿童的思维是会飞的。想象力是儿童的一笔宝贵的财富。他们虽不能达到诗人的思维水平，但是他们的想象力可以神通江河湖海，意攀高山白云，同样可以达到思接往昔、憧憬未来的境界。每一个大脑健全的儿童都潜藏着智慧。理想的教育完全可以而且也应该充分开发儿童的潜能，使他们一个个变得智慧起来。我在语文教学中进行了创造性复述、想象性作文、续编课文、创作童话等训练范式，它们都有效地发展了儿童的创造性。

在情境教学走向多学科探索的过程中，在时代强调培养民族创新精

神的大背景下，我又加深了对发展儿童创造性的认识。在大量的教学情境中，我有了新的感悟：优化的情境不仅是物质的，情境中的人所抒发的、倾诉的、流露的、交融的情感会直接影响儿童的内心世界，进而影响儿童潜能的开发。于是，我努力把握儿童潜能开发的最佳时期，从审美、情感、思维空间三方面提出开发儿童创造潜能的举措。

情境教育激发了儿童的潜在智慧，无论在课堂上还是在各项综合活动中，他们的思维都非常活跃。就拿数学来说，学生会运用所学的轴对称图形的知识画出许许多多精美的图案；他们还能将所学的测量、平面计算等方法带到园博园中，实地解决现实生活中的测绘问题……在数学文化节中，学生尽显各自的创造才能：写诗歌，编小品，等等，那些蕴含数学知识又充满趣味的数学童话剧更是学生创造性充分发挥的杰作。同样，在语文教学中学生的创造性也得到了很好的发展。想象性作文、自己创作的童话以及充满个性和想象力的习作，如《月牙泉》《七色花》《太阳歌》《缤纷花朵》等，更是表明几乎全体学生的思维都处于积极状态。因为"乐思"，儿童就会渐渐地学会"善思"。

经过多年的实践与研究，我从"意境说"中概括出儿童发展所需的"真、美、情、思"四大关键元素，构建了将儿童情感活动与认知活动结合起来的独特的教育模式——情境教育，把认知与情感、学习与审美、教育与文化综合地在课程中体现出来。

二、依循核心元素，开拓情境教育操作新路径

（一）开辟课堂符号学习与生活链接通道

课程标准中指出，低年级学生要观察大自然，中年级学生要观察大自然，观察社会。事实上，早在情境教学探索之初，我就感觉到当时那种从符号到符号，从概念到概念的封闭课堂远离了多彩的生活，切断了

源头，把符号与生活之间的联系切断了，孩子们学得苦恼而低效，于是我毅然带领他们跨出课堂，走向大自然。

孩子们在大自然的怀抱中是那样兴致勃勃。那些充满生活情趣的表象，带着绚丽的色彩与动听的声响，深深地留在孩子们的记忆中。每次观察归来，孩子们总是那样恋恋不舍。高涨的情绪，丰富的感受，激起了孩子们强烈的表达欲望。于是，我便会读到一篇篇他们表达所见所闻、真情实感的习作。孩子们的习作写得真好，他们也特别乐意写。其实所谓写话，就是让孩子们用笔写下自己眼睛看到的世界。周围世界的美会激发儿童的情感，这种情感必然驱使儿童积极展开思维。情感的驱动有效地打开了儿童的思路，情与智的融合让儿童在习作时笔下生花。

高健是一个中等生。读了他写的这篇《春天来了》的观察日记，我真切地感受到观察让孩子的眼睛亮了，观察让孩子的语言美了。

春天来了

寒冷的冬天过去了，温暖的春天来到了。

春天来到了公园，公园披上了新装。小草钻出了地面，公园的草地像盖上了绿毯；树枝上长出了嫩叶，绿柳树那柔软的枝条，就像小姑娘的辫子，在春风中轻轻地飘荡；粉红色的桃花，金黄的迎春花，像雪一样白的玉兰花，在阳光下张着笑脸，散发出阵阵诱人的清香。动物园里，小鸟在欢天喜地地追逐，放开喉咙唱着动听的歌；八哥在树枝上跳来跳去，"咕咕咕"地叫个不停；爱打扮的孔雀"呼"的一声开了屏，好像要和春天比美。

春天来到河面，河面翻起小小的浪花。有几条小鱼跳出水面，好像要欣赏春天美丽的景色，呼吸点儿新鲜空气。喷水池里的石雕鲤鱼，喷出的水就像一串串珍珠，它们在太阳光的照耀下，显出各种各样的颜色，真是五彩缤纷呀！

春天啊，春天！你是多么美好啊！

（高健）

马知路是个粗心的小男孩，但在观察时不仅用眼睛去看，用耳朵去听，还在其间有意无意地进行探究，关注大自然发生变化的因果关系。这表明孩子的观察力是可以培养的。

下冰珠

今天清早，天气晴朗，万里无云。到了中午，一朵朵乌云渐渐布满天空。要下雨了，我带上了雨伞上学去。

傍晚，果然下起雨来了。我打着雨伞回家了。夜里，我才觉得今晚下的雨很奇怪，和平常大不相同，雨点打在屋顶上、地面上，发出"噼噼啪啪"的撞击声。我发现了这个情况，立即跑到雨中去，雨点打在我的头上、手上，很痛很痛。我又弯下身子，在地上找起来，看看到底下的什么雨，这才看到地面上蹦跳着许多银色的小珍珠。啊，原来今天下的是冰珠！

（马知路）

袁丹则是和小伙伴一起凝神地眺望、观察晚霞，写出了晚霞瞬间的变化，写得那么真切。

晚霞

太阳快要落山了，晚霞像一团火似的，染红了天空。

我和胡萍一边走着，一边眺望天空。我们看到天空那么红，那么鲜艳，不禁拍起手，高兴的劲儿就别提了！

晚霞是由这一组、那一组的小彩云组成的，它们把胡萍的脸映红了。

我抢着说："这块彩云像骏马在奔驰，那一块云像房子。"胡萍又说："这一块云像房顶上的红瓦。"我看了看她指的那块云，兴奋地回答："对！"

慢慢地，晚霞变淡了，又过了一会儿，彩云消失了，整个校园渐渐暗了下来。

（袁丹）

班上年龄最小的吴洲更是可爱，他学会了连续地观察同一事物，能看出事物细微的变化。"远看，柳树枝像鹅黄色的飘带，在天空飘舞。""走近一看，飘带上有许多像米粒一样大的黄绿色嫩芽。"第二天又写到"'小米粒'悄悄地发芽了，像一个个浅绿色的小喇叭"，而且他还和柳枝对起话来。

柳树日记

（一）

前几天，我看见柳树的树枝、树干都还是褐色的。这两天，我路过友谊桥，发现柳树发芽了。远看，柳树枝像鹅黄色的飘带，在天空飘舞。走近一看，飘带上有许多像米粒一样大的黄绿色嫩芽。春姑娘把春风、春雨送到人间，给柳树披上了新装。

（二）

今天，我发现柳枝上的"小米粒"悄悄地发芽了，像一个个浅绿色的小喇叭。褐色的柳枝也发芽了，微风吹过来，柳枝摇晃着身子，好像在得意地说："我比前几天美多了。"

（三）

这几天柳枝起了变化，"小喇叭"长成了树叶，树叶中开了花，像稻穗的颜色，绿中带黄。柳枝长得更美了，像个怕羞的小姑娘似的，不好意思地低下了头。

（四）

这几天，柳树的叶子越长越多，也越长越大，柳枝一片绿色。风吹得长长的柳枝摇摇摆摆的。树叶中的穗儿开了一朵朵小白花，风轻轻一吹，纷纷扬扬，满天飞舞。

（吴洲）

开放的语文教学，开启了学生智慧的源泉，提高了学生的语言表达能力。在这翻腾着绚丽浪花的源流面前，孩子们积极展开思维活动，使用了那么多鲜明而富有感情色彩的词语，写出了一篇篇颇有灵性的观察日记。他们运用了比喻、拟人等修辞手法，非常生动地描写出大自然的勃勃生机。那字里行间更是流露出孩子们对大自然的无限热爱。在这丰富多彩的广远情境中，孩子们感受良多，真是"一切景语皆情语"。

随着学生年级的升高，我有意识地挑选社会生活的场景，精心设计观察程序，引导他们深入地观察。我常常选取社会生活的光明面，选择那些美好的人和事，让学生在了解社会的过程中，受到社会健康风尚的熏陶感染。当然孩子们也应该知道"丑"，只是小学的孩子毕竟小了一些，因此情境教学主张用"美"首先去占据儿童纯洁的心灵，用"美"去滋润他们的心田，从而引发他们对一切美好的人和事的爱，进而去崇尚美，追求美。有了"美"的铺垫，再认识"丑"，他们就会因为爱"美"而鄙视"丑"，进而憎恶"丑"。

记得孩子们在三年级学习建筑物这个单元时，我让他们观察了新建的汽车站，又去观察市图书馆。我仔细设计程序，使学生渐入佳境。

以观察图书馆为例。我首先让他们在图书馆门口观看整个建筑的全貌，然后观察进出图书馆的读者，尤其注意观察借到书的人迫不及待地边走边翻书的形象。

参观图书馆有两条路线，为了渗透人文精神，我没有按常规路线从一楼阅览室，书库藏书，到二楼阅读室，书库藏书……而是从一楼到三楼先集中看书库，从现代到古代，从中国到外国。孩子们不约而同地小声说着："真是知识的海洋啊！"我特别让他们注意《马克思恩格斯全集》和《鲁迅全集》，孩子们为作者一生能写这么多书而惊叹不已。再来到古籍书库，他们又对一本线装书感到好奇。当听到管理员对《全唐诗》的介绍时，孩子们说："我们背的一点儿古诗真是个小数点。"民族文化的博大精深震撼着孩子们幼小的心灵。

我们接着去了阅览室。我让孩子们在门口停留片刻，注视一下门旁马克思的一段语录："科学的道路上是没有平坦大道的，只有在崎岖小路上不畏攀登的人，才能到达光辉的顶点。"孩子们读着，若有所悟地点着头。

然后我提醒他们："阅览室里的读者正在崎岖的小路上攀登，我们一起去看看他们是怎样专心读书的，但千万别打扰他们。"孩子们会意地踮起脚尖，蹑手蹑脚地走进阅览室。

他们亲眼看到，在那静谧的阅览室里，读者们专心致志阅读的情景。不一会儿，在我的示意下，孩子们又一个个蹑手蹑脚地走出阅览室，他们惊喜地小声告诉我："李老师，这些叔叔阿姨真是太专心了，我们走过他们身边，他们连眼皮都不抬。""我站在一位叔叔背后，想知道他在看什么书，然后我又弯下腰，想看看书名，他竟然没有发觉。"……

观察活动最后，我鼓励孩子们亲身体验一下在图书馆当小读者的乐趣，他们兴奋地欢呼起来。一走进儿童阅读室，他们就不约而同地静了下来。在美好的憧憬中，他们当了一回专心的小读者，内心充满真切而细腻的情感。在作文课上写《参观图书馆》时，他们写出了自己的感受和想象，有的甚至还穿插了议论，抒发了情感。

我深感，对社会生活中的典型场景的观察，是丰富儿童幼小心灵的有效举措。我们可以在不经意间展现榜样的可敬，使鲜活的生活画面嵌入儿童的精神世界中。

儿童在校五年(当时为五年制)，观察的内容是丰富多彩的。无论大自然的景象，还是社会生活的画面，都是真实的情境，都是经过优选的，是鲜活的、充满美感的，是蕴含着教育者意图的情境。

社会生活并不是纯客观的，每个人对生活都有各自不同的感悟，儿童也不例外。如今，他们的童年生活更是童趣无穷、诗意无限。这当中充满着纯真的情感、跃动的智慧，甚至是可贵的精神，但是儿童自己往往意识不到。因此，作为教师，我常常启发他们注意体验自己的生活。

校园里：当清早国旗升起来的时候，无数只小手并拢五指，高举在头上，向国旗行礼。鲜艳的五星红旗和千百条红领巾一起在晨风中飘动。此刻，我强烈地感受到，眼前的小学生是民族的希望。课间我问孩子们："升国旗时你们为什么不说话？你们双眼望着国旗高唱着国歌，心里怎么样？"我还教给他们一首小诗，他们很感动，也发出了同样的心声："祖国，我的妈妈，为什么我的爷爷、爸爸也这么称呼您?! 哦，老师让我们明白了，您是我们大家的妈妈，我们是您最小的儿子，我们从小热爱自己的妈妈。"孩子们从中体验到自己对祖国母亲的热爱。所以，引导儿童体验自己的内心世界是很易于激起他们的美好情感的。

阳台上：我和孩子们把小鸟放回蓝天。我身边的小姑娘是小鸟的主人，她含着泪水望着小鸟远去的身影。我提醒她："你为什么想把小鸟放飞？你想和小鸟说什么？"她可以体验到自己对小鸟的依恋，但为了小生灵她选择了舍弃。后来她把自己的心情写在了一篇日记上："小黑鸟，你为什么不唱歌？你一定是想你的妈妈了。我真舍不得离开你。但是我知道你喜欢蓝天，喜欢你妈妈垒在大树上的窝，讨厌我这窄小的鸟笼，我这就打开鸟笼。你看，我已经哭了，为了让你飞回蓝天，飞回妈妈的身边……"

对于发生在儿童生活中的一件小事、一次对话、一个场面，教师的体察和关注可以引领他们去体验，从而赋予这些生活画面以典型的意义。

我还常常把孩子们观察到的情景再现到课堂上，使课堂变得有情有趣，并激发了孩子们的表达欲望。不知不觉中，有时甚至在游戏中，在师生对话中，他们运用语言的能力得到了很好的训练。

如此引导儿童体验自己的生活，他们也学会了关注自己的生活，观察他人，从而加深了对自己生活的体验。

记得中国乒乓球健儿囊括七项世界冠军的日子里，我想这样的大事让孩子们去关注，甚至去参与相关活动，他们一定会欢呼雀跃。事情的结果极大地丰富了他们的生活，让我惊喜不已。下面是我当时的随记。

从南斯拉夫伏伊丁那体育中心传来喜讯，中国乒乓球健儿囊括七项世界冠军。我是那样急切地向孩子们报告着。爱插嘴的小吴洲说："李老师，您的脸都讲红了。"我自己也感到面颊发烫，火热的爱国之情在心头燃烧。我继续用豪迈的语调讲下去："赛场上升起了庄严的五星红旗，乒乓球队的叔叔阿姨们在我们的国歌声中走上领奖台，伟大的中华人民共和国的名字，又一次镌刻在那辉煌的奖杯上……"我的话还没有说完，好多小手举起来："我们全班赶快写封信祝贺！""不，全班一封信太少了，一人一封，才带劲儿！"一双双快活的眼睛告诉我，他们的心，正在为祖国的荣誉而欢跳……小路是个小球迷，若有所思地说："要是能捎上一点儿礼物该多好！""是啊！"大伙也这么说。我顺着孩子们的思路给他们出了一道难题："要知道叔叔阿姨是不喜欢我们乱花钱的，那该怎么办？"

第二天，晨曦初露，就有人来敲门。啊，是我的学生，一个可爱的小姑娘。她拿着两朵花，认真地说："老师，这是我自家种的长春花，我挑了两朵最大的，一朵送给叔叔，另一朵送给阿姨，愿我们的体育事业像长春花一样永开不败。"多美好的祝愿！我激动得不知说什么好，只是紧紧地挽着她的手，一起向学校快步走去。

教桌上早已放好一大沓信，孩子们都围拢过来。小峰，一个聪明的小男孩，他拿着一幅他自己画的毛笔画，走到我的面前说："李老师，我画了一座宝塔，祝愿叔叔阿姨更上一层楼！"

"老师，我多么希望插上一双翅膀飞到叔叔阿姨身边，表示少先队的祝贺，所以我寄上两根小鸟的羽毛，作为我的礼物。"

"我没有什么礼物，只有几块从江边捡来的小石子，向叔叔阿姨表示一个在长江边长大的孩子的心意！"

"还有我！"一向胆怯的小苇也挤到我的身边，小心翼翼地打开手帕，细声细气地说："李老师，这只小小的玉蝴蝶，是爸爸过生日那天，奶奶送给爸爸的；我过生日时，爸爸又把它送给了我，如今我要把它送给叔叔阿姨留个纪念。"……啊，我被孩子们美好、真挚的情感深深感动了。这些普普通通的小花、羽毛、石子、玉蝴蝶，顷刻间在我的手中变得沉甸甸的了。我无法掂出它们的重量——其间渗透着孩子们的感情，那纯真、朦胧的他们对祖国热爱的情感以及民族自豪感。引导儿童体验他们自己经历的许多生活场景，最易于培养他们细腻的情感。

情境教学经常开展的有目的的观察、体验活动，培养了孩子们留心观察周围世界的习惯。他们通过在粗略观察的基础上，逐步趋向精细观察和深入感受这样一步步的训练，逐渐变得敏锐起来。从大自然到社会生活乃至艺术作品，每一个方面的观察虽然不可能齐全，但孩子们对我们这个大千世界的各个方面或多或少有了一定的具体感受。家乡山川田野的美景，社会生活中光明美好的场景，学校生活中沸腾欢乐的画面，都给孩子们留下了鲜明的印象。这不仅是最生动的语言学习，而且也是美的享受、智慧的启迪。语文教育走进生活，在这千姿百态的活生生的情境中，使孩子们感受大自然无与伦比的美，感受生活的丰富多彩，使他们身心怡然。资深学者鲁洁教授评价道："学校教育源于生活，儿童进入学校以后，就进入另外一个抽象的符号化的世界。这是一个综合性的难题。李老师做的研究就在探索一条途径，寻找到一个中间的东西使它能够与生活连接起来。"

开放的语文教学实践，让我顺其自然地连接了符号认知与生活感受之间的断层，这不仅让儿童在生活的真实中看到课文描写的情境，而且又为儿童提供了生动的作文题材，拓宽了儿童的视野，同时也让他们受到美的熏陶和智慧的启迪。一次次情境的观察与感受，在儿童记忆屏上留下了众多的印象。这为儿童的想象与思维活动提供了极其丰富的材料，使他们可能去组合、创造新的形象，伴随着形象，带着热烈的情感去想象、去思维。这对于正处于大脑发育阶段的儿童来说，是多么重要的智慧养料。教学与儿童发展的新景象，让我更深地感悟到刘勰在《文心雕龙》中阐述的"情以物迁""辞以情发"，揭示了客观外物与人的情感、与语词之间相互影响、相互触发的关系。这八个字从字面上虽未提及人的思维，但却非常形象地揭示出诗人创作时情感与思维、形象的不可分离，相互渗透，相互作用的关系。中国文化精华在小学教学改革起步之时，给了我极大的启示，使我寻找到了一条具有中国特色的语文教学改革之路，迈出了可喜的一步。

（二）概括"形真、情切、意远、理寓其中"的四大特点

吸纳民族文化的"意境说"，结合教学实践，逐渐形成了情境教育鲜明的个性特点和独特的优势，那就是"形真、情切、意远、理寓其中"。

情境教育受到学生的普遍欢迎。生动丰富的环境可以使学生活动其中，感受到学科学习的"易""趣""活"，并且因触及学生的情绪和意志领域，极大地提高了课堂教学的效率。在情境课程实施中，学科课程不再是那薄薄的一本教材，不再是那没完没了的单调重复的各种习题和可有可无的乏味的问答；学生的视野、学生的思想，也不再被禁锢在小小的

教室里；那丰富有趣的教学内容、鲜明生动的形象、真切感人的情意以及耐人寻味的哲理，使教学变成具有吸引力的、有趣而有意义的活动。而这些都是由情境教育本身具有的"形真、情切、意远、理寓其中"的特点所决定的。

1. 形真

儿童往往是通过形象去认识世界的。小学各科教学内容都是源于生活，基本上都具有鲜明的形象。典型的是语文学科，由于课文语言本身是抽象的，如何通过语言文字，让学生仿佛看到课文描写的形象，受到感染，同时又通过所感受的形象体会语感，加深对课文语言的理解呢？情境的创设使课文的语言镶嵌在特定的情境中；语言的符号转化为鲜明的形象，使学生如入其境，可见可闻，产生真切感。学生只有感受真切，才能入境。叶圣陶先生曾指出："作者胸有境，入境始于亲。"课文中无论久远年代的历史人物、异国他乡的角色，还是自然界的山山水水、森林草地，都一下子推到学生眼前；无论那山谷间瀑布的轰响，大榕树下鸟的鸣叫，还是小茅屋里，月光下贝多芬为盲姑娘弹奏的《月光曲》，连同凡卡给爷爷写信时轻轻地哭泣……通过情境教学，学生都仿佛听到了情境缩短了久远事物与现实的时空距离，增强了形象的真实感，引起了学生对课文中的人物事件的关注，产生了细致的情感体验，对课文语言的感受也随之敏锐起来。

在数学学科中，只要将教材内容与生活链接，就更易于使学生感受到数学在实际生活应用中的价值，使抽象的数学变得可以看得见，也可以摸得着。即使是模拟的情境，同样可以给学生真切感。

形真，便是情境课程的第一特点。但这并不意味着所有情境都必须是生活中真实形象的再现。因此，所谓形真，主要是要求形象富有真切感，即神韵相似，能达到"可意会，可想见"。如同京剧中运用的白描手法一样，演员操一把船桨，就表示船在水上行驶；挥动着一根竹鞭，就意味着跃马奔驰……虽是如此简易，但观众在台下看，却如同真的一般。中国画里的白描、写意，简要的几笔勾勒出形象，并不要求工笔重彩、细描细画，看来同样真切、栩栩如生。情境教学以音乐渲染形象，以扮演显示形象，以图画再现形象，也是同样的道理。以"神似"显示"形真"，如数学学科中"认识三角形"一课，学生分别扮演直角、锐角、钝角，作为三角形家族成员；扮演者只是分别戴上不同的三角形头饰，做自我介绍。人格化的三角形让学生从模拟的形象中生动地感受和理解了三种三角形的异同，不但运用起来方便易行，而且这样的形象更具有典型意义。

由此看来，形真并不是实体的复现、忠实的复制或照相式的再造，而是以简化的形体、暗示的手法，获得与实体在结构上对应的形象，从而给学生以真切之感。

2. 情切

情境课程的鲜明目标，是为了促使儿童心理品质、智能及个性的和谐发展，其中包括儿童的情感。儿童是世上最纯真的人，他们的情感易于被激起，一旦他们的认识活动伴随着情感，就会产生一种向着教学目标的"力"。学科情境课程是利用生动形象的场景，以激起儿童的学习情绪为手段，连同教师的语言、情感、课堂气氛形成多维的整体情境，从而作用于儿童的心理，进而促使他们主动积极地投入整个学习活动。情境课程正是抓住促进儿童发展的动因——情感，展开一系列教学活动的。这就从根本上区别于注入式的教学，使教学不再是被动接纳，而是成为儿童主观所需的，教学过程也成为他们情感所驱使的主动发展的过程。情境课程贵在以教师的真切情意去感染儿童，从而激起儿童相应的情感，所以情切是情境教学的又一特点。

"以情动情"是教育的共同规律，情境课程更是如此。教师的情感对于学生来说，是导体，是火种。教师要善于将自己对教材的感受及情感体验传导给学生。记得我教授"桂林山水"一课时，自己曾经游览过的漓江风光又再现眼前，那奇特秀美的山光水色给我久远的美的感受，我深深地为祖国有这样的山河而自豪。所以教学伊始，我便让学生说出我们祖国大地上的名山大川。因为是在谈"美"，他们显得兴致很浓。随即，我热情洋溢地告诉他们，我亲眼看到许许多多的外国朋友，他们成群结队不远万里来到我们祖国的桂林，因为桂林山水天下第一。丰富的美感与民族的自豪感充溢着我的心头，连我自己也感觉到语调是那样激动。

学生一下子被吸引住了，带着对"美"的向往进入课文情境，积极主动地学习课义。

诗人郭沫若在酝酿他的名篇《地球，我的母亲》时，激动地脱下鞋，赤裸着双脚在大地上行走，恨不得要弯下腰亲吻大地。"地球"确是"我的母亲"的强烈感受使诗人激动不已。我们教师，虽不是诗人，但也需要进入课文情境以自己的真情实感激起学生的情感。所以我教授有关祖国山河、风景的课文时，祖国的山山水水仿佛是长长的画卷展现在我的眼前，而我和学生们便同在这画中。上课时，我通过假想旅行创设情境，犹如真的一般，带着学生"行进"在祖国大地上，"饱览"着祖国山河的壮丽。

同样在其他学科中，情境的美感激起学生热烈的情绪，以情生趣，以情激情，是学科情境课程共同的特点。

由于情境课程"以情为纽带"，真情在师生之间传递，因此，我们会看到学生发自内心的微笑，也会看到他们深情的泪水顺着脸颊情不自禁地淌下。学生始终保持着饱满的学习情绪，对事物的是与非、美与丑普遍地有一个比较正确的标准，这不能不归于情境课程中的情感因素的积极作用。

情境课程是以教师的情感去感染、激发学生的情感，这些往往通过教师的言语、眼神表现出来。教师情感的流露都真切地表现为教师对学生饱含的希望和期待，可见教师的情感可以成为促使学生心理品质发展的因素。

可以说，"情"是情境课程的出发点，也是追求的目的和归宿所在；而作为其教育目的或归宿的"情感"，则表现为层次更高级、内涵更丰富的理想、道德、信念、意志等，是一种强大的情意力量。

刘勰在《文心雕龙·情采》中指出"情者，文之经"，主张"为情造文"。在情境课程中，我们把"情"看成教育教学活动的命脉和儿童教育的"魂"。在情境课程的操作要义中，我提出"以情为纽带"；在构建情境教育的基本模式中，我提出"缩短心理距离"，消除教师与学生、学生与教材之间的隔膜与陌生感，在师生间创设一种亲、助、和的人际情境；在课堂上，我主张创设美、智、趣的教学情境，从而使学生对教师感到"亲"，对教材感到"近"。由于"亲"和"近"，便会产生"爱"，从而让学生的活动进入"最佳的情绪状态"，把认知与情感、学习与审美、教育与文化综合地体现出来。

情境课程情真意切，促使儿童的情感参与认知活动，充分地调动了儿童学习的主动性。儿童的思维活动进入最佳状态，迸发出令人惊喜的智慧的火花，而潜在的智慧在优化的情境中得到了很好的显露。"让情感进入课堂"的教学境界，通过情境教学这一模式得到实现。

3. 意远

每一篇教材的内容归根结底来源于现实生活。情境教学、情境教育取"情境"而不取"情景"，其原因就在于情境要具有一定的深度与广度。情境课程提出"意远"的特点，就是受"意境说"的影响、启迪。刘勰指出："文之思也，其神远矣。"情境课程主张与斑斓的生活相通，使所创设的情境意境深远。

情境课程的"意远"拓宽了儿童的想象空间。情境在很大程度上是属相似模拟，粗略而简易，为儿童留有宽阔的想象余地。这使我联想到一位儿童剧场的创始人阿里斯女士所说的话，她认为：儿童剧场的背景和装扮若过于逼真，孩子们就没有想象的余地了，因而不能促进他们想象力的发展；今天教育的欠缺就在于现实化，在于没有发展孩子想象力的余地。

情境课程讲究"情趣"和"意象"，因此，它不可能图解式地、机械地运用情境。情境总是作为一个整体出现在学生的眼前，而且为学生开拓了广远的想象空间。诗人艾青曾说过：想象是经验向未知之出发；想象是此岸向彼岸的张帆远举，是经验的重新组织。因此，情境课程总是把教材内容与生活情境联系起来，如此由近及远，由此及彼，由表及里，由今及昔，以至未来……

在具体的课程中，我们常常把儿童带入广远的境界，拓宽他们的思维空间，让他们伴随着情感进行思维活动，把观察与思维结合起来，把观察学科实践活动与想象结合起来。例如，教授数学"圆的周长"一课时，在"意远"的导引下，教师让学生利用搜集到的"神舟"五号的相关数据设计了应用题。教师让学生的联想活动、想象活动与逻辑思维积极展开，并让学生扮演"神舟"五号设计组的小助手，选择最佳的方法测量"神舟"五号飞船飞行轨道的周长。在此情境中，学生急切地寻找答案。

教师在教学中没有明确提出要研究"圆周长的计算方法"，而是创设了让学生测量飞船飞行轨道周长的现实而又广远的情境，有效地促进了学生思维的积极活动。

再如，在教授"数字化解读"一课中，教师联系"我感动、我行动"的主题教育活动，让学生结合"感动中国十大人物"的先进事迹开展"数字化解读"，将与"感动中国人物"有关的数据编写成题目。

教学实践表明，在广远的意境中，儿童的想象力显现得极其惊人和美妙，而且广远的情境加深了他们对事物本质的认识。例如，教师让三年级学生写想象性作文《海底世界漫游记》。由于情境的广远，学生创作动机被激起，两节习作的课间，学生竟肯不休息。直至放学，学生还津津有味地想象着、写着。后来，教师让他们在观察日记中继续写。最终，学生连续写了六七篇，有的甚至写了9篇。想象给学生带来了创造的快乐，这让教他们语文的我深感学生的思维是长翅膀的，学生的思维是会飞的。有了形象的感染，有了具体的感受，形、情、理就交织在一起。正如《文心雕龙》所言："视通万里"，"思接千载"。

情境课程讲究"情绪"和"意象"。情境总是作为一个整体，展现在儿童的眼前，造成"直接的印象"，激起儿童的情绪，又形成一种"需要的推动"，成为儿童想象的契机。教师可以凭借学生的想象活动，把教材内容所展现的与学生想象的情境联系起来，从而把学生带到课文描写的那个情境中。情境教学所展现的广远意境能够激发学生的想象，而学生的想象又丰富了课文的情境。学生的联想及想象能力也在其中得到了较好的发展。

4. 理寓其中

情境课程所呈现的鲜明形象，抒发了的真挚情感，开拓了的广远意境，三者融为一个整体，其命脉便是内涵的理念。情境教学失去理念如同没有支柱一样，站不起来，深不下去，只能是内容贫乏、色彩苍白的花架子。例如，上面提及的《桂林山水》，其理念便是祖国山河的锦绣，而漓江的山水则是这锦绣山河中的明珠。《詹天佑》则表现了一个爱国者不畏千难万险，在崇山峻岭中创造奇迹的事例，表现了詹天佑火热的爱国心。可以说，情境课程所蕴含的理念，便是教材蕴含的理念。

数学、科学常识以及音、体、美学科，从严格的意义上来讲，每门学科的教材都蕴含着理念。就拿"水"这一节科学常识课来说，它不仅是让学生认识水的三态，而且渗透着"水"连同世间的一切事物都是变化的理念。把握住这一点，教师教学时就会让学生从大海、长江、小河、湖泊、瀑布的不同景象，以及雨、雪花、冰雹、云朵、水蒸气的不同状态，对同一个事物的多种变化加以体会。又如，美术课"三原色"不仅是让学生认识红、黄、蓝三种颜色，而且要让学生了解三种颜色还可以演变成其他的多种颜色，并掌握具体操作的方法。其理念则是让学生知道色彩是丰富多变的，并且逐渐培养学生对色彩的喜爱和敏锐的感受。在这一理念的引导下，教师上课就会示范，也会让学生尝试，并发现仅仅是黄和蓝就能画出春天嫩绿的树、夏天碧绿的树、冬天苍翠的松柏等。由此学生收获的就不是一个孤零零的知识点，而是丰满的既有现象又蕴含本质特点的，与其他事物联系在一起的活的知识体。再如，在音乐课上，每一首歌都是通过内容抒发情感的，其间的思想感情掌握了，就更易于表达歌曲的情感。因此，情境课程的"理寓其中"，正是从教材的理念出发，由教材内容决定情境课程设计的思路和形式。因此，教学过程中创设的一个或一组情境都是围绕着教材理念展现的。

情境课程形真、情切、意远、理寓其中的特点，恰切地彰显了情境教育蕴含的民族文化的意蕴和独特的风格，四大特点既提出"形真"，又讲究"意远"，既突出"情切"，又强调"理寓其中"，正确体现了理性与感性、认识与情感的相互关系，使情境教育蕴含了朴素的哲学意味。情境课程充分利用形象、情感激活儿童的思维，提高儿童的悟性；情境课程蕴含的理念，又促进儿童在学习过程中达到形象思维和抽象思维的相互补充、相互促进，进而促进儿童素质的全面发展。

（三）提出情境教育操作"五要义"

1. 以"美"为突破口

各科教学都有促进学生素质全面发展的任务。如何付诸实践呢？又从哪儿入手呢？作为一名教师，我们必须在不同层面上为学生今天的需求、明天的发展着想。

其一，教育不仅为了学生能学习，还为了学生能主动地学习，并在主动学习中，激发他们创新的欲望，让他们迸发出创造的火花；其二，教育不仅为了学生文化知识的习得，还为了丰富学生的精神世界，并让他们在学习文化知识的同时，学会做人；其三，教育不仅为学生的明天做准备，还为了让学生今天获得本该属于他们的最初的幸福人生，并在幸福的学习生活中，获得更多的感悟，身心得到充分发展。

试想，这三个层面，哪一个层面能丢弃"美"？缺乏美感的教学，会使课堂教学变成没有情趣的、单纯的符号活动。我们的教育倘若能让学生获得一种美的享受，这对于他们的发展必将产生深远的积极影响。于是情境教育选择了以"美"为突破口。实验班的课堂教学充满着魅力，充满着师生间生命对话的勃勃生机，学生幼小的心灵得到润泽。实践与研究的事实表明，从"美"着手，体现教学的美感性，让学生从小受到美感的陶冶及完美人格的培养，并激发他们创新的欲望、培养他们创新的精神，由此可以走出一条素质教育的路来。

怎样以"美"为突破口呢？

(1)再现美的教学内容

我们每天所教的学科，本身都渗透着美，蕴含着美。小学语文教材中那些诗歌、散文、童话、寓言，连同那些常识性课文，都表现了美的人、美的事、美的景或美的理念。教学时，只有让儿童感受到形象的美、语言的美、行为的美，才能使他们从中领悟到杰出人物的人格力量、伟大精神，包括课文中描写的自然之美和艺术之美；只有让儿童充分感受其美，并为之感动，使之深深地烙印在他们幼小的心灵上，才能影响着他们人格的形成和潜在智慧的发展。而数学则以严谨、冷峻来表现其美。

数学的公式，表现了宇宙的秩序；数学的计算、图形则表现出简洁的美、逻辑的美、创造的美。数学教学若能再现其美，可以将数学推向一个崭新的，甚至是一个净化了的真理的境界。因此，小学数学教学应重演数学家和劳动大众创造、应用数学最初阶段的那个情境，再现其美，让儿童如临其境。类似的诸多案例表明，只要数学与生活相通，强化对数学的感受，再现数学的美，是不难的，也是必要的。

(2)运用美的教学手段

教学手段实际上是一种媒介，通过它再现、强化、传递教学内容，实现教学目标。我曾经提出"让艺术走进课堂教学"的观点。图画是空间中沉静的美，音乐是时间中流动的美，而戏剧则是生活时空中动静结合的美。在课堂教学中，要以美为突破口，可以通过图画、音乐、戏剧这些艺术的直观与教师的语言描绘相结合的方式，再现教材描写的、表现的、蕴含的美，让学生经历作家创作时或编写者撰写教材时进入的那个情境和思维的轨迹。这样，教材所表现的、阐述的、涉及的相关情境，就通过图画中的色彩、线条、形象，音乐的节奏、旋律，表演中的角色、语言、情节等让学生充分地感受到。教学手段的美感，作用于儿童的感知觉，必然丰富了儿童的表象，激活了儿童的思维、联想、想象、情感的活动。

(3)运用美的教学语言

教学语言对于儿童的感知活动、思维活动、情感活动都起着主导与调节支配的作用。儿童的心弦，往往是被美的教学语言拨动的。教学中具有美感的教学语言，往往再现了教材描写的情境；或是联系了儿童的生活经验，激发了他们的学习动机；或是利用儿童的联想、想象，把他们带入向往的境界；或是引导儿童对美的实质的理解、对教材语言美的鉴赏，连同对教材表现的"美"与"丑"的评判。也就是说，富有美感的教学语言，要么让学生感受到美，要么让学生联想到美；要么引导学生去追求美，要么启发学生领悟到美。

总之，美的教学手段和美的教学语言的运用，再现了美的教学内容，给学生带来审美的愉悦，深深地吸引着学生，激起他们的"情"与"智"，因为良好的感觉使脑的信息传递更加顺畅，从而有效地促进了知识的掌握、能力的形成，以及健康的审美情趣和道德情感的发展。

2. 以"思"为核心

儿童的语言活动、认知活动、情感活动，无不受其思维活动的支配、调控。因此，情境教育从儿童发展的明天考虑今天的教学，在理论构建上提出以"思"为核心，促进儿童素质的发展，主张教学应始终以儿童的思维发展为核心，设计组织教学过程，努力把儿童教聪明，并把发展儿童的创新精神作为不懈追求的目标。

(1)倾注期待，使儿童在最佳的心理状态下积极思维

儿童的思维活动往往受到外界环境的影响，在他们感到有心理负担、受到压抑时，便处于抑制状态。教师热情的期待和鼓励，在儿童的心理上，形成一种使他们自身潜在力量得到最大限度发展的倾向，这是一种促使他们自身发展的了不起的力量。如果我们向一些上课不太发言的儿童调查原因，他们会委屈地告诉你："我怕说错了，老师批评。"不少教师对学生的错答是不留情、不宽容的。看上去是"严"，实际上它的负面效应是很大的。于是不少学生干脆呆坐着，不尝试，不探究，不问，也不答。这样，思维的惰性就日渐形成。

情境教育实验班的教师以"爱生乐教"为座右铭。教师在教学时，掩饰不住内心的深情，通过眼神、笑容、爱抚去激励、唤醒、鼓舞学生，殷切地期待学生，坚信学生一定会成功。因此在实验班中，学生在课堂上大胆提出问题，争先恐后地发表自己的意见。热烈的谈话和欢乐的笑声不时地从教室中飞出。学生从教师的爱中获得信心和力量。这种信念往往转化成一种积极向着教学目标的驱动力，使学生情不自禁地对储存在大脑里的信息、印象进行检索，并加以沟通组合、叠加，使他们的思维活动进入最佳心理状态，最终迸发出智慧的火花。此时，教师再给予热情的称赞，使学生体验到自信，感受到动脑的快乐、创造的喜悦，在这经常的期盼、激励中，儿童会逐渐形成激发自我潜在智慧的心理倾向。

(2)启迪想象，在宽阔的思维空间中提高儿童的创造性

情境教育追求的不仅是在审美的乐趣中，使学生有情有境地感知教

材，而且还要发展学生的创造才能。素质教育特别强调学生创新精神的培养，其意义是十分深远的。创新精神的培养与儿童大脑的开发有着密切的联系。情境教育强调对教材形象的感受，强调师生情感的交融，这样"形"与"情"恰恰作用于大脑，从而有效地激活儿童的大脑。形象越鲜明丰富，大脑越是兴奋；感受越是敏锐，形象思维活动也越是活跃。情境教育同样注重符号操作等发展抽象逻辑思维的学习活动，这就很自然地促使大脑左右两半球协同作用，从而利用两半球协调的"合作关系"，最终发挥全脑功能。

几十年的教学实践使我一次又一次地为儿童的创造力所震撼。他们给了我很大的启示，儿童的创造活动是在宽松的、无拘无束的氛围中进行的，而教师的宽容、期待、激励，是儿童创造的至关重要的诱发因素，会给儿童带来敢于创造的勇气、乐于创造的热情、"我能创造"的自信以及创造成功的快乐。当然，儿童的创新并不意味着发明什么，而是重在激发创新的欲望，着力培养创新的意识、创造的精神。

(3)设计训练，将创新精神的培养落到实处

小学教育要为儿童打下知识与能力的基础，各个学科的训练是不容忽视的。然而"练什么""怎么练"才能促进思维的发展，尤其是怎样有利于创新精神的培养，是大有讲究的。练要练得精当，只有精当，才能促进学生有效的思维活动。那些标准化、考试式的习惯训练，便是忽略了通过练习来促进思维发展的核心问题。学生形成强烈的情绪，其大脑的优势在兴奋中形成。这时，教师应充分利用"兴奋"，让学生带着兴奋的情绪思考问题，让学生产生"超越障碍"的力量。事实表明，在优化的情境中，儿童潜在的创造性易于表现出来。教师及时加以肯定、鼓励，使学生潜在的创新能力得到发展；教师需要结合学科特点进行训练，变复现式的记忆为创造性的训练。

在语文教学中，情境教育主张结合词语的训练，培养思维的准确性；运用修辞手法，丰富思维的形象性；通过篇章的训练，发展思维的有序性；在综合性的语言训练中，培养思维的灵活性和广阔性；通过想象性作文，发展思维的创造性、求异性。

在数学教学中，情境教育主张结合计算的熟练运算，训练思维的敏捷性；结合几何形体的学习，发展思维的形象性；结合应用题的演算及自编，培养思维的创造性；结合公式定理的探究，培养思维的逻辑性。此外，教师还利用情境进行趣味计算、演算竞赛、小博士解难题、一题多解小比赛，以及模拟操作、现场实地操作、符号性趣味操作来发展学生的思维能力。情境教育主张儿童的学习过程应成为思维发展的过程，使他们创造的才能在宽阔的思维空间中获得充分的发展，并让他们感受到动脑创造的快乐。

3. 以"情"为纽带

我们根据教育教学的远期目标或近期目标，针对儿童的特点，运用图画、音乐、表演等艺术的直观，或运用现实生活的典型场景，直接诉诸儿童的感官。艺术手段的力量，优选的现实生活场景的美感，正符合儿童的兴趣和需求，且与他们的思维、想象能力相协调。这些虽不在儿童有意注意的中心或焦点，但是这些处于边缘的形象、色彩、节奏、语言等信息和符号，都可以被大脑直接吸收。因为大脑不仅能吸收直接和注意到的信息(处于中心或焦点)，而且能吸收超出即刻注意焦点之外的信息和符号，所以儿童可以对全部感觉到的情境做出反应。其间有物化的情境的作用，更主要的是教师、学生、教材情感的传递。因为大脑优先接受情绪信号。在具体操作中，要牵拉情感纽带，缩短三者之间的心理距离。

(1)教师与学生之间，真情交融

让儿童的情感伴随着学习活动，需要有一个过程，其间包含着儿童的心理历程。儿童的情感就像一条小河，要它漾起涟漪，泛起微波，就需要外力的推动；或者像一只蜻蜓在水上轻轻一点，或者像一阵微风悄悄地拂过水面，那么它就平静不下来。当我们走进课堂时，仿佛觉得自己来到一条清澈的小河边；我们从新课伊始，就要放飞一群"蜻蜓"，送过一阵"微风"，让儿童情感的小河荡漾起来，让儿童对新课的学习形成一种企盼的欲望、关注的心理。不过，只有方法手段，自己没有真情还是不行的。因此，这就首先需要教师倾注真情实感。我们实验班的教师在上课时会很自然地把自己的情感融进去，我们的心和学生的心是相通的，是连在一起的，我们常常是和学生一样全身心地沉浸其中。在教授观察说话课"冬爷爷的礼物"时，我只是简单地围上一条长围巾扮冬爷爷，学着冬爷爷的嗓音，向他们问好："孩子们，你们好！"学生满心喜欢。观察说话的内容变成冬爷爷与学生的对话，巧妙地对学生进行了语言训练、思维训练，而这也是师生之间的一种情感的沟通、心智的交融。

(2)教材与学生之间，引发共鸣

教材对于学生来说，是一个未知的领域。情境教育通过再现教材内容的相关情境，利用角色效应，让学生自己去琢磨、去尝试、去发现，缩短了教材与学生之间的心理距离。因为，情境作用于学生的感官，强化了他们的感受，使他们对教材由"近"感到"真"，由"真"感到"亲"，从而引起共鸣，如临其境。而教材与学生之间情感的桥梁便是教师的情感，尤其是小学语文教材蕴含的思想情感对学生的心灵会产生影响，这就需要教师去传递、去强化，让学生随着教学过程的推进，入情、动情、移情、抒情。

在教授"卖火柴的小女孩"一课时，我让学生写了《假如卖火柴的小女孩来到我们中间》的想象性作文。学生的表述使我感受到，教学活动一旦触及学生的情感领域，必然会获得意想不到的效果。学生深受形象感染后，所表达的对卖火柴的小女孩的关爱，真是感人。这表明从小培养学生生活的幸福感，以及善良、同情心等美好的感情，是完全可以做到的，也是十分必要的。教学的同时就是要教学生做人，尤其是小学语文教材都是"情景交融"的产物。只要教师在教学过程中引导学生去感受、去体验，学生情感的波纹会渐渐地涌动起来。

(3)学生之间，学会合作

情境的优化使学生之间友爱亲密。他们在情境中相互切磋，你提问我回答，你错了我纠正，你优秀我学习，你掉队我帮助，学会互补，学会肯定别人，学会与他人合作。学生在相互交流、协商的人际情境中，逐渐理解合作的快乐和重要性。这种亲、助、和的人际情境，非常有利于学生合作精神、交往能力的培养，而学生的合作、交往又丰富了人际情境。

情感这一纽带是贯穿在整个教学过程中的，师生的情感随着课文情感的起伏而推进、延续、加深，从而与教材蕴含的情感产生共鸣，逐渐理解了爱，理解了美好，追求崇高。课堂教学有了情感纽带的维系、牵动，会变得更富有魅力；学生的学习兴趣得到有效的培养，爱学、乐学的可贵品质日渐形成。

总之，以"情"为纽带，培养儿童的高级情感，既是教育教学的目的，又是促进儿童主动发展的有效手段。

4. 以"儿童活动"为途径

学生，尤其是小学生，在他们身体迅速成长的时候，往往是通过自身的活动去认识世界、体验生活、学习本领的。这就像雏鹰的翅膀是在飞翔的活动中练硬的。因此，在课堂教学中促进儿童素质发展的主要途径，便是儿童活动。

(1)活动融入课程，以求保证

"爱动"是每一个儿童的天性。在生活与学习中，儿童总是喜欢亲眼看一看，亲耳听一听，亲手摸一摸、试一试。应该说，没有儿童期的活动，就不可能迈出人生的第一步。我们的教学理应顺应儿童的需求与发展。在教学实践与研究中，情境教育让活动融入学科课程，在优化的情境中，将知识的系统性、活动的操作性、审美的愉悦性，融为一体。这既可以有效地克服单纯学科课程"重知识、轻能力"的弊端，也在一定程度上弥补了单纯活动课程往往易陷入知识无体系状态的缺陷。情境教育强调通过特定的氛围激起儿童强烈的情绪，让儿童在优化的情境中主动地活动起来，产生动机，充分感受，并展开主动探究、情感体验、比较鉴别、判断正误、模拟操作、语言表达等观察、思维、语言、触摸的一系列活动。活动融入学科课程，使学生的主体地位得到保证，同时又遵循了教材体系。

各科教学在优化的情境中让学生充分活动起来。他们在活动中因为可以显示自己的力量、表现自己的聪明才智而感到无比的兴奋。实践表明，活动融入学科课程，为学科教学增添了活力，为学生发展提供了广阔的空间。

(2)利用角色效应，以求主动

角色决定着人的思维、情感和语言的活动。情境教育利用角色效应，让学生扮演特定的、与教材相关的角色，收到了很好的效果。角色的出现使教学内容与学生更为贴近，让他们以特定的角色带着情感去学习。一名青年数学教师在教授"百分比"时，让学生扮演"爸爸"或者"妈妈"，将家中余钱送到银行存储，算一算多少钱存多少年，可以得多少利息，并交纳多少利息税。教师课后引导学生扮演小储户，把零用钱、压岁钱存到银行，再去算利息，学生越算越带劲。教学与生活紧密相连，不仅培养了学生学习的兴趣，而且使学生从真正意义上理解了数学，增强了学生学科的应用能力。在情感的驱动下，这种"有我之境"可以产生一种巨大的、无形的导引效应。课堂上，只要角色一出现，全体学生会马上兴奋起来，教材中原有的逻辑的和抽象的符号化了的内容，一下子变得生动、形象、真切。这正是在特定的情境下，角色转换所产生的积极效果。

语文课上，角色的扮演是普遍的。在教授"爬山虎的脚"时，我让学生戴上头饰扮演"爬山虎"，将爬山虎人格化，通过"我"和"爬山虎"的对话，进一步认识"爬山虎的脚"的生长特点；在教授"林海"时，我让学生扮演科学考察员，通过课文中描写的林海景色使学生仿佛亲眼所见，然后让学生做考察报告。学生的知识当堂得到综合运用，学得有滋有味。他们情不自禁地按照自己扮演角色的身份、处境去思考、去表白、去操作，根据教材内容和教师、同伴对角色的期待，合情合理地表现出一系列的行为，并用恰切的语言表述出来。学生往日"被动接纳"的角色变成"主动参与"的角色，他们的主体意识在教学过程中有效地迅速形成，并日益强化，从而获得主动发展。

(3)活动结合能力训练，以求扎实

活动融入学科课程；教学过程随着儿童的活动推进；教师利用角色效应进行训练，从而使课堂教学比单一的"灌注式"教学更加丰富。但是在教学过程中，让儿童活动的最终目的并不是简单地追求形式的生动，而是让儿童通过自身的活动，掌握教学内容，让学习与生活应用相沟通，让儿童在乐中学、趣中学、动中学、做中学。我们结合教学内容引导学生进行分析、归纳、推导、联想、想象的思维活动，以及讨论、商量、讲述、对白、演讲、争辩的语言活动，并在比较、鉴别、评价的活动中引导学生逐渐形成辨别、鉴别的能力，在朗读、默读、速读、查找和检索资料以及演示、表演、模拟、操作活动中培养实际应用能力。

活动为儿童开拓了广阔的创造空间。一种更高的追求，一种使儿童能表现得更完美的渴望，随着活动与日俱增。

5. 以"周围世界"为源泉

情境教育根据儿童认识世界、学习语言的规律，十分注重儿童与大自然的接触，引导他们由近及远、由表及里地认识周围世界，全方位地体现了"给儿童一个真实世界"的主旨导向。增设野外教育，特设观察说话、写话课，并列入课程，这就使儿童接触大自然、接触周围世界、保持两个信号系统的平衡得到了保证。通过这些课程的开设，教师带领儿童去感受春天的生机、夏天的繁茂，体验秋天的奉献、冬天的孕育；观察太阳怎样让人类从黑暗走向光明，月亮怎样在云朵里穿行的微妙动态；感受日出的气势、光亮、色彩，体验月行的恬静、温柔和所展现的神话般的想象意境；思考宇宙天体与人间四季变化的因果关系。那春雨的淅沥、雷雨的轰响、晨雾的迷蒙、白雪的纯洁，这些大自然发生变化的景象，实验班都让学生细细地观察过，并在其中领略、品赏、思索。

实验班在带领儿童投入周围世界的怀抱时，从求近、求美、求宽的角度去优选周围世界的生动场景，并因地制宜，在学校附近的田野建立野外活动的基地。在实验班五年的学习生活中，儿童不断地与周围世界接触，充分领略到大自然赋予的美感，逐步认识社会生活。儿童智慧的火花在其间被点燃，丰富的感知广泛地储存了关于周围世界的表象，为第二信号系统开拓了取之不尽的源泉。在此过程中，实验班注意将接触周围世界与认识大自然、启迪智慧以及道德、审美教育有机结合。

(1)渐次认识大自然

周围世界是一个相对的空间，一个由大自然与社会生活构成的光怪陆离的天地。其中，大自然以它特有的丰姿、无与伦比的美感，成为对儿童特别富有魅力的场景。但大自然不宜一览无余地呈现在儿童面前，必须渐次地在儿童眼前揭开它的面纱。就学校门口的小河来说，怎样经常带学生去，而又不重复，只有逐一地、渐次地进行。

一年级开学后，教师把学生带到小河边，帮助他们认识"这是一条小河，一条弯弯的小河""河上有一座桥""河两岸有树、有芦苇"；让学生认识小河的形体、空间位置及岸边的主要景物；让学生坐在小河边静静地听着河水哗哗地向前流去的声音，看着小船悠闲地在水面上摇着，小鸭子也跟在后面嘎嘎地叫着；利用河两岸的树木、河上的鸭子，让学生进行现场数学游戏，为数与形的教学做了必要的且带着情感色彩的铺垫。然后让学生借助河上的景物猜想河底还会有什么。于是，小蚌蛤、小鱼、小石子、小螺蛳、小乌龟，都闪现在学生的眼前——"小鱼巧遇小虾"的童话，"乌龟和螺儿比赛跑"的故事就在这诗一般的小河边，在大自然的怀抱里诞生了。一篇"弯弯的小河，穿过石桥，绕过田野，哗哗地向远方流去"的带有八个生词的小文，一年级刚入学的学生竟然轻而易举地学会了；这些词语带着鲜明的色彩与乐感进入了学生的意识，留下了难以磨灭的视觉记忆。倘若不在这真实的情境中，不通过感官认识小河，文中的"石桥""田野""远方"以及动词"穿""绕""流"要怎样向学生讲解，就是讲了，学生还可能不知所云。

这充分说明，只有第一信号系统提供"资源"，第二信号系统的语言思维发展才有基础。基础丰厚，发展必迅速。以后在这小河边，我们还进行了"小河上吊桥的不平常的经历""我们沿着小河走""小河边的青蛙音乐会""小蝌蚪到哪里去了""小河边的芦苇丛里""小河结冰了""小河畔的野花"的认识。仅在某个小角落，儿童就可以去感受周围自然的美、趣、情。其他的许多场景也都如此渐次地进行，大自然的美貌在儿童的心灵上永远是新鲜的、富有诱惑力的。儿童对大自然的感情，也在这有意无意间日积月累地积聚起来。

(2)潜心启迪智慧

周围世界的某一场景虽然是广阔天地的一隅，但此物与彼物、甲现象与乙现象的变化，以及因与果的相互关系都可以激发儿童的思考。面对具体情境，感觉真切，思维就有了材料，推理就易于找到依据。这对于学龄期儿童的具体形象思维向抽象逻辑思维过渡、发展更为合适。

三年级进行"菜花冠军"的情境作文时，学生亲眼看到了金子般的油菜花、花蝴蝶似的蚕豆花以及那比大包子还要大的野菜花，又闻到春风吹来的浓艳的野菜花的芳香，似乎进入了菜花的世界。鲜明的形象使学生在感觉上获得丰富的源泉，使他们的思维活动积极展开。他们自己提出"菜花比赛，谁做裁判？"又是他们自己做主："请蝴蝶和蜜蜂当裁判。"

在田野上，学生像一群小鸟一样叽叽喳喳地、欢快地讨论："蚕豆花躲在豆叶下，它的谦虚谁也比不上。""油菜花好看，籽多，榨成的油，可以流成河，它才是真正的菜花冠军呢！""野菜花遍地都是，锄不净，挖不完，就是野火也烧不尽，它的生命力是最强的。""菜花比赛"变成了学生思维能力、想象能力和语言表达能力运用的比赛。

至于在观察天体、天象的情境中，儿童思想的活跃就更不用列举了。两个信号系统的平衡，使儿童得以丰富表象，开阔思路。

（3）与道德、审美教育结合

大自然并不是孤立存在的，它若与人相连，就必然与社会相通；涉及社会时就包含着思想道德、审美情趣。因此，在引导儿童认识周围世界时，实验班有机渗透了思想教育、道德教育及美的熏陶。就在那美丽的田野上，从老牛的"哞哞"到拖拉机马达的轰响；从方整的农田到在田野里辛劳的农民；从田野边寥寥无几的低矮的小屋，到耸立在村边的一幢又一幢新建的小楼房；从老街上石子铺成的小路，到今天宽阔繁忙的大街，等等，无不包含着对儿童进行热爱劳动、热爱劳动人民、热爱生活、热爱美丽的家乡、热爱优越的社会主义的生动形象的教育。尤其是带有主题的单元教学中的野外活动，更可以把感受自然美与社会伦理道德教育结合进行。春天去祭扫烈士陵园，烈士墓前的苍松、翠柏、花束、泥土正散发着芳香，宁静的田野盛开着桃花，连同儿童手中的小白花，构成了自然美与社会美交织在一起的生动画面，两者相互迁移，相互强化。因为烈士牺牲的悲壮，更感到松柏的庄严肃穆；因为田野的美好，更感到烈士的丰功伟绩。诸如此类的许多有关热爱祖国的教育，实验班常常是在认识周围世界的过程中相继进行的。周围世界源源不断的思维"材料"是课堂教学取之不尽的源泉；随着视野的拓宽，思维的领域也日益扩大。野外教育已成为进行综合学习和研究性学习的崭新的生动课堂。事实表明，只有保持两个信号系统的自然平衡，儿童的思维才会具有广阔性、深刻性、灵活性的品质。

情境教育正是针对儿童的思维特点和认识规律，以"美"为突破口，以"思"为核心，以"情"为纽带，以"儿童活动"为途径，以"周围世界"为源泉，让儿童在学习的过程中，获得探究的乐趣、审美的乐趣、认识的乐趣、创造的乐趣，从而使教学真正成为生动活泼的、满足自我需求的活动。

三、感悟核心元素的神韵，支撑情境教育理论构架

（一）构建情境教育基本模式，营造儿童学习最佳环境

长期以来，我和儿童朝夕相处，不断地发现儿童身上表现出的纯真情感和美妙幻想。那种永不倦怠的向上性，不可遏制地积极参与的主动性，真是令我叹服。身在儿童中间，我能够不断地感受到散发着花草般芳香的生命的活力。他们总是不停地渴望新的信息，寻求新的信息。儿童潜在的、无穷的智慧，那"沉睡的力量"正在萌动，时时期待着一触即可迸发。在我的心中，儿童是至高无上的。在记忆中，为了研究儿童的学习，我应该度过了多少激情燃烧的岁月和时光。而优选、设计的情境常常以它奇妙的魅力深深地吸引着儿童。

我首先想到情境学习一定要为儿童拓宽成长的空间。我深知，儿童是蕴藏着智慧和具有高级情感的生命体，其成长空间的"宽"与"窄"、"优"与"劣"决定了他们的成长是健壮还是脆弱。我深情地想象着学校与

社会、学校与大自然相连相通的情景，推想着儿童在优化的情境中获得审美享受和道德情感熏陶的场景。进而我又想到在这空间里活动的角色，想象着学生和教师应该是怎样的亲和、快乐的情景。儿童的成长空间不仅是广阔的，而且是宽松的、亲和的，他们在此可以充分活动，可以展现各自的智慧。在实践与理论的融合中，我于1992年构建了情境教育基本模式，终于从"拓宽教育空间""缩短心理距离""保证主体活动""突出创新实践"四个方面，多角度地营造了适合儿童快乐、高效学习的环境。

1. 拓宽教育空间，追求教育的整体效益

儿童成长的环境应该比五六十平方米的教室要宽阔多了。但是长期以来受传统应试教育的影响，教育目标被扭曲，教育空间变得狭小了。在沉重的课业负担之下，校园的高墙以至教室低矮的门窗阻隔了儿童与社会、儿童与大自然的相通。我想，在这样一个狭窄的天地里，怎样培养出适应现代社会、迎接未来挑战的新世纪人才呢？在如此封闭的空间、陈旧的知识以及禁锢的意识笼罩下培养出来的学生，只能"复现"知识，而要敏锐地去感应、接受、发展未来大时空中"辐射"的各种信息，创造新的世界是十分困难的。

无论我们面对的活生生的现实，还是现代的教育论说，都表明儿童的发展需要一个广阔的空间。儿童的生活空间就是他们的成长环境。每一个儿童都是在具体的环境中成长起来的。环境与儿童，构成了一个静态与动态、物质与精神相交织的生长环境。这个环境对于儿童的影响虽然是不知不觉的，但却是极其深远的。

情境教育的创新使学校教育已经不再局限于教室中的课堂教学，从课堂教学走向校园活动，从校园走向校外，而且这样的开放已经从单科走向多科。从课堂这一教育的主体区域延伸开去，想要构建一个开放的儿童学习的空间，让儿童去接触、去认识一个真实而丰富的世界。于是，"拓宽教育空间"逐渐沁入我的教育理念之中。与此同时，我还特别考虑到儿童成长空间的优化，有情有境，富有美感，把各科教学的目标统一在促进儿童整体发展上。将儿童活动空间中的每一个区域，从课堂、校园的各个活动场所以及家庭，构成一个连续的、目标一致的和谐整体，以充分利用环境、控制环境，最终使儿童生活的各个区域以统一的目标求得和谐，促进儿童在快乐自在的环境中健康成长。

通过实践，我归纳出拓宽教育空间的三个渠道：一是通过多样性的教育"周""节"活动，渲染学校欢乐向上的氛围；二是通过主题性大单元教育活动，保证学校和社会、各学科间的相互协调和沟通，以及知识学习和知识应用相融合，扩大教育效果；三是通过野外情境教育活动，不断丰富课堂上儿童智能活动的源泉。教育的现实让我明确了情境教育正是从这三个渠道来拓宽教育的空间，丰富"教育源"的，从而促进儿童的身心发展，使儿童身在学校，而心灵无处不受到滋润、感悟，进而提高教育的的整体效益。所以情境教育的第一个基本模式就是拓宽教育空间，追求教育的整体效益。

在拓宽的教育空间中，教师设计了多种多样的教育活动，使教育具有集合性、连续性，通过整合，强化教育的力度；通过实践，取得了良好的效果。二月的"爱书周"，在新年后刚开学，儿童拿到新书的时候，引导儿童爱书护书，培养儿童对书籍的热爱之情，做到班班有图书角，人人有小书柜（箱），鼓励儿童像小蜜蜂一样钻进书的花丛中博采众长；三月的"学雷锋周"，广泛开展学习雷锋活动，教育儿童以雷锋叔叔为榜样，心中有他人，热心助人，并针对社会弊端着重进行责任心与社会公德的教育；五月的"创造月"，结合国际劳动节，集中进行创造教育，鼓励儿童充分发挥自己的创造潜能，大胆想象，积极创新，广泛开展科技小制作、科学小论文等创造活动，体验创造的快乐；十月的"爱国月"，把热爱祖国的教育作为整个思想道德教育的主线集中进行；圣诞前后的"童话节"，指导儿童读童话、编童话、唱童话歌曲，做童话头饰，扮演童话角色，表演童话剧，让他们走进神奇的童话世界，在其中尽情享受欢乐，插上想象的翅膀，激发创造的热情，把多彩的课外活动在新年的爆竹声中推向高潮……这些"教育周""教育月""教育节"，使我们的积极正面的教育形成了新的教育传统，成为学校文化的重要组成部分。教育的"周"和"节"，每年在相对固定的日子，就像"老朋友"一样如期与儿童相约，从而得以延续，同时在不断丰富中得到强化。

拓宽教育的空间，实际上不仅是丰富了儿童的活动，而且拓展了儿童的学习空间。儿童总是在自身的活动中获得发展，可以说没有儿童的活动，就没有儿童的发展。为保证多样性活动的顺利开展，我们以年级为实体，这样从班级到年级，文体活动得到保证，兴趣小组活动得到普及，从而促使全体儿童身心愉快，使他们的特长、爱好得到培养和发展。课外活动的综合化，又分别将"兴趣小组""信息交流""艺术欣赏""故事大王""作品朗诵""行为训练"多种活动项目列入每天 20 分钟综合课内，使课外活动具有了广泛性。

此外，各年级还开展丰富多彩的周末活动，如营火晚会、元宵灯会、"三八"节与妈妈同乐、"十岁生日"与小伙伴共庆，这些都使儿童兴奋不已。就元宵灯会来说，从中年级起各自扎灯，集中展览，分班观赏，最后在元宵之夜大家举灯畅游校园。盏盏灯光与天上的星光共明，对于儿童来说，那是一种多么美妙的情境啊！至于"动物运动会""猜灯谜比赛""故事比赛""小能人比赛""普通话比赛"，各类小规模竞赛活动更是形成了有效的激励机制。多样而生动的活动与优美的场景作用于儿童的心理世界，使儿童感受到了校园中的欢乐、友爱和群体向上的力量，儿童在这些节日中享受到了学习的快乐，教师也利用这些节日活动潜移默化地使儿童得到熏陶、感染。不仅如此，拓展教育空间势必会让儿童走进大自然，走进社会，去观察、认识真实的世界；为了让儿童在真实的情境中学习知识、运用知识，还创设了理想的学习环境。

一系列的教育效果表明，儿童的成长需要宽阔的空间、开放的空间以及适宜他们成长的空间，在这样宽阔的空间中，在教育教学活动中开阔儿童的视野，使儿童身心俱适。这是学习，是活动，也是实践操作。儿童就在这欢乐而充分的活动中得到了发展。而这一系列的教育效果也阐明了其中的因果逻辑关系：拓展教育空间，提高整体效益。

2. 缩短心理距离，形成最佳的情绪状态

从拓宽教育的空间很自然地想到这个广阔空间中的人群，想到教师与学生之间的关系。多年来，学校的教育活动一般是单向式、被动式地进行的，学生感受到一种"距离感"：教师与学生之间的隔膜、学生与教学内容之间的距离以及学生之间的距离。但是在实验班的课堂上、班级中，却是另外一种景象。师生的和谐、同学的友爱、学生对教材产生的亲切感，都非常好地交融在一起。追究其原因，那就是"境中之情"的作用。我以为情感其实就是无形的纽带，不知不觉链接在学生与教师、学生与教材、学生与学生之间。于是我提出了"缩短心理距离"，其目的是使儿童的学习形成最佳的情绪状态。这样构建起情境教育的第二个模式。

根据情境教育突出一个"情"字，我们便通过创造一种"亲、美、和"的师生人际情境和"趣、美、智"的学习情境来缩短儿童与教师、同学、教学内容之间的心理距离，使儿童获得安全感，让教师真正成为儿童的启迪者、激励者，从而激发儿童学习的热情，开发儿童潜在的智慧，促使儿童以最佳的情绪状态，主动投入，主动参与，获得主动发展。

（1）创设亲、美、和的人际情境，缩短教育者与被教育者以及学习者之间的距离

亲和的人际情境，能够有助于缩短心理距离，形成最佳的心理状态。教育不单纯是教学内容、教学形式和儿童之间的关系，物化的情境也会对儿童的情感产生影响；教师的情感倾注，对儿童的心灵世界起着更为深远的影响；使教师和儿童之间不再是传统的隔膜状态，而是形成亲、美、和的人际情境。我们向教师提出了"一切为了儿童的发展"的总体目标，珍爱儿童的情感，关注儿童的情感世界，倾注自己的爱心，并将其蕴含在职业道德中。儿童从教师那里十分敏锐地感受到一种期待、一种力量，从而转换成学习的内部诱因。这种群体的信心，教师和儿童之间情感的相互作用和良性循环，逐渐形成一种"诲人为乐""学而生趣"的教风和学风。优良的教风和学风的形成，成为儿童热爱学习、主动学习的情绪背景，亲、美、和的人际情境的情绪效应得到发挥。

不仅是在课堂上，在活动中以及在师生的交往、交谈中同样是容易形成亲密的师生关系的。教师和学生共同策划，共同参与活动，师生之间有了更多的交往，提供了更多的互助的机会。因为活动本身就是处于动态的发展变化中的，活动所渲染的生龙活虎的场景，唤起了师生的激情，使师生不知不觉地对活动场景中的生动意象产生体验，他们的无意

识心理倾向很自然地趋向活动过程。

在活动中建立起来的融洽的师生关系，必然会反映到教学活动中来。教师投入情感，儿童感受后再作用于教师，形成一种教与学相互推进的合力，从而使教学活动在亲、美、和的人际情境的作用下，构成了促进儿童主动投入教学过程的成长空间。"儿童尽可能大的发展"成为教师育人、育智的目标，也成为班集体和个人自我发展的目标。

(2)创设美、趣、智的教学情境，缩短教学内容与学习者之间的距离

各科教学的内容，在儿童的"已知—未知"之间，很自然地因为儿童认识的陌生感而产生距离。事实上，许多各科教学的内容并不是来自儿童身边，既有时间的距离，也有空间的距离，加之教师纯客观的分析、灌输，更拉大了教学内容与学习者之间的距离。这种"有距离"的教学，使儿童感到陌生、遥远，很难激起学习的情绪。创设美、趣、智的情境，实际上就是把知识还原到或者镶嵌到产生知识的那个情境中。简言之，情境教育就是把学生带到特定的、优化的或优选的情境中去，因为一切知识都是在情境中产生的。这样儿童获得的知识是有情有境、相互联系的。有着宽阔外延的知识，儿童易学也乐学。因此，各科教学以生动的直观演示与语言描绘相结合，以此创设情境。同时以情感为纽带链接在教师和学生之间，缩短了相互之间的心理距离。在情感的驱动下，儿童便会主动投入教学过程。

教学过程实际上也是教师再创造的过程。各科教师把握促进儿童发展的"五要素"，组织设计教学过程，缩短儿童与学习内容之间的距离。所创设的情境，首先注意渲染具有一定力度的氛围，使儿童对客观情境获得具体的感受，从而激起相应的情绪；其次注重作用于儿童的多种感官，加深感受。儿童由"近"感到"真"，由"真"感到"亲"，进而又由"亲"产生"爱"，随之产生情感体验。在教师的语言提示、描绘的调节支配下，儿童情不自禁地将自己的情感移入教材的对象上，从而主动地、不知疲倦地投入教学过程。

3. 利用角色效应，强化主体意识

在传统的灌输式教育中，学生很难形成主体意识，因为他们处于一

种被动接受、被动应付的情绪状态中，处在一个"我是学生"的"被动"的位置上。这种缺乏主体意识的学习者，很难获得主动的发展。整个教育教学过程，要能成为儿童主动投入、主动参与的活动过程，关键在于儿童主体意识的形成及其学习态度、情感和意志的作用的发挥。而对于学龄期的儿童，更多的是动机、情感发挥着作用。

活动于课堂教学的现场——这个宽阔而亲和的空间的主体，就是我们的儿童。儿童是教育的主体，是课堂的主人。"一切为了儿童的发展"是情境教育的宗旨。在具体的实践中，还有什么措施可以强化儿童的主体性？我联想到在各学科的表演体会情境中，让儿童扮演角色时，他们一个个会立即兴奋起来，表演到高潮处，教室内常进入沸腾状态。由此我感悟到运用"角色"的扮演或者表演，儿童就会进入角色，他们在强烈情绪的主导下，表现角色、体验角色，经历角色的思维和系列的操作活动，他们的主体性就会得到充分的体现。各科教学呈现的众多的活生生的教学场景，表明"角色"会产生效应，而这个效应就会更加强化儿童已经被激起的主动性，从而使他们的主体性得到更充分的体现。于是，我明确地提出了第三个基本模式：利用角色效应，强化主体意识。现在，课程标准中提倡学生是学习的主人，教师是教学的组织者和指导者，显然情境教育模式符合课程标准的理念。

为了保证儿童作为教育教学活动的主体地位，我们利用角色效应，让儿童在已创设的特定情境中扮演角色，激起儿童对角色的喜爱。儿童因为扮演角色显得那样激动和快乐。在此过程中，由于角色的转换，他们的语言活动、思维活动、想象活动伴随其间。教师利用儿童进入角色的知觉，让儿童理解角色在情境中的地位以及与其他角色的关系，进一步引导儿童体验角色的情感。这种角色效应有效地强化了儿童的主体地位。

事实表明，角色的高效能使教师乐于操作。我们对课堂上儿童扮演的角色进行了分类，除了教材中的角色以外，大致有如下三类。

(1)扮演向往的角色

向往，是顺应了儿童渴求的情感驱动。所以扮演向往的角色时，儿童的情绪特别强烈，仿佛人格也顿时升腾了。我们常常根据课文内容和活动主题的需要，让儿童扮演科学家、发明家、小博士、天文学家、宇航员、潜水员、教授、作家、诗人、画家、记者、旅行家、解放军战士、裁判员……让儿童以一个特定的他们向往的角色去学习教材内容，或朗读复述，或报告见闻，或演示操作，或描画表演，或主持裁决，让儿童带着情感色彩，积极地参与这些与教育教学密切相关的活动。

"角色"使儿童顺其自然地以特定的身份进入教材情境，不知不觉地主动探究、理解知识、模仿操作。对于许多文艺性课文、诗歌，为了体会作者的情感，让儿童扮演作家、诗人，更是常事。这些向往角色的扮演，并不需要什么道具，只是语言的支配，让儿童进入角色，产生一种特定的角色意识，激起儿童强烈的喜悦情绪，把自己推上教育教学的主体地位。

（2）扮演童话角色

儿童与童话有着不解之缘。在人格化的作用下，那些普通的小动物和常见的物体、自然现象，在儿童的眼里和心中都富有了人的情感，而且是那样神奇而可爱的，因此童话角色对于儿童特别富有吸引力。他们扮演童话角色总是乐不可支。那些动物王国的长鼻子大象、神气的小猴子、狡猾的狐狸，植物王国的萝卜娃娃、菜花姑娘、柳树大嫂、小草弟弟，宇宙王国的月亮婆婆、太阳公公、小雨点妹妹、雪花姑娘，极大地激活了儿童的语言活动，使他们用最生动的语言去表达、去对话。在情境教育中，我们让儿童扮演童话角色，使教育教学内容与儿童更为贴近。儿童在情感的驱动下，主动投入的那种"力"，几乎是无法遏制的。教育变成了儿童自我要求、自我践行的多姿多彩的活动。儿童扮演童话角色，为课堂增添了活力。在儿童想象的作用下，这种象征性移情使角色笼罩了浓烈的童话色彩，使儿童的情感活动达到了高潮。

（3）扮演现实中的角色

根据教育教学内容的需要，常常让儿童连同教师自己，扮演现实生活中的角色：农民伯伯、饲养员、售货员阿姨、司机叔叔和家庭成员中的爸爸、妈妈、爷爷、奶奶……这些角色虽然本来就存在于现实生活中，在自己的身边。但是，由于儿童从自己的"本角色"到"他角色"的转换，他们感到既亲切又新鲜，他们情绪的兴奋是很自然的事情。现实中角色的出现，使儿童仿佛进入了真实的生活情境。儿童通过扮演这些角色，通过角色的对白、角色的情感交流，使教育教学内容更加现实化、形象化，由此可以收到意想不到的效果。在课堂上，教师扮演奶奶、妈妈、阿姨、营业员等角色，儿童简直是乐不可支。此外，为了体现所学知识、所悟道理的可操作性，教师常常创设某一职业范围的工作情境，让儿童扮演饲养员，模拟给牲口过磅，进行计算，然后编题；让儿童扮演测量员、统计员，进行实地调查，搜集数据；让儿童扮演裁判员、营业员、邮递员等。角色的扮演让儿童进行应用性操作，使他们"一看就懂"，"一做就明"，"一用就通"，因而产生顿悟，求知欲得到满足，非常乐意投入，使他们在生动的情境中运用知识，增长才干。

无论扮演教材中的角色、向往角色，还是扮演童话角色、现实生活中的角色，这些都顺应了儿童的情感活动和认知活动的规律。这里有审美的、道德的、艺术的活动，也有理智的、科学的活动。我深感经过这样的培养，随着年级的升高，加之理智感的作用，儿童的"本角色"会逐渐形成主体意识，从而获得自我的充分发展。

4. 注重创新实践，落实全面发展的教育目标

情境教育注重拓宽教育空间，缩短心理距离，利用角色效应，最终的目的是为儿童的创新、实践提供最佳的外部环境，落实全面发展的目标。

情境教育空间的拓宽，心理距离的缩短，就是为了突出儿童的主体性。在设计情境教育实验方案时，我的思想是非常明确的，那就是教育的基本模式要围绕儿童来构建。正是考虑到儿童的生长环境和空间，考虑到儿童和教师，儿童和同学、教学内容之间的关系，考虑到在这样一个广阔的教育空间中儿童所扮演的角色，更重要的是考虑到儿童作为人的发展。而这一切，就是素质的全面发展。我站在"一切从儿童出发"，"一切为了儿童的发展"这样一个制高点上，提出了情境教育的第四个基本模式：注重创新实践，落实全面发展的教育目标。

情境教育强调"着眼发展，着力基础"，"从未来出发，从现在做起"，注意创新实践，并进行有序的系统应用、操作，为促进儿童全面发展打下基础。这个育人、育智的过程，离不开儿童自己的实际操作。这使我很自然地想到灌输式教学注重的往往是题海式的习题训练，以考分展示教育教学的效果。这无疑是对教育的扭曲！它忽视了全面发展的目标，阻碍了人才素质的全面提高。情境教育虽注重"情感"，但也注重"理寓其中"，并提倡"学以致用"。各科教学以训练学生的能力为手段，贯穿实践性，把当下的学习和未来的应用联系起来，因此十分注重儿童的创新精神、创新能力和实践应用能力的培养。我们充分利用情境教育特有的作用，以广远的意境，拓宽儿童的思维空间、想象空间，创设既带有情感色彩，又富有实践价值的操作情境，为各种形式的模拟操作提供了可能，让儿童在"境中学""境中做"，动脑、动手、动口，忘我地进行操作。我根据教育教学内容的性质、特点，将儿童的应用操作分为如下三种。

（1）实体性现场操作

教育教学活动，要尽可能与儿童的生活相沟通，与应用相关联。在必要的条件具备时，让儿童进行实地现场操作，这对于培养儿童的学习兴趣和实践能力颇有意义。

对于实地现场操作，我们在数学学科上应用得较为普遍。让儿童在实际生活的情境中扮演相应的角色，带着热烈的情绪进行。高年级学习统计时，就让儿童扮演小小统计员，到实地调查，从现实生活中搜集数据，然后自行设计、自行制作统计图表。那些直线的、折线的、条形的、扇形的单式、复式图表等很快就被他们掌握了，包括在野外进行"大树有多高"的运用数学公式的测量，更是"百闻不如一做"。

情境德育也常把儿童在思想品德课上获得的道德认识转化为实践行为。我非常注重道德教育的实效性，根据儿童在语文教学，音、体、美教学中掌握的技能技巧，有意识地组织儿童在课外活动、社会生活的相关情境中去展示、去实践，去为学校、幼儿园和社会服务……所有这些都是十分生动的、切实可行的综合性现场操作。这里有知识向能力的转换，有"认识"向"践行"的飞跃；有思想感情的倾注，也有认知兴趣的培养，较为完美地体现了教育的社会性。

(2)模拟性相似操作

实体性现场操作的效果之佳是显而易见的，但在现实生活中也没有必要一一找到实际操作的情境。因此，模拟性相似操作更具有普遍意义。所谓模拟是创设一种与现实生活相似的情境，有时更具典型性，其中包含儿童的模仿。由于模拟操作有角色的模拟，有空间转换的模拟，有行为仿照的模拟，还有实物替代的模拟，所以对于模拟性相似操作，儿童既感到亲切，也乐于接受，并且他们通过自己动手动脑，极易产生顿悟，可谓"百闻不如一做"。由于是模拟性相似操作，在儿童的感觉中，就不是小学生的"我"这种本角色的操作，而是"我"变成了"他"——变成了"大人物""大角色"或"喜爱的角色"；就不再是在教室中，仿佛是到另一个富有生趣的生活场景中。一种新奇感驱使着儿童的心理、思维方式、情感倾向，因为这种相似操作都不是按习以为常的小学生的本角色进行的。所以模拟性相似操作特别能吸引儿童，使他们往往争先恐后地参与、应用，而且操作起来特别简便。正是因为模拟，儿童必然带着想象进入情境；模拟性相似操作为发展儿童的创新精神、进行创造性的实践活动，提供了一条独特的途径。为了培养儿童对现实生活敏锐的观察力、思维能力及表达能力，班队活动多次进行模拟成人的、围绕一个中心的小小"新闻发布会"；儿童当上了小记者和主持人，迅速地提出问题，回答问题，并加以评论。对儿童生活中的热点问题展开广泛的讨论，颇具针对性。由于儿童普遍乐于模仿成人，表示自己已经长大，具有独立生活的能力，因此，对于这种转换空间、模拟成人行为的操作，儿童十分热衷。在这种充满着时代气息和展示儿童聪明才智的情境中，儿童关心生活、热爱生活的思想感情得到了很好的培养。

(3)符号性趣味操作

我十分清楚初等教育让儿童掌握扎实的基础知识，主要是通过符号性操作来实现的。汉语拼音、语言文字、数字、公式、定律、音符乐曲等都是儿童应该掌握的符号。但是符号操作的抽象性，给儿童的学习带来了难度，不容易让他们产生兴趣。因此，情境教育要设计得生动些、有趣些，避免枯燥无味。在操作、实践之间，贯穿儿童创造性、想象性的培养和发展，把创新和实践结合起来，从创新的角度来设计实践。

情境教育通过情绪的作用，为符号性操作添"趣"，以"趣"为形式，以"符号操作"为实质。这种符号性趣味操作，结合教学过程进行。教师根据教学需要，确定符号性知识的内容，然后选取儿童喜闻乐见的形式，进行富有创造性的有内涵的操作。

在符号性趣味操作中，我们注意了"情境性""整体性""应用性"和"创造性"，我们做到了"趣"中见"新"，"活"中见"实"，使儿童掌握了基础知识，学科的特殊能力得到了培养，在打好扎实的基础的同时，使思维、想象、情感得到了和谐的发展，个性得到了充分的张扬。

由此，我在宏观上从空间、主体、距离、目标四个方面构建了这样一个多元的模式。可以说，我构建了一个促进儿童主动发展的成长环境，而儿童学习的状态与效能总是与环境联系在一起的。今天我从脑科学的视角审视，充分证明了情境教育基本模式能够为儿童构建一个丰富的、安全的且保证儿童主体活动的学习情境，这是最佳的儿童学习环境。

追溯到情境教育开始起步的时候，我就本着"一切从儿童出发"，"一切为了儿童"的宗旨，坚持 40 年进行情境教育的理论与实践研究。模式的构建深刻地告诉我，有着鲜明目标的创新实践，其理论构架势必符合儿童发展的规律，而且颇具新意。

（二）彰显儿童学习的"美感性"原则

情境教育的实践与研究，萌发了我的激情与智慧，往往使我沉浸其中。优化的情境根据教材特点营造和渲染了一种优美的、智慧的以及使儿童感到特别亲切的氛围。因为情境之美能唤情，而情能启智，于是在情与智的交融中，情境展现出特有的魅力和灵动，促使儿童主动进入其中。儿童的心理经历"感受—体验—生情—驱动"的一系列变化。人文熏陶则通过儿童自身体验的方式进行渗透，进而内化为他们自身的感悟，其间以情感为纽带。在情感与认知的结合中，我特别注重"美"与儿童"潜在智慧"的发展，我认定这是对儿童心灵的塑造，是对人的天赋灵性的开发，是培养人的卓越素养的早期奠基工程，必然会久远地影响着儿童美好的情感及创造性的发展，且能够强化应用操作。在实施的过程中，始终求"真"、求"美"，而"真"与"美"又会唤"情"启"智"。四大核心元素显现的优势与生成的内驱力形成合力，满足了儿童的需求，符合儿童的学习规律，培养了儿童卓越的素养。

记得南宋诗人杨万里的《宿新市徐公店》中的诗句："儿童急走追黄蝶，飞入菜花无处寻。"诗中一个"急走"、一个"追"、把儿童对美的追求，并期望得到的急切心理，通过形态勾画得惟妙惟肖。由此，我更深地感悟到爱美是儿童的天性，是普遍的。这种不需要外力推动的心理倾向，显示出一种趋向某一个目标的"力"，影响着儿童感受的表象，以及展开的联想、情感及行为动作。其实一切富有美感的教学过程中也显示出美的驱动力的作用，以及美对儿童情感与智慧、儿童学习的"美感性"原则的滋养和润泽。

1. 儿童学习的"美感性"原则

教学活动原本是智慧与情感融合在一起的、人类追求文明的活动。教学的这一本质属性决定了教学不能没有美。因为我们的教学对象正是一群天生爱美的儿童；我们的教材更是从不同侧面呈现着、蕴含着自然之美、社会之美或艺术之美；我们的教育目标又是促进全体儿童素养的全面发展。因此，教学理应充分体现美、利用美。教学实践表明，无数成功的教学，一切深受学生欢迎的课，无不体现了一个"美"字；"美"也无处不影响着儿童的情感、智慧、身心的发展。幼小的心灵需要美的滋润，儿童的智慧活动需要美的激活，教学的高效需要美的推动。所以，儿童的发展不能没有美。于是，我们的教学应当倡导一个原则，那就是美感性。

(1)教学不仅为了儿童学习，还为了儿童主动地学习

教学需要美，但是现实中我们的教学却常常忘却了"美"，远离了"美"。我常常在心里想着：美，是教育的磁石。这块磁石就在我们教师备课笔记的旁边闪烁着光亮，是拿起，还是放下，教学的效果就大不一样。多少年来，我们的教学忽略了"美"的功能、"美"的力度，以单调的

"告诉"方式推进教学过程。"教师"与"学生"的分工是"教师把知识告诉学生"，"学生则把教师讲的知识听好记住"。这样的教学正是丢弃了那块宝贵的磁石——美。缺乏美感的教学，便成了没有色彩、没有生气、没有情趣的单纯的符号活动，那必然是枯燥无味的。儿童与生俱来的审美需求没有得到满足，从何激起愉悦的情绪，产生主动地投入教学过程的"力"呢！没有主动投入教学过程的"力"，教学的主体性又如何体现呢！

（2）教学不仅为了儿童知识的习得，还为了儿童精神世界的丰富

我们的小学教育的任务从某种意义上来讲，是让儿童学习、熟知人类积聚的文化遗产，了解人类文明史的进程，体验人类文明的光辉，获得人类创造世界的精神力量，连同知识，最终转化成为他们内心的精神财富，使他们的精神世界日益丰富起来。这该是一个多么丰富而具有深远意义的教育目标，是一种多么美好的教育境界。但是单纯的符号活动、众多的习题、频繁的考试，并不能转化成为儿童的精神财富。记得我从中国教育电视台看到诺贝尔奖获得者杨振宁教授在我国所做的关于"美和物理学"的学术报告，它生动地阐述了几代物理学家研究理论架构给人的一种"庄严感、神圣感"，显示了"崇高美、心灵美"，是"造物者的诗篇"。一个物理学家的风格、审美情趣直接影响着他研究的目标以及对世界的贡献。可见"美"影响着人生，影响着学术；"美"创造了世界。事实上，无论文科还是理科，都是"美"的结晶。人类文明史的精神财富渗透着人类创造美的智慧和血汗。学科内容本身渗透着美，蕴含着美。我们怎样能把生气勃勃的教学活动，串成问答，缩成概念，编成习题呢？为了使儿童的精神世界在教学过程中得到充实，教学过程绝不能丢弃美而单纯进行知识的教学！

（3）教学不仅为了儿童的未来做准备，还为了今天获得最初的幸福人生

我们常说，教育是明天的事业，这是千真万确的。但从严格意义上来说，教育也是今天的需要。我们的孩子，每日走进学校，参与教学过程，从他们的内心来讲，不仅仅是为明天的辉煌做好准备，而且也是为了今天的童年精神生活的需要。儿童作为一个人，他的童年是人生最初

的阶段。他们纯真、无虑、可塑，因而他们可以获得更多，吸收得最快。教学活动从更高境界来说，同样应该是童年生活的享受，让儿童享受到人生最初阶段属于他们自己的欢乐；而绝不是"劳役"，更不是"苦役"。"为了你明天的幸福，你今天就得吃苦"这类天经地义的训话，现在看来似乎不能讲得那么理直气壮了；我们的教学倘若能让儿童获得一种美的享受，这对于儿童明天的发展必将产生深远的、积极的影响。缺乏美感的、单一枯燥的教学已经落后于时代对教育的要求，落后于人们精神生活的需求，其效果与今天素质教育目标的要求相距甚远。

2. 美的教育功能与教学的美感性的体现

在素质教育日益深入课堂教学的今天，我直觉地感到，从"美"着手，体现教学的美感性，让儿童从小受到美感的陶冶必有利于其完美人格的培养，由此可以走出一条实施素质教育的路来。因为美的教育功能是全方位的，具体体现在如下几个方面。

第一，美能激智。教学的美感性，让儿童不断地获得丰富的表象，使他们常常处于"言有尽而意无穷"的境界中。伴随审美的愉悦，幼小的心灵无拘无束，儿童的思维在笼罩着美感的情境中自由驰骋，处于积极的最佳状态，极力想超越经验的世界。在对美的追求的驱动下，随着想象的展开，儿童的直觉和悟性得到较好的培养，潜在的创造力得到有效的开发。

第二，美能发辞。教学的美感性讲究形象的鲜明，而呈现美感，可以唤起儿童审美注意的状态，引起审美兴趣和需要，促使儿童将眼前形象与储存的词语相沟通，激起表达的欲望。儿童在语言动机的驱动下，有效地提高了语言表达的技巧。教学手段的美而简约，形成了审美客体的朦胧感。教师富有美感的教学语言，激发了儿童的想象。物境的朦胧感使想象飘忽，为儿童提供了语言多义的有利条件，使他们的语言更为丰富多彩。

第三，美能冶情。美感性教学的可感知性、愉悦性，使儿童非常乐意接受，从而产生积极的情绪反应。当儿童持久地、多侧向地获得美感时，就会一次又一次产生对客观现实的美好的情感体验，随着这种体验的不断深化，可以逐渐培养起审美情感、道德情感、理智情感。这样作为人的高级情感素养就可以得到陶冶。

第四，美能育德。教学的美感性，使儿童形成对美的追求，把美好、崇高的境界作为追求、向往的目标。而求美的目标必然影响着儿童道德意识和行为准则的形成。爱美必然择善而行，"从善"必"弃恶"，"爱美"必"憎丑"。所谓"知美丑"，"识善恶"。有了对"美"与"丑"、"善"与"恶"的爱憎分明的态度，良好的道德品质的培养就有了情感基础。

教学实践表明，教学的美感性已经在不少教师的课堂上显示出来，并且发出了美丽的光彩。体现教学的美感性，已经成为众多一线教师的共同需求，在此着力倡导，是希望广大的教师形成共识，共同实践。

那么如何体现教学的美感性呢？主要还是从教学内容、教学手段、教学语言和教师形象四个角度去体现。

首先，突出美的教学内容。在小学从教半个多世纪，我深深感到无论语文学科还是数学等其他学科，都蕴含着美。譬如，英国哲学家罗素就说过，数学是一种"冷而严肃的美。"说"蕴含"是意味着藏在里面，如不注意挖掘和呈现，那么教学内容可能就远离美感。教学是为了学生的发展，因此教学活动不仅是教给学生知识、完成认知的任务，还必须包含着关于智力的、意志的、审美的、道德的内容。而这些内容又都是在教学过程中协同进行、综合完成的。所谓"语文不仅是语文"，"数学也不仅是数学"，这样才能促进儿童素质的全面和谐发展。这就需要一种融合剂，而教学的美感性不仅有利于学科中审美教育的进行，而且可以将促进儿童素质发展的诸要素非常紧密地融合在一起。数学教学通过把学生带到"公式"产生的那个现实情境中，让学生通过扮演向往的角色在情境中捉摸、协商，最后让他们自己发现"公式"，从而感受到数学史蕴含的美。自己发现"公式"，这样运用起来就倍感亲切而难以淡忘。他们得到的不仅是公式的理解和运用，而且是探究精神的培养以及对人类文明史进程的初步体验，所有这些正是由"美"黏合起来、浑融一体的。可以说，显现教学内容的美感，是教学是否具有美感的第一要素。因为教学蕴含的美，既可以显现出来也可以被掩埋掉。

我们的教学如果缺乏美感性，淡化了教学内容蕴含的美，就会黯然失色。在教授二年级小学语文课"数星星的孩子"时，课文最后一段写张衡听了爷爷讲的有关星星的知识后，"一夜没睡好，几次起来看星星"。课文描写的情景该多美啊，但是教师却舍弃教学内容本身蕴含的美感，抽象分析："张衡听了爷爷的话为什么没睡好觉？""他为什么要几次起来看星星？"最后提出了更严肃的问题："大家想想，你们应该怎样学习张衡？"就这样，这篇富有美感的课文，结果是教师教得索然无味，学生也答非所问。我们的语文课常常习惯于这样的分析，如此课复一课，年复一年，学生的素质要得到充分发展，确实得划上一个疑问号。倘若从显现美的内容这一角度来思考，那就会让学生感受到张衡人睡在床上，心惦着爷爷的话，一次又一次起来，在静夜里细细观察星星的情境。有了这种美的感受，学生便会为张衡热爱天文、刻苦钻研的精神所感动。教材中从牛顿到爱因斯坦，从张衡到哥白尼，从贝多芬到徐悲鸿，从黄继光到刘胡兰……向学生展示了一个个体现崇高美的光辉形象。只有让学生亲身感受形象的美、语言的美、行为的美，他们才能从中领悟到人格的力量、伟大的精神，并深深地烙印在他们幼小的心灵上……

其次，选择美的教学手段。教学手段的运用，主要决定于教师对教学境界的追求。只有追求美，才能努力再现教材之美。教学手段实际上是一种媒介，通过它再现、强化、传递教学内容，实现教学目标。要使教学手段给学生以美的感受，就得让学生能看得到、听得见、摸得着，从而产生一种愉悦之感。因为美感总是通过人的视觉、听觉、触觉来发现，并具体感受的。没有学生感知的兴奋，就谈不上美的感受。所以我非常赞同近代学者王国维先生将"能观"作为他的"境界说"中的重要因素。因为"真正之知识唯存于直观"，"一切真理唯存于具体的物中"，既是具体的，必是能看到的，也是应该看到的；只有看到了，感受才是真切的。当然"看到"，或是真实地看到，或是仿佛看到。这对于凭借形象认识世界的儿童来说，该是何等的重要而合适！所以我曾经提出"让艺术走进教学"。"美"不仅是属于艺体学科，同样属于语文、数学、科常、思品。艺术是"直观"的，是"能观"的，可以与教材所表现的、所阐述的、所涉及的相关情境相吻合、相协调。

正是由于美感的作用，学生往往在情境中兴致勃勃地读着课文，品尝着语感，主动地甚至是忘我地进入教学过程，从而得到学习活动中美的享受。在低年级思想品德课上，要对学生进行尊老、爱老的教育，教师倘若用讲解、告诉的手段，必然收效甚微。教师通过师生扮演角色，运用戏剧的直观，创设"我想奶奶""我和妈妈去商店为奶奶准备礼物""我和妈妈乘车去乡下看望奶奶""我看到了奶奶，向她问好，交谈，帮助奶奶做事"等一系列场景，对学生进行行为训练。这样不仅内容是美的，形式也是美的。学习不仅培养了学生对老人的亲近感，而且让学生感悟了应该关心老人的道理。这样借助美也可以使道德课走出一条克服说教、重在陶冶与实践的新路。正如马卡连柯所说的那样："既然每个人先天固有的对美的追求是最好的动力，那么利用它，就可以使人变得文明。"不仅如此，美的教学手段所呈现的画面、形象，连同整个情境作用于学生，丰富学生的多种感知觉，又必然丰富学生的表象，激活学生的思维、联想、想象、情感的活动，真是"一举多得"，其益无穷。

再次，运用美的教学语言。美的教学内容、美的教学手段都要凭借富有美感的教学语言去体现。教学语言对于学生的感觉、思维、情感的活动起着主导与调节支配的作用。学生心的琴弦，往往是由美的教学语言拨动的。教师语言表达的美与否，其效果是大不相同的。对于教师的语言，学生可以是无动于衷，也可以是感动不已；可以是味同嚼蜡，也可以是如饮甘泉。例如，《太阳》是一篇说明文，本身没有形象、没有情节、没有人物活动，但是这个给人类带来光明的生气勃勃的天体，本身便是美的。教师便从学生已经获得的关于太阳美的表象出发，组织语言将学生带入一个新的令人神往的境界："太阳，我们每天都看到，早晨，从东方升起，把光明带给大地；傍晚，从西方落下，黑暗便来临。太阳对我们来说好像是熟悉的，其实又是很陌生的，因为太阳的真实情况我们知道得还太少，需要一代又一代的老老少少的科学家去研究它，揭开它的奥妙。"学生听着、听着，若有所悟，教师富有美感性的教学语言让他们感到亲切而愉快，同时又让他们不知不觉地产生了对太阳真相的向往，带着一种理性的探究热情，投入教学过程。如果教师的教学语言缺乏美感性，那就很难让学生感受教材之美。没有美的感受，又怎样产生感动？苏霍姆林斯基指出：用人类教育最微妙的工具——言语去触及人的心灵最敏感的角落；教师的言语成为强大的教育手段。富有内容美的教学语言，必须有其美的形式，其用词造句应该是十分讲究的，力求形象、生动、富有感染力。正如德国教育家第斯多惠指出的那样："教学的艺术不在于传授的本领，而在于激励、唤醒、鼓舞"，教学语言就是要实现"激励、唤醒、鼓舞"的功能。

最后，自觉塑造美的教师形象。在课堂上，教师教给学生的不只是教材的内容。教师是学生心中的智者、示范者、敬爱者，甚至是权威者，这么一个在学生心中看来最鲜活的人物，应该是辐射着美的形象。这种形象是连同教学内容、教学手段、教学语言，作为一个整体来让学生感受其美的。因此，教师的形象同样应该渗透着美，焕发着美。仪表、体态都应该是美的，具有美的感染力。然而，这种仪态并不是刻意装扮的，而是教师对教材的理解、对学生的热爱、对崇高美的境界的追求的一个综合反映，是一种自然的流露，所谓"风格即其人"。让学生看着教师的模样，听着教师美的语言，感受着教师美好的情感，所有这些交织在一起，使学生从中获得一种鲜明的、亲和的美感。

教学的美感性，通过显现美的教学内容，优化美的教学手段，运用美的教学语言，表现美的教师形象诸方面，构成了一个多向折射的"审美心理场"。儿童作为审美主体，在与审美客体的相互作用中，在审美愉悦中获得素质的全面和谐的主动发展。

（三）提出着力发展儿童创造性的主张

需要特别强调的是，在发展儿童创造性思维的同时，情境教育尤其注重培养儿童的创新精神。我作为一名实际工作者、一名小学语文教师，多年来一直追求语文教育的完美境界——让儿童在学习祖国语言文字的同时，获得一种审美的感受，以致全身心地沉浸其中，进而在广远的意境中进行想象，于是他们潜在的智慧、悟性迸发出令人欣喜的光亮。这就是在有意识地培养和发展学生潜在的创新精神、创新能力。归纳起来，大致有以下几个方面。

1. 在审美愉悦中，培育创新的土壤，让思维进入最佳的心理状态

创新，是人的生命迸发出的最鲜活的、最富灵性的智慧的火花。即使是瞬间的，也是灿烂的；即使是粗浅的，也是可贵的。它是与学生的学习兴趣、学习态度、敏锐的观察力、求异的思维品质、丰富的精神世界相关的。而在这诸多因素中，能产生驱动、黏合作用的，便是美。儿童对美有着一种天生的需求。审美感受的愉悦，影响着儿童的想象、联想、情感及行为动作。因为美对于儿童有着一种强烈的召唤力，作为审美主体，他们在审美感受中的需求得到满足，从而会产生欢乐感，其思维也在无限自在的心理世界中积极展开，这样潜在的创新的种子就很易于在这宜人的审美场中萌动、发芽。

美是培育创新种子的土壤。美感不仅是创造的动力，而且是审美创造物的要素之一。创新是人的情感与智慧交融的结晶，只有美才有可能去熏陶、感染学生的幼小心灵，进而在学生获得美感的过程中，让他们产生创新的欲望和动力。一旦创新的种子在丰厚的土壤中孕育破土而出，学生就会努力超越自己。学生的审美愉悦，不仅成为催发创新种子萌芽的土壤，而且它所培养起来的创新精神，也会影响学生的整个精神世界和价值观念。美是创新的出发点，美让学生走向创新。当他们长大以后，会因为追求美的境界，而不惜代价地为事业、为民族、为人类去创造，真正地成为有益于社会的创新人才；而不是为一己的狭隘利益去创新。我以为这是我们今天培养创新人才的最终目的，所以从这个角度来思考审美愉悦，并将其作为培养创新精神的土壤又有着更为积极的深远意义。

2. 在和谐的师生关系中，激活创新的潜能，让情感点燃智慧的火花

无论创新意识，还是创新能力，都是以思维为核心的，而思维往往和情绪相关。高质量的思维活动不可能在无动于衷和漫不经心的状态下进行。思维的火花往往在于它的情感色彩。当智慧融入情感，认知进入情感王国，便会产生奇迹。因为情感影响着儿童的内心世界，可爆发出驱动力。真情的交融，使师与生双方都同时感受教与学的无穷趣味与自

身的无法估量的潜力，使教学活动进入师生对话、充满生命活力的完美境界。

例如，在教授"卖火柴的小女孩"后，为了加深学生的情感体验，进一步激发学生对卖火柴的小女孩的关爱，体验今天生活的幸福，我让学生写了《假如卖火柴的小女孩来到我们中间》的想象性作文。当说到希望卖火柴的小女孩在什么时候来到我们中间时，学生马上联想到他们觉得特别美好的日子："我希望她在大年三十晚上来""我希望她在我过生日的早上来""最好在八月中秋来，那多美啊"；于是又想到"六一儿童节来，我们一起欢度节日""在我们春游的时候来，让她和我们一起去找春天"；当讨论卖火柴的小女孩来到我们中间，我们怎么接待她时，学生更是动情了，有说"如果在大雪纷飞的时候来，我给她穿上新棉袄，新皮靴""她春天来了，我把新毛衣给她穿；夏天来了，我给她穿上漂亮的连衣裙""我要把妈妈给我买的新书包送给她，我自己用旧的，和她一起去上学""我要辅导老师把心爱的红领巾给她戴上""我还要把她介绍给李老师，让李老师安排她坐在教室的第一排"……真情的交融，培养了学生善良美好的情感，让学生真心地从各个不同的角度去关爱卖火柴的小女孩的同时，他们想象的翅膀也随之张开了。

每到此时，我常常被学生的智慧征服，我深感美好的情感会使人变得聪明。情感在无意间激活了创新的动机，情感的火苗点燃了智慧的火花。

3. 在观察与想象中，拓宽创新的空间，让思维插上想象的翅膀

观察是思维的基础，想象是拓宽儿童思维空间的最好途径。想象显示了儿童的智慧，带给他们童年的快乐和幸福。可以说想象力是儿童拥有的巨大财富。再说，"想象"一词已醒目地出现在课程标准中，这是自新中国成立以来，以往历次颁发的课程标准、大纲中从未出现过的。看来，在课堂教学中，发展学生的想象力已不再是可有可无的，而是要付诸实施的。

在优化的情境中，教师通过图画、音乐、表演艺术的直观让学生获得鲜明的直接的印象。这种"直接的印象"笼罩着艺术的美，进入学生的

意识，为学生展开想象做了十分有效的心理和情感上的准备，甚至处于一种呼之欲出的状态中。例如，在教授"荷花"一课时，我在学生面前展示了一幅画：满池塘的荷花盛开着。教师的语言描述把学生带到荷花池边，学生仿佛真的闻到了荷花的清香，看到碧绿的荷叶、亭亭玉立的荷花以及那藏在荷花里的小莲蓬。课文的描写伴随着学生的视觉所得，与他们在生活中曾经获得的荷花的图画、真实的荷塘都联系在一起，很自然地产生了审美意象。而审美意象本身就是一种"再创造"，每个学生意象中各自显现的荷花的形象，虽然是千差万别的，各自的体验也是各不相同的，但是荷花的美感，连同所激起的对荷花的爱，却是共同的。学生纷纷用最美的词句去描述荷花、荷叶……在移情的作用下，伴随着一段充满幻想的音乐旋律，在"现在你们就是一朵荷花了"的提示下，他们深情地、优美地描述着："站在荷花池边，我久久地看着荷花，看着，看着，我仿佛变成了一朵荷花……"这个"仿佛"就把他们所获得的关于荷花美的内心体验，通过语言表达出来，甚至下了课学生还挤到我的身边，争先恐后地表述着他们成为荷花的想象中的画面和感受。所有这些都表明，想象本身是创新的前提，又成为持续创造的驱动力。

学生的描述往往极大地丰富了已出现的画面。这些语言描述正是学生想象的杰作，显示了学生创造的活力。学生在阅读中凭借想象，可以丰富阅读材料；在习作中，凭借想象，可以把习作写得富有儿童的情趣。因此，我们应该千方百计地让学生带着想象去阅读，带着想象去习作，这样的阅读是智慧的阅读，这样的习作是激活智慧的表述。

想象让儿童的思维插上翅膀。想象是会飞的思维，想象有效地拓宽了儿童的思维空间。

4. 在学科训练中，培养扎实的实践能力，为创新打下必要的基础

所谓实践能力，从某种意义上来说，就是在生活中实际应用的能力。"学以致用"，早已成为人们学习的普遍原则。但是从"学"到"用"，同样要经过训练的过程。既然最终为了应用，训练必须与生活结合，也只有与生活结合的训练才是最有效、最实际的。就语文教学来说，在生活中，我们要运用阅读，进行欣赏性的精读、休闲性的浏览或者资料性的检索，那么

我们在教学中就应该有精读、略读、速读、跳读等多种不同要求和形式的阅读，而不是千篇一律的朗读和默读。我们在生活中的文字表达方面，需要把一件事、一种现象、一处景物、一条消息以及自己的感受表达清楚，加上日常应用的文体，那么我们的语文教学就不应该是清一色的命题作文，一味注重写作技巧与形式的套用，忽略书面语言在生活实际中应用的需要，而是需要进行叙述、说明、描写不同表达方式的训练。

总之，人的所言所行、所感所悟，其核心就是思维。没有思维就没有创新可言。思维迸发出的最灿烂、最具价值的火花就是创新；说到底，思维的核心是创新。因此，培养学生的创新能力，就是要培养、发展学生的思维能力；就是要培养学生思维的广阔性、流畅性和独创性。所有这些都需要给学生提供一个宽阔的思维空间，让学生可以随意地想，甚至可以想入非非，不受约束，没有规定，不需剪裁，让学生的思维活动在无拘无束中自由自在地进行。也正是在培养学生创新能力、创新精神的牵动下，学生的思维品质、审美情趣、亲和的与人合作的精神，以及扎实的知识和能力的基础得到了全面和谐的发展。情境教育极大地丰富了他们的精神世界——这是对儿童整个心灵的滋养与人格的提升。因此，我们可以毫不夸张地说，情境教育指向教育的灵魂：那就是学生的创新能力、创新精神乃至创新人格！

由此联想到美国心理学家吉尔福特对于创造性人才提出的标准，其中关于儿童的有四条：旺盛的未知欲、强烈的好奇心、善于观察以及丰富的想象和敏锐的直觉。情境教育在有意识地不断强化这些标准，这表明培养儿童创造性的方向是正确的，是行之有效的。

回顾前 20 余年探索的历程，我先后完成的省级"七五"、全国教育规划"八五""九五"三期教育科研课题的实践与研究，有力地推进了情境教育的发展，并逐步得到充实和完善。2000 年全国教育科学规划领导小组专家来学校对我主持的"九五"课题进行现场鉴定，专家们声称"百闻不如一见"，对实验成果给予高度评价。

2000年全国教育规划鉴定意见

我所主持的全国教育科学规划"九五"重点课题"情境教育促进儿童素质全面发展的实验与研究"历经5年，到2000年底结题。专家们来到我们学校，通过我们教师和学生的展示，置身于生动的场景中，获得具体的感受，然后再坐到一起，讨论对我们"九五"课题的鉴定。卓晴君所长是一名非常务实而又严肃的女性，容不得半点含糊。卓所长带领专家组成员讨论了大半天，反复研究，最后才把鉴定意见确定下来，具体内容如下。

李吉林同志主持的"情境教育促进儿童素质全面发展的实验与研究"课题是在通过近20年的探索，构建了小学语文情境教育体系的基础上，为进一步深化教育改革、实施素质教育、促进儿童全面发展提出的。本课题的实验研究在各级领导和学校的支持下，在教育学术界的帮助下，在二附小及国内16所情境教育实验学校展开，历时5年。鉴定组成员详细审阅了主持人的课题主报告以及其他相关的资料，考察了主持人所在校——二附小的教育教学汇报活动，认真地分析讨论，提出四项鉴定意见。

第一，李吉林同志主持的课题积极顺应国际基础教育，重视儿童全面和谐发展的时代趋势，针对应试教育的弊端，尤其针对偏重认知，忽视情感、意志及创造性培养的纯理性教育，坚持不懈地探索具有中国特色的、又富于时代气息的素质教育模式，既具有前瞻性，又具有重大的理论和现实意义。

第二，本课题的研究成果十分丰富，既有情境教育的理论探索、对情境教育规律的揭示，又有具体的操作体系。根据马克思主义理论关于人在理性活动和客观环境中的相互作用、和谐统一中获得全面发展的原理，吸纳借鉴了古今中外的先进教育思想，并且创造性地运用暗示、移情、心理场等当代心理学、美学、社会学等研究成果，在实践中较为全面地运用情境教育的理论、模式、课程、课堂教学操作要素，以及各个学科情境教学的不同层次的可贵探索，情境教育以其独树一帜的理论和操作体系在许多领域做了许多开创性、独特性的研究，丰富和发展了当代教育教学理论和教育改革的实践，对江苏省乃至全国素质教育的实施，为促进儿童素质的和谐、生动活泼的发展，探索出了一条具有普遍意义的途径，发挥了重要作用，产生了巨大影响。李吉林同志开创性的研究所取得的丰硕成果已经成为中国特色的社会主义教育的一笔宝贵财富。

第三，李吉林同志和课题组成员坚持奋斗在儿童教育第一线，以炽热的赤子之心、严谨的治学态度执着地追求教育的理想境界，从实际出发，脚踏实地，进行艰辛而富有价值的实验，突出了自己的理性思考，逐步形成了李吉林的教育主张。在实践和理论的有机结合中，研究具有科学性、艺术性、大众性，为广大教育实践者的教育研究提供了一种范式。

第四，李吉林同志主持的情境教育促进儿童发展的实验研究有效地促进了学生生动活泼的、主动全面的发展，其卓有成效的业绩证明在教育教学过程中学生不仅是教育教学的对象，更是教育教学的动态资源，但关键在于教师，这对于改革教育教学积弊、树立新的教育理念、建立新的教育教材课程体系、确定新的教育教学范式、因材施教、开创生动活泼的教学理念、全面提高全体学生的素质富有极其宝贵的意义。这不仅对小学而且对整个基础教育都具有指导意义。在李吉林同志的主持下，在研究中逐步形成了一支具有人文精神、素质优良、生机勃勃的研究队伍，并随着课题研究的不断深入和成果的不断推广，进一步扩大了实验研究的群体。通过这项研究，一批优秀的青年教师脱颖而出，成为教育科研的骨干力量。本课题为建立科研型、学者型的教师队伍提供了范例。鉴定组认为"九五"课题"情境教育促进儿童素质发展的实验与研究"已经取得了预期的成果，专家组一致同意通过鉴定，并建议在"十五"期间在更大范围内更深入地开展几项实验研究，使其成果走向全国，走向世界。

全国教育科学规划领导小组

2000 年 12 月 6 日

第五章

为儿童的发展追求新境界，路越走越宽阔

一、学习脑科学理论，剖析儿童情境学习快乐高效的缘由

无论课堂创设的情境，还是在大自然中、社会生活里优选的情境都讲究一个"优"：优化、优选，其目的就是为儿童营造一种优质的良好的成长空间。因为我深知，环境与生活其中的人必然产生行为的一致性。这是马克思阐述的重要哲学原则。因此，我总是企求儿童在这优化的情境中得到尽可能大的发展，为其成人、成才打下良好而扎实的基础，这便是情境教育自始至终遵循的宗旨。一轮又一轮的实验，一个又一个班都显现出情境教育高效能的质量。

40 年的实践研究表明，无论我自己上的课，还是教师们的课堂，情境教育都表现了儿童强烈的学习情绪和难能可贵的智慧。情境课堂不仅是快乐的，而且是高效的。我反复思考、琢磨，这究竟是为什么？

其中的缘由可以从心理学、美学以及儿童的天性上找到理论依据。但是我更期望从脑科学上找到可靠的理论支撑。

作为情境教育的实践者、创立者，面对情境教育中儿童学得快乐，身心得到和谐发展的高效能的事实，我总是自觉琢磨着儿童的学习在大脑中是如何发生的。我从相关资料中获悉，神经科学家认为：当大脑的一个神经元向另一个神经元传递信息时，神经元就发生了学习。也就是说，学习就发生在神经元产生联结之时。而神经元联结又是靠什么呢？这时儿童的大脑又发生怎样的变化？翻开脑科学的最新成果，不难发现：神经元的传递是靠化学物质，被称为神经递质。它带着信息从一个神经元传递到另一个神经元。引起我注意的是，当神经元联结的同时，神经元就会不断地长出树突，神经元建立的信息联系越多，学习得就越多，大脑就越重。由此告诉我，大脑的神奇之处，即它的构造正是为了不断

学习。"人脑的杰作就是学习",也就是说,人变得聪明的关键也在于增多脑细胞之间更多的突触联结。而大脑总是不断寻找新的信息,因为它需要刺激,完全可以在环境刺激下形成新的联结。

这让我联系到情境教育早期就提出和研究的情境教学与儿童的形象思维、抽象逻辑思维、创造性思维发展的关系。尤其是在情境教学向情境教育拓展的关键阶段,概括出的情境教学促进儿童发展"五要素"中"以发展思维为重点,着眼创造性",以及在情境课程的课堂五大操作要义中再一次明确提出"以思维为核心",这些一以贯之的策略与原则都围绕着儿童的思维发展,都再三强调、突出以思维为核心的地位,强调发展儿童的思维。抓住儿童大脑极富可塑性的宝贵时期,在各科教学、各科课程活动中不断地向儿童的大脑传递信息。

情境教育的课堂上,无论教师把学生带入问题情境,还是鼓励学生自己提出问题,或者鼓励学生争相发表不同意见,进入思维活跃的热烈状态;无论独立思考和更为深沉的沉思冥想,还是伴随着形象的逻辑推理,或者提供想象契机让学生展开想象的翅膀,浮想联翩,充满幻想,都是围绕着"思"这一核心,让学生在其中进行比较、批判、推理等一系列的思维活动,包括联想、想象,让学生学习从"多思"到"乐思",再到学习"善思"。

而思维的发展始终把握学科的特点,我们在进行语文教学的过程中提出"观察情境作文"促使儿童作文快乐高效的主张。观察不仅让学生获取了作文所需的生动的、亲身经历的题材,而且因为观察场景丰富和储存的众多表象,为儿童组合新形象打下了基础,提供展开想象的契机,并且把思维发展与语言训练结合起来,提出"结合词的训练,培养思维的准确性""引导运用修辞手法,丰富思维的形象性""凭借篇章结构、作品思路,发展思维的有序性、深刻性"以及"在综合性的语言训练中,培养思维的灵活性和广阔性""通过想象性作文,发展思维的创造性"等主张,都有效地发展了学生的思维能力。数学学科结合运算,培养思维的敏捷性;结合应用题的一题多解,培养思维的求异性;结合公式、原理的推理,培养思维的逻辑性;结合几何图形的空间概念,发展思维的形象性,充分体现"数学是思维的体操"的学科特点。

在儿童情境学习的具体教学活动中，教师为儿童提供了一个个用脑的思维契机，启发、鼓励儿童进行思维活动，提高思维活动的频率，并且拓宽思维空间，使儿童自由快乐地思考，进而乐于思考。

美学原理告诉我们，美会给人带来愉悦，而爱美又是儿童的天性。情境教学早期就由此而想到艺术、图画、音乐、戏剧这些生动的艺术形式，使情境课堂呈现出生动的美感。美又因愉悦激起爱，至于美又为什么能给人带来愉悦感，进而激起爱呢？手段的多样化加上教师语言与情感的传递，营造了一个丰富的课堂。我还是希望找到更有力的理论依据。在学习脑科学的最新成果时，我很快找到了问题的答案。

首先，神经生理学家通过实验发现，生活在丰富环境中的白鼠比在普通情况下的白鼠的神经联结多 25％。这表明情境课堂丰富的环境能够不断促进儿童神经进入积极状态。而大脑是依靠"神经递质"的化学物质来运行的。尤其一种叫作"呐啡呔"的神经递质最能让人兴奋，产生愉悦感，它们带着信息从一个神经元传递到另一个神经元。神经科学家特别指出，艺术的使用不仅是引发思考，甚至可以教人如何思考，并且建立情感表达。脑科学指出，艺术可以激起身体的唤醒、创造性和对自身的感受。

脑科学还特别强调音乐是能够引起积极的化学物质释放的有效手段。音乐的价值在于它是丰富学习环境的组成要素。音乐还有一项重要的功能，那就是它的确可以激发大脑的神经通路，使神经元一直处于唤醒状态，传递信息。大脑产生天然类似"吗啡"的"呐啡呔"，可以显著影响学习状态，引发快乐的感觉。研究者指出："当你听着音乐时，脑就会释放这些神经递质，而且唱歌也有相同的作用。"我联系到在我们有限设备的条件下，在找到与教学内容相匹配的音乐还不能达到需求时，我们便用琴声，用儿童自己的歌声，渲染情境，同样取得了很好的效果。儿童往往会无限喜悦地进入情境，并激起愉悦而热烈的情绪。了解到这些资料时，我是兴奋不已的。情境教学通过艺术手段创设情境。艺术带来的课堂的美感，为什么会产生无穷的魅力，为什么普遍受到儿童的欢迎，激起热烈的情绪？为什么会产生"美是教育的磁石"的感受，原来是情境教学促进了大脑分泌有效的神经递质，增强了大脑的功能。

再联系到情境课堂上，我一直主张并强调教师要"爱生善教"，进而要做到"爱生乐教"。教师的微笑、鼓励和称赞，都会使儿童感到亲切、温暖、喜悦。这种人际情境能引起5-羟色胺、多巴胺以及呐啡呔的释放，竟会使信息传递更加高速、快捷，这几乎是我们当了几十年教师所不知晓的儿童学习的秘密。

对于良好的情境，脑科学的资料将其称为大脑调制的"鸡汤"。情境教育营造的这种和谐的师生人际情境能够给儿童一种安全感，使他们心情舒适。更值得一提的是，作为情境课程核心领域的学科情境课程的最大特点，就是把学科课程与儿童活动结合起来，在情境课程的操作要义中又提出"以儿童活动为途径"。这样的以儿童为主体，一切为了儿童发展的教育理念，决定了儿童必然活动在优化的情境中。

综上所述，情境教育营造的正是脑科学所要求的一个富有美感、丰富而安全且可以活动其中的环境。

情境教育最大的优越之处在于把儿童的情感活动与认知活动结合起来，充分利用了儿童的积极情绪，很好地培养了儿童的高级情感，那就是审美情感和道德情感。在情境教育的现场可以看到，因为儿童热烈的情绪，他们的身心处于愉悦的状态，学习主动性倍增，从根本上提高了学习效能。这使我较早地理解这种热烈的情绪留下的情绪记忆是最为长久和难以忘怀的；使我更想知道脑科学揭示出的情绪对儿童大脑的影响和作用。这样的思考，使我在脑科学的最新成果中找到了答案。

脑科学指出，这种良性的情绪很快被大脑接受，因为"情绪信息总是比其他信息优先得到加工。"这种"情绪事件会打开所有记忆的道路"的观点，明确指出"情绪记忆是最高效的记忆"。于是，我豁然顿悟到情境课程为什么会获得高效和学生负担不重、成绩普遍优秀的缘由。

情境教育优化的情境是整体的。镶嵌其中的知识，伴随着这样美而新奇的情境让儿童产生亲近感、求知欲，促使他们要学、乐学。于是，在他们主动学习、主动建构知识的过程中，积极情绪始终被激起。

总之，脑科学的最新成果为儿童情境学习的快乐、高效提供了一系列最新的理论支撑。

情境学习既从民族文化中获取丰富的理论滋养，又从脑科学中获取科学依据，从而形成独特优势，这是情境学习追求的必要结果。

二、遵循学习科学，提出儿童情境学习的四大策略

半个多世纪，我从自己亲历和目睹的课堂实况中深深认识到能让儿童学得快乐、学得高效的课堂，直接影响着教育的质量，影响着儿童的发展，关系着国家人才的质量，这绝非夸大其词。面对小学生不堪课业重负、影响身心发展的现状，我常为此焦虑。作为教师，我们每天都要走进课堂，理所当然地为儿童构造快乐、高效的课堂，重要的前提便是教师的教学设计。

这些年来，教学设计在国际上已发展成为各类设计工程中的一个新的领域。对教学设计的国际观及其理论、研究、模型、规划与进程都有新的阐释，给我和我们团队的教师很多启示。尤其是在学习科学的引领下，加速了"儿童情境学习"的发展，初步形成了快乐、高效的情境学习范式。

结合近 40 年为儿童学习所做的艰辛探索与潜心研究，我通过回顾反思自己上的课以及参加的其他教师的教学设计，略述从中获得的体验及感悟。

（一）学习知识的复杂性——整合知识， 选择最佳途径设计情境

学习知识对于儿童并非轻而易举之事，具有一定的复杂性。因为知识并不是孤立存在的，也不是人们习惯上认为的一个一个的知识点。学习科学阐明，每一个知识点都是以结构的状态相互联系地处于一定的系

统中，而且是一个动态的发展的系统。儿童的阅历浅、经验少，其学习知识又必须与社会和经验相连，还需要经过自身的建构过程，这多方面的因素决定了儿童学习知识的复杂性，具有更大的难度。教学设计如何化难为易，化抽象为具象，化单一为与事件关联呢？我们的策略是整合知识，选择最佳途径，设计生动的学习情境。为学习者提供最佳的学习环境，是首要之举。

1. 利用经验设计情境

知识是在一定的情境中获得的。学习科学特别指出，儿童利用自己已有知识形成的经验，对他们学习新知识具有支持性。因此，设计的情境时首先要有意识地与儿童的经验相关联，通过情境达到整合知识的目的，使知识镶嵌在生动的情境之中。这样儿童获得的知识是有背景的、相互联系的，是可以体验、可以感悟、可以转化应用的，而不是僵化的、黯淡的、只会背不会用的惰性知识。

例如，在教授一年级教材中的唐诗《春晓》时，虽然只有四行，教师在结构上运用了倒叙的手法，这对于一年级的学生来说，显然是有难度的，需要精心设计。

我让全体学生扮演"诗人"，按照儿童生活经验中的时间顺序，体验诗人写诗前所经历的情境；再通过导语设计，一步步把学生带入情境——"夜深了，'诗人'读书睡着了。""半夜里，诗人被风雨声惊醒了。""听着，听着，你又睡着了。"这样利用学生的生活经验，让他们扮演角色，为诗歌内容结构的理解做了必要的铺垫。（播放鸟鸣录音）"清晨，你听到一阵阵鸟鸣声，你便吟起诗来，你先吟了哪两句？""你忽然想起昨天半夜里风吹雨打的情景，你又吟了哪两句？""小诗人"伴随着积极的情绪吟起诗来，仿佛诗句真是他们自己做出来的。热烈的情绪便渲染了整个学习情境，使全体学生都在无意识作用下情不自禁地进入了角色，很快就学懂了全诗，而且特别快活。儿童的学习不仅要快乐，还要高效，涵含着的知识不仅学得活，还要学得扎实。

于是，趁着学生的兴致，我进一步设计落实诗中关键字眼的语意："眠""晓""闻"，并从语意上让学生记住它们的偏旁。

这样，教师利用儿童的经验创设情境，让儿童在语境中学词，从而使诗中的字眼顺其自然地得到整合。这样儿童获取的知识便是相互联系的，与自己储存的信息相融合。情境中呈现的背景、事件，都给儿童留下了很深的印象，而整合知识的过程也使儿童具备了较强的解决问题和迁移的能力。音、体、美学科的情境学习同样要求把知识、技能的训练镶嵌在情境中，并且从中萌生出许多学习的乐趣。

2. 利用艺术设计情境

情境学习的课堂呈现美感，显现其特有的魅力。那么怎样优选途径设计情境呢？对于儿童来说，其要素就是"美、智、趣"，而艺术恰恰是最理想的。图画、音乐、戏剧、表演角色这些艺术活动都受到儿童普遍欢迎，并且使他们乐于参加、投入其中的。概括地说，情境学习便是利用艺术的直观与教师的语言描绘相结合，创设与教材相关的优化情境，给学生以美的享受，使教学变得有情有趣。

对于小学低年级来说，教材内容较为简单，而越是年级低，越是需要精心设计。优质的设计，首先基于设计者准确地把握教材，利用视像和想象走进教材的情境。

对于一年级的《小小的船》四行儿童诗，我早已熟读在心，设计前我仍然反复品读诗作。这首小诗从眼前的实景到坐上月亮幻想中的虚境，这种结构上的跨度、语言的跳跃，寄托了诗人期盼飞上月球、探索天体奥秘的意愿。这是诗中的精彩之处，也是难点所在，必须要很好地把握。我体验着诗中的情感，带着想象去设计。

其中，我选择了图画、音乐、表演角色多样化的艺术手段与语言描绘相结合的途径，把学生带入"飞上蓝天""坐上小船"的情境中。我设计了生动的导语："现在你就坐在院子里，圆圆的月亮正望着你……"伴随着《小小的船》充满幻想的曲子，学生都听得入了神，入了境，真的眯上了眼睛。

在音乐的渲染中，眼前的画面和导语的指向整合在一起，诱发和强化了儿童想飞上月亮的愿望，激发了他们的想象。课堂生成让我兴奋不已："老师，我飞上去了！""我也飞上去了！""我觉得身子变轻了！""我好像腿变长了!"……这让我感到他们是真的飞上了月亮。我趁着学生热烈的情绪,即时进行规范的语言训练。

从这个设计的片段中,图像、空间、音响、语言都整合在"我飞上天了,坐在月亮上"的事件中。由于有了事件,儿童很快地接受了,因为他们的大脑特别擅长事件的记忆。音乐、图画的美生成内心的愉悦感,使大脑分泌出大量的神经递质,加快了信息在神经元之间的传递,使儿童处于兴奋状态,提高了大脑的功能。即使在数学学科的操作要义中,我们也提出了"体现数学的审美性和文化性"。教师在课堂上经常运用艺术手段,可以使儿童获得审美感受,使他们幼小的心灵得到润泽,从而促使他们的个性得到生动活泼的发展,使他们小小的生命体显现出多元的色彩。

艺术心理学告诉我们,艺术具有唤情的作用,可以唤起和满足人的情感。情境学习利用艺术的美,让课堂在美的魅力的引导下,促进儿童快快乐乐地学习。一个个案例获得成功,鼓舞着我们加速研究的深入,从理论建构上进一步提出情境学习"以美为境界",后来又提出"以美育美"的策略。

(二)学习过程的不确定性——以情激智,唤起持久投入的 内驱力

在学习过程中,学习内容的变化、作为学习者的学生之间的差异、学习者个体本身情绪的不稳定,造成了在即时的学习情境中教师与学生以及学生之间对话的碰撞甚至冲突;加之教师在学生学习过程中瞬间产生的反思,教育智慧即时的发挥和顿悟,随机应对与引导,等等,使学习的过程必然是动态的,让学生也随之浸润在一个不确定的学习过程中。

我们在面对儿童学习过程的不确定性预设对策的同时,必须看到积极的方面,那就是教学的基本原理是不变的,那是规律的揭示,是教学的真谛。而且,儿童的学习行为及学习情绪也是可以预见的,可以从学习过程中线性的因果规律性去把握。我们的教学设计只要充分把握教学原理,珍视教育现场中可能出现的良性现象,并由此拓展开去,"以不变

应万变"，以确定的干预获得确定结果。正因为如此，教学设计也才有它现实的积极意义和价值。简言之，我们的策略是以教学原理不变的稳定性，抗衡学习过程的不确定性，从而把握儿童动态的认知过程。情境教育孕育的儿童快乐、高效学习的范式，把"儿童的情感活动与认知活动结合起来"作为情境学习的教学设计的基本原则。学习科学明确指出，这两者的结合正是"儿童学习的核心"。

1. 满足需求，形成驱动

传统的灌输式教学，脱离儿童的经验，把课堂与周围世界的联系切断，舍去教材的情境，进行单纯的符号式讲解，这些违背了儿童学习应该遵循的规律，很难激起他们学习的积极情绪，让他们产生学习动机。

积极情绪的参与恰恰是主动学习的关键。情境学习的教学设计正是以儿童为中心，首先考虑的是如何激起儿童的学习需求，形成学习动机。例如，《海底世界》是一篇三年级的常识性课文，没有角色，也没有情节。我便将课文情境化、人格化，把知识镶嵌在相关的情境之中，根据教材的内容与结构层次，针对儿童的好奇心，设计了"实地考察""查阅资料""运用现代化仪器""搜集标本""展览汇报"等模拟的且具有普遍应用性的系列情境，把知识与真实世界联系起来，把"海底世界"作为儿童探究的对象，使儿童成为探究知识的主角。这样，学习成为儿童的主观需求，儿童便会主动投入学习过程。

在设计的情境中，教师是海洋研究所的所长，学生是研究员。设计的导语如下："为了研究一个事物，常常需要到实地考察。为了了解海底的世界，现在让我们潜入大海……"情境的真实感，扮演角色的新奇感、自尊感以及即时的体验，促使学生带着想象学习课文，引发他们在探究中发现景象的奇异，进而提出问题。

当时有学生激动得把铅笔盒竖起来当作对讲机，说道："报告所长，我是阿波罗一号，我在海底 500 米深处发现点点星光，请问所长这是什么现象？""潜水员们"一个个争着报告观察所得，如同身处在大海深处实地考察的情境中。可见学生当时内心的激动和思维活跃的程度。在学生提出问题后，教师又让学生自己查阅、检索资料(补充的相关教材，以主篇带次篇）。这样从学习形式到学习内容都使情境学习具有了丰富性。情境学习的教学设计总是设法引导学生自己去看、去倾听，即便是"仿佛看到了""仿佛听到了"也同样是真切的。

这样设计的情境与儿童的学习方式、思维方式、交往方式等方面的特征是相互协调的，这就决定了情境学习的合理性、创造性。作为情境学习的设计者，要有广阔的思维空间，用宽阔的视野看世界，才能高屋建瓴。

心理场的理论告诉我们，当学习活动成为儿童的主观需求时，他们必然会产生向着教学目标的内驱力，而且教学内容多元组合的丰富性中的力量就会显示出来。这些"力"都十分可贵，它必然会驱动着、导引着学习者积极参与，激发出很高的自主性和能动性，使不确定的学习过程变得顺理成章、水到渠成。从某种意义上来讲，学习是由预想的结果所决定的。

2. 把握情感脉络，推进学习过程

情境学习运用艺术的直观创设情境，使儿童进入情境感受到的美，唤起了他们的情感，使他们在学习上获得了愉悦的满足。我无数次目睹儿童热烈的学习情绪、情感推动着的学习活动现场。积极情感的驱动可以帮助学生逾越障碍，可以预防、抵御不良情绪的产生。于是教师的主导与学生的主动便会融合起来。

儿童是富有情感的小小生命体，他们的情感易于被激起，可以连续，不会戛然而止，关键是课前设计、课上教师引导要通过把握儿童情感的脉络，推进学习过程。

例如，在教授"凡卡"一课时，教师设计的导语以优美的文学语言渲染了一种凄美的气氛，使儿童不禁"生情"。儿童的情感是在认识事物、认识人物的过程中产生、发展的。因此，根据小说情节的发展，为了突出主人公的形象，我设计了系列的、连续的情境，播放悲凉的轻音乐，让他们走进小说描写的情境，唤起他们的情感体验，促使他们的情感一步步发展起来。

儿童扮演"目睹者"，结合插图，通过联想与想象出现的"视像"，仿佛亲眼看到了凡卡正流着眼泪偷偷地给爷爷写信的情景。接着儿童运用第一人称讲述凡卡所受的折磨。由于人称的改变，凡卡就成了"我"，儿童读着、讲着，体验到凡卡孤独的处境与哀伤的心情，他们祈求着爷爷，仿佛自己就是凡卡在呼唤着爷爷，甚至忍不住流下了眼泪。显然儿童的情感已经转移到了凡卡身上……

由此，儿童一步步走进小说中的情境，体验情境，由入情—动情—移情，进而引导抒情，在课堂上儿童急切地提出"凡卡的这封信爷爷能收到吗？结果会是怎样的呢？"进而又做了种种猜想，展开了生动的描述。

在情境学习过程中，群体形成的这种热烈的情绪、真切的情感，营造了积极学习的氛围，引起了儿童普遍的内心激动，这正是保证教学过程顺利推进的宝贵的环境。学习科学强调指出："学习是高度地受所发生情境调节的。"情感在各种层面运作上具有连续性。在思想品德课的设计思路中，我们也鲜明地提出以"美"激"爱"、以"爱"导"行"，把握儿童情感的脉络，珍惜儿童学习的积极情感，让他们产生持续的学习动机，使整个学习过程在满足儿童的主观需求中逐步进行。这种热切的学习主动性，使儿童顺其自然地投入教学过程。脑科学指出：只有情绪才能为我们提供足够多的热情来达到目标；情绪信息总是比其他信息优先得到加工，且留下的情绪记忆难以磨灭。这就从脑的活动上，保证了情境学习的高效能。

从我们的一个个实验班、一批批学生的表现上可以清晰地看到：情境学习的教学设计引导儿童进入情境、体验情境、想象情境、构架情境，使儿童的审美情感和道德情感，在持续的耳濡目染和一点点积淀中发展起来。这正是我们对教育的最美好的憧憬。因此，儿童的学习绝不是也不可能是单纯的知识学习，其间一定蕴含着人文熏陶，从而丰富儿童的精神世界。情境学习的教学设计的出发点就是为儿童营造最佳的学习环境，使其主动投入学习活动，使其身心获得全面的发展。

（三）学习系统的开放性——链接生活，凭借活动历练实践才干

知识的本源在它的社会性、建构性和情境性等方面都决定了学习系

统的开放性。尤其是当今社会，新知识层出不穷地向我们涌来，学习系统更是进一步开放。因此，如果我们用封闭的方式教给儿童知识，则显然不符合知识的本质特征，也与儿童学习知识的规律背道而驰。所以，学习科学始终强调学习是人与世界的互动过程。

基于学习发生在一个多元的情境之中，儿童情境学习主张课堂学习应与生活链接，提出把学科课程与儿童活动结合起来的具体策略。儿童通过参与持久的系列活动来历练实践才干。事实上，儿童生命的历程始终贯穿着自身的活动。所以，课堂设计的教学活动要以培养儿童的学习力为中心，同时情境德育也要设计成儿童主动参与的活动，而非说教，引领儿童充分地活动起来。

1. 建构知识

传统教育往往忽略知识的建构性。课堂开放了，学生必须自己建构知识，亲自介入、参与，热情地投入其中，其最重要的、无可替代的途径就是活动。

教材是学校课程实施的重要凭借；学科教材是人类优秀文化的再现。从某种意义上来讲，教材记录了人类智慧的结晶，传承着人类的文化价值，包容着丰富的系统知识。因此，设计儿童的活动时，切忌将教材搁置一边，忽略教科书的重要功能，为活动而活动。课堂上儿童的活动必须根据教材特点，以教学目标、教材内容为依据进行设计，让儿童在优化的情境中建构知识，把知识学活、学扎实。

课堂设计的活动促进儿童在已有知识的基础上建构新知识，而他们关注的新知识以及提出的问题，会形成建构知识的动力。让学生感受到知识产生的情境，找到知识的根，感受知识的文化意蕴。记得我和数学教师一起讨论设计"平行四边形面积的计算"一课时，我们以开放的理念，打破了传统的从复习长方形面积的计算公式，再经过教师的演示、讲解，把平行四边形的公式教给学生的套路，把学生带到知识产生的历史情境中，有意识地让学生自己去发现知识。

设计的情境以叙事的形式做导语，并用简笔画的形式勾勒了古代老农的小屋和小屋前的一块平行四边形的地，把学生带到平行四边形面积计算公式还未发现的那个年代中。"现在你们来扮演古代小小数学家，看谁能破解这个难题。"教师再从数学史的角度告诉学生，"人类发现长方形面积公式以后，只用了不多的年月就发现了平行四边形面积的计算公式。"这暗示两种图形面积计算之间相连的逻辑关系。学生在各自的观察、分析、思考中建构知识。小小数学家解破了难题，公式由他们自己发现了。这与学习科学提出的让学生自己去发现或创造出来的观点相吻合。小小数学家们兴奋不已，仿佛人格也提升了，颇具成就感，学习兴趣倍增。

2. 模拟操作

学科课程与儿童活动相结合，以活动推进教学过程，这就摒弃了传统课堂的许多无效的陈规老套，突出了在应用中理解知识、在应用中学会应用知识的观点。事实上，知识只有在解决问题中被灵活运用，才是有价值的。无论学习语文还是数学，我们常常带领学生走进生活，走向野外。在这些非正式学习的模拟操作中，将知识与世界相连，极大地提升了学生运用知识的实践能力。

课堂的模拟操作以及课堂上模仿生活中的人物、劳动的场景对于儿童来说都似曾相识，这与他们大脑中储存的图像具有相似性。儿童不仅感到特别亲切，而且可以亲自动手、动脑。角色扮演往往具有"游戏精神"，可以使儿童在互动中历练技能、技巧，对儿童更具吸引力。所以，模拟操作对于儿童来说是形式特别生动的有意义的知识学习。

例如，在教授"认识三角形"一课时，我们的设计突出以学生为中心展开一系列的学科活动。其中，引导学生交流在生活中发现的多种三角形，让学生为了理解三角形的稳定性特征而获得了大量的感性材料。随后引导学生进行实践操作，让学生做"小木匠"，设计怎样利用三角形的原理修好一把摇晃的椅子。当"小木匠"把木条钉在椅子拐角上构成三角形时，小木椅就稳稳地立在课桌上，学生开心得鼓起掌来。知识在实践中得到运用，学生乐不可支。此时课堂的热烈氛围激发了学生的思维活动，有的学生提出："我们还发现了三角形的小红旗和三角形的蛋糕，这并不能表示三角形的稳定性，那又有什么功能？"于是全班学生开始讨论，增加了三角形还有"节约材料""增强美感"的功能。学生自己得出的结论丰富了教材，这充分表明课堂与生活链接有效地历练了学生的实践才干。这是在封闭式的教学中想也想不到的场景。学生的模拟操作更能直接地将课堂学习与生活链接起来，其实质就是"做"，就是"用"，可谓"笃行之"。学的本领会用了，儿童顿觉自己能干了，长大了，享受到了学习的快乐。

3. 对话共进

学习科学指出，人们对世界的认识、理解，总是受到个人视阈的限制；所以现代社会需要共同体，需要协商。为了更好地在社会上生存，几乎任何人终身都需要进行对话活动。世界博大无垠；尽管儿童总是以好奇的目光去关注周围世界，但看到的还只是世界的一隅一角，认识到的只是表层的现象，是有限的、极不完整的。所以无论儿童从现在获取知识，还是未来进一步了解世界，都需要从小就开始学习对话，从而丰富自己。

学习中的对话一般是在班级或学习小组内、教师与学生、学生与学生之间展开的，是在他们相互启发、相互促进中进行的。教师以对话的方式引导学生提问、答复、说明、释疑、比较、争辩，自由表达。总之，教师设计对话活动时需要引起学生思维的碰撞、擦出思维的火花、激起热烈的情绪，相互交流、相互感染。角度的不同、见解的差异加深了学生对知识的理解。经常性的对话活动促使学生在互动、互补中逐渐学会协商、合作，达到共同进步，体现了对话的多种功能。

教师在设计教学中的对话时，首先根据教学目标选择引领学生深入学习知识的话题，引发对话的需求。话题的设计和选择也应该是多角度的，可以紧扣教材，也可以由此进行延伸；同时对话的形式，也需要精心设计。对话之始，教师需要引发学生对话的需求，明确对话的要求，做到有问有答，彼此交流。例如，在教授四年级"太阳"一课时，教师为了引导学生了解太阳，对天体探究产生兴趣，提出："对于我们好像熟悉、其实陌生的太阳，你们想知道它的什么？"由此从学生的经验出发引发他们探究太阳的热情，并提出了十几个与教材相关的问题。

于是教师在设计中又鼓励学生通过对话自己去解答；为了寻找答案，让学生扮演"小天文学家"研读课文。新的角色身份促使学生急切地想找到答案，从而带着非常积极的情绪去学习课文，去了解太阳、研究太阳。

顺着学生的思路，以"太阳与人类的关系怎么密切"为中心话题展开对话，启发要求学生提供表示因果递进、转折变化以及表示假设的关联词语，以提高学生对话的逻辑性和语言的思辨能力。

对话让学生的思维特别活跃，能够体现出事物间的因果、转折、假设的关系。由此让学生学会运用多角度的、辩证的思维方法去理解和分析问题，允许看法不同，鼓励求异，从而获得了新知。

为了体现对话的生动性，学生扮演记者、科学家、作家、导演、战士、教师、家长、导游、老农等生活中学生喜欢亲近的人物。在进行对话、协商的同时，情境学习还特别注重发展学生的探究性思维，培养他们思维的深刻性，并给他们留下沉思、冥想的空间，以培养他们独立思考的能力。

从以上所述可知，儿童在情境学习课堂中活动时，他们的视觉、听觉、触觉以至肢体都会获得较为和谐、协调的感受，整个身心都会投入其中。这种在教师有目的地引导下的活动便会形成蕴含着知识的意义。这样多种感官兴奋笼罩着情绪色彩，在大脑里留下深刻而鲜活的印记，必然会提高儿童学习的效率，使他们身心愉悦。

（四）学习催发潜能的不易性——着眼创新， 不失时机地发展儿童的想象力

学习科学强调"有意义学习本质上是创造性的"，创造力就是解除传统束缚的思维力。几乎每一个儿童的大脑都隐藏着巨大的潜能，具有无穷的创造力。但潜在的智慧并非已成现实，这是一种"沉睡的力量"。既是沉睡，就需要唤醒，且要及时唤醒。因为儿童的这种"可能能力"，若得不到及时开发，便会产生"递减现象"。这是一种渐变的，而又无法挽回的可怕现象。但遗憾的是，不少教师每天走进课堂，每节课都认真地教授，并不会都意识到自己辛辛苦苦的讲解、严格的要求、标准的答案，

这种划一的、僵死的教学，恰恰是对儿童潜能的扼杀，是把儿童智慧的嫩芽掐断，使之枯萎。可以说，这是一种"罪过"。基于开发儿童潜在智慧的不易性和因忽略而造成的不可弥补的危害，我们必须不失时机地在儿童生命的早期开发其潜在的智慧，深刻地认识到儿童是一个个活脱脱的小生命，有可能成长为具有高智慧、大智慧的人；我们必须悉心呵护、倍加珍爱、及时催发。

抓住儿童最具想象力的关键时期，情境学习将"让儿童在美的、宽松的、快乐的情境中，通过发展想象力来培养创造力"作为催发儿童潜能的策略。想象是儿童最宝贵的思维品质。因为想象孕育着创造的嫩芽，想象是开发儿童潜能、发展创造力的一把金钥匙。教学设计应砸碎一切扼杀儿童想象的枷锁，引领儿童到更广阔的课堂中去，发展想象力。情境学习着眼于创造，不失时机地为儿童的思维飞向创新的高地添翼。

1. 持续积累表象

儿童最善于想象，而想象正是创造的开始。儿童的想象是由表象组合成新形象的过程，所以情境学习十分注重儿童表象的积累，精心设计许多让师生终生难忘的观察活动。由于这些表象笼罩着情感的色彩，储存在儿童大脑的记忆中，表象就易于成为儿童想象的鲜活材料。因此，教学要重视积累表象。表象从哪里来？要利用眼睛的帮助去发展想象。儿童需要引领、指导来唤起他们的有意注意，由近及远，从身边多姿多彩的空间到宽阔无垠的世界，让观察持久进行。一棵小树、一丛花草、一只小动物，哪怕是窗外的一处景点、一种瞬间的现象……都可以成为儿童的观察点，使他们从中获得表象，在教师的督促鼓励下，日久天长形成习惯，逐渐培养他们敏锐的观察力。这样的引导与儿童喜欢睁大眼睛看世界的需求是相协调的。

在二年级"谜语"一课上，其中一则谜底是"电灯"，但学生很快就猜到了。想不到有的学生随即提出："如果是日光灯，谜语该怎么编？"这是教学设计中没有预见到的生成。我敏感地意识到这是让学生带着欲望、快乐思考、大胆猜想的好时机，便鼓励他们来编一则谜底是"日光灯"的谜语。少顷，一名学生站起来信心十足地说："屋里有根藤，藤上结了根长丝瓜，一到太阳落，瓜里开红花"。话音刚落，其他学生开心地大笑起来，快乐无限。马上又有学生纠正"日光灯不是开红花"，应该是"瓜里开银花"。二年级的学生为什么能这么迅速地编出谜语？联想到不久前，我带他们到田野里观察，看到长丝瓜从棚上垂下来，感到非常新奇。由此表明他们在兴奋的情绪中所获得的表象帮助他们进行了组合，创造了新的形象。

作文是创造性很强的作业，除了需要运用语言能力之外，还需要具有创造能力。例如，在五年级的一次独立作文课上，我要求学生根据自己平日观察所得，选择一种没有生命的物体，写出它的品格特点，自己选题，自己命题。学生感到很自在，很乐意。当堂完成后，我批阅时发现，所写题材各式各样，仅题目就有《歌》《铁》《路灯》《火柴》《石子》《北斗星》《太阳礼赞》《石灰吟》《蜡烛》《红》《绿》等 20 多个不同的文题。他们写出了真情实感，赞美了这类物品的特点，且富有哲理。究其原因，那就是因为他们通过长期养成的观察习惯，积累了丰富的表象，获得了"直接的印象"，从而为他们的想象思维提供了丰富的材料，为新形象组合做了重要的铺垫。

2. 即时嵌入契机

儿童的想象不会凭空产生，需要引发契机。我们的教学设计就必须为儿童提供"需要的推动"，让他们产生想象的欲望。在这一环节中，我的课堂教学设计意识很强，只要教材有空间，便会根据教材的特点，在设计中即时嵌入想象契机。其实，儿童常常是带着想象去阅读、去思维、去表达的。让儿童展开想象，真是"正合他意"。因此，在语文教学过程中，启发儿童走进情境，让其设计想象人物的对话：假如你是××，你会怎么想、怎么做，增添一个新的角色、一个新的情节，想象故事的细节，进入一个新时空，续编不同的结尾。从一个新的角度去思维、去想象，这不仅丰富了课文内容，加深了儿童对知识的理解，而且开发了他们的创造潜能。

即使在野外观察中，我也不失时机地为儿童即时嵌入想象契机，引导儿童展开想象。那是一个金色的秋天，我带着三年级的学生去观察桂花。我设计安排了"找桂花—看桂花—问桂花—捡桂花"的顺序，当学生围在桂花树前，我启发他们把眼前的桂花树当作"桂花姑娘"，与之对话、提问。角色的转换，使他们情不自禁地去体验桂花内在的美，学生问来答去，对话很精彩。"美"激起了"爱"；他们弯下腰，疼爱地把落在树下的桂花捡起来。一朵一朵，聚在小小的手掌中。片刻，几乎是同时，学生把手中的桂花放到我的大手中；小小的桂花此刻成了他们心目中美的精灵。我双手捧着，顿觉手中最轻的小桂花变得沉甸甸的了。这是超越了我的教学设计的一幕场景，霎时间令我不知所措。但是桂花的"美"、学生的"情"，驱动着我萌生出即兴设计，把学生带到草地上集体编"桂花姑娘"的童话。

我把手中的桂花轻轻洒落在一个小女孩的头上、发辫上。在学生的眼里，她俨然成了真的"桂花姑娘"了。他们用新奇的目光端详着……刚才观察桂花获得的直接的美的印象和感受，对桂花姑娘的新奇、怜爱，连同编织童话幻想的形式，都激起学生创造的欲望。凉风习习，又送来阵阵桂花的甜香，使学生身心俱适；此情此景构成最佳的创造情境，一对对想象的翅膀扇动起来了。

我和学生都没准备，都是即兴的思考、即兴的表达。我鼓励大家一起编，他一句、你一句地想着、编着。有的学生给故事开头了："桂花姑娘原是个穷人家的姑娘，她被狠心地主抓走了"；紧跟着便有一个个"后来——"，学生用善良的童心和纯真的智慧，一起编织着一个书上从来没有写过的美丽的童话。

学生不仅想到"桂花姑娘勇敢地逃出来"，而且竟然想到"好心的风伯伯来帮助她了"。听到这里，我心一亮：有了风伯伯的帮助，桂花姑娘就会飞起来。学生都兴奋起来，果然有的学生接着说："桂花姑娘乘着清风一直飞向月亮，她到了月宫里，长成了一棵桂花树，陪伴着嫦娥姑姑。"学生的想象真是太美妙了。神话般的想象罩上了智慧与神奇的光环。接着有的学生说："桂花姑娘在月宫里思念人间，便洒落下金色的桂花种，从此大地上便有了桂花树。"又有学生补充道："为了不被地主发现，所以她躲在绿叶下，开出一朵朵小小的金黄色的小花……"

天上人间，是多么广阔的想象空间。观察、思维、想象的融合创造出一个个美丽动人的童话。幼小的心灵可以迸发出如此耀眼的智慧火花，这是惊人而可贵的。学生沉浸其中，体验着创造的快乐。在班级和谐的共同体中，在特定的情境中，这种即兴的教学活动是最能激发学生的潜在智慧、激活学生的灵性的。因为没有事先谋划的束缚，而是在那个瞬间，思维迅速地、跳跃式地自由驰骋，涌现出学生潜在的无穷创造力。这些深刻地告诉我，没有互动就不可能有"即兴"和"涌现"。即时嵌入想象契机，真是要"不失时机"。

儿童是喜欢创造的，教学设计无论在课堂上，还是在野外，需要体现的"四要素"为："训练感觉、培养直觉、鼓励求异、大胆想象"，让儿童的创造活动在宽松的、无拘无束的情境中进行。

3. 引入广远意境

古代文论"意境说"中用"思接千载""视通万里"形容诗人创作时的情态；"千载""万里"能想到千年之久、万里之远，想象空间可以是如此宽阔。古代的诗人尚且如此，何况 21 世纪的儿童呢。我们作为教学的设计者应该意识到，儿童面对的未来世界，给人们的思维方式带来的是"可能""不确定"，是"飘忽""变幻""互动"，从而使人们改变对世界的认识。为了开发儿童的潜能，我们就很有必要打破程式化思维的定势，引导儿童主动地在自由宽阔的思维空间内思考，进入广远意境，追求创新。那虽然是虚无缥缈，但却是可以操作落实的。教学设计要能让儿童将课堂上已激起的情绪与教材中的意象、学科训练结合起来发展想象力。

在情境学习的阅读和作文教学中，教师有意识地设计与教材和儿童生活结合起来的富有创造性的语言训练。

在阅读课上经常设计创造性复述，诸如"小猴子第二次下山"，续写"贝多芬回到旅店以后，追记月光曲的情景"；学了"种子的力"则让学生编写"大力士比武"的童话。学生心中的大力士既神奇又颇具哲理，谁是"大力士"，学生各有自己生动而深刻的见解："我们大伙儿一起推，就把岩石推下去了，这说明大伙儿的力量可以超过一切；大伙儿才是真正了不起的大力士！"也有的说："真正的大力士是大象！"大象诚恳地表示：

"不，不是我，是那能吊起万吨钢铁的大吊车啊！"一旁的大吊车却谦虚地说："不，最了不起的大力士是人类，因为是人类造出了我！"由此看出，想象加深了学生对社会现象的认识。

中高年级的学生展开想象，需要宽阔的思维空间，那么低年级的学生是不是可以窄一点？其实，越是年龄小的孩子，越是会无拘无束，想入非非。例如，在教授一组儿童诗以后，我给一年级学生上了一堂思维训练课。最后我设计了一个训练，让学生画一对翅膀，让他们的思维随着"翅膀"飞起来，并问："你准备把翅膀送给谁？"这个"飞"的动态，连同赠送的对象、目的，都可以让学生想得很远、很精彩。他们的表述也让我感到无比的惊喜。他们兴奋地表达了各自的心愿："我把翅膀送给面包，让它快快飞到世界上没饭吃的地方，让饥饿中的穷人，尝到中国的新鲜面包！""我把翅膀送给书籍，让书籍飞向外星，让外星人读到我们的书，不过我担心他们看不懂我们的文字。""我把翅膀送给李老师，李老师外出开会就不用坐火车和轮船了，这多节约时间啊！""我把翅膀送给我自己，我要飞上月亮，看看月亮上是不是真的有小玉兔。"……

科学、人文，既美妙又神奇，让儿童的想象向创新高地飞去。

在作文教学中，我从低年级就开始了想象性的情境说话，如《冬爷爷的礼物》《萝卜娃娃看到了田野》《我和小树交朋友》《春姑娘的大柳筐》《小鸭子离开我们以后》；到中高年级的《我是一棵蒲公英》《菜花儿比赛》《我想在××留个影》《海底世界漫游记》《假如卖火柴的小女孩来到我们中间》《凡卡的信发出以后》等结合观察活动、阅读教学进行的一系列的想象性作文以及童话创作，学生美滋滋地进行着创造性的语言活动，开发自身的潜能，其语言能力在快乐中得到有效的训练。他们更加乐于想象、乐于表达，从而达到课程标准的要求。

实践表明，培养儿童的创造力，需要在学科学习中结合能力训练，这样发展儿童的想象力才能得以落实。科学学科的教学设计要求"创设探究情境、激发好奇心、培养创造力和科学精神。"即使在音、体、美学科中，情境学习也鲜明地提出把想象与技能技巧的训练结合起来，在自我表现中开发儿童的创造潜能。

综上所述，情境学习多年来在学习科学的引领下，窥视到儿童学习秘密的黑箱的一角。针对儿童学习知识的复杂性、学习过程的不确定性、学习系统的开放性以及学习催发儿童潜能的不易性，我们以"利用艺术之美""情感生成之力""凭借儿童活动""发展想象、培养创造力"为对策，进行教学设计，体现了情境学习特有的"真、美、情、思"四大元素。让儿童在与教师和小伙伴的互动中，与世界和生活相连中学习知识，为他们的学习提供了有力支撑，营造了最佳的学习环境，使我们的教学设计更具科学性和创造性。

在此，我想引用钱旭红院士指出的"科学知识不等于科学精神，人文知识不等于人文精神"，以强调教学设计时不仅仅是技术层面的运筹帷幄。世界的发展需要儿童超越知识的局限，这要求我们进行教学设计时必须随之形成不断超越自我的意识和能力，在学习科学的引领下，用"童心"和"真情"来"精心设计"，以"精心"换来"精彩"，达到真正意义上的"优质教学设计"和创造性的设计。这就从根本上保证了课堂的快乐、高效，促进了儿童全面和谐的发展，而这是情境学习矢志不移的宗旨。

三、确立核心理念，构建儿童情境学习范式

儿童时期是一个人一生奠基的关键时期，而儿童本人却不知其中的重要性。作为他们的教师的责任就格外重大，需要良知和真挚的情感。多年来，我一直在儿童中间，知儿童所需、所求，爱儿童所爱。内心世界的神圣使命感决定了我对小学教育，对儿童倾注着炽热的、始终不渝的情感。可以说，儿童是我的挚爱，是我心灵的寄托。对于神圣的教育，我虔诚相待。这种纯真的不可淡化的情感，使我在情境教育的探索与发展中，时时、事事围绕着"儿童"去思量。其过程让我体验到探索者的情感会萌生驱动力和不懈的追求。

为儿童着想，是我每天思考的内容。从目标到途径，从途径到方法，

从整体到局部，甚至细节都是为了儿童。这种朴素的理念和思维方式，驱使着我探究儿童发展的规律。情境教学—情境教育—情境课程这"三部曲"围绕着一个主旋律，其目的就是让儿童快乐高效学习，获得全面发展。

40 年过去了，积淀必然产生飞跃，主旋律终于有了音符，有了节奏，有了乐章。由此也一点一点揭开儿童学习的秘密，至今才构建了"儿童情境学习的范式"。其内容概括为"择美构境，境美生情，以情启智，情智融合，把情感活动与认知活动结合起来，让儿童在境中学、思、行、冶的儿童学习范式"。

回顾实验之初，我作为语文教师，首先从本学科着手，探究儿童怎样能学好语文。我深深地懂得语文是人类优秀文化的重要组成部分，其丰富的文化内涵决定了语文教学不能唯工具论。语文除了工具属性以外，还承载着文化属性。小学语文教材中的一篇篇课文都是作家思想与智慧的结晶，倾注了作家内心的情感。中国的文学创作历来讲究一个"情"字，"情者文之经""情动而辞发""为情造文"等在中国古代文论中早已阐明。

简言之，小学语文是有情之物，而儿童又是有情之人。那么在阅读教学中，关键是如何以文中之"情"激起儿童心中之"情"？又如何通过文中情更深地体验语言文字的形象、内涵、神韵，进而受到熏陶、感染，来丰富儿童的精神世界？

我知道爱美是儿童的天性，美能给幼小的心灵带来愉悦。儿童喜欢美的景、美的物、美的人，做美的事，喜欢倾听美的音乐、歌曲，连同大自然的天籁和美妙的音响，儿童都乐意去倾听。他们从所见所闻之美，获得快乐的审美感受，激起愉悦的情绪，展开美妙的联想。因此，我认为"择美构境"是顺应儿童天性而育之的有效路径。

我通过富有美感的音乐、图画、戏剧等艺术手段与语言描绘相结合，再现教材涉及的情境。脑科学证明，人聆听音乐时心情愉悦，大脑分泌大量内啡肽的化学物质；丰富环境中的儿童明显具有更高的智商。丰富的环境会促使大脑释放大量的神经递质，刺激神经元生出更多的树突，并增强链接，使思维进入最佳状态。儿童在情境中学习语文，符合脑功能的科学原理，所以不仅保证了学习效率的提高，而且这样的学习路径还能促进儿童大脑的发育。事实表明，这种充满生趣的形式，吸引了全体儿童。在教学现场，我无数次感受到，用"美"优化的情境极大地激发了儿童的情感。而一旦情感伴随着儿童的学习活动，儿童的学习主动性就会增加，认知活动就转变成一种体验，思维活动积极展开。儿童跃跃欲试，以学为乐，以思为乐，在课堂上进入忘我的沸腾状态。在这普遍的学习热情高涨的课堂中，学习效能不断提高成为必然。于是，我着手研究激发儿童情感的起因，首先就是动机的形成。我敏锐地关注教学现场和教学的动态发展，发现儿童会因为好奇、美感、探究、与经验相关、情感共鸣等形成一种关注、探究而要学的需求。情感萌生后，儿童带着热烈的情绪，主动地投入教学活动。这正如艺术心理学所阐明的"美能唤情"，是情境的美激发了儿童热烈的情绪。由于暗示的作用以及无意识心理倾向，儿童不知不觉地萌发着积极的情绪，真所谓"情不自禁"，"情由境生"，由此揭示了"境美生情"的规律。

我不断地感悟到，情绪具有形成动机的力量，正是情感链接、牵拉在教师与学生、教师与教材之间，生成了一股看不见的、却蕴藏极大能量的"力"。儿童积极的情绪参与是学习的关键，所以情绪能够促使儿童主动投入学习过程。脑科学已经阐明，儿童内心的愉悦感和热烈的情绪使大脑释放出大量的神经递质；情绪信息总是比其他信息优先得到加工；只有情绪才能为我们提供足够多的热情来达到目标，并且留下难以磨灭的情绪记忆。

我进一步思考现象背后的实质：在大量亲身实践感受与理论感悟的双重作用下，领悟到儿童在这种强烈的内驱力的推动下，在课堂上为求知而乐，为探究、想象而兴奋、激动的氛围。在暗示的倾向下，儿童的课堂学习达到了一个比教学设计的预期目标还要丰富得多、广阔得多的境界。"求知—满足"的平衡感又使儿童感到无穷的乐趣，得到一种精神上的享受，继而又生成新的学习动机。

我终于概括出儿童情绪发展的过程。在优化的情境中，儿童经历了"关注—激起—移入—加深—弥散"这一连续的情绪发展的过程。我内心的主张随之日渐明晰、强烈：儿童有情，情感是动因；利用儿童情感，培养儿童情感。情感既是手段又是目的，是教育促进儿童发展的有效举措。在这样的形态中，儿童的情感与思维的活动已融合在一起，且相互补充、相互推进。儿童的情境学习正是以美为突破口，注重情感，把握情感的脉络，创设"美、智、趣"的学习情境。由此证明了情境教育的"真、美、情、思"四大元素所具有的核心作用：促使儿童情境学习快乐且高效。

在那种氛围中，儿童智慧的火花竞相迸发，相互碰撞着、感染着。于是无论从现象和我的感悟中，还是从脑科学的阐述中都能发现"情能启智"。因此，在操作层面，我提出的"以情启智"是具有科学依据的。

回顾探索的历程，实验是从教育实践的实际出发，一步步地提出问题，并从语言学、意境说、美学及哲学等方面得到及时的理论借鉴，集诸家论述，对情感的认识一步步加深、一步步具体和系统化的。从"情"与"境"、"情"与"辞"、"情"与"理"、"情"与"全面发展"的辩证关系出发，我终于发现了儿童学习"快乐、高效"的核心秘密，那就是情感活动与认知活动的结合。情境学习改变了儿童的学习状态和方式：儿童由被动接纳转变为主动参与、积极参与、快乐参与。在这样的情境中，儿童普遍形成了学习的热烈情绪，取得了学习的高效率、高质量，在主动学习中获得主动发展成为必然。其实早在20世纪80年代中期，我所教的第一轮实验班毕业后，在界定什么是情境教学时，我就明确提出："情境教学是通过创设优化情境，激起儿童热烈的情绪，把情感活动与认知活动结合起来的一种教学模式。"我只是没有意识到这揭开的是儿童学习的秘密，而且是核心秘密。正如著名教学论专家王策三先生所指出的，情境教学开拓了情感活动与认知活动相结合的有效途径，弥补了教学认识论中的一大缺陷。近年来，学习科学也证实：情感活动与认知活动是不可分割的，两者的结合是学习的核心。我读到此时欣喜万分：我们几十年来已经将儿童学习的核心秘密成功地运用于情境教育的实施中。因此，在构建儿童情境学习范式时，我进一步将情感与认知两者的结合作为核心理念明确提出。

为持续和强化情感活动与认知活动两者的结合，我提出"链接经验""教师引导""活动推进""学以致用"四项操作策略。

我们借助艺术手段创设的情境，是教师根据教学目的、学科特点，教材特点和儿童特点人为优化的情境。与此同时，将知识嵌入情境后，儿童学习的知识不再是孤立的、抽象的符号，而是有场景、有事件、有角色，甚至有情节的，这将儿童的认知与"经验链接"，很自然地引起儿童的兴趣。根据神经科学研究，这一切是凝聚在一起、整合在一起输入大脑的，从而形成长久的记忆。链接的经验使儿童对所学的知识必然感到熟悉、亲切，且从已知到未知，从而产生学习新知的积极情绪。

在情境学习中，我们根据学科内容以"活动推进"，促使儿童在课堂中充分活动起来。围绕学科内容设计的活动，既有艺术的表演活动、模拟操作活动、游戏比赛活动，同时也相继进行形式生动的符号训练。形式多样的活动有效地推进了教学过程，促使儿童在模拟的操作中协商、合作、积极思维，在熏陶感染中互补共进；更为丰富、生动的学习内容也使儿童易于理解和把握。

我们将"学"与"用"相结合，让儿童在实践中历练才干，获得具身认知，真切体验到知识的运用价值，在运用中产生成就感，从而更加主动地参与学习活动。这就保证了儿童在情境中通过自身活动主动构建知识。

这些策略在操作时，均在情境中进行，充分保证儿童作为学习主体的能动作用，同时需要体现"教师引导"，即在教师语言的引导下，儿童明确感知目标，更好地感受情境之美，体验情境之情及蕴含其中的理，并在不知不觉中快乐地接受教师的情感示范，引起情感的共鸣，即"以情激情"，"情智融合"。于是情感活动与认知活动两者紧密结合，持续并得以强化。在此过程中，教师有步骤地引导儿童在"境中思""境中学""境中做"；让儿童沉浸在情境中，情趣热烈以致忘我，从而不断增强投入学习活动的内驱力。这一系列的学习活动保证儿童不仅学得快乐，而且学得高效，使其成为真正的学习主体。

儿童情境学习突出情感，强调情感活动与认知活动的结合，不仅有利于儿童学习知识，而且还能使儿童将知识的运用、学习力的培养、潜在智慧的开发融合在一起；更让儿童感受到情感的陶冶，获得真正意义上的全面发展，有效地培养儿童的审美情感和道德情感。这种高级的情感是对人的心灵的塑造，不仅是丰富的、纯美的，而且是有力度的。这让儿童在他们的意识中，包括价值观尚未形成时，就逐渐感受到知识之美、世界之美，在懵懂中依稀懂得"爱美""乐善""求真"，从而使他们健康地成长为洋溢着生命情感的个体，甚至不自觉地把自己的情感移入大自然、移入生活、移入他人，为从小培养儿童卓越的素养做了有效的铺垫。

如上所述，儿童情境学习范式不仅经过了漫长的实践探索和理论研究，而且从脑科学中也得到了最新科学理论的证实。

四、中国情境教育学派在众多专家学者助推中形成

情境教育的发展过程一直得到众多专家的关爱和热情的指导；情境教育的数次研讨会上，一百多位专家到会。多次研讨会如下：1996 年的全国"情境教学——情境教育学术研讨会"，2006 年在北京召开的"李吉林教育思想研讨会暨《李吉林文集》首发式"，2008 年举行的"李吉林情境教育国际论坛"，2009 年"提升与推广：情境教育发展论坛"，2012 年江苏省教育厅举行的"全国教书育人楷模李吉林老师情境教育思想研讨会"，2013 年的"35 年改革创新情境教育成果展示会"，2014 年的"迈向情境教育的新境界——江苏省情境教育专业委员会学术研讨会"，以及 2016 年的"中国教育学会情境教育研修与推广中心"成立大会。其间有数十位专家是每次发出邀请，每次都到会的。原国家教委柳斌副主任、教育部王湛副部长、中国教育学会顾明远会长三次到会。他们以领导与学者的双重身份参加会议，并且自己写好发言稿，在大会上做了重要发言。一名小学教师在一线的教育科研中得到学界如此广泛的支持，真是难能可贵，令我感动不已(见图 16)。

图16　情境教育的多次研讨会

在一次次评论与交流中，众多专家学者们在不同会议与场合，对情境教育展开了积极的对话、讨论和交流，给予了高度评价。情境教育学派逐渐形成。

我曾在《教育研究》上读到王兆璟先生的《论有意义的教育研究》一文，其中提到有学者认为衡量当代中国教育学派的基本标准有三点：其一，立足于研究当代中国教育的基本问题和重大课题，形成了基本的、重要的、符合时代精神和现代人素质发展需要的教育理论、思想、观念；其二，其教育理论、思想、观念是科学的、严密的、体系化的，是连续的和可持续发展的；其三，其理论、思想、观念是长期付诸实践的，并且被实践证明是切实可行且行之有效的，对实践产生了重大而积极的影响。同时，王兆璟先生又提到另有学者也梳理出了发展之中的中国八大教育学派：主体教育学派、生命·实践教育学派、新课程改革派、新教育学派、情感教育学派、情境教育学派、生命化教育学派、理解教育学派。

正是因为专家们从教学论、心理学、美学、神经科学等不同视角对情境教育进行的分析、审视和评价，才使得情境教育学派的理论内涵更为丰富和深刻。专家们的发言集中收录于由顾明远先生主编、教育科学出版社 2011 年 12 月出版的《李吉林和情境教育学派研究》一书中。每每重读专家们的观点，都使我自己对情境教育、情境教育学派的意义和价值有了更新的认识。

（一）突出情感作用，弥补教学认识论缺陷

早在 1996 年，北京师范大学教学论专家王策三教授就对情感在情境教学中的作用高度重视并予以肯定，他认为这是情境教学的特色，指出：这件事的意义非同小可。情境教学将着眼点和着力点放在情感和艺术方面，通过美术、音乐、戏剧和语言描绘等手段，使教材中固有的隐含着的历史经验获得活动过程的还原、展开、重演、再现，使教学本身成为一种艺术活动。教师带领学生，不仅仅开展智力活动，如感知，思维（分析、综合、判断、推理……），说明，解释，论证，等等，而且更着重开展非智力活动，如感受、感动、激动、欣赏、表达、体验、品味、领悟、评价、创作……简言之，不一定是"知道"了或"说得"出，而是"体验"到了或"意会"到了，正如马克思所说的艺术地把握世界。

王策三教授更从比较教育的高度，指出情境教学在世界众多教育学说中的特殊意义：这不仅是大大发展了直观原则，若与苏联维列鲁学派和西方皮亚杰、布鲁纳等人的活动学说相比较，也有它特殊优越之处。王教授认为活动学说的优点在于对个体认识发生发展的活动过程研究得相当细致，特别是内部活动和外部活动及其相互转化，作为过程怎样展开，又怎样压缩，经过哪些阶段，都有理论说明，部分还有实验支持。但是，他们的研究范围都还是偏重在认知、科学领域。而情境教学则突出情感的艺术的整体活动。他用更简单明了的一句话来概括，即直观原则和活动学说都缺乏（或未涉及）一个"情"字，而情境教学则是一个"情"字贯穿全活动过程。他指出这弥补了教学认识论的一大块缺陷，即教学认识不仅是认知活动，而且包括情感意志活动，为教学艺术认识论的探

索，做了既富开拓性又实实在在的工作。

王策三教授的话使我更坚信自己的路走对了，继而我进一步认识到"情"不仅是情境教育的特色，更是情境教育的灵魂和命脉。可以说一个"情"字贯穿了情境教育 40 年的探索历程，形成了情境教育"情感活动与认知活动相结合"的重要理念。其内部关系可以概括为"物"激"情"，"情"发"辞"，"辞"促"思"，"思"又加深对"物"的认识。此处的"思"正如专家所说，是具有情感动力，有热情、专注之情感相伴随的"情思"。在思维活动的这一阶段，情感发展与认知发展浑然不分、水乳交融。情境教育的实际效果也充分地展现了情感的神奇功能，有力地证明了情感对于促进儿童发展的重要价值。在儿童早期，理智感、审美感和道德感是混沌不分的，而且是相互迁移的。情境教育正是为儿童的情感发展提供了优化的教育时空，从儿童身心的内部促使其智、德、美的统一发展。

（二）寻求到把课堂与生活链接起来的路径

同是教学认识论的视角，南京师范大学鲁洁教授则认为从情境教学到情境教育，都是在探索一条将系统知识与生活连接起来的中间途径。的确，我从一开始着手改革语文教学就是因为看到传统教学封闭、抽象、枯燥，完全与鲜活的生活世界脱节的弊端。就像鲁教授说的：儿童进入学校以后，实际上进入另外一个抽象的、符号化的世界；尽管那个世界本身是从生活中来的，但是孩子们回不去了。当时我只是想怎样才能让儿童学得更轻松、愉快又记忆深刻，不要把书本知识学死了，要能学以致用，越学越聪明，并没有意识到这里面带有一种根本性问题的理念。鲁教授指出："书本知识在儿童的头脑里是一种片面化的东西，两个世界对儿童来讲已经慢慢地分裂。到底怎么去解决？这是一个综合性的难题。李老师的探索恰恰是要解决这个难题。"她认为这不是简单的方法和手段，而是触及了人类学习的根本性问题。

郝京华教授也提出同样的观点，她将鲁教授所表达的内涵进一步用形象化的方式来表述。她认为可以把人类的学习看成一个梯子，最底层是真实情境下的学习，最顶层是符号层次的学习。真实情境下的学习需要时间，在信息社会显然不能适应人们快速、大量掌握知识的需要，而纯粹符号层次的学习又容易使知识变得僵化。情境教育恰恰在这之间做了很好的补充。情境的创设实现了模拟情境下的学习、替代情境下的学习、图片表象式的学习等多种中间类型的学习模式，填补了真实情境下的学习到符号学习之间的断层。

她还辩证地指出：杜威和李吉林都在关心一个永恒的话题，即如何寻求概念和情境、知识和经验之间的平衡与联系。综观课程和教学的历史，各种教学主张、教学思想莫不是在两者之间游弋，时而强调这一端，时而强调那一端。李吉林老师的情境教育则较好地处理了两者之间的关系，达到了平衡。

特别是她提到，"情境教育的情境是为概念性知识的理解服务的"这一条可以说是指出了情境教育的一个非常关键的原则。唯有如此，情境才不会沦为"花架子"，才不会"为情境而情境"。现在有些教师在运用情境教学的时候没有很好地认识到"情境为概念性知识的理解服务"的内核，只是一味地考虑怎样在教学中加上色彩、音乐这些手段，让课堂看上去很热闹，反而忽视了教学的目的，这是违背了情境教育的基本理念的。我觉得郝教授阐释得很清楚，她说："李老师创造了一种真实情境的替代物——虚拟情境来解决概念和情境之间的矛盾。虚拟情境去粗取精，将教育元素集中化、典型化，甚至艺术化，从而使教学更有效。同时李吉林老师也没有否定真实情境的重要性。在她的综合主题大单元教学中，情境是选择过的，是将概念、技能、观念镶嵌其中的。""李老师的情境教学主张不会危及课程的基本结构——那些重要的原理、定律、法则。这些东西若丢了，学校也就没有存在的价值了。"确实我的研究在任何时候都是，注意遵循教学规律，遵循儿童学习、建构概念、认识世界的规律，不是随心所欲、天马行空地改革创新，包括教学中的情境创设，为什么这样设计，不那样设计，也都是有着明确的指向性和审慎考虑的。

关于"知识镶嵌于情境中"这一点，福建师范大学余文森教授则从知识论的角度提出他的新看法。他认为任何改革和理论发展与知识论都有很大的关系。在历史上，第斯多惠提出了非常著名的发展性教学，他的知识论依据是知识具有思维性、智慧性，所以传授知识和发展智力是可以结合起来的。后来德国的赫尔巴特提出教育心理教学。他的知识论依据是知识具有价值性和道德性。余文森教授指出情境教学、情境教育的知识论依据就是知识具有情境性。这也就是我以前曾多次在书中表达过的：一切知识，都是在社会情境中产生的，最终又回到情境中去运用。因此，学科情境课程所设计的活动，往往以知识在真实的或模拟的社会实践情境中的运用为主要内容和重要形式，将学科知识与生产、生活的实践联系起来。我们常常根据教材内容和活动主题的需要，让儿童在特定的情境中学习。学科知识通过儿童的活动与生活相通。这符合儿童认知规律，有利于儿童掌握知识的内在联系，进而产生知识的迁移。余文森教授甚至满怀希望地展望：现在几乎所有的教育学教科书都会谈发展性教学、教育性教学。今天我们在这里讨论情境教学，我认为迟早有一天也会进入我们教育学的教科书，这是非常具有历史意义的。

（三）顺其天性而育之，重视并依循儿童的心理、认识规律

20 世纪 70 年代末可供参考的理论书籍还比较匮乏，那时候我就从学校图书室中找出一本薄薄的《儿童心理学》来仔细研读，因为我知道搞儿童教育不能不好好了解儿童心理，不能不遵循儿童身心发展的规律。几十年来，情境教育不断向前发展，形成了现在独具特色的理论体系和操作体系，但其关注儿童的心理特点及需要，以人为本、以儿童发展为本的理念是始终如一的。我一直认为最好的教育是顺其天性而育之。所以，情境教育强调尊重儿童的个性，发掘儿童的潜能，培养儿童的自主意识，激发儿童的创造精神。我们所创设的情境从来不是外加给儿童的，而是与儿童的心灵十分贴近，能够触动、影响儿童的心理世界的。用北京师范大学林崇德教授的话来说：情境教育强调的是主客观的统一，情境的"情"是一种主观的动机系统，"境"是客观的环境。情境教育强调需要、情绪情感的作用，通过创设情境，变学生的被动学习为他们的自我需要，然后通过情境入胜的教学满足他们的这种自我需要，让学生产生积极肯定的情绪情感。

同时情境也缩短了学生与教师、学生与文本、学生与学生之间的心理距离，不仅增强了学习动机，而且优化了学习的氛围；能够引导学生更积极、宽松地对知识进行建构，从而促进学生智能及心理品质的全面发展。林崇德教授指出："好奇""求知""自尊""自信"是学生重要的心理素质，情境教育就是要把教学过程变为一种永远能引起学生极大兴趣的、向知识领域不断探索的活动，在这个探索过程中，通过充分调动学生的主动性，增强学生的"求知欲""好奇心"等心理动力，发展学生的"自尊"和"自信"这些心理健康内涵的核心因素。

林崇德教授所提出的"心理健康"也给我们带来新的思考方向。过去我们在顺应儿童心理特点，促使其更高效的知识学习、智慧开发方面着力比较多，他们的积极心理虽也是在其间顺其自然地形成，但在专门有意识地关注、发展儿童的健康心理方面，还没有做过深入细致的归纳和梳理。而当今社会人的心理健康、心理素质问题日益显示出它的重要性，很有继续深入探讨的价值。因此，今后我们可以加强这方面的研究。林教授更进一步指出：情境教育从"动情"到"晓理"的过渡，让学生的情感具有一定的自觉性，以此焕发和提高学生的情绪智力，促进学生的整体与和谐发展，培养出情智双全的学生。而且从学生的兴趣、情趣入手，让学生主动地、生动活泼地发展，这正符合《中小学心理健康教育指导纲要(2012年修订)》的精神。

南京师范大学心理学院郭亨杰教授也认为情境教育是使人成功、使人自信的教育。因为它的一大特色就是不断地为儿童提供获得成功的机会，让儿童发现美、发现自己表达力的进步、发现自己学习上的潜力、发现自己的创造性。他指出：心理学把情境视为一种极其重要的影响人的心理的变量。通过操作情境这一变量，使儿童的心理(认知、情感、性格等)得到良好的发展，这是心理学家的一贯追求。许多心理学家尚未做到这一点，但李吉林老师做到了，因为她在情境教学研究中抓住了情境这个发端性的概念，构建了发展性情境，用活了发展性情境。

（四）有效刺激、发展儿童的大脑机能

人类的学习归根结底是依靠大脑的运作；大脑机能的发育是儿童发

展的关键因素。在情境教学探索的阶段，我就对脑科学的研究进展十分关注，并在自己的实验中注意对儿童进行大脑的全面、均衡发展的训练，既重视儿童形象思维的发展，又适时地进行抽象逻辑思维的培养，注意锻炼儿童的判断力、观察力、直觉等各种能力，积极促进儿童大脑的健康发育。后来我又不断地学习神经科学的新的研究成果，与自己的情境教育研究结合起来，思考、分析儿童高效学习的内在原因，找到了一些新的理论支撑。现在专家们也从神经科学的角度对情境教育之所以高效做出了阐释。

著名思维科学专家张光鉴教授首先从人类记忆的特点出发，指出事件记忆和情绪记忆是人类 200 万年的进化中一个很重要的特点：大脑特别善于事件记忆。因为事件记忆中，空间、顺序、图像、声音、语意、关系是连续的。这也是为什么孩子听故事，成人看长篇小说不会觉得累的原因。张教授认为情境教学很容易转变为事件记忆，所以说它是符合规律的。同时情境教学也调动了情绪记忆，这是毋庸置疑的。在教学的整个过程中，教师必须时刻关注儿童的学习情绪，不断做相应的调整，使他们始终保持良好的情绪状态。情促思，思又触发语言，语言反过来再加深理解。学生在情境中确实学得很有兴致，有时竟连打了下课铃也不肯休息。张光鉴教授打了个比方，说情绪中枢就好像是学习的发动机，发动机打开了，学习自然就事半功倍。我自己在学习脑科学的书籍时也看到关于愉悦的情绪对学习的影响，书中提到一种叫作内啡肽的化学递质，这种物质和吗啡相似；当接触到音乐、图画等富有美感的事物时大脑就会分泌这种化学递质。而情境是充满美感的，音乐、图画更是我们在情境教育中常用的元素；儿童在情境中受到美的感染，大脑中产生内啡肽，从而感到愉悦，学习也自然变得轻松高效。张教授更指出，实际上情绪记忆是经过丘脑，它既是瞬间的联系，又是重组的再现。情绪记忆和一般记忆的路径是不同的。他认为情境教育虽然是在幼儿园、小学的研究，可是它可以使儿童的大脑在情境中建构。脑的微观、网络结构、颞联合、叶联合、顶联合都会发展得很好，这对人是终身受益的。

朱小蔓教授也从脑科学的角度分析，认为情境教育设计的各种"情境"对于儿童来说，是种种新鲜的刺激信号，能够激活着儿童大脑皮质的"语言"和"形象"等功能脑区。情境学习、情境教育不是单纯的语意学习、符号学习。它是在丰富生动的场景中学习，伴随着儿童的自由审美和道德学习。儿童在其中所从事的社会性认知活动和道德判断活动很多。这些社会性认知活动和道德判断活动主要运用的是大脑的深层结构，也就是颞叶、顶叶、枕叶联合区的协同，它们在今天被称为"社会脑"；当儿童在进行这些活动的时候，人的"社会脑"在进行工作。现行的学校教育往往把德育、美育与智育相分离，把儿童的道德学习、审美学习与认知学习相分离。其实脑科学研究的最新成果已经证明：人的自我意识、场景记忆、他心想象(就是能够想到他人，推己及人)的能力，这三种东西是共生演化的，而且人的创造性思维所激活的也恰恰是自我意识、场景记忆、他心想象这三种功能所在的脑区。儿童在"情境"中活动，也就是脑区在活跃的活动。

更重要的是，她指出情境对儿童大脑的建构具有方向性的引导作用。因为情境是教师倾心倾情的设计，有着教育理念和主张的支撑，同时有着明确的引导意图和一定的方向性。因此，通过有意识的刺激和强化，儿童的脑神经元会被牵引着朝着一定的方向运动。研究表明，儿童在三岁的时候，神经元上的神经突触已经长了很多，其数量已经和成人一样多，但它是杂乱的，没有良好的结构，也不一定有比较良好的方向性，这些都需要教育的设计和引导。经过教育的引导，这些神经元上的神经突触就会不断地强化或消亡，而且不断地联结成教育者所期待的结构良好的脑神经网络。朱小蔓教授的阐述让我们从脑神经网络的建构层面更深刻地认识到情境创设的意义，也更清晰地了解了情境所引起的深层作用的内部机理。

（五）通过审美活动，培养审美能力

情境教育之情境是"真""美""情""思"相互交织、融合的。而"美"是情境教育的一个显著的特征。爱美之心，人皆有之，少年儿童也不例外。但正如中国社会科学院教授，《社会科学报》社长、总编许明先生所说，儿童对美的认知和需求又有其特殊性。因为在审美活动的过程中，审美主体在以前人生实践中积累起来的所有情感、意志、经验、向往都会在不同程度上发挥作用。小学生的人生道路刚刚开始，各种经验较为浅薄；课本上的那种被前人总结、创造的"艺术美"对于他们来讲，难以用自己的意志、经验来把握。我们正是看到儿童的这种特殊性，通过种种他们喜闻乐见的方法进行美的转换，将抽象美变成具象美，高深的美变成浅显的美，将难以捕捉的美变成容易让儿童感知到的美；注重儿童的感受，让儿童通过学习过程中的各种审美活动，逐渐培养起审美的能力、审美的素养。

美能促使大脑中化学递质的分泌。从美学的角度来看，情境教育中儿童的学习活动是怎样转变为审美活动的呢？许明先生阐述了其间转化的机制。他认为通过设置情境，引人入美，就是利用了儿童感兴趣的对象引起了他们的审美注意。人的任何活动，无论物质的，还是精神的，从发生到结束，都是一个过程，也都必然会有一个准备阶段。审美的准备阶段表现为主体的整个生理、心理机制进入一种特殊的审美注意状态；主体开始以审美的态度关注对象，用思想和情感把握审美对象的形式属性和感性形象。审美注意是主体的审美态度和对象的审美属性相互作用产生的一种状态，表现为主体的感知器官与注意力指向和集中于审美对象的形象。容易引起主体审美注意的审美对象，具有色彩鲜明、对比强烈、新颖独特、富于变化等特点；我们在情境创设时也是充分注意体现这些特点。因此，情境教育能够吸引儿童的注意力，激发他们参与的欲望。这就使儿童面对艺术客体或其他客体的时候，引起审美注意，实现由日常生活态度向审美态度转变的过程，吸引并促使儿童进入审美准备阶段。这一过程中主体和客体完成了角色转换：主体成为审美主体，客体成为审美对象，两者建立了审美关系。

不仅如此，他还指出"美具有超越性"。随着审美活动的深入展开和审美体验的深化，审美主体对事物、生活、生命的意义都有所体验和感悟，并基于此建构个体的审美理想和审美形象。所以说审美活动是一种积极主动的心理活动，在这种活动中所感受到的美会很快地发展为创造的冲动，这也就是超越性的含义所在。这使我联想到情境教育中为什么儿童那么富有创造力，情境想象作文的效果为什么那么好，原来这里面有美的超越性在起作用。

美学的理论指出：超越和创造是基于审美活动中对美的感知、自己的情感活动以及自身所具有的审美经验，而同时审美体验和感悟在审美超越阶段得到进一步的深化，形成新的审美经验。儿童的创造不只是审美活动的结果，它们还会内化为新的审美经验的一部分，成为儿童审美能力进一步提高的基础，这就形成了一个良性的循环。长期以来我们都非常重视儿童在情境中的创造：他们闪光的回答、充满美感的奇思妙想，还有那些稚拙却包含个性的图画、诗歌、捏塑作品等；教师无不是及时地肯定、由衷地称赞，还常常进行作品的展览。这些都是对儿童美的创造的鼓励和推动，促使他们的审美能力不断跃上新的水平。

（六）对话学习科学，师生共同建构学习空间

"学习科学"是现在很热门和前沿的话题，在过去还没有听说这个名称的时候，我就在自己的第一本专著《情境教学的实验与研究》中提出情境是师生共同培育生成的观点。教师是引导者，学生是学习的主人，只有学生的内驱力、创造力被激发了，与教师的情感、文本所蕴含的情感相互激荡，才能达到教学和学习的高境界。我一直强调情境不是"花架子"，是要为教育教学服务的，要成为儿童学习的有效凭借，否则就失去了创设情境的意义。多少年过去了，当看到有关学习科学的最新译著和研究学习科学的青年专家、教授们的文章、书籍时，我由衷地感叹，原来东西方教育研究看到了同样的"学习的秘密"。

华东师范大学教育学部吴刚教授指出：21世纪以来，世界各国都将注意力集中到学习上。优质教学依赖于有效学习环境。有效的学习环境有五个基本要求：第一，它以学习者为中心，这要求环境必须聚焦在作为主要活动的学习上；第二，它是结构化和精心设计的，这要求细致的设计和专业化的高水平；第三，它是深度个性化的，这需要对个体和群体的背景差异有敏感性；第四，它是全纳的，能够包容不同程度的学习

者；第五，它是社会性的，可以使学习者相互合作并形成共同体。他认为，这些要求与情境教育也是高度一致的。

首先，情境教育的"情境"这个概念，是主、客观世界统一的。中国文论中的"意境"是指抒情性作品中呈现的那种情景交融、虚实相生、活跃着生命律动的韵味无穷的诗意空间。意境在审美意识上具备了客观事物的艺术再现、主观精神的表现这两重结构。"再现"与"表现"的有机结合构成了中国传统艺术的意境美。因此，意境既不是客观物象的简单描摹，也不是主观意念的随意拼合，而是由体认获得的特殊的感知。这就是以学习者为中心和深度个性化。

其次，情境教育的"四大基本原理"也无不体现出以学习者为中心的理念以及情境必定是构建者精心设计的前提。暗示倾向原理，是针对儿童的特点，运用图画、音乐、表演等直观艺术形式或运用现实生活的典型场景，直接诉诸儿童的感官。情感驱动原理，是利用移情作用形成身临其境的主观感受，且在加深情感体验中陶冶情操。角色转换原理，其角色转换的过程概括为进入情境—扮演角色—理解角色—体验角色—表现角色—自己与角色同一—产生顿悟；在这一过程中学习者的主观体验至关重要。而心理场整合原理中的"心理场"，实际上就是人为优化的情境，还有学习共同体中的成员相互作用产生的影响。并且情境教育所提出的"优化的情境"，是结构化的、有条理的，不是随意的发挥；情境本身不是单一的，而是多样的。当儿童对这一切有所觉察、感受时，会调动、激活他们的思维、想象和情感体验。

人类的认知发展，会经历从动作思维到布鲁纳所说的肖像思维，再到抽象思维的发展过程，那么情境实质上是介于动作思维和肖像思维之间的具象空间，使得儿童在最初接触某种材料的时候，能够浸润到里面。维果茨基认为，学习过程从一开始起就有着社会文化的特征，也就是说，儿童是在与成人和社会给予的符号工具进行交往的时候，获得学习。所以，他提出了一个"中介"的概念。而这个"中介"的概念，也是后来所谓"最近发展区"的理论基础。情境是一种有条理的结构化的世界图像，它创设了一种中介学习的体验，从而构成认知发展的最近的决定因素；机体和环境因素对认知发展的影响是通过中介学习体验而实现的。因此，情境教育的情境是具有社会性的。吴教授认为，情境教育不仅有助于学生心智的建构，更有助于他们去理解真实的外在世界，通过这样的情境，展开了学生想象的空间，即"一个开放的世界"。

另外，认知冲突对于形成儿童真正的科学概念极为重要。因为儿童进入课堂是会带着这个世界是如何运行的前概念的。情境课程关注儿童的常识观念的转换，努力重构而不是回归儿童的生活世界中的朴素概念。这种从儿童各自原有概念出发设计情境的做法，无疑是具有包容性的；它包容了不同程度的各类学习者。而这种学习过程中情境的发展、深化和概念的生成都是师生共同建构的结果。

他认为情境教育的"情境"是一个具有丰富内涵的概念，并具有相应的构件。除了"内容——构成专长所需要的知识；方法——促进专长发展的方式；序列——对学习活动进行的排序；社会性——学习环境的社会特征"这四个关注认知方面的发展、关注认知的理性加工机制的构件以外，情境教育的独特贡献在于对态度、情感和审美的要求。的确，早在1982年，我就概括出情境教学促进儿童发展的"五要素"："以培养兴趣为前提，诱发主动性"；"以指导观察为基础，强化感受性"；"以发展思维为核心，着眼创造性"；"以激发情感为动因，渗透人文性"；"以训练语言为手段，贯穿实践性"。这些要素涉及儿童学习的态度、情感和审美。而且我一直强调不是任何生活中的场景都可以拿来作为情境的，它一定是有选择的，并经过教师的设计、整理，指向教学目标的，即蕴涵特定概念的优化的情境，是帮助儿童以结构化的方式理解世界的途径。

吴刚教授解读情境教育，指出一明一暗两条线：明线意在通过语言或信息媒体营造的意境为学生提供一种理解文化的通道；暗线通过情境（意境）构造一个具象的世界，在具体世界和抽象世界之间形成支架，帮助学生建构其具有迁移力的认知结构。具象到抽象的过程其实就是一个从"表象的逻辑"发展到"形式的逻辑"的过程，所运用的范畴则从可感觉性质的范畴演化到形式的范畴，再演化到"命题的逻辑"。这种逻辑的演化实际上也反映了列维-斯特劳斯所描述的人类思维逻辑进化的历程。也因为有后者的存在，才使情境教育绝不限于语文学科，而可以应用于所有学科的学习。

他认为经过近 40 年的努力，情境教育已经呈现出明确的形态：第一，它是要素式的而非程式化的。第二，它激励教师的创造性发挥。各学科教师灵活运用情境教育理论，而这种运用的根基在于对情境教育要素的把握，在于融会贯通情境教育的精神而非其形式。第三，它要求将教学内容与环境相融合。情境教育的有效性基于三个方面：认知层面强调儿童经验的重构与认知结构的建构；人格层面强调人的成长和人格的培育；发展动力方面强调培养儿童持续学习的乐趣与能力。情境教育的主张是基于儿童的真实学习状态为他们的心智发展提供路径的，它不仅是对中国教育的一大贡献，也具有参与世界教育对话的深刻价值。

南京师范大学吴康宁教授认为从主体的能动状况来看，情境教育过程最值得称道之处便在于师生共同建构。在情境教育过程中，教师既是教育者、指导者，但同时也是学习者、探讨者。教师虽然对情境有预先设计，但他们并不把这种预先设计视为一成不变的教条，不把教育过程变为循规蹈矩的游戏。教师虽然可以对情境加以预先设计，但这种设计只能是开放性的，一切均需要在教育现场根据实际需要随时创设，并根据情况变化及时调整。情境，从根本上来讲是在教育的实际过程中建构起来的。

这种情境的建构并不是由教师个人独自完成的，而是教师与学生共同承担的。教师从不把自己置于绝对权威的地位，不去规定所有问题的"标准答案"，不去限定通向标准答案的"正确方式"，于是学生的独特经验与创造潜能便最大限度地被激发出来。学生的知识、分析、判断、想象、主张、质疑、情感、个性便千姿百态地充盈于教育现场，成为此时此刻教育情境中最具活力的组成部分。

他认为这种由师生共同建构的情境对于学生的成长与发展具有不可替代的作用。因为，在教师权威操控的教育过程中，学生即便有成长与发展，但很少是主动成长与发展，而是"带有明显的'被成长'和'被发展'

的痕迹"。然而，在师生共同建构的情境中，由于学生自身也积极参与了情境建构，因而主动成长与发展的色彩很浓。而教育的最高境界，恰恰在于促进学生的主动成长与发展。

不仅如此，在师生共同建构的情境中，常常会感到惊奇并产生学习欲望的不只是学生，也包括教师。在情境课程的开发过程中，不只是学生，教师也得到了成长与发展。正是这种师生共同建构的情境，才有可能真正实现教师与学生的共同成长。

吴康宁教授指出，这种由师生共同建构的情境充满了不确定性、未知性，蕴含着无限可能。这种不确定性、未知性以及无限可能，正是情境教育之所以富有魅力的奥秘所在。

（七）聚焦课程建构，落实儿童发展目标

为了让情境教育走向大众化，使更多的儿童受益，使各科的教师都积极参与进来，就必然要细化到课程。而情境课程也是在过去情境教学、情境教育几十年实践的基础上归纳、提升，建构出来的体系。我们很早以前就开始实施野外情境课程，只是那时候没有这么系统。而教师通过一个主题统整几个学科的教学内容，或者整合同一学科不同单元主题相似的内容来进行教学，加强学习的效果，深化学生的理解，这也是从情境教学实验阶段就开始这么做的。后来形成了情境课程的四大领域，我又概括出情境课程的五条操作要义。这一切都是为了儿童更全面地发展和更高效地学习，或者用华东师范大学学习科学研究中心裴新宁教授的话来说，就是以发展儿童理解力为核心价值追求，重视儿童道德性、社会性和智力性的整合发展。情境课程将知识的系统性、学习活动的操作性、审美教育的愉悦性融为一体，强调创设优化的学习情境，激起儿童热烈的情绪，促使儿童主动参与。裴新宁教授认为，情境课程不仅在理念上是以儿童为中心的，体现了当今国际上"学习者中心课程"的共同取向，而且还创造了有效的实践路径。

1. 以学习者为中心设计与发展课程

裴教授指出如今在国际课程领域，课程设计正在向主体学习与发展

的所有可能空间渗透，以多样化和适应性的课程内容为主的学习生态成为新教育的旨归。她认为我们的情境课程设计都是以学习者为中心的。它聚焦具有丰富情感、蕴藏着潜能的、活生生的儿童；强调儿童是学与教的中心，在进行课程规划、活动设计和情境创设的时候，教师均以儿童为原点进行决策。学科情境课程的设计，始终围绕儿童这个原点将学科知识技能和关键概念进行整合。主题性大单元情境课程的设计，也是首先从儿童的特点和需要(特别是儿童身心发展需要)出发，将各种素材或内容加以整合。情境课程的实施以丰富多样的活动为中介，其中不乏各种适合儿童特点的"游戏""玩耍""体验"等形式，场所不限于教室。采用这样的课程活动形式，旨在强调课程设计者要充分理解儿童的内心世界，引导课程实施者最大限度地促进儿童的道德成长。

2. 课程实施建基于优化的学习情境

从情境课程的实施来看，关键在于创设优化的学习情境。教师根据教材的特点创设、渲染一种优美的、智慧的、让儿童感到亲切、富有情趣的氛围，将知识的系统性、活动的操作性、审美的愉悦性融为一体，也就是将学科课程与儿童活动结合起来，将知识镶嵌在情境之中，让知识与情境相互依存，让儿童与情境互动，并在其中进行相关的实践活动。这种优化的学习情境是让儿童体现主体性的保证。在这样的学习过程中，学习者得到的是一个适当的境脉而不只是一个提议或者一条信息，因此对知识的拥有就变得容易；学习的过程因为"教学环境"而变得简单或加速进行。

3. 追求对儿童理解力的培养

裴教授认为情境课程强调"理寓其中"，这是对发展儿童理解力的追求，与近年来国际教育强调"促进理解的学习"这一重要的价值取向不谋而合，但却是深受我国自身文化传统的丰富滋养。情境课程通过创设一种极富东方文化特色的情境(强调情感、审美及想象)来支持儿童进行理解性学习，鼓励儿童对文本内涵(如语文课程)、科学概念(如科学课程)、价值观和审美观(如社会课程)的深刻理解。这种理解性的行动进而又促进了学习者更深入地参与、对知识更积极地运用和迁移以及更好地保持。

另外裴教授还将情境课程的设计与美国研究理事会提出的"理解性课程的原则"进行了比较，发现其与如下几个方面高度吻合。

第一，给学生大量的练习机会，让他们展示在不同境脉下所学的东西，以此来关注理解的深度。

第二，以真实或模拟的方式将活动加以结构化，允许学生在个人经验或真实应用的环境中进行问题解决或探究。

第三，发展学生对新的问题和境脉进行有意义的应用和概括的能力。

第四，强调跨学科的联系和整合，帮助学生把学校学习和课外生活中重要的事件、问题和经验联系起来。

概括来说，在情境课程的实施中，学习者所带入的知识、技能、态度和信念等这些"资源"得到了充分重视。教学实践就是建立与学习者所带入资源的文化适应并在这一过程中促进学习者的学习实践。

4. 促进儿童道德性、社会性和智力性的整合发展

裴教授指出，情境课程在促进儿童道德性、社会性和智力性的整合发展这个问题上，走出了独具特色、富有成效的道路。情境课程操作要义中提出"以情为纽带"，这样就使得求知、育德、审美、社会品质的发展融为一体。儿童"热烈的情绪"是情境课程的灵魂，是审美意境的最高体现，是儿童自主的本源。这种课程创造性和综合性地运用了以下原则。

第一，儿童道德伦理学习的"内部动机"原则。从教育活动的长期效应来看，儿童更容易致力于他们所自愿选择的行动。

第二，情感引导的"依恋和内化"原则。儿童愿意接纳他们所关心的群体(如学校、班级、小组、教师等)的价值观。对班级和团队的依恋为儿童的道德性和社会性的学习和发展提供了重要的动机源泉。情境课程中儿童的"情绪"由教师的情感所感染、点燃和激发。师生之间真情传递，由此营造了集体中每一个体之间的"关爱"，培养了每个儿童对班级、团组和学校共同体的依恋，促进了其价值观(如公正、责任感等)的内化，培育了追求这些价值观的动机。

第三，道德生长的"混合镶嵌的学习"原则。通过对示范、练习、建

构和讲授等学习方式的交替和相配合的运用，教师可以更有效地促进儿童的社会性及道德性学习。

情境课程体系的结构与实施充分体现了对儿童的不同需要(特别儿童是在情绪、道德和审美发展方面的差异)的观照。在促进儿童道德性、社会性和智力性整合发展的探索中，语文学科和主题性大单元情境课程承担了主要任务；通过单元或单课中所内含的社会性和伦理性主题，为儿童提供表达和移情的机会，使其从内心认同那些在文化、信念、价值观、能力或经济条件等某些方面与自己不同的儿童；通过对文学作品的品读，提出社会性的和伦理性的问题，如诚实、勇气、同情心、爱心、责任等，并提供机会让儿童以坦诚、不含威胁的方式，在讨论作品的同时来谈论这些问题，在对知识的理解中引导其正确价值观的形成。在共同主题的引导下，各科教师相互协作，智慧优势互补，并从不同角度关注儿童的问题，共同发展课程。这样不仅提升了课程在教育上的力度，而且使教师的专业素养得到了实质性的发展。

5. 将正式环境与非正式环境中的课程加以整合，促进儿童的卓越发展

野外情境课程是情境课程四大板块中的"源泉领域"。儿童对周围世界的认识，包括他们在其间形成的视野、经验，以及他们在周围世界里所积累的鲜明或朦胧的表象，与课堂学习的知识、能力的形成、潜能的开发都是直接关联的。周围世界是儿童认知的源泉，这个源泉应该汩汩地向课堂流淌。那是天地赐予儿童的最珍贵的、最美的无可替代的滋养。裴教授认为这是情境课程的一大亮点，是独具特色的非正式学习。她指出野外丰富的教育资源可以作为进行综合教育的理想资源，提供了儿童学习的整体性情境，使儿童的观察、思维与实践自然融为一体，指向的是儿童多种素养(如语言素养、数学及科学素养、人文素养、健康体魄、信息素养、创新意识、审美道德素养等)的整体提升。

事实上正如裴教授所说，野外情境课程并非简单地把儿童从校内带到校外，在课程设计和实施上要求更高。为了保证儿童安全地取得课内学习所无法取得的成效，课程目标必须明确，学习内容必须更为具体清

晰，活动设计必须更为有序，管理责任必须更加严格。它适于许多主题的学习，可以是单课的学习，也可以是大单元的学习。几年来的实验和研究表明，野外情境课程在以下几个方面的成效是显著的：第一，儿童亲近大自然，亲近农业劳动，有更多的实践机会来学会劳动技能，体验劳动者的辛劳与收获的快乐。第二，儿童通过直接感触身边的微小变化，认识到生活的变迁、时代的步伐和未来的挑战。第三，儿童可以认识自然世界与社会世界的关系，获得认知方面最鲜活的形象，形成"和谐生态系统"的观念，并养成责任关爱的意识、自信和自立的身份认同，自觉地发展审美道德素养。

可以说裴教授对情境课程的理解是非常准确而深刻的，并且她的视角涉及国际上课程领域的最新动态和研究成果，背景更为开阔。正因为如此，她才能看到我们自身所看不到的情境课程在国际上整个课程领域内的意义和价值，给我们带来了充足的信心和很多新启示。

（八）饱含真情的教育实践研究

情境教育这一路走来的确不是一帆风顺，这个过程中有来自各方面的不同观点。我只是一个长期在教育一线的实际工作者，几十年怀着不变的热忱，全身心地投入改革、创新。我如同一个农民，脚踩在泥土里，满怀期待地呵护着每一棵幼苗，根据它们的生长情况，不知疲倦地尝试如何更好地浇水、施肥；我的研究、探索也只能是依照各个时期的实际情况和条件进行的"草根化"的研究，也唯有如此才是实事求是的。当然在研究的过程中，我也在不断地学习，将我认为可行的研究方法运用到我的教育实践中。所以现在回想起来，曾经有过的那场关于研究范式问题的争论，以及此后专家们对情境教育研究方式的评价，恰恰使我确信了属于我们一线教师的最合适的研究路径。

教学论专家张定璋教授引用日本学者关于"教育与实验研究"的论述，指出教育的实验研究为"旨在确定与教育有关的事物的规律性所进行的实验研究"，大体上是指教育心理学上的实验；教学论的实验研究则为"旨在达到特定教育目标而去发现最富有成效的内容和方法的实验研究"，这种实验是要探求实现某种价值观指导下的教育目标，再根据教育效果来检验其对目标的达成度。如果说，前者属于基础研究性质，则后者属于应用研究性质。实际上，后一种实验研究才是教育改革中所讲究的一般的教育实验。这种有价值观(或教育理论)做指导，以教育效果来检验教育(实验)目标达成度的实验，早一些的有裴斯泰洛齐、杜威等的实验学校工作可为借鉴，20世纪以来有苏霍姆林斯基、赞科夫、巴班斯基，乃至沙塔洛夫、阿莫纳什维利等在当代被称为教育革新家的教学实验可为借鉴。情境教育实验同上述教学论实验的概念和性质相类似。

他认为教育实验，如果从教育研究中实验法的角度来看，注重控制、注重分析、注重数量化、注重内在效度是无可非议的；如果把它看作研究性、实证性的教育实践活动，那么教育实验是一种复杂的、多层次的、多结构的巨系统，也可以说是一个课题、一整轮实验的活动。然而情境教育中的"情境"也是一个整体，包括"人为优化了的环境"和"多向辐射的心理场"的综合，是不可能做简单化的分析的。定量研究与定性研究是要互相结合的，但从刚开始进行教育实验或培养实验研究人员的角度来看，不妨更加注重定量研究，但总的教育实验研究，还是要在质的研究指导下开展一些量的研究，取得小范围实验研究的一定的内在效度；实验是注重分析的，但也要在综合的、整体的观点指导下进行分析，分析之后仍要做综合性的考察。

张定璋教授提出，马克思主义关于实践是检验真理的唯一标准的教导，可作为情境教育实验科学性的理论依据。情境教育本身是一个复杂系统；教学情境的创设和运用，其所产生的发展效应包括学生、教师、学校的发展，都是整体不可分的，但这些综合性的变量集不完全是"混沌的""模糊的"。在求得教育教学的最优效果的前提下，如果对综合性的变量集做一些分解，运用差异法逻辑或者由果溯因方法(追因法)，也未尝不可以得出一些内在效度的解释。

浙江大学教育学院刘力教授也指出，情境教育实验在取得喜人成效的过程中承受着诸多学者对其合理性、科学性存在提出的质疑。他指出这种质疑事实上是对被誉为教育科学生命之所在的教育实验研究的质疑。比如，一些学者有感于教育实验方法论的不完善和科学水平的低下，有意无意地运用自然科学中的标准实验概念和规范来分析、评价甚至否定各种类型的教育实验研究，把教育实验方法降格为纯经验型的研究方法。这种脱离教育研究实际的做法显然是不可取的。

他引用复杂理论的代表人物埃德加·莫兰的观点：没有思想的变革就没有其他变革。他指出，教育实验的情境特殊性以及教育实验对象的丰富性和复杂性，决定了教育实验没有必要照搬"实验室实验"的严格规程。教育实验应是一种"自然实验"，情境与控制是它的两大不可或缺的因素，且这种控制是一种弱控制。教育实验应发挥实验中人的主体性与自组织力量，实现由技术操作到整体创造的转向，并最终实现生成与创造的价值诉求。由于教育的结果是由极为复杂的内外因素所决定的，又由于研究者对教育情境通常不能施以完全有效与严密的控制，因此，科学地对待教育实验结果，不断实验、总结、再实验，并在实验基础上不断完善新理论和新方法也是教育实验合理性存在的表现。

很多专家都认为情境教育实验，作为一项具有中国本土文化特色的实践探索，构建了自成体系的理论框架及操作模式。情境教育从学生的发展出发，在实际教学中创设情智交融的教育情境，激发学生的学习动机和思维，让学生在发展智能的同时促进人格素质的全面发展。这一路走来，从课堂教学改革到严肃、持续性的实验研究，再到形成思想理论体系，他们认为这是中国基础教育改革开放后探索的历史缩影。几十年来，我国教育普遍地鼓励中小学教师学习掌握并形成具有扎根性质、境脉特征的教育科学。专家们甚至称赞情境教育是发端于民间，散发出中国本土芬芳的素质教育的典范。

我没有想到这种自我探究形成的研究方式有一天会成为情境教育研究的特色，更没有想过会影响到学界对研究方式的讨论及其所带来的变革。现在，再仔细研读专家们的这些论述，对于我们今后的研究还是有很大的启示作用的。我们在保持自身研究特色的前提下，借助现代科学的测量手段，可以更好地实现定性与定量的结合。

2012 年春天，江苏省教育厅根据教育部的指示精神，在宣传全国教书育人楷模的宣传月中举行"李吉林教育思想研讨会"。会前《李吉林和情境教育学派研究》一书出版，书厚厚的。我觉得这可以作为一份纪念品赠送到会专家。不少专家收到书后打来电话都说书出得好，大家都很高兴。我心里特别欣慰。

朱小蔓教授在书中写道：我以为，无论从其理论及其支撑资源的丰富、完备来看，还是从其产生的中国教育文化脉络传承和浓郁特色来看，李吉林老师的探索已经成为反映中国当代基础教育先进教育文化成果的情境教育学派。作为教育学派，李吉林老师显然不属于"学院"派。她的研究工作，并不做抽象的概念推演，不刻意追求逻辑的表达，也不盲目求取"科学"控制的实验和数据；她的研究工作是把她整个的心扑在课堂、扑在儿童身上的生命化的研究，是永远工作在教育现场的研究，是一种充满了田园泥土芬芳、富有深刻教育内涵、美感和教师个性特征的人文化的行动研究。我一直认为，李老师是一位极其勤奋，也极有天赋的人。李老师一生执着，也一生洒脱；不放弃理想，始终坚守和耕耘在自己热爱的园地里，心无旁骛。我觉得她很幸福，很钦佩她，也很羡慕她。今天的中国教育需要从教师中走出来的教育研究专家，从教师中走出来的儿童教育家、中小学教育学家，也呼唤和冀望从中小学教师中诞生教育学派。李吉林老师为千千万万个小学教师，为广大教育研究工作者树立了卓越的榜样，昭示了可行的道路。同时，她创立的情境教育学派对于所有从事儿童研究的理论工作者来说也是一个重要的榜样和激励，她的探索之路值得大家持续关注、学习和深入研究。

中国教育学会顾明远会长指出：李吉林的情境教育思想体系已经形成了有中国特色的教育学派。主编《李吉林和情境教育学派研究》一书就是为了梳理总结这个学派的理论体系。书中包含了李吉林情境教育学派的主要精华，也收录了学界评论的文章，使读者清楚地了解这一学派形成发展的过程，理解它的精神实质以及它在我国教育改革和教育研究中的作用。同时我们也希望有更多的学派在中国大地上滋生，繁荣我国教育学术，充实我国教育理论宝库。

尤其让我感动的是，德高望重的吕型伟老先生在《李吉林和情境教育学派研究》一书的序言中高度评价情境教学、情境教育是在广泛吸取中外许多学说合理成果的基础上，融会贯通，自成一家的；推广中国教育家的教育学说，形成代有传承、影响广远的学派，是时代的需要，具有深远的意义。

五、回应世界教育改革的中国声音

2008 年，中国教育国际交流中心、华东师范大学、教育部课程教材发展中心、中央教科所、中国教师报、江苏省教育厅与南通市人民政府联合举办了"李吉林情境教育国际论坛"。来自英国、美国、日本、葡萄牙等国的教育专家和中国的教授、学者们参加了研讨。

当时的中央教科所田慧生副所长亲自主持会议。教育部课程教材发展中心朱慕菊主任致开幕词，她热情洋溢的话语拉开了国际论坛的帷幕。她指出：李吉林老师是著名的儿童教育家和特级教师，她 1956 年至今都在二附小任教，50 多年以来一直在一所教语文。她保持了终身的热情与执着，积累了终身的经验；她终身都集谦虚与自信于一身，是一位体现"教师"一词最真切意义的导师。拜读她一系列富有洞察力和说服力并且充满激情与责任感的著作，更加强了我们对什么是教育与受教育的理解。

同时她又指出：李吉林老师的情境教育体现了她对于教与学的透彻理解。她在教学设计的理念上突出"情境"的概念，反映了她有意识地创设有利于儿童认知和情感发展的教育环境。她具备洞察儿童内心世界的能力，一直都以一种开放的、让人感到温暖的接受性方式来聆听儿童的倾诉，鼓励他们表达自己的想法，让他们知道自己的能力，使他们的情感得到了认可和尊重。在情境教育中，她对儿童的发展与成熟保持着研究的张力。她认为，教学是作为教师心灵的工作，既游离于学科又与学科密切联系。她向我们展示了真正的教学应在情境中成为一个不断联系互动的过程，成为提升教师与学生的实践活动。

……

朱主任真情意切的开幕词，表现出的在庄重中融着柔美，把学术与教师的人格融合在一起的评价，使官方的语言如此充满人文情怀。

华东师范大学副校长庄辉明先生也代表主办方讲话：情境教育是李吉林老师经过 30 年不断实践与归纳探索出的中国素质教育的重要模式。它所具有的将知识、文化、情感、艺术等诸多要素相融合的特质，为解决当今世界教育困惑已久的许多问题带来了启发。情境教育所蕴含的深刻教育思想触及教育的本质问题，闪烁着东方文化的智慧之光。将这笔宝贵财富与世界分享，是中国教育的贡献。

这次论坛的意义并不仅仅是从国际研究的视野下对李吉林老师及情境教育进行研究，更是对如何促进中国教育的实践创新、如何促进中国本土教育与国际教育进行一次难得的、高水平的对话！

……

作为知名高等学府的校长，如此情深意长的讲话，更让我感受到学术的可亲、专家的厚爱。

之后专家们各抒己见，从不同领域探讨情境教育的重要意义和巨大的发展空间。尽管时至隆冬，但大会的气氛却始终十分热烈。

专家们的发言集中收录于由顾明远主编、教育科学出版社 2011 年 12 月出版的《李吉林和情境教育学研究》一书中。

（一）情境教育是中国土生土长的教育思想

原国家教委柳斌副主任说：李吉林老师倾注了全部精力打造出来的情境教育的理论框架及操作体系，充满了乡土气息和时代精神。李吉林从中国古代文论的"意境说"理论当中汲取营养，把境界创设和情感化育以及两者的互动交融与教书育人的过程有机地结合起来，使各种生动的情境为我所用，为儿童所设。从情境教学到情境教育，再到情境课程，开拓了一条素质教育的康庄大道。

当时的中央教科所朱小蔓所长说：多年来，李老师一直没有离开过她的研究"母地"，不断地衍生、扩展、细化其研究主题。李老师所提倡的以"境"、以"场"、以"象"的方式进行教与学，以"感性""感悟""顿悟"来学习，本来就是中国具有优势的教育文化传统，但在我们现行学校制度中却被遗忘和丢失了。她勇敢而睿智地接续了这一文化教育传统，创造性地帮助儿童通过"境"而想象，通过"象"而思虑，通过"场"而记忆，使儿童的学习活动始终伴随"直感"，也就是"以情来想象，以情来感受，以情来记忆"。因此，它不仅是有效的、有魅力的教学，恰是实在的情感教育。

南京师范大学吴康宁教授指出：李老师的思想把许多不同的东西都吸收进来，融会贯通起来，整合起来，这是十分符合中国文化特性的。中国文化的一个十分重要的特性就是融通整合，所谓"天人合一"就是最大的融通整合。李老师的情境教育有不同教育途径之间的融通整合：课内的、课外的、野外的；有不同教育力量之间的整合：学校教育、家庭教育、社会教育；有不同学习任务之间的整合：道德的学习、认知的学习、审美的学习；还有不同学科之间的融通整合：哲学的、心理学的、美学的等。从这个意义上来说，李老师的教育思想"有文化"，是一种真正的中国"本土的思想"。

北京师范大学裴娣娜教授提出：情境教育，作为一种具有中国本土文化特色的教育理论，实现了对传统的不合理的教育思想和行为的突破和超越，主要表现在反思批判基础上新的教育命题的确立：第一，情境教育的教学目标是从根本上改进学生的生存方式和生活方式，促进学生个性的全面和谐发展和良好人格的养成。第二，遵循"真、美、情、思"的教学设计，使学生的学习具有探究性、美感性、体验性和反思性。第三，情境教育的教学内容选择，重在理解和掌握知识，加强学科知识的整合，面向生活实际，体现教学的实践性和文化性。通过情境创设，实施以"关注生活""情境体验""活动构建"为内涵的发展性教学策略。

中国教育学会顾明远会长指出：虽然其中也借鉴了国外的理念，但李老师把它融入自己的教学实践，在实践中本土化并且丰富、拓展了，最后形成了"具有中国特色、中国气派、中国风格的教育思想体系"。情境教育是古今中外优秀的、进步的教育理论和李吉林老师自己的教育实践、教育创新相结合的成果；情境教育是在中国的大地上土生土长发展起来的，是有中国特色的教育思想流派。

专家们认为：中国具有进行原创性研究的优势，这种优势潜力的挖掘，主要在于充分调动深厚的本土资源、经验和智慧，同时与现代世界新思维进行深刻的、有对等话语权的文化对话，从而在不断回应时代发展要求中进行学理性的创造。国际论坛表达了中国的文化和教育的一种尊严，表达了中国文化和教育的一种自信：我们中国是应该有教育家的，并且已经有了自己的教育家。李吉林老师就是从小学教师中走出来的教育家。

（二）情境教育遵循儿童认识规律

朱小蔓教授指出：李吉林老师设置的情境充满"童真""童趣"，具有审美化特征。它不仅与儿童带入的生活经验相关联，使儿童的原初经验容易被激活，传递到丘脑，并进一步"涌现"为被意识到的经验，促进儿童的自我意识（主体）觉醒。而且，它通过集体活动的方式帮助儿童在一个特定的场合形成共同经验，获得"共通感"的体验。这是儿童时期审美化的道德经验，包含着同情、友善、分享，也包含着"为这种共同性生活的规章制度和目的所限定的感觉"。学校的道德教育不仅诉诸专门的教育活动，更依助各门课程的教学活动。"情境教学"这一审美化的方式适合小学儿童进行道德学习。

情境教育是情感教育实践在中国的一个具有本土特点的典范。情境教育始终伴随着儿童正向情感的激发与活跃，包含着快乐、兴趣这两个儿童最早出现的、最基本的、最维持儿童的精神生命和个性发展的、最重要的两个支撑性的情感。同时还包括情绪专注、沉浸，以及情感教学场中儿童的安全感、生命的舒展自如、自信自尊。在童年时期，尤其是在中低年级，享受惬意的感觉应当是儿童生活的主流、主基调，应当是他们情感色彩的主色调。这些正向情感的激发与活跃帮助儿童有效地认知学习，促进儿童在审美状态下自然而自由地学习道德。其情感的活跃、持存、积累、孕育本身，即构成和完成着人的情感品质的发育。

英国华威大学教育学院博士彼得·兰指出：儿童发展的主要部分是他们在知觉和情感方面的发展，因此李吉林建议教师应该在教育中更好地发挥情感的功能。在我看来，这是李吉林的教育哲学中的重要部分，实际上这个观点和我思考的很相近。我们的研究也表明，如果一名教育工作者在工作中投入自己的感情并且把这种感情作为教学大纲的一部分，那么他将会和学生有情感上的交流。而教师和学生的亲密关系可以帮助学生提高思索技巧。

日本名古屋大学的场正美教授高度评价了情境教育着力培养儿童创造性思维的观点，认为儿童的创造性应位于思考的首位。他说："昨天我在看语文课的时候，我感受到了儿童在课堂里面有着丰富的想象力。通过李老师的情境教育的实践，我感受最深的是儿童有了很丰富的想象力。想象将体验与内部言语结合起来，产生了言语。这很好地揭示了'情境—言语的获得—文化的重新建构—思维发展和实践力形成'之间的关系。""李老师的情境教育对日本综合性学习也有启示。昨天我们观摩了情境教学活动，从中我体会到了综合学习的重要性。情境教育的情境是综合的，它综合了多种类型的经验，多种认知世界的模式，多种表征的工具、概念、符号。我看到孩子们在这种综合的情境中迸发出超乎意料的创造力。"

福建师范大学余文森教授指出：把知识置于一定的情境中，把知识还原到一定的情境中去，这有助于解决学生认识当中形象与抽象、感性与理性、理论与实际的关系。情境教学能为学生的有意义学习、理解学习以及有效教学和高质量教学提供一个认识基础。把学生置于一定的情境当中，学生的兴趣、情感、主动性就会被激发出来。所以，情境教学是学生有效学习、有意义学习，也是有效教学的心理基础。这对于所有的教育教学都具有普遍的指导意义。情境教育把知识置于一定的情境中时，学生在情境中就把知识变得形象、感性、智慧，变得活泼起来，使知识具有了很大的附加值。通过这样的学习，知识就能转化为学生的情感，转化为学生的智慧，转化为学生的品质。因此情境教育具有生命意义。

南京师范大学郝京华教授指出，儿童的学习实际上有两种：一种学习是在学校里学习，主要是在课堂上掌握用符号记载的人类认识的各种各样的成果。另一种学习是在真实世界中的学习。这两种学习存在着巨大的差异。在真实的情境中，儿童没有抗拒心理，没有学习负担，对事物的认识是整体的、情境化的，是自我建构的，因而也是内化的。但是，这种学习方式太耗时，而且习得的知识非常浅表。所以必须建立学校，在学校的学习中，儿童可以学习符号所代表的知识，它超越了儿童的直觉经验，是人类智慧的结晶。但是通过这样的学习，通过符号的记载、教师的讲解、学生被动的听讲等这样的学习方式，学习就脱离了它的文化性，脱离了它的境域性，因而是也抽象的。李吉林老师较好地解决了这个问题。也就是在课堂中通过多种方式来创设情境(包括真实情境，虚拟的情境，再造的、艺术化的情境)，填补了真实世界的学习与抽象的符号世界的学习之间的鸿沟。

还有专家指出：情境课程和谐地处理了儿童、知识和社会之间的关系，促进了它们的统整与融合，很好地解决了学科中心课程、活动中心课程和社会中心课程的争论。这与英国的劳顿("情境中心课程"说)、美国的帕里斯("课程的情境开发"说)等人提出的主张可谓相映成趣，并且更为丰富，更能昭示课程变革的未来走向。情境教育贯穿了以人为本、以儿童发展为本的新理念；注意彰显儿童的个性，强调发掘儿童的潜能，尊重儿童的自主意识，激发儿童的创造精神。这正是当代世界儿童教育的中心话题。

(三)李吉林教育思想的理论价值和现实意义

中国教育学会顾明远会长指出：李吉林的教育思想有着重要的理论价值和现实意义。其理论价值在于它不是停留在情境教育的方法上，而是运用教育学、心理学的理论探讨儿童认知的规律。把儿童的注意、观察、思维、想象以及非智力因素都调动起来，在教学中促进儿童智能的发展，这在课程教学理论中具有重要的意义。

英国华威大学教育学院简教授评价道：李吉林老师研究领域的深度和广度，给我们留下了深刻的印象。她的成功建立在长期实际工作的基础之上，她的工作开创了教育研究的传统。李吉林老师的情境教育通过角色扮演进行探索，通过讨论加强理解，鼓励思考、教育创新。角色扮演帮助学生探索整个过程；学生通过讨论可以自由表达自己的观点和情感，也可以了解到别人的想法；同时，中国教师促进学生思考的做法给我留下了很深的印象，要鼓励班级这么多学生积极思考确实是很大的压力；最后也是最重要的一点是她的教育创新，我在中国体会最深的就是中国现在的创新方式。有了创新，中国才能在吸取过去经验教训的同时有了飞速发展。我们认为，李吉林老师的情境教育研究对于英国和全世界的儿童教育都是一种启发。

北京师范大学裴娣娜教授认为：无论赫尔巴特以来形成的唯理主义，还是杜威实用主义教育哲学，其核心和主流地位仍是以知识观为特征的工具理性传统教学观。这一传统教学观集中表现在：强调知识的窄化、专精化，强调学科体系的形式化；从概念形式出发，着眼于逻辑上的严密，忽视掌握科学事实与现象；强调一个个孤立的知识点，强调分析的方法，而忽视了学科体系整体的综合功能。总之，以科学知识为核心，而忽视了人文精神的陶冶。李吉林的情境教学思想，体现了科学与人文的统整，实现了对教育过程的人文、艺术的把握，实现了对传统知识观的超越，实现了对工具理性教学观的理性批判，解决的是一个世界性难题。

华东师范大学裴新宁教授指出：李老师的实践和研究，不仅具有中国的本土意义，也具有国际性、世界性的意义和价值。李老师充满智慧的探索在不断地揭示、创造性地发现着人类学习机制的根基。李老师诗意的创造赋予了情境中华文化的诠释，独到的见解为设计科学的基础提供一个非常好的支撑。

专家们认为：李吉林教育思想的现实意义在于对落实新课程改革、推进素质教育有着重要的意义。新课程的最大特点是课程教学不仅要传授知识，而且要培养学生的能力，培养学生对知识的认识态度和价值观。要落实新课程的目标，就需要改变传统的教学模式，以新的教育理念为指导，重视学生的主体性，培养学生对教育内容的自觉体验。当今世界科学技术日新月异，多样文化互相交流，学校已经不是象牙之塔，学校必须开放办学，培养学生广阔的视野、创新的能力。情境教育正是跳出课堂狭隘的空间，在广阔的环境中充分培养学生的想象力和创造性。这是符合世界教育发展潮流的。

李吉林教育思想体系的形成，标志着有中国特色的、原创的教育思想流派的出现和成熟。李老师不仅在教育实践中创造了奇迹，培养了大批高素质的人才，而且在教育中勤于思考、努力探索，创造了一整套情境教育的思想体系，丰富了我国教育理论的宝库。应当隆重推出自己的教育家，理直气壮地宣传自己的教育家，弘扬教育家的先进理念和可贵精神，在全社会形成尊师重教的浓厚氛围，充分发挥教育家在教育决策、实践和学术方面的参谋、指导和引领的作用。

（四）情境教育多元的未来发展方向

南京师范大学吴康宁教授指出：李吉林老师的教育思想中含有反思、怀疑、批判的成分。李老师的教育实验研究从情境教学到情境教育，到情境课程，再到情境与儿童学习，她从不满足，不断创新。这当中包含着李老师对于自身的反思和否定，是一种建设性的否定。从这一点来讲，李老师的教育思想是"有理性"的，是一种"生长的思想"。李老师从来没有把她的思想作为一种意识形态或准意识形态来看待，她不断地反思自己、超越自己。改革开放以来，我国有很多在起步阶段相当不错的教育家，但当他们一旦有了成就、名气大了一点后，就不再往前走了，因为他们的东西容不得别人批评。而李老师的教育思想是开放的，正如她的教育情境本身便是开放的情境，是兼容并蓄的、正在生长的一样，未来情境教育的发展空间是十分广阔的。

他还提出了"社会学介入的可能"，认为同哲学与心理学一样，对于情境教育研究来说，社会学也是一个必不可少的学科角度。社会学关注的是"社会结构中的人群"。班级、课堂也有其社会结构。在情境教学的课堂上，班级中处于不同地位、在班级的社会结构中处于不同位置的学生人群有什么差异；在情境教育中，学生个体与班级群体之间的关系等都是可以从社会学视角进行研究的问题。

思维科学专家张光鉴教授指出：不只是儿童需要情境，科学家也需要情境。科学家的创造性思维，就是在情境中解决问题的一种思维创造。我们需要培养儿童在情境中的想象，培养他们解决问题的能力，从小就要培养。如果儿童在这个关键期没有形成创造性思维，就不可能有科学家。李吉林老师已经把语文当中的情境教育扩展到数学，可能以后可以发展到物理、化学，这方面的前途是非常广泛的。

大会结束后，多家报纸、杂志先后报道了此次论坛的盛况。《人民日报》随即刊登"国内外专家研讨李吉林情境教育"的会议报道。《中国教师报》头版以"回应世界教育改革的中国声音"通栏标题发表了"李吉林情境教育国际论坛"侧记。身为《中国教师报》的主编，刘堂江先生专门撰写了评论员文章《为中国教育家走向世界喝彩》，表达了对"中国教育家"的肯定和赞美，并阐明了李吉林情境教育走向世界的深远意义和重要价值，具体内容如下。

"李吉林情境教育国际论坛"隆重举行，这是我国教育界的一大盛事。它标志着中国教育家从此走向世界，意义非凡，可喜可贺！

中国教育学会会长顾明远教授指出："长期以来，我们只介绍宣传外国的教育家，把他们的学说拿来推广引用，总说没有出现我们自己的教育家。今天我们终于看到了我们自己的土生土长的教育家，看到了她的教育思想体系。"李吉林的情境教育，是我国原创的、成熟的教育流派；李吉林的教育思想，是具有中国特色、中国气派、中国风格的教育思想体系。李吉林引起国际教育同行的关注，并融入世界教育发展潮流，这对于中国教育工作者来说，无疑是一件扬眉吐气的事情；对于中国基础教育来说，也是一件具有里程碑意义的大事。

"李吉林情境教育国际论坛"的成功举办，是我国改革开放以来辉煌成就的体现。首先，李吉林的情境教育是沐浴着改革开放的春风，破土而出、茁壮成长的。没有改革开放的宽松环境，李吉林就很难开展情境教育的实验，并一步一步取得成功。其次，只有开放了的中国，中国教育家才有可能走向世界。倘若闭关锁国，与世隔绝，何谈国际论坛呢？

中国本土教育家举办个人教育思想国际研讨活动，李吉林开了风气之先，值得大书特书。这不仅仅是向世界展示了中国教育家英姿勃发的形象，展示了中国教育思想发展进步的鲜活成果，更重要的是搭建了一个国际交流的平台。在这个平台上，我们可以倾听外来的声音，评价、切磋、碰撞，擦出新的火花，产生新的灵感，不断地丰富、完善自我。中国教育家的成长，太需要国际视野了。我们需要把握世界教育发展最新的资讯、最前沿的理念、顶级的经验。他山之石，可以攻玉。中国教育家应当有充分的自信，勇敢地走向世界。

我们提倡中国教育家走向世界，并不是盲目地号召要刮一股风，都来开一个国际研讨会。个人教育思想国际研讨会，不是说开就开，也不是谁都可以开的。要有国际高水平的理论和实践的成果，而这些成果可不是一蹴而就的。李吉林是积30年之苦功，才逐渐形成情境教育这个独树一帜的教育流派的，切忌浮躁心理，要有"板凳甘坐十年冷，文章不著半句空"的精神，要像李吉林那样潜心教书育人，顽强探索创新，盯住一个人生目标，咬定青山不放松，实现远大的教育理想，使自己成为一个能在国际上产生影响的教育家。

中国教育家走向世界，是时代的产物，也是时代的要求。应当在全社会形成尊师重教、崇尚教育家的良好风尚。要努力营造有利于教育家成长的绿色生态环境。要积极创设各种方式、各种通道，让真正有实力的教育家走向世界。

李吉林是一面鲜艳的旗帜，希望有更多的走向世界的中国教育家涌现！

《光明日报》发表《李吉林：创造情境教育思想体系》的评论文章，称"情境教育思想丰富了我国教育理论和实践的宝库""其实践的广度和深度，理论的系统、丰富，以至于将情境教育形成一种成熟的教育思想体系，李吉林做出了创造性的贡献"；《中国教育报》全文刊登原国家教委柳斌副主任在此次国际论坛上的发言《再谈李吉林老师的情境教育》；《人民教育》全文发表了教育部王湛副部长的《由李吉林取得的卓越成就得到的启示》；《课程·教材·教法》杂志以"情境教育研究"专辑形式刊登了裴娣娜、吴康宁、朱小蔓、吴刚、郝京华等专家在"李吉林情境教育国际论坛"上的发言。这些报道不仅是对我个人的肯定，更极大地提升了基础教育界教师的学术地位和志气，并为我国建立科研型、学者型教师队伍提供了范例。

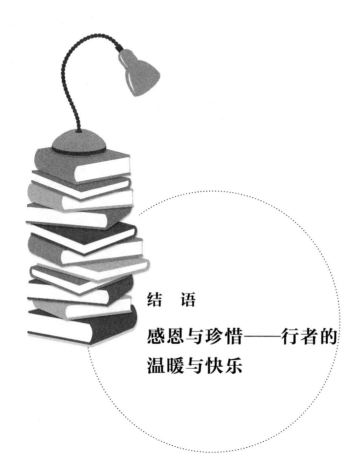

结　语

**感恩与珍惜——行者的
温暖与快乐**

我做梦也没想到，我一个普通的小学教师，能创立适合儿童的情境教育，构建了它的理论体系及操作体系。不仅出了八卷本的文集，还让情境教育走出国门，政府与学术团队举行了"李吉林情境教育国际论坛"，且得到国内外专家的肯定与赞扬。在这多彩的日子里，我心潮涌动，我无比珍惜，因为我懂得感恩，情不自禁地、一次又一次地回忆自己走过的路。这条路虽不平坦，但是我却感受到作为一个行者的温暖与快乐。

我在共和国的教育园地耕耘，不觉有了 56 个年头。那是 19000 多天的日子，学生每天在进步，我也在进步。教育在发展，我也在发展。我在不断地"进步""发展"中不知疲倦地前行。

一、我心中的感恩节

农历的正月初五，在我们这里的习俗是迎财神的好日子。1949 年的这一天，大清早就响起了一阵阵欢快的锣鼓声，伴随着"解放区的天，是明朗的天，解放区的人民好喜欢……"嘹亮的歌声，小小的南通城升腾起令人欢欣鼓舞的吉祥气象。我好奇地奔到马路上，只见一队队身着灰色军装，头戴红五星军帽的战士阔步向前。我挤在人群里，踮着脚望着这支气势威严的队伍。有人说："新四军进城了！""南通解放了！"

那年我 11 岁，在一所慈善小学读五年级。过年前二叔就和母亲说了："大嫂，吉儿是个聪明的伢儿，我实在没有能力供她上中学，大哥临终的嘱托我办不到了。"我知道二叔是个特别疼爱我的人，我在他身边感受到父亲般的爱。父亲去世后的这五年，我们娘俩一直靠二叔。我虽年幼，但也能看懂。二叔还有比我小的 4 个孩子，一家八九张嘴，吃饱饭就很不容易了，更何况供我上中学。

喜从天降，谁能想到南通解放，给我和许多穷苦孩子带来了好运。母亲可以到区政府去领补贴，上中学可以减免学杂费。读到初二时还可以申请人民助学金，在学校就餐。我终于能安心地上中学，母亲脸上也绽出欣喜的笑容。从此我一步步向前，才有今天当上老师带来的一切幸福。我常思量，倘若没有解放，一个小学毕业生将在何处艰难谋生，每每想起，心中总是充满了对共和国深深的感激之情。

正月初五，南通的解放日是我心中的感恩节。感恩让我懂得了珍惜。

二、起跑前的历练

初中毕业了，我选定了师范。那是一所正规的省属女子师范学校。全体学生在校免费食宿，很多教师，包括校长也都住在校中。

三年的师范教育，许多的情景难以忘怀。作为行者，那是起跑前的历练。回首往事，那是一首充满活力的、影响我人生的"青春之歌"。

早晨，一阵集合的钟声，我和同学们奔向操场，开始了晨间锻炼。迎着初升的朝阳进行 800 米的长跑训练。姑娘们的飒爽英姿在朝霞映衬下真是光彩夺目。课毕，则是各种文娱体育和篮排球队的活动。操场上姑娘们的叫喊、狂奔，连同一个个优美的舞姿，让落日的余晖显得更加灿烂。仰望那燃烧的晚霞，我们多么想留住那通红的落日，让生活永远是白昼。

我当时是校排球队的队员。这一段经历让我后来有可能成了南通市女排代表队中的一员主力。我还因此被评为二级运动员。是女师培养了我对体育的爱好，培养了我注重体育锻炼的好习惯。而在其间历练成的运动技巧，让我有兴致、也有能力和孩子们一起打球，一起赛跑，还和男孩子一起踢足球。我领操的姿势和口令可以说都是很标准的，那都是从师范的体育老师那里学来的。体育对于孩子来说是神奇的磁石，我通过体育给孩子们带来了欢乐，也赢得了孩子对我的亲近。

学校还创造了许多条件为我们将来当老师做好准备。每周安排一次"特长组"活动：戏剧、绘画、器乐、文学。各人自愿选择参加，我报名参加了文学组，老师是语文教研组的名教师。他总是选许多优秀的诗歌散文指导我们欣赏，并和我们一起朗诵，让我们品尝到文学的韵味和美感。在熏陶其间，这培养了我对文学的兴趣。有一次，老师交给我一本苏联的中篇小说《拖拉机站长与女农艺师》，要我给全校同学在图书馆做一次文艺讲座。我虽然有点胆怯，但并不拒绝。我一遍一遍地准备、试讲，最后终于获得了同学们的掌声。老师还鼓励我尝试创作。有一次语文老师建议我把报纸上的一篇通讯改写成剧本，我自知力不所及，远远地看见老师走来便改道避让。但是对创作却由此心动。我自己悄悄地写歌词，自己写歌谱，真是不知天高地厚，写好竟寄给上海的"广播歌选"，还取了个笔名"晓溪"。——溪水多好，欢快而明净，晨光中的溪水则是更清亮。拙劣的稚作未能发表，"晓溪"的笔名后来再也没有用过。但是创作的热情在我的少年期萌发了。我为《女师青年》写稿，为女师广播台播音，连同出黑板报都踊跃参加。现在想起来，这些为我后来当好语文老师做了必要的准备。

在学校小小的琴房里，每个人都可以在规定的时间内练琴。有一架风琴曾是我童年奢侈的梦。所以我会沉在琴房里贪婪地练着。夏天小小的琴房又闷又热，且有蚊子叮咬，我都顾不上，每次练完琴总是一头的汗。但是我喜欢，我快乐。

学校还给我们安排许多增长才干的机会，用现在的话来讲就是"搭建平台"。学校常举行文艺晚会，老师自编自演，师生同台演出，我仍然是积极分子，排练起来不怕苦和累。在一次歌咏比赛中，音乐老师让我指挥我们班的合唱。我不会，老师教，我就用心学，下功夫练。大家齐心协力，结果我们班获奖了，我也意外地被评为"优秀指挥"。每每练着这些本领，当时并不觉得有什么了不起，只是感到青春的激情在燃烧。但是到了小学，那是都派上了用场。我教学生唱歌，拿起新歌就能边弹琴边哼唱起来；学生会唱了，我又当指挥，让他们也能声情并茂……

多少年来，我不止一次地回忆着在女师历练的情景，女师的老师更是出色而忘我的教练。女师各科教学的课堂是丰富而生动的。老师们都是功底很深、博学多才的。他们讲起课来旁征博引、绘声绘色。他们对学生关怀备至、悉心指导；他们对教学严谨、执着，而又不失自己的风格；他们的言谈举止连同穿戴都是质朴而又有品位的，堪为表率。从校长到老师都让我景仰而仿效，这些都深深地影响着我。对学校通过各种途径历练未来教师实际能力的良苦用心，我至今心存感激。

三、启程的支撑

1956 年，那是国家大发展的一年，师范生可以报考大学。我当然希望得到深造。但为了母亲，我放弃了。在同班同学意气风发地走进大学校园的时候，我走进了小学，那就是现在的二附小，直到今天。

校长缪镜心女士是当代书画家范曾的母亲，她看到我优异的毕业成绩让我教六年级。18 岁的我对着满教室生龙活虎般的孩子，常常是束手无策。在孩子的心中，我只是他们的大姐。刚刚启程，步履维艰。我感到十分狼狈，想到在大学读书的同学，心里难受至极。校长一方面安慰我，另一方面派老教师深入我的班上给予及时的帮助和指导。缪校长还特地来听我的课，孩子们见校长来了，一下子安静下来，我顺利地把课上下来。听完课，缪校长说我课上得好，说我是棵好苗子，只要努力就能成功。缪校长慈祥的目光让我感受到温暖。从此我有了信心，后来她还把教育厅厅长引进我的教室听课，又让我给师范的实习生开课。校长越是培养我，我越是努力地工作。

两年后，那是个金色的秋天，缪校长郑重告诉我，说接到市教育局的通知，让我到省教育厅参加小学语文教学参考书的编写工作。初生牛犊不怕虎，20 岁的年轻人到省城去编书，现在回想起来真为自己没掂掂分量而汗颜。在南京工作了两个学期，接触了中小学的名师，还有幸遇到教育厅厅长吴天石先生，后来才知道他是知名学者。他关心地询问我，给我热情的鼓励。1962 年又有幸参加江苏省语文教学座谈会，想不到当时兼任省委宣传部部长的天石厅长也到会做主报告了。会议期间，我又参加了他主持的小型座谈会，我谈了自己的一些想法，天石厅长很为赞赏，并要《江苏教育》的编辑将我整理后的发言发表。底气不足的我不敢答应，说以后再写。会议后，我在全市传达了会议内容，并在自己的教学中努力贯彻这次会议精神。于是我的课堂开放了，不断地接受开课的任务，学校老师、师范部语文学科的老师都来帮我分析教材、指导备课，听我试教。教案有时改了一稿又一稿，我不怕麻烦，大伙"诲人不倦"，我更是"学而知乐"。

后来，教育局突然派来了一个工作组到我班上蹲点，整整一个学期。从听晨会一直到学生课外活动都深入班上。天天被听课，课课为我做点评，每一本学生作文都检查我的批改。那工作的紧张度可想而知。随之对外开课的规模扩大，这对我自己虽说是辛苦，但是通过大家一课又一课的指导，教学水平、教学艺术都得到明显的提高，并日渐娴熟。我也开始在报刊上发表经验文章与随笔。后来，方知正是天石老厅长特地嘱咐南通市委书记，并告诉他南通有一个青年优秀教师，要好好培养。特派工作组蹲点，便是培养方略之一。多少年来，我深深感到当时无论校长，还是省市领导对年轻教师培养之精心，常以"严"体现"爱"。

四、风雨过后见晴日

历史总是在呼唤大众前行。1978 年党的十一届三中全会的召开，让我们在风雨过后见到晴日，仿佛新的纪元开始了。国门打开，百废待兴，百业待举，改革为我们每一个人创造了千载难逢的机遇。我满怀着如释重负的欢愉，积极投身到改革的热潮中。如同被久压在石块下的小草，在千方百计追逐阳光照耀的驱动下，抬起头，挺直腰杆，往上冒。我成了中国教育改革的第一批"弄潮儿"。

一切为了儿童的发展，为了正在成长中的活生生的人，是我探究情境教育的出发点和归宿。我心想，改革就是要从摒弃弊端开始，努力让儿童从封闭的传统教育的捆绑中蹦跳出来。我从"提早起步、提高起点"，到自己用钢板铁笔印制语文补充教材做起。一学期一本，5年10本，仅古诗就背了100首。虽说是自己土制的小读本，粗糙的印刷还存留着墨油的香味。但是在当时，它却提早了儿童的阅读，培养了他们的阅读兴趣。可以说这套土制的"补充阅读"是现在风行的各种读本的最早的尝试，也是延续至今的《新补充读本》的雏形。我坚信，只有扩大阅读量，增加语言积累，才能学好语文。从移植外语的情景教学到吸纳古代文论的营养走自己的路；从"黑板＋粉笔"单一的教学手段，到把音乐、绘画、戏剧等艺术的直观引进小学语文的课堂，把语文教学与儿童生活链接起来，把情境带进作文教学。儿童的目光从茫然的、失望的，到忽闪着眸子、神采飞扬，那真是一场令人兴奋不已的变革。

放眼神州大地，这边风景独好。在邓小平同志的提议下，中央决定评选中小学特级教师。这样重大的决定，我总以为还很遥远。谁知1978年秋天，中央广播台播出不久，竟成为我亲历的美好现实。几经筛选、评定，我竟成了江苏省第一批斯霞老师领衔的18名特级教师中的一员。在喜出望外的激动之余，我想得最多的是怎么"名副其实"。我知道，新思路要以新思想、新理念为导向。自己的学识、理论深浅是关键所在。为了改革，我必须加强学习。20世纪70年代末相关的书籍资料缺乏，渐渐地国外苏霍姆林斯基的教育论著，以及夸美纽斯的、杜威的、卢梭的新的译本等都可以读到了。连同中国文论的经典再版的《文心雕龙》《人间词话》也以新的面貌与读者见面。这些书籍终于摘掉了"封资修"的黑帽子，堂而皇之陈列在书架上，捧在读者的手上。我也一一专心读起来。禁锢文化的锁链被彻底砸断，学术空前繁荣。各级民间学术团体相继成立。现在的人一般不能感受到"学会"出现的可贵，而在二三十年前，那是鲤鱼可以跃上的"龙门"。

我不能忘记1978年的初冬，我带着第一篇论文《小学低年级语文教学中的智力发展》参加江苏省教育学会的成立大会。大会安排我发言，反响极好。会议刚结束，消息便从南京传到上海，并邀请我做关于论文主题的报告，我真是受宠若惊。我做梦也没想到一篇论文会产生如此大的影响，让我这条小河里的鲤鱼跃上了学术的"龙门"。会上我当选了江苏省教育学会常务理事，在学会竟有了一席地位。我没有丝毫的妄自尊大、沾沾自喜，而是带着惶恐不安更加发奋学习理论，并把吸纳的理论与自己的教学实践结合起来。

1980年，在蓝色的大连海边，我又参加全国小学语文教学研究会成立大会。我在大会上宣读了新作《把训练语言与发展智力结合起来》，再次受到代表的好评，并吸引了《光明日报》的记者采访我。会后《光明日报》用通栏标题，半个整版报道了《李吉林与情境教学法》。同年秋，参加江苏教育学会的年会，我没有空手，又带了新写的论文《运用情境教学，培养审美能力》在大会上发言。把美学的思想用到小学语文教学中，在当时不能不说是一种教学的创新。不久，我应邀在上海师范大学的教授们组织的学术活动上做介绍。我试着把自己的论文稿冒昧地寄给《教育研究》，不久全文刊登，题目改为《语文教学上的情境创设》。不难看出，当时的媒体热情地支持着改革者，热情地反映改革的新动向、新成果。而这篇论文正是情境教学进入第三阶段的探索，根据新的体验写成的。我为此兴奋不已。更让我没想到的是，《人民日报》头版在"实干家"栏目报道了《用心血催开智慧花朵的李吉林》，那是给初试锋芒的改革者的奖赏，使我倍受鼓舞。

探索过程中我自己提出的"学、思、行、著"四字治学方法，让我在第一轮实验的十分紧张的日子里，坚持做到有收获就写下来，写下自己思想的轨迹，并在此过程中不断反思，发了不少文章。1983年，一轮实验结束时，结集成册，我的第一本书《训练语言与发展智力》由江苏人民出版社出版。

5年的辛劳到了检验质量的时候，我们五年制的学生与市里六年制的学生一起参加全市小升初的统考，结果我们班取得了全市第一名的好成绩。它从人们传统习惯最关注的角度证明了情境教学"轻负担、高效益"的事实。大伙都为我高兴，为我这个小学教育的改革者鼓劲。教育局要求我做全面总结，我花了不到两年的时间写成《情境教学实验与研究》的专著。1989年，这本书获得国家教委颁发的首届全国教育科学优秀成果一等奖，继而又获得中国教育优秀图书一等奖。

为了把情境教学的种子播向江苏大地，1986 年省教委成立了"江苏省推广李吉林教改经验领导小组"，全省各市都成立了推李"领导小组"，并从市到县设立实验点班。国家教委又将情境教学列为向全国推广的 8 个项目之一。培训、讲座、上观摩课，我忙得不亦乐乎。柳斌副主任收到我的书以后，在给我的亲笔信上写道："我非常赞成你的教育思想和教学方法，认为这对于提高教育质量是有效的和有益的。"我该是何等幸福与备受鼓舞。

春日里的阳光普照大地是那样的宜人，一直暖到我的心窝里。自己辛劳取得的成果受到重视，得到社会的认可，那是我精神世界的追求。那种成就感带来的欢乐久久地滋润着曾干涸十年的心田，我终于感受到人的尊严，一个小学教师的尊严。但我尊而不骄。

在全国人代大会的主席台上，在出席国庆观礼的全国劳模的嘉宾席里也有了我小学教师的座位。我心里念叨着一句古老的谚语："一个篱笆三个桩，一个好汉三个帮。"而帮助我的何止 3 个、30 个、300 个，有领导，有老师，有记者，更有许多知名的专家、教授，多少次他们放下手中的工作，搁下正在撰写的著作，不辞辛劳来到情境教育的实验现场，来到情境教育的研讨会，来扶持一个小学教师的实验。对于那个热烈而真挚的场景，我多少次被感动得热泪盈眶。我想这在世界上都是罕见的。因为我曾去日本，在考察的 9 所小学中，教师大多是包班，一周 20 多节课，基本按统一的教案上课，并不要求创造，教育科研更不是小学教师的事。我始终牢记着天时、地利、人和缺一不可。我只有把感激、感恩化成继续前行的实际行动，努力地在改革的道路上迅跑，像竞走运动员那样，脚踏实地，一步不停地向前。

这使我很自然地联想到儿童文学作家严文井写的《小溪流的歌》。小溪流就是不停地奔流，从山间奔到江河，又从江河奔向无边的大海。因为不停留，它享受着奔流的快乐，而停息的老树桩和枯草只有悲哀和叹息。教儿童读的童话，让我从中感受到生活的哲理，"不断地向前"成了我人生哲学的主旋律。而在阳光普照的大地上前行，又该赋予了多么美妙的诗情画意。

五、没有终点的跑道

在教育改革的道路上,我已奋然前行 30 多年,围绕儿童的发展进行探索、研究,心无旁骛,从不敢懈怠。在我的记忆中几乎没有休息日,无论寒冬还是盛夏,我也都习惯坐在学校的办公室里工作着,心里觉得特别恬静而清新。因为想的、读的、写的就是"儿童"两个字。

我从开始的小学语文情境教学起步,常常自己提出问题,自己回答:什么叫情境教学,它有什么特点,它为什么能促进儿童发展,其要素又是什么?"形真、情切、意远、理寓其中"的四大特点,那是多少个案例,自己亲身经历后的感悟。正由于"悟"来自实践,概括出的理论就比较容易符合规律。我想那是因为我做到了"为儿童研究儿童",而不是为自己。我就敢于面对客观的事实,用不着遮遮掩掩,也不牵强附会,更不会夸大其词。提升概括的思想理念往往经得起时间的考验,不至于因为时间的推移而黯然失色。

经过 6 年整体改革的尝试,于 1990 年我才制定了《运用情境教育,促进儿童素质全面发展的实验与研究》的方案。情境教育的实施,让课堂和校园生气勃勃,让儿童生动学习、快乐学习。"情境教学"迈出了重要的一步,拓展为"情境教育"。

2000 年年底,全国教育规划专家组的专家们在鉴定会上高度评价情境教育,在结论中指出:情境教育以其独树一帜的理论和操作体系在许多领域做了许多开创性、独特性的研究,丰富和发展了当代教育教学理论和教育改革的实践。听到当时卓晴君所长宣读完鉴定意见后,我的热泪夺眶而出。那是行者在经过长途跋涉见到显示前进方向正确的新路标的喜悦。

于是,我思量着怎样才能让更多的儿童分享情境教育的果实,让更多的教师运用它。我选择通过"课程",使情境教育走向大众化。我从"核心领域的学科情境课程""综合领域的主题性大单元情境课程""衔接领域的过渡性情境课程"以及"源泉领域的野外情境课程"四个领域将课程进行了网络式的动态的建构，使许多专家的课程愿景以及世界课程改革的一些先进思想在情境课程中得到落实和体现。情境教育随着课程的构架又向前迈了一大步，我深感欣慰。所以在我主持的全国教育科学"十五"规划立项课题"情境课程的开发与研究"的论证会上，专家们不约而同地指出：情境教育是个"富矿"。我心中该是获得怎样的"力量"。

从"情境教学"—"情境教育"—"情境课程"，及至目前正在研究的"情境教育与儿童学习"，从全国教育科学规划立项的"八五""九五""十五""十一五"课题，我一步一步地实践、探索、研究、概括。我记着杜殿坤教授提示我的"要形成自己的理论体系"，它才能成型，才能站起来。这里不仅要有操作体系的建构，更要有理论体系的架构。

这无疑需要艰苦的理论概括，我无法绕道，只有知难而进。概括得准确与否，必须从自己和教师的实践中去提炼，而不是移花接木，借枝结果。每每此时，自己经历的课堂教学的场景总是那样清晰地再现在我的眼前，孩子的发言也仿佛响在耳旁："老师，我上月亮了！""我的腿变长了！""我的身子变轻了！""我在蓝蓝的天上给老师打电话"——啊，孩子在优化的情境中真是上了那弯弯的月儿，坐在"小小的船"上……不难看出，因为情境的优化，美感激起情感，情感又启迪了儿童的智慧，思维与想象、认知与情感交融在一起，显现出情境教育育人、育智的极大魅力。每当我沉浸其中回味着、思索着，真像我给儿童的寄语所说的那样：美美地想，乐乐地做，天天有进步。智慧的泉水，因为儿童需求的启迪，快活地涌动着……

2006年八卷本、360万字的《李吉林文集》由人民教育出版社出版，我深知每一页的文字正是对儿童挚爱的结晶。那过程是艰苦的，但最终是快乐的。2008年，"李吉林情境教育国际论坛"召开，为了迎接这次大会我写的新书《为儿童的学习》，则是情境教育第四部曲的初步成果。情境教育终于走出国门，《中国教师报》特发题为《为中国教育家走向世界喝彩》的评论，指出具有民族特色的情境教育是"回应世界教育改革的中国声音"。

　　情境教育发展前景宽阔而美好。为儿童的发展，这是教育永恒的课题，作为它的探索之路，必然是一条没有终点的跑道。"行者无疆"，我有了真切的体验。路在脚下，目标却在远方。

　　感恩与珍惜，爱与责任，在我心中生成前行的不竭动力。

附　录

情境教育理论与实践
研究大事记

·1978—1983 年，李吉林在实验班教授 1～5 年级小学语文的全过程，开始第一轮情境教学探索与研究。

·1980 年春，上海教育代表团(由华东师范大学、上海师范大学、上海教育出版社、华东师范大学附属小学教授及特级教师组成)观摩李吉林在实验班的教学，充分肯定李吉林的探索，使李吉林较早地接触学术界。由此结识杜殿坤教授及华东师范大学刘佛年校长，并得到指导。

·1980 年春，新华社记者来校采访，并现场对实验班学生作文进行考试。事实证明，二年级学生的作文水平高于三年级。不久，《人民日报》发表实验班学生的三篇作文，并加编者按。且 1980 年在《人民日报》头版"实干家"专栏报道《用心血催开智慧花朵的李吉林》，回答读者来访。

随后，《新华日报》记者采访李吉林，发表短评《可贵的创新精神》、通讯《探索者的诗篇》等五篇文章，进行系列报道。由此李吉林的探索从江苏到全国，引起关注。

·1980 年暑假，李吉林去大连参加全国小学语文教学研究会成立大会，在会上宣读论文《把训练语言与发展智力结合起来》，反响强烈。会后《光明日报》用通栏标题报道《李吉林和情境教学法》；《人民教育》《中学语文教学》相继发表李吉林的文章。情境教学开始在全国初步产生影响。

·1981 年，李吉林的论文《语文教学上的创设情境》在《教育研究》上发表，阐述了运用情境教学进行审美教育的全新观念。

·1982 年，《教育研究》再次发表李吉林撰写的论文，题为《试谈小学阅读教学中的思想教育与情感陶冶》，阐述了情感在语文教学中的重要作用。

·1983 年暑假，李吉林所教的五年制毕业的实验班学生与六年制学生参加全市"小升初"统考。实验班学生考试名列前茅，成绩优异。用事实证明情境教学的高效能，李吉林的教学改革产生积极的社会反响。

·1985 年，李吉林撰写的《从整体出发，着眼儿童发展》在《教育研究》上发表，该文章阐述情境教学促进儿童发展的"五要素"，为情境教学向情境教育拓展，从理论上做了先期准备。

·1987 年，李吉林写成第一本专著《情境教学实验与研究》，1988 年

2 月由四川教育出版社出版。该书于 1989 年获首届全国教育科学研究优秀成果奖一等奖和全国教育优秀图书一等奖。

·1987 年，江苏省成立"江苏省教委推广李吉林教改经验领导小组"，全省各市县也相继成立领导小组。教育行政部门使李吉林的教改经验在全省的推广得到保证。

同年暑假，江苏省教育厅举办"李吉林实验讲习班"，全省 60 多个市县派出代表学习，气氛热烈。同年《江苏教育》开设"李吉林教改经验专辑"，提出"让更多的李吉林式的人才脱颖而出"。不久，全省点班达一千多个，包括苏北农村。此举极大地推动了李吉林情境教学在全省的推广运用，并培养了一批追随情境教学的优秀青年教师。

·1984 年，在第二轮实验中，根据学生的发展需要，李吉林开设"幼小衔接的过渡课程"，提出低年级实行"识字·阅读·作文三线同时起步"及高年级实行"四结合大单元主题教学"的主张，通过优化结构，进一步提高语文教学质量。实践证明效果显著。《人民教育》《课程·教材·教法》先后发表相关论文。

1984 年后的六年里，李吉林在学校的支持下，在全年级带领青年教师进行整体改革实验，为情境教学拓展到情境教育做好实践的铺垫。

·1990 年，李吉林全面策划、设计情境教育实施方案。同时"运用情境教学 全面提高语文教学质量的实验与研究"在全国教育规划通过立项，列为教育部"八五"重点课题。在此期间，情境教学向纵深发展，情境教育开始局部的探索。

·1991 年 11 月，《教育研究》发表《情境教学：学得生动活泼的有效途径》的论文。本文总结了关于情境教学实验与研究的新的认识，着重阐述在优化的情境中使学生成为学习活动的主体，使其在学习语文的过程中获得探索的乐趣、审美的乐趣、认识的乐趣、创造的乐趣的全新理念和探索的新成果。

·1993 年，教育部为更加便捷、广泛地在全国推广先进的科研成果，由中央电教馆拍摄《小学语文情境教学》15 集录像，通过卫星向全国播放，受到广大小学语文教师的热烈欢迎，并要求再次播放，其影响广远。为满足广大教师的要求,将录像内容写成文字材料,李吉林撰写了《小学语文情境教学——李吉林与青年教师的谈话》的专著,1996 年 9 月由江苏教育出版社出版。该书获第二届全国教育科学研究优秀成果奖一等奖和江苏省哲学社会科学优秀成果一等奖。

·1993 年 9 月,李吉林去上海参加中国教育学会举行的"小平同志发表'三个面向'十周年纪念"活动。会上,李吉林发表《情境教育的探索与思考》的论文,引起与会专家学者对情境教学发展为情境教育新成果的关注和兴趣。1994 年,《教育研究》全文发表该论文。《中国教育学刊》也同时发表。这是"情境教育"第一次在学界和刊物上露面。

·1996 年,李吉林主持的"运用情境教育,促进儿童素质全面发展的实验与研究"在全国教育规划通过立项,列为教育部"九五"重点课题。

·1996 年 7 月,李吉林赴香港参加"高效能中文教学研讨会",发表题为"情境教学,儿童学习中文的有效途径"的演说,情境教学开始在香港初现端倪。

·1996 年 12 月,由中央教科所、江苏省教委联合举办"全国情境教学—情境教育学术研讨会"。会议在李吉林所在学校二附小内举行。时任国家教委柳斌副主任及江苏省教委王湛主任全程参加会议。柳斌副主任做了题为《重视"情境教育",努力探索全面提高学生素质的途径》的重要讲话。中央教科所多位领导及全国诸多知名专家、学者应邀参加大会,并发表重要评论。许多专家从不同的角度揭示了情境教育的丰富内涵和重要意义。

著名教学论专家王策三发表《现代教师的新追求　现代教育的新成就》的文章,指出情境教学作为教师群体从事的一种带有普遍意义的教学理论和实践来进行研究;且与苏联维列鲁学派和西方皮亚杰、布鲁纳等人的活动学说相比较,指出情境教学贯穿的"情感"弥补了教学认识论的一大缺陷。

著名比较教学论专家张定璋发表《情境教育的教学论发展观》的论文,从比较教学论的角度指出,情境教学"五要素"原则在一定程度上填补了教学论文化适应性原则的空白。

情感教育专家朱小蔓的在《情境教育与人的情感素质》中指出，情境教育是对当代人类教育中困惑与未知的回应，具有鲜明的时代性，追求儿童认知活动和情感活动的协调。

　　在这次大会上，李吉林所做的"为全面提高儿童素质，探索一条有效途径"为题的主报告，将探索的情境教育基本模式、基本原理及情境课程一一做了全面的汇报，恳请专家给予指导和帮助。李吉林的主报告受到专家的好评。

　　1997 年，《教育研究》分上、下两期，全文刊登李吉林在大会上做的主报告《为全面提高儿童素质探索一条有效途径——从情境教学到情境教育的探索与思考》。

　　诸多专家的论述，从理论上剖析了情境教育的意义。2000 年 3 月，由人民教育出版社将专家评述汇集成册，出版《李吉林与情境教育》一书，标志着情境教育学派的研究开始。

　　·1996—1998 年，《人民教育》开设"李吉林教艺录"专栏，以进一步推广情境教学。李吉林先后发表《以训练代替分析》《让艺术走进语文教学》《教学成功的诀窍：情感为纽带》《教学的特殊任务：把孩子教聪明》《崇高的使命：教文也要教做人》《重要的观念：教学过程中必须让学生充分活动》《一个值得倡导的教学原则：美感性》的系列文章，在全国语文界形成广泛影响。各地众多教师尝试情境教学，反应热烈。

　　·1998 年，全国小学语文教学研究会为在全国推广情境教学，在南京举行"情境教学课堂观摩"，全国 28 个省市派出代表参加比赛。会场气氛热烈，情境教学的实验在各地教师的课堂上生动展现，情境教学的影响更为广泛、深入。

　　·1998 年 12 月，在江苏省政府的倡导下、江苏省教育厅的全力支持下，江苏情境教育研究所成立。研究所的成立为情境教育的研究在组织机构上提供了保证，搭建了更宽的可以自主的平台。

　　·2000 年 12 月，李吉林主持的"运用情境教育，促进儿童素质全面发展的实验与研究"的课题，进行现场结题。全国教育规划基础教育学科，以中央教科所卓晴君所长为组长的七位专家走进二附小。在倾听李吉林结题报告及团队教师的汇报课后，专家给予高度评价。在鉴定意见中指出：情境教育以其独树一帜的理论和操作体系在许多领域做了许多开创性、独特性的研究，丰富和发展了当代教育教学理论和教育改革的实践。为促进儿童素质的和谐、生动活泼的发展，探索出了一条具有普遍意义的途径，发挥了重要作用，产生了巨大影响，已经成为中国特色的社会主义教育的一笔宝贵财富。

·2001年，为使情境教育走向大众化，便于更多的教师操作应用，从而使更多的学生获益，李吉林又申报"情境课程的开发与研究"的课题，在全国教育规划立项中又获通过，成为教育部"十五"重点课题。

情境课程使各科教师成为课程资源的开发者，热情地投入课题的实验，涌现出教学的佼佼者。该课题于2006年结题，通过鉴定。

·2002年，李吉林及团队代表参加华东师范大学举办的"建构主义国际论坛"。李吉林作为大会邀请嘉宾发表《情境教育：促进"儿童—知识—社会"的完美建构》的论文。文章的新意及民族文化的特色受到代表们的好评。2003年，《全球教育展望》及《中国教育报》分别刊登该论文。

·2004年，李吉林回顾情境教育探索的历程与感悟，写成《情境教育的诗篇》一书，作为"教育家丛书"，由高等教育出版社出版。2005年2月，该书获"中国教育学会奖"一等奖。

·2006年5月，李吉林将20多年撰写的专著、论文、经验、案例及教育随笔进行归类精选，分成八卷，《李吉林文集》完稿，由人民教育出版社出版。同年5月，由中国教育学会、中央教科所、中国教育报刊社及人民教育出版社在北京举行"李吉林教育思想研讨会暨《李吉林文集》首发式"。70多位专家应邀参加大会，并做评述。原国家教委柳斌副主任给予充分肯定：李吉林是素质教育的一面旗帜。顾明远会长指出：这是教育界的一件盛事，标志着具有中国特色的、原创的教育思想流派的出现和成熟；李吉林老师是我们自己的土生土长的教育家。会后《光明日报》发表《中国特色的教育诗篇》的评论文章；《中国教育报》全文刊登李吉林大会讲话《28年趟出一条小路——教育创新需要持久地下功夫》；《人民教育》《课程·教材·教法》《中国教育学刊》以专辑栏目发表多位专家的评论文章。

2006 年,《课程·教材·教法》开辟"李吉林:从小学教师里走出来的教育家"特稿专栏,发表柳斌、陶西平、韩绍祥、方智范、裴娣娜、卓晴君、文喆、潘仲茗、杨九俊、佟乐泉、裴新宁、张铁道、刘力、肖川等著名专家学者的论述。2006 年,《中国教育学刊》开辟"当代中国教育家专栏",发表顾明远、朱小蔓、郭永福、郭振有的评述文章,并发表刘立德撰写的《中国特色的教育诗篇 素质教育的一面旗帜》评述。2007 年,《教育研究》发表著名心理学家林崇德及罗良撰写的《情境教学的心理学诠释》。专家们从不同的角度阐述了对于李吉林情境教育、思考,把"中国传统教育的活东西""西方近现代教育的新东西""社会主义教育的好东西"综合起来加以创新,超前地反映出中国新教育更趋向以每个人的自由、和谐全面发展这个大目标,为广大教师提供了兼收并蓄、综合创新的成功范例。

《李吉林文集》的出版,加之专家们从李吉林的人格魅力、敬业精神结合情境教育的累累硕果进行评议,在广大教师中产生热烈反响。情境教育学派研究得到进一步推进。

2009 年 12 月,《李吉林文集》获"中国教育学会奖"科研成果一等奖第一名。

·2006 年,李吉林为进一步探究情境教学对儿童学习的影响及作用,从学习科学的角度再次申报课题:"情境教育与儿童学习的实验与研究",又列为教育部"十一五"重点课题。华东师范大学学习科学研究中心、南通大学教科院的教授们欣然参加课题组的研究,并做指导。南通市各县区 22 所小学及幼儿园参加子课题组。

·2007 年,香港大学教育学院为在香港推广情境教学特邀请李吉林携弟子赴香港讲学、上课,受到香港教育界的热烈欢迎(见附图 1)。香港多家媒体进行采访。《中国教师报》整版报道"把情境教育的种子播撒到以港岛"。

·2008 年,由中央教科所、教育部课程教材发展中心、中国教育国际交流协会、联合国教科文亚太地区价值观教育中心、华东师范大学、

附图 1　带领青年教师到香港讲学

江苏省教育厅、南通市人民政府联合举办"李吉林情境教育国际论坛"。中外近百位教育专家参加论坛，并发表评述。李吉林又撰写新的专著《为儿童的学习——情境课程的实验与建构》，作为主要材料提交大会，并做"中国情境教育的建构及其独特优势"的主报告，受到中外专家的高度评价。《中国教师报》以三个整版发表李吉林的讲话及多位专家的评述，在国内外产生积极影响。

《课程·教材·教法》开辟"情境教育研究专栏"，发表裴娣娜、吴康宁、朱小蔓、吴刚、郝京华五位著名专家的论文。著名教学论专家裴娣娜从"基于变革性实践的创新"的角度指出李吉林情境教育思想的世界意义，指出将科学与人文统整，实现了对教育过程人文艺术的把握，实现了对传统知识观的超越，以及对工具理性教学观的批判，解决的是一个世界难题；南京师范大学吴康宁教授的《李吉林教育思想基本特征与情境教育研究拓展空间》，在充分肯定情境教育的基础上，为情境教育的发展提示了新的空间；时任中央教科所朱小蔓所长的《情境教育与儿童学习》指出情境教学与中国化的教育智慧，突破了现代学校儿童学习的一个难题，并从儿童身心发育的时序、小学儿童学习的特征两个角度来说明情境教学、情境教育适合小学教育；华东师范大学教育学部吴刚教授发表《情境教育与优质教学》的文章，将情境教育与西方的情境认知进行比较，指出情境教育较之情境认知突出对态度、情感和审美在促进学生重构生活世界和心智世界方面做出的独特贡献；南京师范大学郝京华教授发表

《情境教育三部曲的认识论意义》的论文，从情境教学、情境教育、情境课程的认识论意义上做了深刻的论述。

2006年《李吉林文集》首发式上专家的评述及2008年国际论坛上中外专家从国际视野对情境教育的评述，更是广泛而深刻的，进一步促进了情境教育学派的生成。

·2009年，适逢国庆六十周年之际，李吉林被评为"新中国成立以来感动江苏人物"及"新中国60年江苏教育最有影响人物"。2011年1月又被评为"感动江苏教育十大人物"。

·2010年，新疆克拉玛依市在克拉玛依小学全面开展"创设课堂教学情境"活动的号召，在克拉玛依全市推广"情境教育"。

·2010年12月，"情境课程的研究与实践"获教育部基础教育课程改革教学研究成果一等奖。

·2011年教师节，李吉林当选为"2011年全国教书育人十大楷模"，中共中央政治局常委李长春亲自为她颁奖。

·2011年11月11日，李吉林的《为儿童的学习——情境课程的实施与建构》一书获得第四届全国教育科学研究优秀成果奖一等奖，并作为全国唯一获此大奖的小学教师赴北京人民大会堂金色大厅，参加了隆重的颁奖典礼。中共中央政治局委员、国务委员刘延东亲自到会颁奖，并做了重要讲话。

·2011年11月，全国教育理论权威《教育研究》创刊30周年评出39篇杰出论文，李吉林的《谈情境教育的课堂操作要义》名列其中。

这些奖项的获得都体现了政府及社会对情境教育及其创立者李吉林多年研究的肯定，也将为情境教育学派的生成、发展起到积极的推动作用。

·2011年12月，《李吉林和情境教育学派研究》一书由教育科学出版社出版。书中收录了李吉林《情境教育的独特优势及其建构》和《情感：情境教育理论建构的命脉》等文章。书中还收录了情感教育专家朱小蔓的《中国基础教育实践与研究的典范——初论情境教育学派》、著名学者成尚荣的《情境教育学派的讨论意义及其理论内核的初步分析》、学习科学研究专家裴新宁的《为了儿童学习的课程——中国情境教育学派李吉林情境课程的建构》等 50 多位专家学者积极参与情境教育学派研究的重要论文。

·2012 年 7 月，李吉林主持的教育部"十一五"重点课题"情境教育与儿童学习的实验与研究"结题，通过鉴定。

·2013 年 4 月 18 日，南通市教育局成立"情境教育实验总校"，分别授予 48 所学校和 18 所幼儿园"情境教育实验学校""情境教育实验幼儿园"称号。会上，教育科学出版社出版的李吉林最新力作《情境教育三部曲》正式首发。

·2013 年 12 月 25 日，由华东师范大学学习科学研究中心、《教育研究》杂志社、《中国教育报》社、《人民教育》编辑部、《未来教育家》编辑部、江苏省教育科学研究院以及南通市教育局联合主办的"35 年改革创新——情境教育成果展示会"在二附小举行。来自全国各地的专家学者会聚通城，围绕"一个主旋律'三部曲'"突出儿童情境学习，展开研讨。当天，江苏省教育学会情境教育专业委员会成立，为情境教育更大范围的推广、示范提供了广阔平台。

·2014 年 9 月 9 日，李吉林荣获"基础教育国家级教学成果奖"特等奖(特等奖仅两项)，受到习近平总书记等国家领导人的亲切接见。中共中央政治局委员、国务院副总理刘延东亲自给李吉林颁奖。

·2014 年 10 月，新疆克拉玛依教育代表团一行 55 人，在二附小开始为期一周的"克拉玛依学习李吉林情境教育"培训班的学习。这是自 2010 年以来，克拉玛依市教育局第四次派遣骨干教师前来南通学习情境教育。

·2014 年 12 月 28—29 日，"江苏省教育学会 2014 学术年会暨李吉林教育思想研讨会"在南通召开。

·2015 年 4 月 29 日，南通市情境教育成果推广暨南通市情境教育专业委员会成立大会在南通举行。

·2016 年 4 月 9 日，中国教育学会发文成立"中国教育学会情境教育研修与推广中心"。4 月 24—25 日，成立大会暨"情境教育"第一期推广活动在南通举行。